Max Simon Nordau

Paris unter der Dritten Republik

Max Simon Nordau

Paris unter der Dritten Republik

ISBN/EAN: 9783743347694

Hergestellt in Europa, USA, Kanada, Australien, Japan

Cover: Foto ©ninafisch / pixelio.de

Manufactured and distributed by brebook publishing software (www.brebook.com)

Max Simon Nordau

Paris unter der Dritten Republik

Paris
unter der dritten Republik.

Druck von Oswald Mutze in Leipzig.

Paris

unter der dritten Republik.

Von

Max Nordau.

Vierte, gänzlich umgearbeitete und bis auf die Gegenwart fortgeführte Auflage.

Leipzig,
Verlag von B. Elischer Nachfolger.
1890.

Vorwort zur vierten Auflage.

Die dritte Republik hat im zweiten Jahrzehnt ihres Bestandes wenige von den Erwartungen erfüllt, die ihr Heraufkommen selbst in nüchternen Seelen erweckt hatte. In der Hauptsache hat sie sich darauf beschränkt, dem eigenen Land und der Welt zu zeigen, daß sie die Ordnung ganz so verbürgen könne wie jede andere starke Regierung und daß ein großes Volk mitten im waffenstarrenden, kriegdrohenden monarchischen Europa sich unter der republikanischen Ordnung nicht erkennbar schlechter befinde als unter der monarchischen. Sonst ist wesentlich Alles beim Alten geblieben. Der Zukunftträumer muß sich in Geduld bescheiden. Die Entwickelungs-Vorgänge in einem so großen Lebewesen, wie es ein Volk von vierzig Millionen ist, sind eben äußerst langsam. Sie mit leibhaftigen Augen zu sehen und mit Händen zu greifen ist noch schwerer, als das Gras wachsen zu hören. Was von ihnen trotzdem wahrzunehmen oder zu errathen ist, das versucht der Verfasser in der vorliegenden Neubearbeitung dieses zuerst vor nahezu zehn Jahren erschienenen Buches zu zeigen. Im Ganzen wird der Leser wol die Empfindung bekommen, daß von Entwickelung fast nicht die Rede sein kann. Wenn man die Republik fragt, was sie seit 1880 gethan hat, so wird sie, wie Sieyès auf die Frage, was er während der Schreckensherrschaft gethan habe, antworten: „Ich habe gelebt." Das ist immer etwas und es ist nicht einmal wenig.

Paris, im Frühling 1890.

Der Verfasser.

Vorwort zur erſten Auflage.

Nachdem der Verfaſſer vor drittehalb Jahren in ſeinem Buche „Aus dem wahren Milliardenlande" die wenig erfreulichen materiellen Seiten des Pariſer Lebens dargeſtellt hat, bemüht er ſich in dieſer neuen Folge der „Pariſer Studien und Bilder" das ungleich anziehendere Bild des geiſtigen Lebens im heutigen Paris zu malen. Dieſes Buch ſtellt ſich die Aufgabe, die Rückwirkung nachzuweiſen, welche die republikaniſch-demokratiſchen Ideen während einer nunmehr zehnjährigen legalen Herrſchaft auf die geiſtige Verfaſſung der Franzoſen und auf die verſchiedenartigen Manifeſtationen ihres Nationalgenies, alſo auf ihre Literatur, ihre Kunſt, ihr ſoziales Leben, — ſoweit daſſelbe in Paris der unmittelbaren Beobachtung des Verfaſſers zugänglich war, — und auf ihre politiſchen Ideale geübt haben. Der Verfaſſer iſt überzeugt, ſich in dieſen Studien keiner überflüſſigen Arbeit unterzogen zu haben. Es gibt wenige Schauſpiele von ſolcher Großartigkeit wie das einer urſprünglich feudalen alten Geſellſchaft, die im Begriffe iſt, ſich zu demokratiſiren. An der franzöſiſchen Nation vollzieht ſich augenblicklich dieſer weltgeſchichtliche Prozeß ſichtbarer und mächtiger als in irgend einem Momente ſeit 1789. Sie iſt daran, ſich dem Buchſtaben des Gleichheitsprinzips gemäß von Grund auf neuzugeſtalten, und jede Phaſe dieſes Prozeſſes iſt würdig, auch dem ernſteſten Geiſte lebhaftes Intereſſe einzuflößen.

Der Verfaſſer iſt kein kritikloſer Bewunderer der gegenwärtigen Zuſtände Frankreichs und will ſie nicht unbedingt fremden Völkern als Muſter vorhalten. Er ſieht manches Neue, das noch chaotiſch iſt, neben manchem Alten, das längſt beſeitigt ſein ſollte; er ſieht egoiſtiſche Ambitionen neben ſelbſtloſem Patriotismus und gieriges Streberthum neben goldechter Geſinnungstüchtigkeit. Allein er verfolgt den Umgeſtaltungsvorgang der franzöſiſchen Geſellſchaft mit der wärmſten Theilnahme, weil er darin einen großen menſchheitlichen Zug ſpürt, weil er in den heutigen Zuſtänden Frankreichs ein Bild der nähern oder entferntern Zukunft aller übrigen Kulturvölker ahnt und weil er die Ueberzeugung hat, daß die Ideen, die hier allmälig zum Durchbruch gelangen, beſtimmt ſind, über kurz oder lang die Welt zu beherrſchen.

Paris, im Herbſt 1880.

Inhalts-Verzeichniß.

Das republikanische Paris.
                                                                  Seite

Die Republik und die Hauptstadt 3
Die Republik und die Gesellschaft 20
Jules Grévy 35
Léon Gambetta 50
Sadi Carnot 78
Der Boulangismus 91
Victor Hugo seit 1870 106
Zola und der Naturalismus 146
Alfons Daudet und seine Tendenzromane 176
Die Republik und die Denker 189
Die republikanischen Salons 206
Die Marseillaise 221

Stereoskop-Bilder.
Die neuen Monumente 235
Dalous Triumph der Republik 251
Von der Madeleine zur Bastille 265
Straßen-Industrien 284
Müßiggang in Paris 299
Die Première 315
Ein epidemischer Volkswahnsinn 320

Unter den Arkaden des Odeon.
Ein verschollener Stürmer und Dränger 345
Die Bouquinisten 362
Mein Freund, der Musiker 376
Zwei Revolutionäre 392
Aus dem Tagebuch eines Künstlers 406

Das republikanische Paris.

Die Republik und die Hauptstadt.

Die dritte Republik feiert am 4. September 1890 ihren zwanzigsten Geburtstag. Ein schönes Alter für eine Republik, besonders in einem Lande, wo die Kindersterblichkeit unter Verfassungen und Regierungsformen so erschrecklich groß ist wie in Frankreich! Schon jetzt ist die dritte Republik eine wahre Urgreisin im Vergleiche zu ihren beiden Vorgängerinnen. Die erste Republik starb am 9. Thermidor eines kläglichen Todes und es war nur ihr verwesender Leichnam, den Napoleon den beleidigten Blicken der Welt entzog, als er sich 1804 in der Notre-Dame-Kirche zum Kaiser krönte: am zehnten Geburtstage der ersten Republik war der 18. Brumaire bereits drei Jahre alt und Bonaparte schon zum Konsul auf Lebenszeit gewählt worden und von der Republik nichts übrig geblieben als der muskulöse junge Mensch auf den Zwanzigfranken-Stücken, der den Mangel an Kleidung durch die ihn umgebende Fülle ebenso tiefsinniger wie unverständlicher Sinnbilder zu ersetzen sucht, und der Mummenschanz der antikisirenden Operetten-Trachten, in welchen die Vertreter der Nation dem ersten Konsul Lakaiendienst thaten. Ueber die zweite Republik braucht man kein Wort zu verlieren. Am 22. Februar geboren, war sie bereits in den Junitagen von den ersten Kinder-Krämpfen weggerafft worden und wenn Louis Napoleon Bonaparte seinen Staatsstreich erst am 2. Dezember 1851 und nicht schon drei Jahre vorher ausführte, so war dies offenbar nur Zerstreutheit oder Bequemlichkeit von seiner Seite.

Nach solchen Beispielen müßte es wirklich scheinen, als wäre die dritte Republik, die ihre geschlagenen zwanzig Jahre so kräftig trägt und noch nicht die geringste Greisenhaftigkeit in Antlitz, Gang und Geberde zeigt, eigentlich ein Wunder an Langlebigkeit und schon um ihres rüstigen Matronenthums willen verehrenswerth. Es hat ja auch andererseits nicht an Unglücksprotheten gefehlt, die ihr seit dem Sommer 1888 ein nahes Ende voraussagten und ihre Weissagung gleichsam mit Kapitel und Vers belegten, indem sie auf das angebliche Geschichtsgesetz hinwiesen, das seit einem Jahrhunderte keiner Regierungsform in Frankreich eine längere Lebensfrist als zwanzig Jahre gestattete. Selbst wenn dieses Gesetz wirklich bestehen sollte, würde es aber auf die dritte Republik noch keine Anwendung finden, denn es hat mit den zwanzig Jahren, deren sie sich brüstet, einen kleinen Haken. Die dritte Republik ist ein niedlicher Schelm, der sich älter macht als er ist, um früher das Recht zu haben, in langem Schleppkleid umherzustolziren und die erwachsene Dame zu spielen. Sie ist in Wirklichkeit erst an jenem 30. Januar 1879 geboren, der den Sturz Mac Mahons und das Heraufkommen Grévys sah, und wenn sie beim Standesamte der Weltgeschichte schon am

Die Republik und die Hauptstadt.

4. September 1870 angemeldet wurde, so ist das eine kleine Fälschung, welche die Geschichtschreiber einst zu berichtigen haben werden.

Man muß in Frankreich zwischen dem rechtmäßigen und nicht rechtmäßigen Dasein der Republik unterscheiden. Für einen Theil der Nation hat sie nie aufgehört, zu Recht zu bestehen, seit sie zum ersten Mal ausgerufen wurde, und die radikalen Blätter, die ihre Nummern unbekümmert um den Kalender der reaktionären Menschheit vom Jahre 100 der Republik datiren, begehen keineswegs die Donquijotiade, welche oberflächliche Spötter in dieser Schrulle zu erblicken geneigt sein möchten; für Millionen Menschen in Frankreich, besonders aber für den größten Theil des Volkes von Paris, besteht die Continuität der republikanischen Zeitrechnung: für sie hat diese Zeitrechnung nie eine Unterbrechung erfahren; die verschiedenen Monarchien, die einander seit 1804 wie Figuren eines Cotillons gefolgt sind, waren für sie komische oder tragische Zwischenspiele, eine tolle Flucht chinesischer Schattenbilder, die einander in sinnlosem Spiel auf einer Wand jagten, das Dauernde und Bleibende in diesem Wechsel aber war ihnen die Republik, die sie stets im Herzen trugen und zu der sie sich nur dann nicht öffentlich bekannten, wenn auf dieses Bekenntniß die trockene oder die andere Guillotine stand. Das ist die nicht rechtmäßige, wenn auch sehr wesenhafte Existenz der Republik in Frankreich und diese datirt allerdings weder vom 30. Januar 1879 noch vom 4. September 1870, sondern vom 21. September 1792.

Ihre rechtmäßige Existenz dagegen beginnt entschieden erst mit der Wahl Grévys zum Präsidenten der Republik. Was bis dahin in Frankreich herrschte, das war eine Zwischenregierung, welcher die verschiedenen Parteien verschiedene Namen gaben. Die „Regierung der nationalen Vertheidigung", welche die Erbschaft des bankbrüchigen Kaiserreichs ohne die Rechtswohlthat des Inventars antrat, hielt sich selbst für eine einstweilige und trat in dem Augenblicke zurück, wo Frankreich wieder den Mund aufthun und im eigenen Namen sprechen konnte. Die Präsidentschaft Thiers' war ein Waffenstillstand, den alle Parteien benützten, um sich für einen Entscheidungskampf um die endgiltige Regierungsform zu rüsten. Das hierauf folgende Septennat mit Mac Mahon als Staatsoberhaupt galt der Reaktion als Vorbereitungsstadium einer Monarchie, welche für die einen das Kaiserreich, für die anderen das Königthum von Gottes Gnaden und für einige Wenige der Orleanismus mit mittelalterlicher Krone und neuzeitlichem Regenschirme werden sollte. Am letzten Karnevalstage 1875 wurde allerdings mit einer Stimme Mehrheit amtlich die Republik ausgerufen, allein die Machthaber jener Zeit erblickten in diesem Beschlusse der Nationalversammlung blos die einzige fröhliche Tollheit eines ungewöhnlich matten und unlustigen Faschings und sie dachten keinen Augenblick daran, die Abstimmung ernst zu nehmen. Damals wurde im französischen Parlament eine Komödie frei nach „Figaro oder ein toller Tag" von Beaumarchais zur Aufführung gebracht. Die reaktionären Parteien raunten und kicherten untereinander und zwinkerten mit den Augen und lächelten einander geheimnißvoll=vielsagend zu, so daß der Zuschauer sich fragen mußte: „Wen betrügt man hier?" und als Alles vorüber war, da zeigte sich, daß die schlauen Reaktionäre sich selbst betrogen und alle die Zeit her nur die Geschäfte der Republikaner besorgt hatten, welche den Almaviva in dieser parlamentarischen Komödie spielten. Die Wuth über diesen Ausgang des lustigen Intriguenstücks war groß und kam am 16. Mai 1877 erschreckend zum Ausbruch. Aber auf diesen sagenhaften 16. Mai folgte der nicht minder sagenhafte 14. Oktober 1877, der Tag, an welchem die von Mac Mahon leichtfertig aufgelöste Abgeordnetenkammer neugewählt wurde, und nun erkannte die Reaktion mit ohnmächtigem Grimme, daß das Interregnum seinem Ende nahe, ohne in die hoffnungsfroh und siegessicher erwartete Monarchie hinüberzumünden, und sie gab den Kampf gegen die übergewaltig vorbrechende republikanische Sturmflut auf, nicht ohne zuvor noch versucht zu haben, ihr einen letzten Damm in Gestalt eines hübsch ersonnenen, aber kläglich ungeschickt inszenirten niedlichen Staatsstreichleins in Duodez entgegenzuwerfen. Am 14. Oktober 1877 war der Kampf um die Regierungsform endgiltig entschieden und der 30. Januar 1879, der Tag des Rücktritts Mac Mahons, mußte auf jenen Tag des Triumphs der republikanischen Gedanken logisch folgen wie ein Tag des Leichenbegängnisses auf einen Todestag.

Während aber die Reaktion in Amt und Würde über acht Jahre lang mit der heißen, leidenschaftlichen öffentlichen Meinung des Landes rang und sie zu knebeln suchte, war Paris fortwährend ein Zufluchtsort der republikanischen Ge-

sinnung und ließ sich seinen festen Glauben an den schließ=
lichen Sieg der Republik keinen Augenblick lang rauben.
Die Stadt zog sich dadurch den wüthenden Haß der Macht=
haber und stete Mißhandlungen von ihnen zu. Die
„Ruraux" oder Landpomeranzen, diese grotesken Provinz=
Politiker, welche eine wunderliche Grille des Zufalls an=
läßlich der 1871er Abgeordnetenwahlen aus ihrer anspruchs=
vollen Dunkelheit von Nanterre oder Landernau ins volle
Licht der Tagesberühmtheit emporschleuderte und die fünf
Jahre lang berufen waren, die Geschicke Frankreichs zu lenken,
was sie so trefflich verstanden wie Sancho Pansa die
Regierung seiner Insel Barataria, — die Ruraux begannen
ihre gesetzgeberische Thätigkeit damit, daß sie mit der größten
Ernsthaftigkeit von der Welt Paris zur Strafe für seine
übeln Neigungen und seinen anstößigen Lebenswandel „de=
kapitalisirten", das heißt seines Ranges einer Hauptstadt Frank=
reichs verlustig erklärten.

Mit jenem feierlichen Dekret erwarben sich die braven
Ruraux für ewige Zeiten das Ehrenbürgerrecht zu Schilda.
Paris dekapitalisiren! Das war gerade, als ob die Liliputaner
sich bemüht hätten, dem Riesen Gulliver mit kirschstengel=
großen Keulen den Schädel einzuschlagen oder ihn mit spinn=
webstarken Seilen „so lang am Halse zu henken, bis daß er
todt sein würde". Die zuversichtliche und selbstbewußte Dame
Lutetia zuckte nur die Achsel und murmelte leise etwas wie
„quelle bêtise!" und sprach laut mit höhnischer Krümmung
der Lippen: „Sollen nur nach Versailles gehen, sie werden
schon wiederkommen!"

In der That, die leichtfertige Schöne konnte es mit
Gleichmuth ansehen, daß sie die Gunst der Machthaber des
Augenblicks verloren hatte, sie war zu siegesgewiß im stolzen
Bewußtsein ihrer Reize, um zu glauben, daß das brummige
Schmollen lange vorhalten würde. War es denn ihr erster
Kampf mit der herrschenden Macht? Hatten sich Könige und
Regierungen nicht schon früher von ihren tyrannischen Launen
zu befreien gesucht?

Aber mit welch kläglichem Erfolge! Paris hatte sich
stets als unbesiegbar erwiesen. Die Gegner waren hinfällige
Sterbliche, die große Stadt dagegen hatte etwas von der
ewigen Jugend und Unverwundbarkeit der olympischen Götter.
Sie sah mit höhnischer Ruhe, wie ihre Feinde alterten, welk
wurden und dahinschwanden, während sie selbst jedem neu
heraufkommenden Geschlechte jünger, schöner und strahlender
erschien. Der „König Sonne", Ludwig XIV., haßte Paris;
es war die Stadt der Ligue und Fronde; es war die Stadt,
die „Mazarinaden" zu singen wagte, als ganz Frankreich schon
mit der Stirne den Staub der Thronstufen berührte. Der
König Sonne wollte in ganz Frankreich wie in einem Spiegel
nichts als sich selbst sehen und Paris erlaubte sich, eine Individualität, eine Meinung, einen Willen zu haben. So viel
Selbstständigkeit angesichts seiner großen, alles Andere ins
tiefste Nichts hinabdrückenden Erscheinung war eine maßlose
Kühnheit und verbrecherische Selbstüberhebung und mußte mit
der Wucht eines allmächtigen Königsarms gestraft werden.
In seiner Eitelkeit glaubte er die unehrerbietige Stadt grausam
heimzusuchen, wenn er ihr die Glorie seiner Gegenwart ent=

zog. Er machte Versailles zu einem Paradies und zum zeitweiligen Mittelpunkte der Weltgeschichte.

Und Paris? Es hatte die Dreistigkeit, zu thun, als ob es gar nicht merke, daß ihm etwas fehle. Es fuhr fort, so gottlos lustig und so höllisch geistreich zu sein wie früher und mit seinem rücksichtslosen Witze das Gekicher Europas zu erwecken. Sang es nicht, als der „große König" es recht in den Grund hinein gedemüthigt und in den Sack der Reue gehüllt glaubte, dem aufgeblähten Hofe mit voller Lunge den Spottvers unter die Nase:

>„Le grandpère est un fanfaron,
>Le fils un imbécile;
>Le petit-fils un grand poltron
>O la belle famille!
>Que je vous plains, pauvres Français,
>Soumis à cet empire!
>Faites comme ont fait les Anglais:
>C'est assez vous en dire!"

Die zwei Nachfolger Ludwigs des Vierzehnten erbten von ihm seine Feindschaft gegen Paris und suchten tückisch ihrer Hauptstadt den Königsmantel rücklings von der Schulter zu zerren. Ein Jahrhundert lang begnügte sich Paris damit, verächtlich zu lächeln. Aber als es eines Tages zornig wurde, da zerquetschte es mit der einen Hand die Bastille und langte sich mit der andern den König aus Versailles und war mit einem Male wieder das Haupt und das Herz Frankreichs, nein, Frankreich selbst.

Waren die Mitglieder der 1871er Nationalversammlung so kurzen Gedächtnisses oder so unwissend in der Geschichte ihres Landes, daß sie diese Episode nicht kannten? Und wenn sie sie kannten, wie durften sie sich einbilden, mit ihrem Strafurtheile das zu Wege zu bringen, was der mächtige Despot Ludwig mit all seiner rücksichtslosen Königsgewalt nicht durchzusetzen vermocht hatte? Sie hielten sich bei diesen vernünftigen Erwägungen nicht auf und ließen dem grausigen Drama der Commune das Possenspiel der Dekapitalisirung folgen, wie die Griechen ihren Tragödien eine Farce anfügten.

Paris dekapitalisiren! Das war ein großes Unterfangen: dazu gehörte jedenfalls etwas mehr als ein Paragraph im „Journal officiel". Um dieses Wort zur That zu machen, mußte man Paris alles rauben, was es des Schönen, des Reichen, des Einzigen, mit einem Worte des unwiderstehlich Anziehenden hat: man mußte ihm seine National=Bibliothek mit den zwei Millionen Bänden und Handschriften, seinen Louvre mit der Venus von Milo und der Mona Lisa, seine Sammlungen, Museen, Thier= und Pflanzengärten nehmen; und das durfte nur ein Anfang sein; man mußte auch seine prächtigen Monumentalbauten, seinen Triumphbogen, seinen Invalidendom, seine Notredame=Kirche, sein Pantheon, seine Tour St. Jacques von der Oberfläche der Erde hinweg= fegen, die Boulevards rasiren, das Bois de Boulogne, den Tuilerien= und Luxembourg=Garten umpflügen und Salz in die Furchen säen, die kosigen kleinen Hotels und stolzen Pa= läste einäschern und von der ganzen architektonischen und szenischen Pracht nichts übrig lassen als die Bastringues von

Belleville und die infizirten Gäßchen von La Villette. Man mußte die Fachschulen zusperren und verhindern, daß Jünglinge aus fernen Ländern jenseit des Ozeans herbeiströmen, um hier zu lernen, was sie sich einbilden, nirgends sonst lernen zu können. Und das war noch immer, noch lange nicht Alles. Man mußte ferner die Kaufleute zwingen, ihre Läden, die Bankiers, ihre Millionen, die Industriellen, ihre Fabriken nach einem andern Orte zu verlegen und dort die Güter zu erzeugen und die Geschäfte auszuführen, welche die Goldströme aus allen Weltgegenden unwiderstehlich nach Paris ziehen, wie der Ozean die fließenden Wässer aus allen Richtungen an sich saugt. Und selbst wenn man dies alles gethan hatte, war man dem angestrebten Ziele noch nicht um eines Haares Breite näher gekommen. Denn ohne Sammlungen, ohne Denkmäler, ohne Lehranstalten, ohne Gewerbe und Handel war Paris noch immer Paris, so lange fünftausend Maler und Bildhauer, zweitausend Schauspieler und Sänger, tausend Dichter, Schriftsteller, Forscher und Denker, fünfzigtausend nihilistische, ungläubige, unerschöpflich witzige, liebenswürdig ungezogene Taugenichtse und ebensoviel häßlicher, übermüthiger, durch und durch verdorbener, gedankenloser, nichtsnutziger und dennoch jeden Feinschmecker der Liebe bezaubernder Teufelinen zwischen der Porte Maillot und der Place du Trône mitten unter den zwei Millionen geldmachender Philister von Paris herumschwirrten und herumsummten, Absinth tranken, Gott und die Welt verspotteten, Meisterwerke hervorbrachten, den menschlichen Gedanken erweiterten und neben der ernsten Arbeit jenes ewig sprühende

Feuerwerk von Gauloiserien, jenen unausgesetzten Ausbruch von Tollheit, Genialität und Aberwitz unterhielten, welcher die Wanderung nach Paris Jedem zur unerläßlichen Pflicht macht, der den Menschengeist in vulkanischer Thätigkeit beobachten will. Diese hunderttausend beweglichen, gährenden Naturen mußten ausgerottet, zerstreut, nach einer wüsten Insel bei den Gegenfüßlern, nach Neu-Caledonien etwa, verschifft werden, dann erst hörte Paris auf, Paris zu sein, dann erst war Paris dekapitalisirt.

Die Nationalversammlung that aber nichts dergleichen, sondern machte sich ihre Arbeit kinderleicht. Sie nahm einfach siebenhundert und so und so viel Eisenbahnfahrkarten zu 1 Fr. 65 Cent., fuhr nach Versailles und erklärte Paris seines Ranges verlustig. Auf Paris machte das ungefähr den Eindruck, den es auf einen Münchener Bierwirth machen würde, wenn er erführe, daß er für ewige Zeiten aus dem gesammten Gebiete des Staates San Marino verbannt worden sei. Paris that, als wäre Versailles gar nicht auf der Oberfläche der Erde, und begann, gleichmüthig die Trümmer der Communebrände aus seinen Straßen wegzuräumen. Als dies geschehen war, nahm es eine Anleihe nach der andern auf und wandte vierhundert Millionen daran, um sich von den hochhackigen Schuhen bis zum kapriziösen Rococohütchen neu herauszuputzen. Mit dem leichten Blute, das sein Vorrecht ist, fuhr es fort, blos an seine Toilette zu denken, als wäre es noch immer, was es nach dem Buchstaben des Gesetzes nicht mehr war, die glänzende Hauptstadt Frankreichs.

Das Strafurtheil der Ruraux blieb acht Jahre lang über

Paris verhängt. Welchen Einfluß hat es auf die Stadt gehabt? Man muß nur einen Blick auf die letztere werfen und man hat die Antwort auf diese Frage gefunden. Paris ist heute schöner, als es je gewesen. Seinem Diadem von Prachtbauten ist ein neuer Edelstein, die Oper, eingefügt worden, die zwar noch das Kaiserreich begonnen, jedoch die Republik vollendet hat. Das neue Hôtel Dieu und das Hôpital Lariboisière sprechen für die Sorge, welche die Pariser Stadtverwaltung für die „Armen und Elenden" trägt. An Stelle des niedergebrannten Justizpalastes steht ein neuer von gewaltiger Ausdehnung, wenn auch vielleicht nicht vorwurfsfreiem Geschmacke. Das Hôtel de Ville erhebt sich prächtiger aus seiner Asche und der wunderbare Durchblick, der sich vom Arc de Triomphe durch die grünen Champs Elysées über die Place de la Concorde und durch den statuenreichen Tuileriengarten dehnt, wird nicht mehr von den Trümmern des zerstörten Palastes unheimlich unterbrochen, sondern findet einen schönen Abschluß in dem Triumphbogen des Carrousel-Platzes, der glücklicherweise das geschmacklose Gambetta-Denkmal verdeckt. In den Haußmann'schen Ueberlieferungen weiterarbeitend, hat man das alte Viertel der „Buttes des Moulins" geschleift, die neue, herrliche „Avenue de l'Opéra" mit ihrer kilometerlangen Doppelreihe gewaltiger Paläste erbaut und den großartigen Boulevard St. Germain, den der 4. September in embryonalem Zustande vorfand, von einem Ende bis zum andern, von der Concordien- bis zur St. Germain-Brücke, fertiggestellt. Zu den alten Museen kamen zwei neue, das Guimet'sche für die Geschichte der Religionen und das

Galliera'sche für Kunstgeschichte, beides schöne, harmonische Bauten, die ihres bedeutenden Inhalts würdig sind. Die 1878er Weltausstellung hat den wunderlichen, aber gewaltigen Trocadero-Palast mit seinen stillosen zwei Thürmen, seinem bauchigen Mittelbau und seinen weitklafternden flügelartigen Säulengängen, die 1889er den keines Beiworts bedürfenden Eiffelthurm und die großartigste Eisenkonstruktion der Welt, die Maschinenhalle, zurückgelassen. Um den neuen Postpalast, um die gänzlich umgestaltete Getreidehalle mit dem ausdrucksvollen Kuppelbau und der eleganten Medici-Säule ist ein reiches und prächtiges Stadtviertel aufgeschossen, das den Moder uralter, winkeliger Schmutzgäßchen erfreulich lüftete. Die Anzahl der Fremdenhôtels hat sich während der republikanischen Aera um die Hälfte vermehrt, die Wohnungsmiethe, der Werth der Häuser und Grundstücke ist aufs Doppelte, stellenweise sogar aufs Dreifache gestiegen. Die Bevölkerung wächst fortwährend und hat die Ziffer von zwei Millionen weit überschritten. Der Straßenverkehr nimmt so ungeheuer zu, daß man davon spricht, gewisse Straßenkreuzungen, wie die Einmündung der Rue Montmartre in den Boulevard, die berühmte „Ecke der Ueberfahrenen", „carrefour des écrasés", zu überbrücken, da der endlose vielreihige Wagenzug den Fußgängern stundenlang keinen Uebergang gestattet. Die Droschkenkutscher sind auch an Wochentagen so grob und hochnasig gegen ihre Fahrgäste, wie sie es ehedem selbst in ihren glänzendsten Zeiten nur an sonnigen Feiertagen gewesen sind. Die Theater machen Einnahmen wie nie zuvor; die städtischen Verkehrsanstalten zahlen Dividenden, die den glücklichen Antheileigner träumen machen, und wenn die auvergnatischen Eckensteher sich keine Häuser kaufen, so ist dies nur darum, weil sie lieber in Rente spekuliren.

Diesen Zustand hat Paris trotz der Dekapitalisation erreicht und diese hat auch nicht verhindern können, daß schon die 1878 er Weltausstellung glänzend gelinge, während welcher Paris zwar noch nicht die amtliche Hauptstadt Frankreichs war, sich aber trotzdem als die Hauptstadt der Welt fühlte und als solche von einer Schaar einheimischer und fremder Schriftsteller gefeiert wurde. Dennoch wurde die lächerliche Fiktion der „Dekapitalisation" bis zum März 1879 aufrecht erhalten. Erst damals entschloß sich die mittlerweile republikanisch gewordene Landesvertretung, Paris das hauptstädtische Diadem wieder aufs Haupt zu setzen, welches ihre reaktionäre Vorgängerin der Stadt acht Jahre vorher vom Kopfe geworfen; die Kammern kehrten nach Paris zurück und dieses war wieder amtlich, was es thatsächlich zu sein nie aufgehört hatte: die Hauptstadt Frankreichs.

Seither ist die Republikanisirung der äußern Physiognomie von Paris vollständig geworden. Die erste That der Umwälzung vom 4. September war die gewesen, alle öffentlichen Gebäude mit der an die begeisterungsvollsten Augenblicke der großen Revolution erinnernden Aufschrift: „Liberté. Fraternité. Egalité" zu bedecken. Die „moralische Ordnung" hatte diese Inschriften verblassen, vom Wind und Regen wegwaschen oder direkt übertünchen lassen. Heute sind sie erneut und leuchten in helleren Farben als je und werden sogar stellenweise durch eingemeißelte Inschriften ersetzt, welche

Die Republik und die Hauptstadt. 17

der Zeit und den politischen Umwälzungen besser widerstehen werden als die mit dem flüchtigen Pinsel aufgemalten. Die Straßennamen, welche die Erinnerung an irgend einen Helfers= helfer des Staatsstreichs oder an einen zweideutigen Haus= freund von St. Cloud oder den Tuilerien verewigten, sind trotz des Pfauengeschreis der Bonapartisten abgeschafft und durch solche ersetzt worden, die eine Bürgertugend oder ein geistiges Verdienst ins Gedächtniß rufen. Wenn das Volk von Paris an der Hand seiner Straßenbezeichnungen zwanzig Jahre lang bonapartistische Hofchronik machte, so lernt es jetzt mit Hilfe desselben mnemotechnischen Mittels republi= kanische Namen und revolutionäre Großthaten auswendig. Die öffentlichen Denkmäler, die in Paris seit der neuesten Aera errichtet wurden, gelten nicht einem Einzelverdienste, sondern sind ebensoviele Huldigungen, die dem abstrakten Patriotismus oder irgend einer großen, menschlichen Idee dargebracht wurden, wie die herrliche Bronzegruppe „Gloria victis" von Mercié (im Square Montholon) oder das große Hochrelief über dem Haupteingange des Louvre, welches „das Genie" in zwar leider allegorischer, aber doch künstlerisch schöner Darstellung verkörpert, oder wie das geplante Denk= mal der Vertheidigung von Paris. Ihren höchsten und monumentalsten Ausdruck aber findet die Republikanisirung der Stadt in den Statuen der Republik, welche auf der un= geheuern „Place de la République", der „Place de la Nation" und auf dem Platze vor dem Institut de France aufgestellt sind. Von den Standbildern, welche das alte Regime den Monarchen Frankreichs errichtet, hat die große Revolution

Nordau, Paris. 4. Aufl. 2

blos dasjenige Heinrichs IV. verschont, das noch heute den Pont neuf beherrscht; die Restauration erneuerte die zerstörten Standbilder Ludwigs XIII. und XIV., die bis zu diesem Tag auf der Place des Vosges und des Victoires geduldet werden. Diesen stummen, halbverschollenen Zeugen einer niedergegangenen Epoche setzt die neue Aera die Sinnbilder der Gegenwart und Zukunft an die Seite und die Standbilder der Republik, die sich auf den öffentlichen Plätzen von Paris erheben, verkünden auch in der Sprache des Marmors und des Erzes den Wandel, den die Geschicke der Nation in den letzten Jahrzehnten erfahren haben.

All das sind freilich Aeußerlichkeiten und ein Zweifler mag bei ihrer Aufzählung mitleidig lächelnd die Achseln zucken. Was die Republik mit den Sinnbildern der Monarchie gethan hat, das kann ein neues Regime mit den Sinnbildern der Republik thun. Das dreieinige Dogma der großen Revolution, das „Freiheit! Gleichheit! Brüderlichkeit!" kann über Nacht von allen Mauern weggekratzt, Straßen können umgetauft, Standbilder zerstört werden und es kostet nicht viel Anstrengung, der Stadt die Physiognomie zu geben, die das jeweilige Regierungssystem erfordert. Das ändert aber nichts an der Thatsache, daß heute die äußere Physiognomie von Paris eine völlig republikanische, daß das republikanische Paris schöner ist, als es das kaiserliche oder königliche jemals war, und daß die grotesk Episode der „Dekapitalisirung" an Paris ebenso spurlos vorübergegangen ist wie die schauerliche Episode der Commune, von der, wie die Raben der Reaktion nach den Maibränden des Jahres 1871 krächzten, die Stadt sich nie wieder sollte erholen können. Stolzer als je sind die silbernen Segel des Wappenschiffs von Paris gebläht und siegreicher als je tönt der Ruf ihres alten Wappenspruchs: „Fluctuat, nec mergitur!" — „Es schwankt, aber es sinkt nicht!"

Die Republik und die Gesellschaft.

Nichts ist interessanter, als die Haltung zu beobachten, welche die sogenannte „gute Gesellschaft", das heißt jene beneidenswerthe Klasse der Nation, die, ganz wie die Lilien des Feldes in der Bibel, nicht arbeitet und dennoch gekleidet und genährt ist und sich trefflich ihres Lebens freut, der Republik gegenüber einnimmt. Für die „Gesellschaft" war das phänomenale Weltausstellungsjahr 1878 ein kritisches. Bis dahin beobachtete sie den gesetzlichen Einrichtungen ihres Landes gegenüber im besten Fall eine mürrische Zurückhaltung, die oft genug in unverhüllte Feindseligkeit ausartete. Die Reichen und Vornehmen gaben sich den Anschein, nicht an die Republik zu glauben. Die einen setzten ihre üppigen Hotels für die Ankunft des Königs Heinrich V. in den Stand, die anderen richteten Paradegemächer für die Zeit des dritten Kaiserreichs her, noch andere schickten ihre Kostbarkeiten ostentativ ins Ausland, um sie gegen eine neue Commune zu sichern. In ihren Gesprächen untereinander und mit Fremden verspotteten sie die Republik und ihre Träger und lachten dem Ausländer ins Gesicht, der sie fragte, was sie von der

Dauer der neuen Aera halten? Der Faubourg St. Germain, der Faubourg St. Honoré war öde und verlassen; man sah da nur grimmig verschlossene Thore, feindselig zurückweisende verhängte Fenster, üppig wucherndes Gras zwischen den Pflastersteinen der träumenden Höfe. Die Besitzer dieser stolzen Herrenhäuser lebten in schmollender Zurückgezogenheit auf ihren Landgütern in der Tiefe irgend einer entlegenen Provinz oder reisten im monarchischen Auslande, wo sie ihr Bedürfniß nach dem belebenden Sonnenschein einer königlichen Gegenwart befriedigen konnten. Es war eine förmliche Emigration, mit dem Unterschiede jedoch, daß die neuen Emigranten im Auslande nicht Hunger und Elend litten, sondern aus dem Vaterlande die Mittel bezogen, die ihnen gestatteten, das letztere in aller Bequemlichkeit anzuschwärzen. Denn das war der Zweck, zu dem sie in der Provinz und im Ausland ihre Muße verwandten. In der Provinz bekämpften sie mit tückischen oder ehrlichen Waffen die Beamten der Republik, sofern sie nicht Leute ihres Schlages waren, die den Sold und die Uniform des Staates annahmen, um ihn bequemer verrathen zu können, und bliesen den Bauern und Priestern die Ohren voll mit Gerüchten von neuen Unruhen, neuen Aufständen, die angeblich Paris bedrohen sollten. Im Auslande hielten sie den Ruf französischer Geistreichigkeit aufrecht, indem sie beißende Epigramme gegen die „neuen Schichten" und ihre geliebte Republik drechselten und mit albernen, aber boshaften Anekdoten über die plebejischen Politiker der neuen Aera um ein Lächeln schadenfroher Zuhörer buhlten.

Insbesondere gegen Paris richtete sich ihr Haß in erster

Linie. Wie sie es seines Ranges als Hauptstadt verlustig erklärten, haben wir gesehen. Damit nicht zufrieden, suchten sie noch mit tausend anderen Mitteln Paris um seinen Ruf einer prächtigen, eleganten, heitern Stadt zu bringen. Sie stellten es als eine Ruine dar, in der noch die Communebrände rauchten; sie verbreiteten, Paris sei finster, aufgeregt, schreckhaft geworden; man sehe in den Straßen nur noch Proletarier mit drohenden Blicken und Wolhabende, die sich furchtsam die Taschen zuhalten; man lache, man singe, man amüsire sich nicht; es gebe keine Salons mehr; ihren Platz habe die Absinthkneipe eingenommen; der Omnibus habe das Coupé verdrängt, die bessere Gesellschaft sich geflüchtet und der Fremdenstrom zu fließen aufgehört. Solche Fabeln wurden jahrelang in der Provinz und im Auslande verbreitet und — es ist nicht zu leugnen — Paris litt ernstlich unter ihnen. Die Fremden ließen sich wirklich abschrecken und in den ersten Jahren nach dem Kriege hatte das Boulevardleben wirklich eine gewisse Mattigkeit, die auch dem minder geübten Beobachter auffallen mußte.

Da führte die Republik einen schrecklichen Streich gegen ihre Gegner und Verleumder. In dem kurzen Intervall, der die Regierung der „moralischen Ordnung" von der Regierung des 16. Mai trennte, beschloß das damals am Ruder befindliche liberale Ministerium die Veranstaltung einer Weltausstellung in Paris. Das betreffende Dekret, welches vom 4. April 1876 datirt ist, war aus Gründen, die sofort auseinandergesetzt werden sollen, ein Triumph der republikanischen Idee und die schwerste Niederlage, welche die Reaktion seit dem 4. September 1870 erlitten hatte.

Die Republik und die Gesellschaft.

Die 1867er Weltausstellung wird nämlich von den Reaktionären aller Farben, besonders aber von den Bonapartisten, als ein Ruhmestitel betrachtet, mit dem sie sich häufig und gerne brüsten. Die Pariser dachten in der That zehn Jahre lang mit unausrottbarer Sehnsucht und Zärtlichkeit an jenes internationale Arbeitsfest zurück, das ihnen in der harten, nachsedanischen Zeit, von der Erinnerung etwas übertrieben, etwas idealisirt, etwas poetischer ausgemalt, als eine Art verlorenen Paradieses vor das Auge der Phantasie gehalten wurde. Im Jahre 1867 hatte das Empire die volle Entfaltung seiner trügerisch-prächtigen, innerlich faulen Blüthe erreicht. Frankreich war der Schiedsrichter Europas, das gespannt und unruhig an den Lippen Napoleons hing; im Innern waren Handel, Gewerbe, Ackerbau zu einer bis dahin unbekannten Entwickelung gelangt; alle Welt bereicherte sich; ein erschrecklicher Börsenschwindel schuf über Nacht Millionäre, die mit ihrem lärmenden Emporkömmlings-Aufwande Paris erfüllten und allen Augen das Schauspiel eines satrapischen Reichthums boten; derselbe Schwindel vernichtete allerdings auch zahlreiche Existenzen, allein die Opfer verhüllte ihre Dunkelheit vor den Blicken der Welt. Die Weltausstellung bot unter solchen Umständen einen willkommenen Anlaß, den Reichthum Frankreichs und den Luxus von Paris aufs Vortheilhafteste zur Schau zu stellen. Alle gekrönten Häupter kamen damals nach Paris und nahmen die Gastfreundschaft Napoleons an, der durch einige Meineide und etliche tausend Meuchelmorde ihr „cher frère" geworden war; in ihrem Gefolge wälzten sich Hunderttausende von Fremden nach, die einen wahren Goldhagel auf die Boulevards niederprasseln ließen. Die Pariser hatten Alles, was sie träumen und wünschen konnten: panem und circenses, Napoleons in solcher Menge, daß ihnen davon schier die Taschen barsten, Feste, Schauspiele, Straßengedränge, Aufzüge, daß es selbst ihrer ewig schaulustigen, ewig unersättlichen „Badauderie" beinahe zu viel wurde; sie waren glücklich, sie waren zufrieden und sie machten kein Geheimniß daraus. Die Fremden ihrerseits, die zu Besuche gekommen waren, sahen eine prächtige Stadt mit neuen, breiten Boulevards und Tausenden von Palästen, die gleich Pilzen nach einem Sommerregen aus dem Boden geschossen waren, und sie bewunderten das Genie einer Verwaltung, welche ein solches Werk gleichsam mit der Berührung eines Zauberstabes hervorgebracht hatte. (Die Rechnungen, welche das Taschenspielerstückchen Haußmanns hätten erklären können, sind leider beim Brande des Hotel de Ville zerstört worden.) Sie sahen ferner eine reiche und glückliche Bevölkerung, von deren Zufriedenheit die Spatzen auf allen Dächern pfiffen, und sie hätten einen ganz übernatürlichen Grad von Scharfblick und Durchdringung haben müssen, hätten sie hinter diesen glänzenden Aeußerlichkeiten die Kernfäule errathen sollen. So steigerte die 1867er Weltausstellung das Prestige des Kaiserreichs im Land und in Europa aufs Fabelhafteste und wenn manche Franzosen und sehr viele Ausländer an Napoleon noch heute mit einer gewissen verzeihenden Nachsicht denken, so ist es, weil sich in ihrem Gedächtnisse die Erinnerung an sein Schmachregiment mit dem Andenken an die märchenhafte Ausstellung identifizirt.

Die Republik und die Gesellschaft.

Die Republik, die in den schrecklichsten Tagen des Krieges geboren wurde, hatte im Gegentheil in der Anschauung des oberflächlichern und leichtfertigern Theils der französischen Nation darunter zu leiden, daß sie zusammen mit einer ganzen Reihe schwerer Uebel auftrat. Das „post hoc, ergo propter hoc" ist einer der häufigsten Fehler schlechter Logiker. Es lag so nahe, die Republik für die ungeheure Steuererhöhung, für die Vertheuerung aller einfachen Gebrauchsgegenstände, für die Verlangsamung der Handels- und Gewerbe-Bewegung verantwortlich zu machen, welche bald nach ihrer Gründung über Frankreich hereinbrachen! Die Bonapartisten beuteten diese Volks-Neigung zu falschen Schlüssen weidlich aus; sie wurden nicht müde zu wiederholen, daß das Kaiserreich den Wolstand, die Republik die Verarmung bedeute, und sie wiesen namentlich auf die 1867er Ausstellung wie auf die Fleischtöpfe eines verlorenen Aegyptens hin.

Man kann sich denken, welche Gefühle unter solchen Umständen der Regierungsplan der Abhaltung einer Weltausstellung im Jahre 1878 bei den reaktionären Parteien erweckte. Was! die Republik wollte Europa ein Unterpfand ihrer Friedensliebe und dem Land einen Beweis ihrer Sorge für das wirthschaftliche Wolergehen des Volkes liefern? Sie wollte sich als Pflegerin der Arbeit, als Beschützerin des Gewerbefleißes aufspielen? Sie affektirte, auf eine sichere, ungestörte, ruhige Zukunft zu rechnen? Sie hatte die Anmaßung, sich bei der Nation das Prestige einer glänzenden Ausstellung gutschreiben lassen und Paris bereichern zu wollen wie ein gewöhnliches Empire? Nein, das durfte nicht geduldet werden.

Und alles, was in Frankreich bei Chislehurst und Frohsdorf schwur, machte sich daran, das patriotische Unternehmen der republikanischen Regierung zu vereiteln. Welche boshaften, kleinlichen Manöver haben diese ohnmächtigen Feinde der Republik nicht ausgesonnen, um der Ausstellung zu schaden! Zuerst bekämpften sie den Plan offen in ihren Blättern und auf der Rednerbühne; als er Gesetzeskraft erlangt hatte, suchten sie Europa von der Betheiligung abzuschrecken; sie jubelten, als Deutschland den bedauerlichen, durch ein spätes und unvollständiges Zugeständniß nicht gutgemachten Entschluß faßte, von der Ausstellung fern zu bleiben; sie wühlten an allen Höfen, damit das Beispiel Deutschlands Nachahmung finde; und als der Ausstellungsgedanke trotzdem seinen Weg machte und eine greifbare Gestalt anzunehmen begann, da wurde die Angriffstaktik geändert; in den reaktionären Zeitungen erschien seit dem Sommer 1876 regelmäßig alle zwei oder drei Wochen einmal eine heimtückische Notiz, die ein angeblich verbreitetes Gerücht verzeichnete, wonach die Ausstellung um ein Jahr verschoben werden sollte, oder die erzählte, daß angesichts der in Paris herrschenden politischen Gährung einige hervorragende ausländische Aussteller erklärt hätten, sie könnten nicht riskiren, werthvolle Gegenstände dahin zu schicken, wenn ihnen nicht besondere Bürgschaften für deren Sicherheit geboten würden u. s. w. u. s. w. Diese Tücken blieben in der That nicht ohne einige Wirkung; man bemerkte in Frankreich und im Auslande Zögerungen; furchtsame Geister ließen sich entmuthigen; die französische Regierung sah sich sogar wiederholt genöthigt, all den verbreiteten böswilligen Gerüchten amtlich

Die Republik und die Gesellschaft. 27

entgegenzutreten. Und der Gedanke fuhr dennoch fort, seinen Weg zu machen. Weder der orientalische Krieg noch die durch den 16. Mai heraufbeschworene innere Krise konnten seiner Entwickelung etwas anhaben; das Ausstellungswerk gedieh von Tag zu Tag freudiger und endlich ging der herrliche 1. Mai 1878 über Paris auf, einer der schönsten und größten Tage in der wechselvollen Geschichte dieser Stadt.

Der Ausstellungssommer, der diesem unvergeßlichen ersten Mai folgte, bewirkte einen vollständigen Wechsel in der Haltung der vornehmen Gesellschaft gegen die Republik. Die Bewohner der adeligen Faubourgs erkannten mit tiefem Grimme, daß die verhaßte Republik selbst von den ausschließlichsten Kreisen Europa's durchaus angenommen sei. Daß kein Monarch da war, um die Honneurs der Hauptstadt zu machen, hinderte weder Könige noch Prinzen, nach Paris zu kommen und die Weltausstellung zu bewundern. Die Aristokratie aller Länder folgte dem Beispiel ihrer Fürsten und drängte sich schaarenweise nach der Seinestadt, wo sie sich trotz der Republik und der revolutionären Inschrift an allen öffentlichen Gebäuden so wol befand wie nur je zur Zeit des Bürgerkönigthums oder Kaiserreichs. Daß die adeligen Faubourgs schmollten, merkte gar Niemand. Wem fiel es ein zu fragen: „Wo sind die Träger der geschichtlichen Namen Frankreichs?" Wer blieb vor den ausgestorbenen Palästen in der Rue de Grenelle oder Rue de Lille stehen und wunderte sich über ihre Verödung? Die Reaktionäre hatten sich eingebildet, Paris werde ohne sie den Fremden leer und verlassen erscheinen, und in Wirklichkeit ließ das Getöse der ewig menschenwimmelnden Straßen nicht einen Augenblick lang die Empfindung aufkommen, daß diese lärmende Menge unvollständig sei, daß in ihr ein mächtiges Element der Bevölkerung Frankreichs fehle. Da gelangte die „gute Gesellschaft" zur weisen Erkenntniß, daß sie mit ihrem schmollenden Beiseitestehen nur sich lächerlich mache ohne der Republik im Geringsten zu schaden, und diese Erkenntniß führte eine vollständige Veränderung ihrer Haltung herbei.

Der Winter, welcher der Weltausstellung folgte, war einer der glänzendsten und geräuschvollsten, die Paris jemals gekannt. Alle vornehmen Hotels waren bewohnt, die Salons allabendlich bevölkert, das Bois mit eleganten Equipagen bedeckt, die „innere Emigration" war von den weltverlorenen Landsitzen nach der Hauptstadt zurückgekehrt und erfüllte sie mit dem Lärm einer demonstrativen Lustigkeit. Sie hatte sich offenbar gesagt: „Die Republik ist leider nun ein mal kein Provisorium, sondern eine Definitivum, worauf warten wir unter solchen Umständen noch in unseren verfallenen Schlössern? Was wir ersehnen, das wird durch unsern freiwilligen Verzicht auf alle Freuden des großstädtischen Lebens doch nicht um eine Sekunde beschleunigt. Fort denn mit der Karthäuserkutte und das Festkleid herbei! Das Leben ist kurz, Weltfreude eine schöne Sache und prinzipienfestes Grollen eine Donquijotiade!" Und mit einer durch achtjährige Langeweile bis zum rasenden Heißhunger aufgestachelten Genußgier stürzte sie sich kopfüber in den Strudel eines tollen Pariser Faschings.

Die Empfänge, die Gastmähler, die Bälle und Feste

aller Art jagten einander in wahnsinniger Hetze und es wurde bei diesen Gelegenheiten ein Luxus entfaltet, wie ihn selbst das Empire in seinen verderbtesten Augenblicken nicht gekannt. Das war die neue Taktik der „guten Gesellschaft" in ihrem Kriege gegen die Republik. Dieser hirnverbrannte Luxus hatte eine Spitze, die sich gegen die neuen Einrichtungen richten sollte. Die Reaktion bemühte sich, in ihren Moden, in ihren Gebräuchen, in der Anordnung ihrer Feste das „ancien régime" wiederzubeleben. Die Frauentrachten, die in Paris erfunden wurden, waren nach den Costumebildern des achtzehnten Jahrhunderts komponirt, Rococoformen im Baustil der eleganten Hotels, in der Einrichtung der vornehmen Gemächer alleinherrschend; die Anordnung der Tafel, die Eintheilung des Tages kopirte die orthodoxeste Manier von Versailles und wer es nur irgend thun konnte, der trachtete, einen Prinzen von Geblüt bei Tische zu haben, um das monarchische Diner-Zeremoniell zur Anwendung bringen zu können.

Von allen Dogmen der Revolution ist das der Gleichheit der vornehmen Gesellschaft am meisten verhaßt und gegen dieses Dogma kämpft sie wahrhaft verzweiflungsvoll mit den Waffen, die ihr Reichthum ihr in die Hand gibt. Ihre Ueppigkeit ist eine lärmende Auflehnung gegen die Egalité. Sie sondert sich durch eine goldene Schranke von der andrängenden Masse der Plebejer ab. Während sie früher die am meisten mesalliirte, die am rettungslosesten encanaillirte Aristokratie Europa's war, affektirt sie jetzt, bei ihren Eheschließungen Ahnenproben vorzunehmen; während sie früher ein wenig überall wohnte, drängt sie sich jetzt nach dem Muster der englischen Aristokratie immer mehr in ausschließliche Stadtviertel zusammen; sie hat ihren bestimmten Abend, wo sie das Théâtre français, und ihren bestimmten Tag, wo sie den Salon besucht. Sogar für das Edentheater und das Hippodrom hat sie eigene Abende gewählt — Vornehmthuerei selbst noch in der Erniedrigung, Absinthschluckerei mit Empfindlichkeitsmienen und aus venezianischen Buntgläsern! Daß man sie nur ja nicht mit der großen Menge verwechsle! Sie ist trotz der angeblichen Gleichheit etwas Anderes, etwas Besseres. In ihren Hotels wird nicht bei einem einfachen Piano, sondern bei großem Orchester getanzt; an ihren Festabenden spielen die Künstler des Théâtre français Komödie, jene stolzen Künstler, die sich früher „Komödianten des Königs" genannt und nur vor zwei Majestäten gespielt hatten: vor Sr. Majestät dem König und Sr. Majestät dem Volke; wie an manchen Höfen bei großen Banketten ein privilegirtes Zuschauerpublikum zugelassen wird, das von einer versteckten Galerie aus die hohen, höchsten und allerhöchsten Herrschaften Suppe essen sehen und sonst bewundern kann, so pflegt sie der verachteten großen Menge ab und zu einen Einblick in ihr intimeres Leben zu gestatten, indem sie ihre Brautausstattungen und ihre Kinderwäsche vor einer beschränkten (doch nicht sehr beschränkten) Oeffentlichkeit zur Schau stellt. Kommt nur immer heran, neugierige Gaffer, weidet eure blöden Augen an diesen Bergen von Damast, Seide, Spitzen, Perlen, Brillanten! Das habt ihr nicht, ihr Gurkenköpfe, das ist nicht für eure schäbigen Plebejerleiber, so können nur wir, die Auserlesenen,

leben und uns kleiden und wenn ihr nach dem Anblick unserer
Schätze noch immer glaubt, daß ihr Unseresgleichen seid,
so wünschen wir euch gute Verdauung zu eurem Egalité=
Gericht . . .

Ihr Luxus, ihre affektirte Rococo=Schwärmerei, die künst=
liche Atmosphäre von Ancien=Régime, mit der sie sich umgibt,
täuscht vielleicht die „gute Gesellschaft" über ihre gegenwärtige
und zukünftige Stellung in Frankreich; allein wenn sie unbe=
fangen über sich nachdenken könnte, würde sie finden, daß
ihre gegenwärtige Taktik eine ebenso verfehlte ist, als es ihre
Schmolltaktik bis zum Jahre 1878 war. Die Gleichheit be=
steht nun einmal und mit all ihrer Ueppigkeit ist die reaktionäre
Aristokratie nicht im Stande, im heutigen Paris eine „erste
Gesellschaft" zu bilden. Eine solche ist unmöglich in einer
Gemeinschaft, die an ihrer Spitze keinen Hof hat. Der un=
glücklichste Einfall, auf den die Reaktion gerathen konnte, war
der, durch größere Verschwendung ihren Rang zu wahren.
In der Verschwendung kann es ihr die Welt der Börse und
jene grundsatzlose Bourgeoisie gleich thun, die, durch die Um=
wälzung zu Macht und Reichthum gelangt, mit undankbarem
Protzenthum ihrer Wohlthäterin den Rücken kehrt und durch
korrekt aristokratische Gesinnung für ihren Ursprung um Ver=
zeihung bittet. Die Gesellschaft, die durch fabelhaften Glanz
ihrer Lebensweise gegen die republikanischen Gedanken kämpft,
findet sich vermischt mit Jobbers und Millionären aus dem
Marais und diese Bundesgenossenschaft nimmt ihr von vorn=
herein jede Vornehmheit. Reichthum und Aufwand allein können
nicht die Merkzeichen einer ersten Gesellschaft sein, sobald sie

sich auch bei Plebejern von gemeinem Ursprung und gemeiner Gesinnung finden. Aber auch alle anderen Beigaben, die eine erste Gesellschaft zu einer solchen machen, fehlen der reaktionären Aristokratie Frankreichs. Sie vermag keine Berühmtheit zu verleihen, da dies in einem Land ohne Hofgesellschaft einzig und allein der Presse zusteht; sie hat keine politische Macht, da das allgemeine Stimmrecht die Stimme des Herrn Herzogs oder Fürsten in den fünfzig gleichwerthigen Stimmen seiner Dienerschaft, vom Haushofmeister bis zum Stallknechte hinab, kläglich ertränkt; sie kann nicht begünstigen, ihren Schützlingen keine Stellung und keine Beförderung sichern, weil sie jede Fühlung mit den wirklichen Machthabern des Augenblicks verloren hat, und so erreicht sie mit ihrer satrapischen Großthuerei doch nichts anderes, als daß sie, umgrollt vom Neide der Unverständigen, belächelt von den Weiseren und Tieferblickenden, in der Höhe einer luftigen Ausschließlichkeit ein ebenso glänzendes wie zweckloses Dasein führt, einer Schaar von Goldkäfern vergleichbar, die glitzernd im Sonnenglanze spielen und summen, während unter ihnen die emsigen Feldarbeiter schaffen, ohne in ihrem ernsten Thun die leichtfertigen Insekten auch nur eines Blickes zu würdigen.

Das letzte wirkliche Vorrecht, das der vornehmen Gesellschaft in Frankreich noch übrig geblieben ist, nachdem ihr die politische und gesellschaftliche Gleichheit alle anderen genommen hat, ist ihr Reichthum. Durch ihren vordringlichen Luxus, durch die Opfer, die sie bringt, um ihre Rolle einer Hofgesellschaft ohne Hof, einer Noblesse des achtzehnten Jahrhunderts ohne Ludwig XV. folgerichtig durchzuführen, ist sie auf dem besten Weg, auch dieses letzte Vorrecht zu verlieren, mit anderen Worten: sich zu Grunde zu richten. Und wenn sie es nicht durch Müßiggang und Verschwendung thut, so thut sie es durch alberne Börsenspekulation und durch wüstes Baccara-Spiel in den vornehmen Clubs, die ebenso viele Zweiganstalten der Spielhölle von Monaco sind. Die rechtgläubig katholische Union-Generale-Schwindelei wurde mit aristokratischem Geld eingeleitet und stachelte die Gemüther im vornehmen Faubourg zur wilden Leidenschaftlichkeit eines italienischen Morra-Spielers oder englisch-irischen Preisring-Wetters auf und die Folge davon war natürlich, daß der „Krach" vom Januar 1882 mehr hochadelige Wappenschilde brach als die Schlacht von Azincourt. Aehnlich verhielt es sich mit der Kupferspekulation des Jahres 1888. Der „Faubourg" tanzte mit, als unter dem Klange rieselnder Goldstücke zur tollen Tarantella aufgespielt wurde, und fiel selbstverständlich zuerst athemlos — pauz pardauz! — hin, als die Knüppel zwischen die Beine der Tanzenden zu fliegen begannen. Von der Vornehmheit ist dieser aristokratischen Gesellschaft nichts geblieben als ein Snobismus, dessen sich ein Baumwollmakler schämen würde. So lange sie Geld hat oder die Verächtlichkeit und Thorheit der französischen und amerikanischen Bourgeoisie ihr reiche Heiraten ermöglicht, kann sie ihren Rang behaupten. Wie wird sie aber dann Ancien régime spielen, wenn sie ihre üppigen Paläste verkaufen muß? Was wird aus ihren aristokratischen Dinstags-Abenden in der Comédie française werden, wenn sie nicht mehr Geld genug haben wird, auf ihre Logen zu abonniren? Es ist gefährlich, den Krieg gegen die republikanischen Einrichtungen mit Goldstücken zu führen, wenn man deren nur einen bestimmten Vorrath hat, während die plebejische Arbeit sie in unbegrenzter Menge hervorbringt. Falls die Reaktionäre der vornehmen Faubourgs nicht rechtzeitig ihren Frieden mit der Republik machen, wird der Augenblick nicht lang auf sich warten lassen, wo der allgemeine Wolstand die Verschwender aus Opposition enteignet haben wird, wo die „neuen Schichten" in die Hotels des Quartier Monceau emporgestiegen sein und sie erfüllt haben werden.

Freilich kann man fragen: werden die Nachfolger der verdrängten Reaktionäre mit ihren Palästen und Equipagen nicht auch ihre verrotteten Gesinnungen und ihren Haß gegen die Egalité übernehmen? Bisher war es fast immer so. Ob es auch in Zukunft so sein wird, darüber wage ich keine Meinung auszudrücken.

Jules Grévy.

Unverbesserlich, die Manie der Weltgeschichte, Witze zu machen! Mußte gerade der Mann Präsident der französischen Republik werden, der seine politische Laufbahn damit begann, daß er in der 1848er Nationalversammlung den Antrag stellte, die Präsidentenwürde abzuschaffen und an die Spitze der Regierung ein Kollegium von Ministern zu stellen, das häufiger Erneuerung zu unterwerfen wäre. Hatte Grévy nun eine Inkonsequenz begangen, indem er das Amt annahm, dessen Ueberflüssigkeit er scharfsinnig und überzeugungskräftig nachgewiesen? Nein, denn als Präsident bemühte sich Grévy zu beweisen, wie richtige Ansichten er als Abgeordneter vertreten hatte.

Die Annahme der Präsidentschaft war seitens Grévys ein großes patriotisches Opfer. Ein scharfäugiger Beobachter und illusionloser Kenner seines Volkes, wußte Grévy daß die Franzosen — gleich den Fröschen der Fabel — nun einmal noch nicht ohne Oberhaupt sein können, und er zog es vor, selbst der harmlose Holzpflock zu sein, damit nicht, wenn er diese verdienstliche, aber undankbare Rolle ablehnte, ein minder skrupulöser Storch sie übernahm. Ein Holzpflock, das Bild könnte für verletzend gehalten werden. Ersetzen wir es durch ein anderes. Sagen wir, Grévy habe sein Amt als ein rein dekoratives aufgefaßt. Er hatte die Kraft, seine Persönlichkeit aufzugeben und blos ein Prinzip zu sein. Er war die Versöhnung des Gegensatzes, der darin liegt, daß eine auf dem allgemeinen Stimmrechte beruhende Republik, also die Leugnung des persönlichen Regiments, eine mit Willen und Macht ausgerüstete Persönlichkeit an die Spitze ihres Regiments setzt. Grévy hatte anscheinend als Präsident keinen Willen und er benutzte seine Macht wie der Sprecher des englischen Hauses der Gemeinen sein Szepter, das friedlich vor ihm auf dem Tische liegt: als ein Paradestück. Er war wie das Bild auf einer Münze: er trat mit kaum merklichem Relief aus der Fläche der verfassungsmäßigen Gewalten hervor; man sah ihn wol, aber man fühlte ihn nicht. Dieses freiwillige Sichverflachen, dieses Verbergen der individuellen Physiognomie hinter der typischen Maske des obersten Beamten der Republik war das große Verdienst und die Bedeutung der Präsidentschaft Grévys.

Die Wahl Grévys zum Präsidenten der französischen Republik bildete eines der wichtigsten Daten in der Geschichte des Landes. Sie bedeutete, daß Frankreich sich offen auch nach außen hin zu den Grundsätzen seiner Verfassung bekannte. Die Feinde der Republik in Frankreich und außerhalb desselben hatten sie nicht ernst genommen, so lange ihr Präsident ein Marschall gewesen war. Das klang doch noch harmonisch mit den monarchischen Überlieferungen und Anschau=

ungen zusammen. So lange es nun ein Soldat ist, der an der Spitze des Reiches steht, kommt es ja auf seinen Titel nicht an; ob er nun Podestá oder Doge oder Präsident oder König heißt, das macht einer etwas höhern Auffassung keinen Unterschied; die Hauptsache ist, daß der Grundsatz der persönlichen Autorität, des unbedingten Befehlens und Gehorchens zur Geltung besteht und der Unterthanenrespekt vor dem Säbel und der goldgestickten Uniform gewahrt bleibt. Diese Erwägung verschaffte dem General Grant einen so glänzenden Empfang und dem Marschall Mac Mahon solche Sympathien an allen europäischen Höfen. Wie schlau sich die Reaktionäre verschiedenster Nationalitäten anblinzelten, wenn sie von der „Republik Frankreich" sprachen! Wie sie sich untereinander über dieses kindische Franzosenvolk lustig machten, das sich so viel auf seine Republik zu Gute thue und dem doch der bleiernste Monarchismus noch so schwer in allen Gliedern stecke, daß es nur einen schönen Herrn im Soldatenrocke mit dicken Epauletten und Bändern und Sternen zum Oberhaupte haben und nichts davon wissen wolle, von Seinesgleichen, von einem schlichten Zivilisten im schmucklosen Bürgerrocke regiert zu werden! Und wenn man die Schlaumeier, die Frankreich genau zu kennen vorgaben, derart klügeln hörte, so konnte man ihnen nicht einmal widersprechen, denn der Anschein der Dinge entsprach ihrer Auffassung. Der Marschall Mac Mahon hatte während seiner Präsidentschaft wirklich eine vollständige Hofhaltung im Elyséepalast; er war von drei Adjutanten und etlichen Zeremonienmeistern umgeben, hatte einen Hofkaplan, einen Hausalmosenier, ein Militär- und Zivilkabinet er sprach von „seiner" Armee, „seiner" Regierung, ja sogar „seinem" Volke; jeden Augenblick wurden Leute, die von seiner Gottähnlichkeit nicht zu überzeugen waren, wegen Majestäts=beleidigung — nein, wegen Marschallsbeleidigung — zu schweren Strafen verurtheilt, öffentliche Beamte der Republik, allerdings solche von der schwärzlichen Färbung der „moralischen Ordnung", betheuerten unausgesetzt ihre Ergebenheit für die Person des Herrn de Mac Mahon und in einer schwachen Stunde ließ er sogar ungeschickte Freunde gewähren, die öffentlich seine Abstammung von irgendwelchen irischen Königen der Fabelzeit verkündeten, gleichsam um ihm zu seinen übrigen Machtabzeichen auch noch die Glorie des Gottesgnaden=thums anzuschmeicheln. Das sah allerdings einer Monarchie zum Verwechseln ähnlich und die Leute, die der Republik aus Beruf oder Neigung nicht grün sind, hatten ganz Recht, sich vergnügt die Hände zu reiben. Erst die Wahl Grévys ent=zog ihnen diesen letzten Trost; erst diese Wahl machte der monarchischen Affenkomödie im Elysée ein gründliches Ende, erst seither war die Republik eine wirkliche Republik.

Grévy ist ein Bürger in der großen und in der kleinen Bedeutung des Wortes. Seinen Namen putzt kein „de" auf und sein Knopfloch kein Endchen bunten Seiden=bandes. Unglaublich, aber wahr: er besaß im Augenblicke seiner Erwählung keinen einzigen Orden, nicht einmal den der Ehrenlegion. Das war sogar eine seiner merkwürdigsten Eigenthümlichkeiten: er gehörte zu der ganz winzigen Gruppe bedeutender Franzosen, die die Kraft haben, ihren Lebensweg ohne das rothe Bändchen zurückzulegen. Es sei übrigens der

Wahrheit die Ehre gegeben: es war nicht das Verdienst
Grévys allein, daß sein Knopfloch bis zum 30. Januar 1879
jungfräulich blieb. Die Ereignisse hatten ihren wesentlichen
Antheil an diesem Zustande. Vor 1848 war Grévy un-
berühmt; während der zweiten Republik legte er zu entschie-
denen Freisinn, um nicht zu sagen Radikalismus, an den Tag,
als daß die reaktionären Machthaber, mochten sie nun Cavaignac oder Louis Bonaparte heißen, ihn mit ihrer Gunst
hätten bedenken sollen; unter dem Kaiserreiche gehörte er zu
den Unversöhnlichen und seit der Septemberumwälzung war
er immer entweder in der Opposition oder Präsident der
Abgeordnetenkammer und als solcher über das einfache Bändchen hinausgewachsen; nach dem Gesetz aber kann ein Franzose nur dann in eine höhere Klasse des Ordens befördert
werden, wenn er zuvor durch die niedrige gegangen ist, und
da Grévy nie Ritter gewesen war, so konnte er als Präsident
der Volksvertretung nicht Offizier, Kommandeur oder Großoffizier werden. Die Beamten der Ehrenlegionskanzlei zer-
brachen sich denn auch nach dem geschichtlichen 30. Januar
weidlich den Kopf, ob Grévy sich als Präsident zum Groß-
kreuze bombardiren würde, wie es Thiers gethan hatte, der
von früheren Ernennungen her erst Großoffizier gewesen war,
sich jedoch ohne viel Fackelns das breite Band zulegte, als er
zum Staatsoberhaupte gewählt wurde. Grévy that nichts
dergleichen. Viele Monate lang blieb sein Knopfloch verwaist
und erst am 14. Juli 1880, am großen Nationalfesttage der
Fahnenvertheilung, zeigte er sich dem Volke mit dem Groß-
kordon der Ehrenlegion geschmückt. Er faßte eben diesen

Kordon als eine Art unpersönlichen Abzeichens auf, das der Würde des Staatsoberhauptes zukommt. Jede Stellung hat ihre Pflichten und Grévy war nicht der Mann, sich ihnen zu entziehen, selbst wenn sie — angenehm waren. Er nahm später auch alle Orden an, welche fremde Herrscher ihm verliehen, da ihre Ablehnung eine Verletzung der Rücksicht gegen befreundete Mächte gewesen wäre, und er konnte selbst nicht umhin, sich der Zeremonie der Belehnung mit dem spanischen goldenen Vließe zu unterziehen, einer Zeremonie, die mit ihren mittelalterlichen Einzelheiten einem alten Demokraten besonders unerfreulich sein mußte.

Grévy war Demokrat im Privatleben und ist Demokrat geblieben als Präsident der Republik. Er war so seit 1793 das erste Beispiel eines Demokraten als gesetzliches Oberhaupt des französischen Volkes. Lamartine war seinen Instinkten und seiner Abstammung nach ein Aristokrat; ebenso war es Cavaignac, dessen Soldatennatur die Demokratie vollständig ausschloß. Thiers war ein alter, überzeugter Monarchist, Diener und Freund des Königs, kindisch verliebt in Hofzeremoniell, ein Kenner und peinlicher Beobachter jeglicher Etikette; der schönste Tag seines Lebens war der, an welchem er das goldene Vließ erhielt, und wenn er von dem Baronstitel, den ihm König Ludwig Philipp aufgehalst hatte, keinen Gebrauch machte, so geschah dies wol nur darum nicht, weil ihm dieser Adelsrang zu unbedeutend war, um mit ihm Staat zu machen. Grévy aber war ein wirklicher und überzeugter „Egalitaire"; er hätte sich nichts daraus gemacht, als „Bürger Präsident" angesprochen zu werden, und sein Demokratenthum

war so echtfärbig, daß er sein Möglichstes that, um aus dem
hochmüthigen Elysée-Palast eine europäische Nachahmung des
Weißen Hauses zu Washington zu machen. Man gelangte
zu ihm leichter als zum Commis eines Agent de Change, an
seinen öffentlichen Empfangsabenden hatte er für jeden seiner
Gäste, deren einzige Legitimation anständige Kleidung war,
ein freundliches Wort und einen Händedruck und seine Ge=
wohnheiten und Lebensweise waren einfacher als die manches
Pariser Seifensieders, der zu Renten gekommen ist. Jeden=
falls war das Schauspiel eines französischen Staatsoberhauptes,
dem jeder Bürger unzeremoniös die Hand schütteln und die
Tageszeit wünschen konnte, für unsern Welttheil ein ebenso
neues wie lehrreiches; denn das Beispiel des Präsidenten der
Vereinigten Staaten von Nordamerika ist für uns zu ent=
legen und das des Oberhauptes der Schweizerischen Eid=
genossenschaft zu wenig nachdrücklich, weil das Staatswesen,
dem es vorsteht, nicht ansehnlich genug ist.

Die Lebensgeschichte Grévys kann ich bei den Lesern als
bekannt voraussetzen; wenigstens so weit es sich um die
trockenen Angaben handelt, die im Vapereau zu finden sind.
Alle Welt weiß heute, daß er der Sohn von Landleuten aus
dem Vogesen=Departement ist und seine Rechts=Studien in
Paris gemacht hat. Er kam gerade während der drei „glo-
rieuses", während der Tage der Juliumwälzung nach der
Hauptstadt und betheiligte sich mit dem ganzen Feuer be=
geisterungsfähiger Jugend an den Straßenkämpfen. Er schrieb
darüber seinem Vater im ersten Briefe, den er ihm aus Paris
sandte: „Je suis venu à Paris pour faire mon droit et

— mon devoir." „Ich bin nach Paris gekommen, die Rechte zu studiren und meine Pflicht zu thun", eine Uebersetzung, die freilich das feine Wortspiel des Originals nicht wiedergibt. Nach Beendigung seiner Studien kehrte er in sein Heimats-Departement zurück und wirkte dort als vielbeschäftigter Rechtsanwalt, bis ihn nach der Februarumwälzung das allgemeine Stimmrecht in die Nationalversammlung sandte. Hier lenkte er die allgemeine Aufmerksamkeit zuerst durch den Aenderungsantrag zur Verfassung auf sich, der die Abschaffung der Präsidentenwürde bezweckte und von dem zu Beginn dieses Kapitels die Rede war. Nach dem Staatsstreich blieb er in Paris, in dessen „Barreau" er sich einschreiben ließ. Im „Palais" erinnern sich alte Habitués noch heute eines berühmten Ehescheidungsfalles, der in den Fünfziger-Jahren vor dem Zivilgerichte der Seine verhandelt wurde und in welchem Grévy die klägerische Gattin, den angeklagten Gemahl aber Dufaure vertrat. Die Plaidoyers nahmen homerische Alluren an. Grévy war ein Held, Dufaure ein Berserker; der erstere vernichtete den Gatten seiner Klientin, der andere ließ an dieser keine heile Faser; schließlich unterlag aber Dufaure und nach der Urtheilsverkündung trat er auf Grévy zu, schüttelte ihm die Hand und sagte: „Vous êtes rudement fort — voulez vous déjeuner avec moi?" „Sie sind ein Racker! Wollen Sie mit mir frühstücken?"

Ehe er die stolzen Gemächer des Elysée-Palastes bezog, wohnte Grévy durch fünfzehn Jahre in einer bescheidenen Miethwohnung, drei Treppen hoch, in einem großen und stattlichen Hause der Rue St. Arnaud, jetzt Rue Volney), wenige Schritte vom Boulevard des Capucines. Als er zum Präsidenten gewählt wurde, gab er seine alte Wohnung darum nicht auf. Man begegnete in dieser Wohnung keinerlei Luxus. Die Zimmer waren höchst einfach eingerichtet und das einzige Prachtstück, das man in seinem Salon fand, war eine reizende Marmorgruppe von Carpeaux, zwei spielende halbwüchsige Mädchen darstellend.

Er behielt diese Wohnung mit all ihrer Einrichtung, bis er sich einen herrlichen Palast in der Nähe des Trocadero erbaut und ausgestattet hatte, den er jetzt mit seiner Tochter und seinem Schwiegersohne bewohnt, seit er wieder in das Privatleben zurückgetreten ist. Dem Einflusse dieses Schwiegersohnes ist es vielleicht zuzuschreiben, daß er seinen Lebensabend inmitten eines Luxus verbringt, den er in den Jahren seines Schaffens und Strebens sich nie gegönnt hatte, obschon er ein reicher Mann war, lang, ehe er mit einer ihm häufig vorgeworfenen und in der That nicht ganz angebrachten Sparsamkeit von seinem Präsidenten-Gehalte viele Millionen zurücklegen gekonnt.

Das Vermögen, das Grévy schon vor seiner Präsidentschaft besaß und das auf eine Million geschätzt wurde, hatte er übrigens nur zum Theil selbst erworben; zum guten Theil hatte er es geerbt. Die Bauern in den Ostdepartements Frankreichs (und auch in der Normandie) sind vielfach sehr wolhabende Leute, die für die Erziehung ihrer Kinder schweres Geld aufwenden und ihnen einen höchst ansehnlichen Sparpfennig hinterlassen können. Auch die beiden Brüder des Präsidenten haben eine Laufbahn zurückgelegt, wie sie in anderen Ländern Europas den Söhnen eines einfachen Landmanns wol kaum beschieden ist: der eine ist General und hatte jahrelang eines der wichtigsten Kommanden des Landes, der andere war zur Zeit der Erwählung seines Bruders Rechtsanwalt und Abgeordneter und wurde nachher zum Zivil-Gouverneur von Algerien ernannt, eine Stelle, die für Frankreich die Bedeutung hat wie die Stelle eines Vizekönigs von Indien für Großbritannien.

Ein Abgeordneter von der Rechten, wenn ich nicht irre Mitchell, sagte von Grévy im Dezember 1877, als davon die Rede war, daß er Mac Mahons Nachfolger werden solle: „Ich habe Furcht vor diesem Menschen. Er hat keine Maitresse, man hat ihn nie Karten anrühren gesehen und er trinkt weder Wein noch Liköre. Ein unheimlicher Mensch!" Die Thatsachen, welche dieser reaktionäre Abgeordnete anführte, sind wahr. Man kennt keine Frau, der Grévy den Hof gemacht hätte, und die Karten verabscheut er. Dafür ist er aber ein ausgezeichneter Schachspieler und diese edle Zerstreuung ist die einzige, die er sich während der Präsidentschaft gestattete; sein alter Partner auf dem Schachbrett kam ein- bis zweimal wöchentlich ins Elysée und hatte hier die Ehre, den Präsidenten der Republik matt zu machen, wenn er es nicht für eine Pflicht der Höflichkeit hielt, sich von ihm matt machen zu lassen. Auch daß Grévy keinen Wein trinkt, selbst bei seinen Mahlzeiten nicht, ist richtig. Er macht dies damit wett, daß er gleich Thiers ein leidenschaftlicher Kaffeetrinker ist. Um sein Lieblingsgetränk stets in gleichmäßiger Güte zu haben, bereitet er es sich in der Regel selbst. Mit dieser kleinen Schwäche hängt eine drollige Anekdote zusammen, die man sich von ihm erzählt. Vor einigen Jahren war er einmal vom Abgeordneten Menier zusammen mit seinem Freunde Bethmont zu einer Jagdpartie geladen. Wie es kam, weiß ich nicht, genug, Grévy und Bethmont verirrten sich im Wald und in ihren Bemühungen, den rechten Weg zu finden, geriethen sie in ein einsames Wirthshaus, wo sie ein= kehrten. Sie waren müd und durstig und verlangten zunächst etwas zu trinken. Bethmont war natürlich mit dem vorhan= denen Krätzer gedient, Grévy aber, der den Wein verabscheut, wünschte Kaffee. Er wandte sich zum großen Staunen seines Freundes an den Wirth mit der Frage: „Haben Sie Cichorie?" „Gewiß, mein Herr." „Bringen Sie mir sie." Der Wirth ging und erschien mit einem Röllchen Cichorie, das Grévy an sich nahm. „Haben Sie noch?" „Ein klein wenig." „Bringen Sie mir auch das." Der Wirth entfernte sich wieder und brachte diesmal nur ein halbes Röllchen, nicht ohne seinen Gast verwundert anzusehen. „Ist das Alles?" „Das ist Alles." „So. Und nun gehen Sie und bereiten Sie mir eine Tasse Kaffee." Bethmont und der Wirth lachten herzlich und Grévy hatte das Wunder vollbracht, von einem Bauernwirthe Kaffee ohne Cichorie zu erlangen.

Grévy ist gewöhnlich ernst und schweigsam. Dennoch ist er zu sehr Franzose, als daß er nicht manchmal „mots" machen sollte. Im Mai 1877 ließ er einmal eine außer= ordentliche Sitzung der Kammer einberufen. Der Chef der Huissiers fragte ihn, ob die Einberufung im Amtsblatt an= gekündigt werden oder für jeden Abgeordneten persönlich sein solle? „Sie soll persönlich sein, ganz wie die gegenwärtige Regierung", war die Antwort, die Grévy nicht unterdrücken konnte.

Seinem Aeußern nach ist Grévy eine auffällige Erscheinung. Er ist groß, stark, breitschulterig, der Typus jenes schönen ostfranzösischen Menschenschlags, in welchem das fränkische und burgundische Blut weit vor dem gallischen vorherrscht. Sein Schädel ist ganz kahl, das kräftige und ausdrucksvolle Gesicht mit der rasirten Oberlippe, dem glatten Kinn und den grauen, starken „Favoris" zeigte lange Zeit die korrekte Maske des ehemaligen Advokaten und bekam erst in den letzten Jahren ein geändertes Ansehen, als Grévy Schnurr- und Kinnbart stehen zu lassen begann. Sein fein geschnittener Mund hat, wenn geschlossen, einen etwas harten Zug, ist aber eines herzgewinnenden, wahrhaft kindlichen Lächelns fähig. Wenn es unter Präsidenten einer Republik üblich wäre, ein Motto zu wählen, wie Monarchen dies bei ihrer Thronbesteigung zu thun pflegen, so würde sich für Grévy der ihn vollständig charakterisirende Wahlspruch empfohlen haben: „Mens sana in corpore sano."

Die geistige Bedeutung Grévys lag in seiner gewollten Passivität. Es gehört große Selbstbeherrschung, starkes Wollen, feiner Takt und tiefes Denken dazu, um die Rolle eines wesenlosen Grundsatzes, die Grévy sich auferlegt hatte, folgerichtig durchzuführen. Seinem Temperament nach ein eifriger Redner von stark ausgeprägter Individualität, hatte Grévy seit seiner Präsidentschaft den Mund nur zu kurzen Ansprachen und Erwiderungen aufgethan, in denen man vergebens eine Spur persönlicher Färbung gesucht hätte, die sich vielmehr alle so anhörten und lasen, als hätte ein Ausschuß sie korrekt und unpersönlich redigirt. Ein klarer, urtheilsvoller Politiker, beschränkte er sich im Ministerrathe, dem er vorsaß, darauf, die Beschlüsse der Mehrheit des Kabinets zusammenzufassen, wie ein Richter den Wahrspruch von Geschworenen wiederholt, ohne daß man seine eigene Meinung durchfühlen würde. Seine absichtliche Farblosigkeit war ein politisches Beispiel, das der dritten Republik nicht mehr verloren gehen kann.

Die Präsidentschaft Grévys war nach zwei Richtungen hin eine erziehliche: sie lehrte die Nation, sich an schlichte Bürgerlichkeit beim höchsten Würdenträger des Staates zu gewöhnen und in dem Präsidenten der Republik nichts zu sehen als den ruhenden, zusammenfassenden Schlußstein der verfassungsmäßigen Gewalten, der sich sorgsam jeder thätigen Eigenbewegung enthalten muß, wenn er nicht das Gewölbe erschüttern will, dessen Halt und Siegel er doch sein soll; die Präsidentschaft Grévys war ein siegreicher Protest gegen das persönliche Regiment und nur diejenigen, die das letztere wollen, werfen ihr ihre Verwischtheit, ihren Mangel an Impuls und Initiative vor. Es ist wahrhaft tragisch, daß diese in jeder Hinsicht musterhafte Präsidentschaft nach neunjähriger Dauer inmitten von Aergernissen unrühmlichster Art enden mußte. Grévy wurde das Opfer von Menschen und Verhältnissen, nicht seiner eigenen Schuld. Er gestattete seinem Schwiegersohne Wilson eine anstößige

Ausbeutung des Ansehens, das ihm seine Familienbeziehung zum Präsidenten der Republik gab. Er verbot ihm nicht, das Elysée, in welchem Wilson wohnen durfte, zu einer Art Lumpenbörse zu erniedrigen, wo täglich zusammengelaufenes Gesindel beider Geschlechter um alles Mögliche wucherte und schacherte. Ein ernster Vorwurf ist Grévy aus seiner Schwäche nicht zu machen. Es ist verständlich, daß er sich von seinem einzigen Kinde nicht trennen wollte. Es bringt ihn uns menschlich nahe, daß er von seinen kleinen Enkelinen umgeben zu sein wünschte, deren anmuthige Kindheit sein Alter wie mit Sonnenstrahlen belichtete und wärmte. Diese Gemüthsweichheit seines Schwiegervaters mißbrauchte Wilson, ein kalter und zugleich verworrener Streber, das Urbild jener „Degenerirten", die Morel in unübertrefflicher Weise geschildert hat. Daß Grévy um Wilsons dunkle Geschäfte gewußt hat, ist nie bewiesen, kaum behauptet worden. Die erregte öffentliche Meinung forderte einen Sündenbock, als die übelriechende Verderbniß aufgedeckt wurde, die unter einer reinlich genug aussehenden Oberhaut den Leib der Republik durchwühlte. Grévy wurde dieses Opferthier. Er widerstand, so lange er konnte, nicht auf seinen Vortheil bedacht, sondern um nicht zu gestatten, daß die ungeregelte Volksleidenschaft oder Pöbellaune eine verfassungsmäßige Einrichtung, wie es das Septennat ist, einfach als nicht vorhanden ansehe. Er hatte die klare Erkenntniß, daß nichts mehr lange feststehen könne, wenn man sich erst gewöhnt haben würde, mit den Grundbestimmungen der Verfassung Fangball zu spielen. Als der Straßenpöbel ihn bedrohte und die Kammer mit den Blousenmännern gemeinsame Sache machte, verließ er mit Würde seinen curulischen Stuhl. Seine Laufbahn war gerade und reinlich. Sie hat an einem Abgrunde jäh geendet. Die Geschichte wird Grévy keinen politischen Fehler vorwerfen, sondern blos mit Bedauern feststellen, daß er sich in der Wahl eines Schwiegersohnes menschlich geirrt habe.

Léon Gambetta.

Als in der Sylvesternacht 1882 Léon Gambetta nach kurzer Krankheit, 44 Jahre alt, starb, da verlor die dritte Republik ihre bemerkenswertheste Persönlichkeit, wenigstens die bemerkenswertheste unter denen, die sie herbeigeführt, eingerichtet und über ihre Anfänge gewacht haben. Noch heute, Jahre nach seinem Tode, schwankt sein Charakterbild in der Geschichte. Noch immer ist er seinen Freunden und Bewunderern die herrliche Verkörperung des französischen Genius, der Vorsehungsmann, der bestimmt war, Frankreich den 1870 verlorenen Rang unter den Völkern wiederzuerobern, seinen Gegnern ist er auch jetzt noch nichts Anderes als ein eitler Schwätzer und roher Schwelger, Numa Roumestan, der Glück gehabt hat, ein grundsatz- und gedankenloser Selbstling, dem jede Rolle willkommen ist, in welchem er schöne Kostüme tragen, prächtige Monologe deklamiren, das Händeklatschen der Galerie, die schwärmerischen Blicke der Logendame, die Kränze der Orchesterfauteuils einheimsen kann, jede Rolle, auch die des rachesschnaubenden

Patrioten. Die einen wie die anderen übertreiben offenbar. Wenn auch das tönende Wort sein großes Mittel des Erfolges war, so fehlte es ihm doch nicht ganz an politischen Gedanken. Wenn er auch persönlich kein Mönch der starren Observanz war und nichts dagegen hatte, daß rings um ihn auffällige Vermögen und Stellungen erbaut wurden, hatte er doch selbst reine Hände und seine Vaterlandsliebe war mehr als eine Heldenrolle, die er auf dem politischen Theater spielte. Ein dauerndes Werk hat er nicht hinterlassen, seine Freunde sagen: weil er keine Gelegenheit hatte, eines zu schaffen, seine Gegner: weil er dazu nicht im Stande war. Diese Meinungsverschiedenheit ist nicht mehr zu schlichten. Er mag aber, als er starb, noch eine Zukunft vor sich gehabt haben oder nicht, jedenfalls war er bis zu seinem Tode als die Hoffnung der Republik und der natürliche Nachfolger Grévys angesehen worden.

Es ist unmöglich, sich einen entschiedeneren Gegensatz zu denken als der war, der zwischen Grévy und Gambetta bestand. Wenn Grévy das unpersönliche Prinzip war, so war Gambetta die Persönlichkeit par excellence, seine Feinde spitzen sogar die Antithese noch mehr zu und sagen direkt: die prinzipienlose Persönlichkeit. Grévys politische Physiognomie war blaß und verwaschen, eine korrekte, typische Umrißzeichnung von schulmäßig klassischer Unbestimmtheit: Gambettas Charakter dagegen war scharf individualisirt, kräftig gefärbt, eigenartig und ausschließlich wie ein Porträt von Franz Hals. Grévys Präsidentschaft bedeutete die Herrschaft einer konstitutionellen Zusammenfassung der Meinungen

4*

des Parlaments und Cabinets, Gambettas Präsidentschaft würde, wenn sie Thatsache geworden wäre, die Herrschaft einer Parlament und Cabinet mit ihrer Wucht erdrückenden Persönlichkeit bedeutet haben. Die Stimme, die aus dem Elysée heraustönt, ist auch heute noch, unter Carnots Präsidentschaft, ein Echo des Ministerraths, im Fall einer Aera Gambettas hätte sie einen durchdröhnenden persönlichen Akzent gehabt, in dessen mächtigem Grundton alle anderen Stimmen der Nation aufgegangen wären.

Die Präsidentschaft Gambettas hätte ein neues persönliches Regiment bedeutet, wenn auch vielleicht ein persönliches Regiment, entschuldigt durch Patriotismus und erträglich gemacht durch Achtung vor den verfassungsmäßigen Formen; allerdings aber selbst hierdurch nicht genügend entschuldigt und erträglich gemacht, um nicht schon im Voraus vielfaches und lebhaftes Widerstreben hervorzurufen. Der Groll seiner Feinde hätte Gambetta schwerlich verhindert, Alles zu erreichen, wonach er strebte, allein es ist immerhin ein Anzeichen fortschreitender Reife und Mündigkeit des französischen Volkes, daß der Platz, den Gambetta in seinen letzten Lebensjahren einnahm, Beunruhigungen erregte und daß mißtrauische Republikaner ihm den drohenden Ruf: „Diktator!" ins Gesicht schleuderten.

Diese Beunruhigungen, dieses Mißtrauen waren Anzeichen einer sich vorbereitenden Umwandlung der französischen Volksseele. Die ganze Geschichte der Nation ist da, um zu beweisen, daß individuelles „Prestige" immer den größten Eindruck auf die Franzosen gemacht hat, daß sie sich nie woler fühlten, als wenn sie zu einer großen Persönlichkeit bewundernd aufblicken, ja, um den Abstand zwischen ihnen und dem Haupte des jeweiligen Idols noch weiter zu machen, sich ihm zu Füßen werfen konnten, daß sie beherrscht sein, eine harte Hand in ihrem Nacken fühlen wollten und daß der Drang nach Gleichheit und Selbstbestimmung, der verworren, keimend, aber unverkennbar in ihnen wühlte und sich in kurzen Ausbrüchen zeitweilig Luft machte, einen sich immer wieder erneuenden Rückfall in ein mehr oder minder begeisterungsvoll angenommenes persönliches Regiment nicht verhindert hat, wie ja erst wieder die jüngste Geschichte des Boulangismus beweist. Zum erstenmal im Laufe seiner Geschichte schien es es, als wollte sich das französische Volk gegen das Uebergewicht einer Persönlichkeit aufbäumen; zum erstenmale wurde es einem Liebling gegenüber zurückhaltender, blos weil es merkte, daß er sich in gefährlichem Grade der allgemeinen Sympathien bemächtigt hatte. Das ist ein Beweis, daß endlich die Republikanisirung der Massen ernstlich beginnt und dieser Beweis ist durch die späteren Ereignisse, durch das kurze Glück und das jämmerliche Ende Boulangers nicht entkräftet. Das protestlose Sichducken vor einer alle Anderen überragenden Persönlichkeit ist eine Begleiterscheinung des Monarchismus, der ja eben darauf beruht, daß ein Volk ohne Frage einen Herrn annimmt, dessen Ueberlegenheit in einer geheimnißvollen Gnade Gottes wurzelt und wegen seiner dogmatisch-übermenschlichen Natur sich jeder Beleuchtung durch die Vernunft entzieht. Die demokratische Republik, die auf dem Gleichheitsgrundsatze beruht, schließt im Gegentheile jedes zu hohe Herauswachsen einer Individualität über die Masse der Nation kategorisch aus und die Erkenntniß, daß eine übergroße Persönlichkeit die strenge Form dieses Regierungssystems unfehlbar sprengen muß, führt mit unerbittlicher Folgerichtigkeit zum Ostrazismus, den die antike Republik zu einer verfassungsmäßigen Einrichtung erhob und den in der modernen das Mißtrauen und die demolirende Polemik der Parteien ersetzt. Wer immer künftig die Geschichte des demokratischen Gedankens in Frankreich wird schreiben, wer immer wird zeigen wollen, wie das französische Volk sich allmälig von den Erbanschauungen des Monarchismus losgerungen und die Achtung des Staatsbegriffs an die Stelle der Anbetung einer Persönlichkeit gesetzt hat, der wird an die Widerstände und Feindschaften anknüpfen müssen, die Gambetta in seinen letzten Lebensjahren erfahren hat, nicht weil man ihm besondere Fehler vorzuwerfen hatte, sondern blos weil er einen zu breiten Platz in der Republik einnahm.

Thiers hatte die Spezialität schiefer und oberflächlicher Urtheile; er unterließ es nicht, jeder neuen Idee und jedem neuen Menschen, welche das vorwärtsschreitende Jahrhundert an seinen Augen vorüberführte, ein Gutachten an den Rücken zu kleben, das sich regelmäßig nach ganz kurzer Zeit als zum Todtlachen beschränkt und unwissend erwies. Die Geschichte bewahrt in ihrem Narrenbuche das Urtheil Thiers' über die Eisenbahnen, die auf allgemeiner Dienstpflicht beruhende Volksarmee, die Hinterlader, den Freihandel. Derselbe Mann, den seine Landsleute noch immer für einen tiefen Denker halten, hat auch über Gambetta seine Meinung abgegeben. Einmal hat er ihn für einen „Rasenden" erklärt, weil er den Krieg nach dem Falle von Metz noch fortsetzte, ein andermal sagte er von ihm: „Dieser Mann wird in der Haut eines Aufrührers sterben", „cet homme mourra dans la peau d'un factieux". Thiers lebte noch lange genug, um diesen Aufrührer als den Vertreter des Verfassungs=Rechts und des Volks=Gewissens im Kampfe gegen die Männer des 16. Mai zu sehen, und wäre sein Leben nur noch um etliche Jährchen verlängert worden, so hätte er Zeuge sein können, wie sein „Aufrührer" im „Hôtel Bourbon" als Vorsitzender der Abgeordnetenkammer residirt, wie er würdevoll im Hôtel der Ministerpräsidentschaft hauste und wie er nicht in der Haut eines Aufrührers, sondern in der eines Anwärters auf die höchste Ehrenstelle des Staates starb.

Man staunt heute, wenn man bedenkt, daß Thiers über den wahren Charakter Gambettas so grenzenlos unwissend bleiben konnte. Gambetta sollte in der Haut eines Aufrührers sterben? Er war im Gegentheil in der Haut eines Regierungsmenschen geboren. Er war geradezu aus Gouvernementalismus geknetet. Die Opposition war für ihn ein Exil, daheim war er erst, als er, einer der vornehmsten Repräsentanten der Autorität, bei den großen Nationalfesten auf dem Thronsessel zur Linken des Staatsoberhauptes saß.

Man könnte mir einwenden, daß dieser Mann, den ich als Typus eines Gouvernementalen hinstelle, als blindwüthender Gegner des Kaiserreichs begonnen, daß er den politischen Begriff und das Wort „irréconciliable" — mindestens für Frankreich — erfunden hat. Richtig. Aber „irréconciliable" ist eben nicht das einzige Wort, womit er das Wörterbuch der französischen Sprache bereichert hat. Es findet sich da noch ein anderer Neologismus von seiner Mache und dieses Neuwort heißt: „Opportunisme". Die politischen Gegner Gambettas machten ihm aus dieser doppelten Vaterschaft einen Vorwurf: sie sahen im Opportunismus eine Verleugnung, eine Aufhebung der „Unversöhnlichkeit"; sie nannten Gambetta einen Abtrünnigen, seine spätere Entwickelung einen schroffen Gegensatz zu seinen Anfängen. Ich glaube, das ist ein falsches Urtheil. Der Unversöhnliche von 1869 und der Opportunist von 1880 waren im Grund ein und derselbe Charakter, ohne Widerspruch, ohne Inkonsequenz, ohne Verleugnung früherer Grundsätze. Gambetta war Opportunist, als er Unversöhnlicher war, sein scharfer politischer Spürsinn hatte mit Sicherheit die Fäulniß des Kaiserreichs gewittert und er erkannte sehr gut, daß es für das Land und zugleich für einen jungen Politiker von Zukunft das Opportunste war, unversöhnlich zu sein. Sein Urtheil war richtig, dasjenige der Versöhnlichen falsch; Ollivier, der an die Möglichkeit einer Versöhnung der liberalen Opposition mit dem Kaiserreiche glaubte, bezahlte seinen Irrthum nach kläglich kurzer Ministerherrlichkeit mit moralischem Tode. Gambetta, der diese Möglichkeit leugnete, fand den Lohn seiner Klugheit in einer beispiellosen staatsmännischen Laufbahn, die fast bis ans Ende eine ansteigende war.

Nicht seinen aufrührerischen, sondern nur seinen gouvernementalen Eigenschaften hatte Gambetta das zu verdanken, was er erreicht hat. Er besaß Alles, was nöthig ist, um Andere zu beherrschen: Voraussicht, kluges Erfassen der

Menschen und Umstände, Ueberredungsgabe und vor Allem —
unerschütterlichen, grenzenlosen Glauben an sich selbst. Dieser
Glaube an sich selbst ist eines der gewaltigsten Elemente des
Erfolges aufstrebender Menschen. Die meisten Leute besitzen
ihn nicht; denn man darf Eitelkeit, Selbstüberschätzung, ja
sogar Größenwahn mit diesem Glauben nicht verwechseln;
der Eitle, der sich für besser und bedeutender als seine Um=
gebung hält, ist im Grunde seiner Seele doch nicht überzeugt;
es bestehen hinter all seiner Ueberhebung geheime Zweifel an seiner
Gottähnlichkeit, Zweifel, die er vor Anderen verbergen kann,
nicht aber vor sich selbst. Spürt nun die kleinmüthige Menge
in einem Menschen einen felsenfesten, von keinem Zweifel er=
schütterten Glauben an sich selbst, so ist sie gepackt. Sie
sagt sich alsbald: „Wir wollen emporkommen, wie er es will;
wir werfen uns in die Brust, wie er es thut; dabei aber
haben wir die Angst, daß unser Streben erfolglos bleiben
könne, und er hat diese Angst nicht im Geringsten. Er muß
also doch offenbar aus anderem Stoffe sein wie wir." Und
ist die Menge einmal zu diesem Schlusse gelangt, so hängt
sie sich mit Klettenzähigkeit an den Mann mit dem über=
wältigenden Selbstvertrauen, um in seinem Auffluge mühelos
mit emporgezogen zu werden. Die Mittelmäßigen lieben
nichts so sehr, als geschleppt zu sein. Wo sie ein starkes,
zugkräftiges Fahrzeug erblicken, da beeilen sie sich, ihr Schiff=
lein daran zu vertauen, um im Schaume seines Fahrwassers
stolz dahin gleiten zu können. Diesem gemeinen Hange zum
Mitgenommenwerden verdanken starke Naturen ihre ersten
Erfolge: ihm verdanken sie ihre frühesten Bundesgenossen,

Apostel und Anhänger, die die ersten Schlachten des Lebens für sie schlagen, in der Hoffnung, später stets zu Sieg und Beute geführt zu werden. Gambetta war eine jener Ausnahme-Erscheinungen, die durch ihren eigenen Glauben an sich selbst ihrer ganzen Umgebung diesen Glauben einzuflößen vermögen. Alle Personen, mit denen er seit seinem Jünglingsalter in Berührung kam, schlossen sich ihm an und ordneten sich ihm unter. Alle wurden seine Werkzeuge und die Förderer seiner Pläne. Diesem Glauben an seine Zukunft, den er um sich zu verbreiten verstand, verdankte er es, daß er bald in jeder Amtsstube Frankreichs, von den Dorfmairien bis zu den Ministerien, in der Armee, im Parlament, im Lehrkörper Kreaturen und Anhänger zählte. Diese glaubten an seinen Stern und thaten Alles, um ihn auf seiner Höhe zu erhalten, nachdem sie Alles gethan hatten, um ihn auf diese Höhe zu bringen. So tief und stark war dieser Glaube an seinen Stern, daß noch fast ein Jahrzehnt nach seinem frühen Tode diejenigen seiner Anhänger, die mit ihm emporgekommen waren, ihn als ihren Privat-Heiligen oder posthumen Schutzpatron verehren und zu seinem Sterbehaus in Ville d'Avray wie zu einer Heilstätte jährlich wallfahrten, während diejenigen, — sie sind die große Mehrheit, — die er für ihre Gefolgschaft und Bewunderung noch nicht hatte belohnen können, sein Verschwinden beweinen, wie sie etwa den Untergang eines Schiffes bejammern würden, das ihr Vermögen getragen hätte.

Man hat oft von der radikalen Schleppe gesprochen, die Gambetta hinten anhing und die er, wie ihm die Konservativen dringend riethen, kurz entschlossen abschneiden sollte.

Es hätte ihm indeß nichts genützt, seine „queue" abzuschneiden, es würde ihm am nächsten Tag eine neue gewachsen sein. Menschen, die die Gabe haben, an sich glauben zu machen, gleichen dem Magnet, der immer wieder neue Eisenfeile anzieht, auch wenn man sie hundertmal von ihm gestreift hat. Cromwell hatte diese Gabe, Napoleon besaß sie ebenfalls; in unserer Zeit war Gambetta ihr Erbe.

Das starke Selbstvertrauen, das Gambetta schon in seinen bescheidensten Anfängen besaß und das ihn bis zum Schlusse nicht verlassen hat, war mit seinem bis zum Chauvinismus gesteigerten Patriotismus der einzige einigermaßen idealistischere Zug in seiner durch und durch praktischen Natur. Gambetta war kühl und vernünftig bis zur Nüchternheit und die Leidenschaftlichkeit seines Worts und seiner Geste etwas äußerliches, eine Folge von Temperament und Jugendgewohnheit, aber nichts aus der Ueberzeugung, der Phantasie, dem Geiste kommendes. Der Fremde stellt sich mit Vorliebe den Nordfranzosen prosaisch und berechnend, den Südfranzosen dagegen schwärmend und poetisch vor. Die Geschichte lehrt aber, daß unter den Politikern Frankreichs die Praktiker aus dem Süden, die Idealisten dagegen aus dem Norden stammten. Desmoulins, St. Just, Robespierre, diese schwärmenden Feuerköpfe (wenn man nicht vorzieht, sie ganz oder halb tolle Irrenhäusler zu nennen), waren Nordfranzosen. Die Girondins, die mitten in den wildesten Stürmen der politischen Leidenschaften vernünftig zu bleiben und mäßigend zu wirken suchten, stammten dagegen aus dem Süden. Thiers, der philisterhafteste und trockenste Staatsmann, den Frankreich je befaß, war ein Sohn von Marseille und der kluge, kaltblütige Gambetta nannte gleichfalls den Süden seine Heimat. Er hat es verstanden, der dritten Republik seinen eigenen Charakter aufzuprägen. Die dritte Republik ist frei von jedem Idealismus und jeder Schwärmerei: sie ist eine Republik der Geschäfte; eine Republik, die Renten machen will; ihr Stolz ist, dem Lande materielles Gedeihen zu geben, die Gewerbethätigkeit, den Handel zu fördern; sie führt ein Zwanzigfrankenstück im Wappen und fürchtet die Reblaus, die den Ertrag des Weinbaues jährlich um mindestens eine Milliarde schmälert, mehr als alle Reaktionäre der Welt. In den zwanzig Jahren ihres Bestehens hat sie die Steuern ansehnlich vermindert, mehrere tausend Kilometer Bahnen, Straßen und Kanäle gebaut und den Kurs der Rente auf eine unter dem Kaiserreiche nie gekannte Höhe gebracht. Das antwortet die dritte Republik lächend, wenn man ihr vorwirft, daß sie für die freiheitliche Entwickelung noch gar wenig gethan, daß sie die häßlichsten Gesetze des Kaiserreichs zu Kraft bestehen gelassen. Die dritte Republik begeht keine Thorheiten, sie macht keine Propaganda, sie erhitzt sich nicht für die Menschenrechte fremder Nationen. Sie zittert, wenn irgendwo in Europa oder Amerika eine Umwälzung stattfindet, ein Thron gestürzt oder nur erschüttert, eine Republik ausgerufen oder nur gefordert wird. Sie fürchtet nichts so sehr, als den Anschein zu erwecken, sie wolle außerhalb ihrer eigenen Grenzen jungen Freiheiten Gevatter stehen. Das ist sehr vortheilhaft für Frankreich, welches sich unter diesem Regime des vernünftigen Egoismus unvergleichlich

besser befindet als unter einem Regime großherziger Mittheil=
samkeit. Die edeln Thorheiten der ersten Republik passen nicht in
unsere Zeit der Börsenspekulation und des Industrialismus.
Wahr ist freilich, daß die große Revolution nie die Begeiste=
rung der Völker erregt hätte, wenn sie so musterhaft ver=
nünftig gewesen wäre wie die dritte Republik, und daß das
Frankreich Gambettas gewiß nicht das Zion aller liberalen
Geister der romanischen Welt bliebe, wenn es nicht noch
etwas von dem Prestige zuzusetzen hätte, welches das Frank=
reich Mirabeaus und Robespierres erwarb.

Die einzelnen Züge, die ich im Vorstehenden zusammen=
getragen, geben kein abgeschlossenes Bild der Physiognomie
Gambettas als Staatsmann. Für sein endgiltiges Bildniß
hat er nicht lange genug gesessen; er verschwand, ehe der Maler
fertig geworden war. Sein politisches Porträt wird in der
Geschichte eine Skizze bleiben. Der Mensch Gambetta dagegen
ist vollständig zu übersehen. Dem Menschen Gambetta sei die
zweite Hälfte dieser anspruchslosen Studie gewidmet.

Es ist in unserer Zeit unmöglich, binnen wenigen Jahren
ein weltberühmter Mann zu werden, ohne daß man hundert=
tausend Federn in Bewegung setzt. Allein gerade weil so
unmäßig viel über Gambetta geschrieben worden ist, beginnt
sich ein undurchdringlicher Nebel um seine Gestalt zu weben.
Jeder seiner Lebensbeschreiber, jeder seiner Charakterzeichner
hat ein anderes Bild von ihm und seinem Leben gegeben.
Leute, welche sich als seine Jugendgespielen oder Studien=
kameraden vorführten, erzählten eine endlose Reihe der wun=
derlichsten Anekdoten über ihn, die alle mit dem Anspruch

auftraten, echt zu sein, deren Glaubwürdigkeit jedoch einigermaßen darunter leidet, daß sie einander gegenseitig vollständig ausschließen. So wird Gambetta von einem mächtigen Strom abenteuerlicher Legenden umrauscht, auf welchem die Wahrheit wie ein kleines, verlorenes Schifflein treibt. So viel ist indeß sicher, daß Gambetta im Jahre 1838 in Cahors geboren wurde und genuesischer Abstammung ist. Sein Großvater ist vor etwa sechzig Jahren aus der ligurischen Hafenstadt nach Frankreich eingewandert; sein Vater, noch in Italien geboren, spricht bis zum heutigen Tage französisch mit einem merklichen italienischen Akzent und er selbst hat zur Zeit des Kaiserreichs, da die allgemeine Wehrpflicht noch nicht bestand und man die Konskription überhaupt nicht allzu genau nahm, stillschweigend seine Eigenschaft eines Ausländers dadurch geltend gemacht, daß er sich an der Nummern-Ziehung der Konskribirten nicht betheiligte. Absolut geleugnet wird von seinen Freunden die vielfach aufgestellte Behauptung, daß die Gambettas jüdischen Ursprunges seien. Die Physiognomie beweist zwar in dieser Hinsicht nichts, allein es ist richtig, daß diejenige Gambettas eher für als gegen seinen semitischen Ursprung sprach. Man hat ihn selbst einmal darüber befragt. Es war im August 1876, zur Zeit der Erhebung Disraelis in den Grafenstand. In einem Salon war eine zahlreiche Gesellschaft versammelt, darunter Jules Simon, Crémieux und Gambetta. Man sprach von Disraeli und dem jüdischen Ursprunge mancher hervorragenden Staatsmänner und Crémieux wandte sich an Simon mit der Frage: „Ist es wahr, daß in Ihren Adern jüdisches Blut fließt?" Simon erwiderte

sofort, sein Großvater sei als Jude gestorben, erst sein Vater
habe die Taufe empfangen, und auf Gambetta deutend fügte
er hinzu: „Ich glaube, unser Freund (damals nannte er ihn
noch so) ist in demselben Falle?" Gambetta wurde ein
wenig verlegen und antwortete ausweichend, seine Genealogie
habe ihn nie genügend interessirt, um ihn zu Nachforschungen
über diesen Punkt zu veranlassen. Volles Licht ist über
diesen übrigens unwesentlichen Punkt bisher nicht verbreitet
worden.

Gambetta Vater wurde in Cahors nie anders als „der
Gennese" genannt. Weit entfernt, diese Bezeichnung als Spott=
namen zu empfinden, legte er sich sie vielmehr selbst bei.
Er betrieb einen Handel mit Medizinalkräutern und nannte
seinen Laden „zum Hafen von Genua." Dieses Ladenschild
hat sogar im Jahre 1878 zu einem kuriosen Rechtsstreit
Anlaß gegeben. Als Gambetta père die Rente beisammen
hatte, die er sich bei Beginn seiner kaufmännischen Laufbahn
als Ziel vorgesteckt, zog er sich nach französischer Sitte vom
Geschäfte zurück und verkaufte Laden, Waarenvorrath und
Kundschaft an einen Nachfolger, der ausdrücklich die Be=
dingung stellte, daß die Firma weiterzugehen habe: „Gambetta, herboriste, au port de Gènes". Einige Jahre
lang hielten sich beide Theile zur vollen beiderseitigen Zu=
friedenheit an das Uebereinkommen, allein als Gambetta fils
1878 die große Triumphreise nach seinem Heimatsdepartement
unternahm, begann sein Vater es unpassend zu finden, daß
der berühmt gewordene Name mit dem prosaischen Beisatze
„Kräuterhändler" auf einem schnöden Kräuterladenschilde

prange, und er wollte seinem Geschäftsnachfolger die Weiterführung der alten Firma untersagen. Der aber verstand seinen Vortheil und berief sich auf die Vertragsbestimmung; daraus entstand ein Rechtsstreit, der den Feinden Gambettas nicht geringe Schadenfreude bereitete, über dessen Ausgang mir indeß nichts bekannt geworden ist.

Der Einäugigkeit Gambettas hat sich die Legende mit besonderer Vorliebe bemächtigt. Er sollte sich das rechte Auge selbst mit den Fingern ausgedreht haben, um sich dienstuntauglich zu machen, da sein Vater ihn gegen seinen Willen in die Kadettenschule von St. Cyr geben wollte. Diese alberne Anekdote ist natürlich eine Fabel. Gambetta verlor in der Kindheit das eine Auge durch einen Unfall, wahr aber ist, daß sein Vater das Gebrechen des Knaben zum Anlaß nehmen wollte, um ihn, als zu augenanstrengenden Studien nicht geeignet, in seinem Geschäfte zu verwenden, und daß nur der entschiedene Wille der Familie seiner Mutter diese Absicht durchkreuzte und Gambetta davor bewahrte, ein illustrer Kräutler zu werden.

Nachdem er bis zur Beendigung der Mittelschule in Cahors geblieben war, kam er als neunzehnjähriger Junge nach Paris, um hier Jura zu studiren. Nun beginnt die romantische Periode seines Lebens: die Quartier-latin-Epoche. Er wohnte im „Hôtel du Sénat", das trotz seines pompösen Titels nur eine ganz gewöhnliche Studentenherberge in der Rue de l'Odéon war. Das Hôtel du Sénat war vernehmlich von Südfranzosen frequentirt. Alfons Daudet bewohnte eine Dachstube in diesem Gasthof, als er zu seinem ältern Bruder

Ernst nach Paris kam. Es war ein wildes, lustiges Leben, das die tollköpfigen jungen Leute hier führten. Tag und Nacht war das alte Haus vom Dröhnen gewaltiger Stimmen und vom sympathischen Lärm übermüthigen Gelächters erfüllt. Jede der knappen Mahlzeiten, welche zweimal täglich die Bewohner des Hôtels um den gemeinsamen Tisch versammelten, wandelte sich in eine klassische Symposie um, in der weder die Libationen noch die geistreichen und tiefsinnigen Gespräche fehlten, die zu solchen Festen gehören. Gambetta führte den Vorsitz an der Table d'hôte. Er übte über seine Genossen eine Autorität, welcher sich Alle willig unterwarfen. „Den Teufel spürt das Völkchen nie", sagt Goethe von den Studenten; den Genius aber spürt das Völkchen stets.

Manche Berichte stellen Gambetta zu jener Zeit als einen armen Teufel von Bohême dar, der seine Kameraden morgens um ein Zwanzigsousstück anpumpte, um abends ein Diner zu haben. Dieses Bild entspricht jedoch der Wirklichkeit in keiner Weise. Gambetta erhielt monatlich von seinem Vater 300 Fr., zu jener Zeit noch ein ansehnlicher Wechsel für einen Bewohner des Quartier latin, und seine verhältnißmäßige Wolhabenheit, sein furchtbarer Appetit und Durst, seine Körperkraft, seine unverwüstliche, geräuschvolle Heiterkeit, besonders aber seine Suada, machten ihn, wie bereits erwähnt, sehr früh zu einer Respektsperson in seinen Kreisen. Hatte er das Wort bei Tische, so schwiegen die Anderen. Und er hatte fast immer das Wort. Er liebte es, den Klang seiner starken, tiefsten, wollautenden Brustimme zu hören. Er sprach, um zu sprechen, und jede seiner Stegreif-Tischreden löste sich schließlich in ein lautes Gelächter oder in einen lärmenden Rundgesang auf.

Es ist etwas Wundersames um die Macht des Wortes bei südlichen Völkern. Dem Nordländer ist die Rede blos ein Mittel zum Zwecke der Verständigung, dem Südländer ist sie Selbstzweck. Der Nordländer wird durch das Wort überzeugt, der Südländer überwältigt und hingerissen. Ihm ist es ein physischer Genuß, eine Wollust, schön sprechen zu hören. Stolze, volltönende Phrasen, ein rauschend dahin= strömender, breiter und ununterbrochener Redeguß entzücken ihn wie die Instrumentalleistung eines Virtuosen oder wie die Arie einer guten Sängerin. Darum sind Laufbahnen wie die Mirabeaus, Dantons, Kossuths, Castelars und — Gambettas eben nur bei südlichen Völkern möglich.

Gambetta wußte früh, daß er eine klangvolle Stimme, eine breite und energische Geste, ein kräftiges Mienenspiel und eine losgebundene, geläufige Zunge habe, und er gab bei jeder Gelegenheit Gratiskonzerte auf seinem Instrumente: der Sprache. Er verbrachte seine Abende im Hotel oder im klassischen Café Procope und deklamirte vor einem andäch= tigen Zuhörerkreise, den seine Worte entflammten, gegen das damals noch sehr mächtige, sehr gefährliche, sehr grausame Empire. Diese Standredner der Studentencafés sind ein Typus, der auszusterben droht. Daudet hat versucht, ihn in der Gestalt des „Elysée" im Roman „Die Könige im Exil" für die Nachwelt zu bewahren. Wer sich früher be= geistert fühlte, auf wen, um mit der Schrift zu sprechen, die „Zungen" herabstiegen, der erhob sich am Biertisch und

sprach); es wurde ihm sicher zugehört, Beifall geklatscht, ge=
glaubt; hatte er eine besonders gute Lunge und ein besonders
loses Maul, waren seine Paradoxe genug verblüffend, seine
Ideen genug toll, seine Ausdrücke genug kräftig in Ton und
Farbe, so wurde er eine örtliche Berühmtheit und man drängte
sich in die Bierkneipe, die der Schauplatz seiner Abendproduk=
tionen war; so fingen manche Talente an, die später im
Gerichtssaal und in der Abgeordnetenkammer glänzten, während
die meisten Bierfilzredner allerdings ihr lebelang bei dem
wüsten Wortschwalle des Kaffeehauses blieben und über der
Gewohnheit des Schwatzens die Gewohnheit des Denkens
und Arbeitens verloren, bis sie zuletzt zu blöden, gehirn=
erweichten Windkesseln herabsanken, welche eine jüngere, un=
ehrerbietige Generation von Bocktrinkern zum Tönen brachte,
so oft sie ein wenig lachen wollte. Heute ist diese Gattung
fast unfindbar geworden. Die Jugend befriedigt ihren Rede=
kitzel in eigenen Debattirklubs, den sogenannten „Conférences",
oder in der Salle d'Arras, wo es ehrbar und förmlich her=
geht, und sie ist zu pedantisch und steif geworden, als daß
sie in einem Café zu ernsthafter Rede den Mund aufthun
sollte. Gambetta aber war noch einer von der Gattung der
Kaffeehausredner des Quartier latin und einer der größten
in diesem Jahrhundert: die Gattung scheint ihre Produktions=
kraft erschöpft zu haben, indem sie dieses große Individuum
hervorgebracht, denn sie ist seither unfruchtbar geblieben.

Im Jahre 1862 hatte er seine juristischen Studien be=
endet. Er verließ die Hörsäle mit einem geringen Schulsacke
beschwert. Gambettas Stärke ist auch nie die Gelehrsamkeit

gewesen, obschon er, wie viele Halb- und Ungebildete, das Wort „wissenschaftlich" fortwährend im Munde führte, von „wissenschaftlicher" Politik, „wissenschaftlicher" Regierungsweise u. s. w. sprach. Was er wußte, das waren praktische Dinge, die das Leben ihn gelehrt hatte. Er wußte, wie ein großes Land regiert, wie eine Partei gebildet und zusammengehalten, wie ein Parlament und eine Volksmasse geleitet wird, aber er wußte schwerlich, was man zum Lizenziatenexamen irgend einer Fakultät wissen muß. Er kannte die Menschen und die Geschäfte, aber er kannte nicht die Bücher. Und das ist ein Vorzug für einen Staatsmann. Ich scheue mich nicht, geradezu das Lob der Unwissenheit zu singen. Wir Schulmenschen lesen und lernen zuviel und werden dadurch zum Handeln mehr oder minder untauglich. Wir sind ganz Erinnerung und verlieren die Gewohnheit des selbsteigenen Denkens. Die unwissenden Staatsmänner Nordamerikas und des Morgenlandes sind bei gleicher Begabung den gelehrten Politikern Europas stets überlegen, denn sie haben vor ihnen die Anschauung und das Urtheil voraus. Sie sehen mit den eigenen Augen und denken mit dem Werkzeuge der eigenen Logik. Sie sind unbeeinflußt von dem, was Andere vor ihnen bei ähnlichen Anlässen gedacht und gesehen haben. Sie gerathen dadurch in die Gefahr, mit Wichtigkeit das Pulver aufs Neue zu erfinden oder, was schlimmer ist, einen Schritt von der offenen Thür mühselig ein Loch in die Mauer zu brechen. Aber das sind seltene Ausnahmen. In der Regel sieht ihr Auge klarer als das der Schulmenschen, weil es auf das Objekt selbst gerichtet ist und nicht auf den Nebel der

Worte, welche Andere vor ihnen über das Objekt gesprochen
und geschrieben haben. Weit entfernt, in seiner geringen
Gelehrsamkeit einen Fehler Gambettas zu sehen, erblicke ich
darin seine Stärke. Er näherte sich dadurch den ameri=
kanischen Politikern vom Schlage Lincolns, mit denen er die
Unmittelbarkeit und den hausbackenen Menschenverstand ge=
mein hatte.

Nach Beendigung seiner Studien verließ Gambetta das
Hôtel du Sénat und richtete sich in einer kleinen Wohnung
der Rue Dauphine ein, die er erst aufgab, als er bereits ein be=
rühmter Abgeordneter war. Mit ihm wohnte eine alte Tante,
Madame Therese, die im Jahre 1878 gestorben ist und bis
zu ihrem Tode den Haushalt ihres Neffen geführt hat.
In den ersten Zeiten seiner Selbstständigkeit klappte nicht
immer Alles bei Gambetta. Papa Kräuterhändler wollte mit
den guten Fünffrankenthalern nicht mehr recht herausrücken
und der junge Advokat hatte vorläufig mehr Bierkumpane
als Klienten; und wenn sich selbst einmal ein solcher zu ihm
verirrte und etwas Haare ließ, so waren die Goldfüchse ebenso
rasch wieder verschwunden, wie sie gekommen waren, es sei
denn, es wäre Madame Therese gelungen, ihre Hand auf
etliche davon zu legen.

Der Ruf des redegewandten jungen Rechtsanwalts ver=
ließ schon zu Beginn der Sechziger Jahre das Quartier
latin und drang auf die andere Seite des Wassers. Gam=
betta verbrachte seine Abende nunmehr im Café de Madrid
und wie früher in der Rue de l'Ancienne Comédie, so war
er nun auf dem Boulevard Montmartre eine anerkannte

Autorität. Seine Zuhörer waren aber jetzt nicht mehr dunkle Studenten, sondern Journalisten, Schriftsteller und Künstler, welche der Haß gegen das Kaiserreich zu einer Art Freimaurerbundes vereinigte. Die Zeitungen begannen von ihm zu sprechen. Journalisten wählten ihn zu ihrem Vertheidiger in den zahlreichen Preßklagen, mit denen man sie damals verfolgte, und wenn sie ihn auch für seine Bemühungen in der Regel nur mit einem Händedruck und einem stets gutgemeinten, wenngleich nicht immer reichlichen Frühstücke belohnten, so erwiesen sie sich gleichzeitig durch die große Verbreitung dankbar, die sie seinen Vertheidigungsreden gaben.

In diese Zeit fällt seine Bekanntschaft mit dem Advokaten Laurent, die später zur intimsten Freundschaft wurde und trotz des Abfalls Laurents von der republikanischen Partei erst mit seinem 1878 erfolgten Tod ein Ende nahm. Laurent hatte eine schöne Frau und war nicht eifersüchtig. Aus diesen Angaben wußte die Pariser Chronique scandaleuse ein Jahrzehnt hindurch immer neue anakreontische Geschichtchen zu spinnen, die jedoch der Wiedergabe nicht werth sind. Thatsache ist, daß Gambetta sich gleich anfangs Laurent innig anschloß und nicht wieder von ihm ließ. Wie weit die Freundschaft des jungen Gambetta gehen konnte, beweist der folgende Vorfall, der in den Polizeiberichten der Sechziger Jahre seinen Platz hat. Laurent hatte in einer Zivilsache einen Kläger gegen Isaak Pereire zu vertreten und nahm den letztern in seiner Rede ziemlich hart mit. Am Abend nach der Gerichtsverhandlung war der Advokat im Besselièvre'schen Promenadekonzert und traf da unvermuthet Pereire, der sich nicht enthalten konnte, ihm im Vorübergehen einen Rippenstoß zu geben und das Schimpfwort „Canaille!" zuzuschleudern. In demselben Augenblicke stürzte jedoch Gambetta, der hinter Laurent ging, hervor, warf sich auf Pereire, schmetterte ihn mit einem Faustschlag zu Boden und hatte ihn bereits windelweich durchgeprügelt, ehe die Polizei herbeikommen und das Opfer befreien konnte. Pereire erzählte einige Tage später die Sache so: er habe seinen Beleidiger Laurent züchtigen wollen, allein dieser müsse Lunte gerochen haben, denn er sei „von einer Art Herkules" begleitet gewesen, der für ihn gerauft habe. Daß dieser „espèce d'Hercule" der künftige Diktator Frankreichs sei, ahnte freilich weder der Geprügelte noch die Polizei, die Gambetta damals einen amtlichen Verweis ertheilte.

Wie Gambetta im berühmten Prozeß Baudin die Vertheidigung eines der Angeklagten übernommen, wie das zur Folge hatte, daß ihm das Abgeordnetenmandat für die radikale Pariser Vorstadt Belleville angeboten ward, wie er in der gesetzgebenden Körperschaft das Haupt der „irréconciliables" wurde, das sind Thatsachen, die der Geschichte angehören und bei welchen die Anekdote nichts zu suchen hat. Die Umwälzung vom 4. September stellte den zweiunddreißigjährigen Gambetta plötzlich an die Spitze der Nation und der Mann, der noch gestern im Freundeskreise des Café de Madrid mit seinem schönen meridionalen Durste Bock um Bock geleert hatte, verlor auch angesichts der über Nacht ihm zugefallenen Riesenaufgabe nicht den Kopf. Er beging Fehler und Miß=

griffe, aber er organisirte die Vertheidigung des Landes mit wunderbarer Energie und Geschicklichkeit und die zahlreichen Freunde und Anhänger, die er damals in die Staatsverwaltung steckte, haben seither nicht aufgehört, das Land zu regieren. Seine demokratischen Gewohnheiten überdauerten eine Weile den jähen Schicksalswechsel. Er fuhr fort, die Kameraden zu duzen und Madame Therese durch die Nachlässigkeit, mit der er Kleider und Wäsche behandelte, zur Verzweiflung zu bringen. Allein der Besitz der Macht wirkte erziehend auf ihn und schon im Januar 1871 markirte er seine Diktator=würde auch äußerlich dadurch, daß er einen verschnürten Pelz=rock und ein Offizierkäppi trug. Gambetta kannte eben seine Landsleute; er wußte, daß den Franzosen der Begriff der Autorität von irgend einer Uniform zu sehr unzertrennlich sei, als daß er es hätte wagen können, sich über dieses kind=liche Vorurtheil hinwegzusetzen.

Mit dem Ende des Krieges begann für Gambetta der Lebensabschnitt der staatsmännischen Reise. Er verschwand über die Dauer der Kommune und vermied es mit einer Klug=heit, die ihm allerdings von der einen und der andern Seite übelgenommen wurde, sich in diesem gefährlichen Augenblicke beim Volk oder bei der siegreichen Reaktion bloszustellen. Nach Paris zurückgekehrt, verließ er die Rue Dauphine und bezog das reiche Hôtel in der Chaussée d'Antin. Statt des familiären Bocks trank er Château Laffitte, statt in einem Boulevardrestaurant zu speisen, engagirte er einen eigenen Chef de cuisine, der seinen glorreich dröhnenden Namen Trompette in die Jahrbücher der Geschichte eingeschrieben hat: er fuhr

in einer Equipage, wurde grau und beleibt und begann zu
vergessen, daß er einmal — freilich mehr aus Nachlässigkeit
als aus Armuth — in gelöcherten Schuhen gegangen sei. Die
alten Kameraden vom Café Procope und Café de Madrid
fingen an, die Gewohnheit zu verlieren, mit ihm intim zu sein.
Er umgab sich mit einem Hof ehemaliger Freunde und späterer Anbeter, die den Zugang zu ihm schwerer machten als
zu manchem Herrscher. So gelangen wir zum Augenblicke,
wo er, nachdem ihn die Periode des 16. Mai wieder in den
ersten Rang der handelnden Persönlichkeiten gerückt hatte, zum
Präsidenten der Abgeordnetenkammer gewählt wurde. Er
setzte sich nun mit einer Würde, die ihm durchaus angeboren
schien, in den Lehnstuhl des Palais Bourbon und erwartete
an dieser glänzenden Stelle den Augenblick, wo er die eine
Präsidentschaft mit einer andern würde vertauschen können.
Es kam aber nicht so, wie er gehofft und gewünscht hatte.
Ehe er Präsident der Republik werden konnte, mußte er Präsident
eines Kabinets werden. Er sträubte sich, so lang er konnte.
Aber schließlich mußte er sich der drohenden Stimme der
öffentlichen Meinung fügen, die nicht zugab, daß der Führer
der Kammermehrheit sich der Pflicht des Regierens entzog,
und er bildete das „große Ministerium." Man kennt dieses
klägliche Abenteuer. Mit Trompetenstößen angekündigt, von den
höchsten Erwartungen empfangen, fiel es jämmerlich nach zehn
Wochen und hinterließ den Eindruck, daß die berühmten tiefen
Regierungsgedanken Gambettas sich auf eine Aenderung des
Wahlsystems beschränkten, das ihm gestattete, auf die Unab=
hängigkeit der Wähler die Hand zu legen. Er ging aus

seiner Ministerschaft verdunkelt und verkleinert hervor und
sein Ansehen hatte sich bis zu seinem Tode von dieser Schlappe
nicht erholt.

Zwei Eigenschaften Gambettas hatten sich sein lebelang
durch alle die ungeheueren Wandlungen seiner Geschicke
nicht geändert: sein Appetit und seine Suada. Er ist stets
der tapfere Esser und gewaltige Redner geblieben, der er in
der goldenen Zeit des Hôtel du Sénat war. Es war ein
wunderbares Schauspiel, ihn auf der Rednerbühne erscheinen
zu sehen. Ehe er zu sprechen begann, zog er sich in den
Hintergrund der ziemlich tiefen Tribüne zurück und musterte
die Kammer mit seinem glänzenden Schwarzauge. Dann ent=
rollten glatt und geläufig die ersten Phrasen seiner breiten
Brust, über welcher er die Arme kreuzte. Nach einer kurzen
Einleitung war er beim Gegenstande der Debatte und wenn
er den ersten rednerischen Keulenschlag gegen den eben zu be=
kämpfenden Widersacher führte, drang er gleichzeitig mit einer
jähen Vorwärtsbewegung, fast möchte ich sagen mit einem
Satz, an die Brüstung der Tribüne vor und zur Wirkung
des Wortes gesellte sich die Wirkung der plötzlich aus dem
Halbdunkel des Tribünen=Hintergrundes hervorbrechenden Ge=
stalt, die aus funkelndem Auge Blitze gegen den Feind schleuderte
und ihn mit einem wie zum Schlag erhobenen weitausgreifen=
den Arme bedrohte. Als Redner war Gambetta die Geistes=
gegenwart und Schlagfertigkeit selbst. Mitten im Tumulte der
wüstesten Skandalszene hörte sein feines Ohr den individuellen
Schmähruf heraus, er packte den Gegner sofort beim Namen
und spießte ihn mit einem Impromptu, wie eine Möve sich

aus einem Häringszug ihr Opfer herausholt. Bei den häufigen Unterbrechungen und Zwischenrufen, die in der französischen Kammer üblich sind, löste sich so jede Rede Gambettas in einen heftig bewegten Dialog auf, in welchem die blitzenden und brennenden Epigramme einander wie die Raketen eines Feuerwerks folgten. Bei aller Ruhe des Geistes war er in solchen Momenten von einer außerordentlichen körperlichen Erregtheit, die an sich bei heißblütigen Hörern von aufregendem und hinreißendem Effekt ist. Er blieb auf der Tribüne keinen Augenblick ruhig. Wie ein Löwe im Käfig schritt er auf und ab, soweit die ziemlich geräumige Tribüne solche Ausflüge gestattete; bald klammerte er sich mit beiden Fäusten an die Brüstung, als wollte er sie zertrümmern, bald hatte er ungestüme Bewegungen, als wollte er sich von der Tribüne mit einem Satz in den Saal schnellen, um einen Fourtou oder einen Cassagnac zu zerreißen, und in all diese heftigen und gewaltigen Bewegungen grollte der rollende Donner seiner Stimme ohne Unterlaß darein, denn die erste Pause, die er freiwillig in einer Rede machte, war zugleich die einzige, es war die Pause des Schlusses.

Gambetta improvisirte alle seine Reden und wenn er nachher an dem Stenogramme feilte, so geschah es nicht, um den stets tadellosen Satzbau zu korrigiren, sondern um einzelne vielleicht zu kräftig gerathene Ausdrücke den Anforderungen des allein seligmachenden Opportunismus entsprechend zu dämpfen. Alle seine rednerischen Eigenschaften gelangten übrigens nur im heftigsten Feuer einer Sturmdebatte zur Entfaltung. Als Fest- und Bankettredner war Gambetta zwar ebenfalls interessant, aber nicht entfernt so wie als Debatter. Ich bin überzeugt, daß er, wenn er lange genug gelebt hätte, um in die Akademie gewählt zu werden, was unfehlbar geschehen wäre, in seiner Antrittsrede matt und schwulstig gewesen sein würde. Wer ihn ganz kennen lernen wollte, mußte ihn eben auf seinem eigentlichen Platz, auf der Rednertribüne der Kammer beobachten.

Gambetta ist das interessanteste neuzeitliche Beispiel einer parlamentarischen Laufbahn. Die Beredsamkeit liegt allen seinen Erfolgen zu Grunde. Daß diese jedoch so groß und ungewöhnlich waren, das dankte er auch seinem unerschütterlichen Selbstvertrauen und vor allem seinem leidenschaftlichen Patriotismus. In einer selbstsüchtigen Gesellschaft wird nichts so hoch geschätzt wie die selbstlose Thätigkeit für die Interessen der Gemeinschaft. Gambetta hat stets aus reinem, selbstlosem Patriotismus gehandelt und wenn seine persönlichen Geschicke dabei ebenfalls gediehen, so geschah dies ohne sein direktes Dazuthun. Seine politische Thätigkeit läßt sich in zwei Worte zusammenfassen: Befestigung der Republik und Reorganisation der Armee. Seine Gegner fügen hinzu: die leitende Idee seines Lebens sei die Revanche gewesen. Das ist jedoch nicht bewiesen. Er war zu vorsichtig, zu klug und vor allem trotz seines Chauvinismus zu patriotisch, als daß er Frankreich, dessen Wiedererhebung aus tiefem Verfalle nicht zum geringsten Theile sein Werk ist, in neue Abenteuer und Gefahren hätte stürzen wollen.

Frankreich darf es immerhin beklagen, daß Gambetta ein so unrühmliches Ende genommen hat. Sein Tod hat etwas von der Tragik des altgriechischen Theaters an sich. Er ist die späte und unverhältnißmäßig schwere Buße einer Schuld. Gambettas unregelmäßige Anfänge haben sich furchtbar an ihm gerächt. Er hat lange Jahre in einem jener losen Verhältnisse gelebt, die der Franzose dem kleinen Privatmanne nicht weiter übelnimmt, die er jedoch trotz seiner weitherzigen, nachsichtsvollen Sittlichkeit bei einem leitenden Manne höchst ungern sieht. Als Gambetta zu großen Geschicken gelangt war, als sich vor ihm die Möglichkeit aufthat, Präsident der Republik zu werden, da begriff er, daß er keine unregelmäßige Genossin in den Elysee-Palast einführen durfte, und unternahm es, das bloßstellende Anhängsel aus seinem Leben auszuscheiden. Das verabschiedete Weib suchte sich in seiner Gegenwart zu erschießen, er lenkte die Kugel von ihrem Ziel ab, wurde selbst getroffen und verwundet und das Uebel, welches sich aus diesem Dramenauftritt entwickelte, brachte ihm den frühen Tod, um den sich seitdem allerlei wilde Sagen gerankt haben.

Er ist als Staatsmann ein Bruchstück geblieben, das die Einbildungskraft verschönernd oder verunstaltend ergänzen mag. Es gibt eine Geschichtsästhetik, wie es eine Kunstästhetik gibt. Auch der Nichtfranzose, dem die Geschicke Frankreichs nicht besonders nahegehen, wird ein geschichtsästhetisches Bedauern empfinden, daß Gambettas Gestalt ein bloßer Torso ist, daß es ihm nicht gegeben war, zur vollen Entwickelung zu gelangen und in der Geschichte als ausgeführtes Bild zu leben.

Sadi Carnot.

Als ich in jungen Jahren zuerst von der nordamerikanischen Verfassung Kenntniß erhielt, schien mir das Wunderbarste und Unbegreiflichste an diesem Werke menschlicher Voraussicht die Bestimmung, daß an der Spitze des Staatswesens ein alle vier Jahre zu wählender Präsident stehen solle. Wie sollte es möglich sein, den einen Mann ausfindig zu machen, der geeignet und berufen sei, zu dieser Würde erhoben zu werden! Der Papst, das Oberhaupt von 200 Millionen Katholiken, wird von 60 bis 80 Männern gewählt und selbst bei dieser Einschränkung des Wahlapparats scheint den Kardinälen das Wahlgeschäft so übermenschlich schwierig, daß sie versichern, der heilige Geist selbst gebe ihnen im Augenblicke der Entscheidung den Namen ein, den sie auf ihren Stimmzettel schreiben. In der Monarchie erlangt der Herrscher sein Vorrecht, 30, 40 oder 100 Millionen Menschen zu überragen und zu führen, durch Erbschaft und die Unterthanen brauchen sich nicht den Kopf zu zerbrechen, wie sie es anfangen müssen, um ein Staatsoberhaupt zu gewinnen. Aber durch häufig wiederkehrende Wahl den einen Mann zu bezeichnen, der ein großes Land regieren soll, das schien mir weit über die Fähigkeiten von Sterblichen zu gehen. Welche Eigenschaften mußte ein Mann haben, um als der Würdigste von 60 Millionen Nordamerikanern oder 30 Millionen Männern oder doch 15 Millionen Erwachsenen erkannt zu werden? Welche Mittel mußte er anwenden, welches fabelhafte Glück mußte er haben, um die 15 Millionen Wähler oder mindestens die Hälfte von ihnen mit diesen außerordentlichen Eigenschaften bekannt zu machen? Je mehr ich darüber nachdachte, desto unfindbarer schien mir der Mann, dem es gelingen sollte, sich durch sein Verdienst zu so hohen Geschicken emporzuringen.

Später freilich, als mir bekannt wurde, wie die Dinge in Wirklichkeit vor sich gehen, legte sich meine staunende Bewunderung. Ich merkte, daß es bei der Wahl des Präsidenten der Vereinigten Staaten durchaus mit natürlichen Dingen zugeht, daß die Entscheidung nicht von 15 oder 7½ Millionen, sondern von einer Gruppe Politiker getroffen wird, die oft weniger zahlreich ist als ein Kardinals-Kollegium, und daß der Erwählte weder der würdigste noch der bekannteste Bürger Nordamerikas zu sein braucht.

In einer Operette von Offenbach — ich weiß wirklich nicht mehr, in welcher: sie sind fast alle schon so verschollen und der arme Jaques ist schon so weit in den Dämmer der alten Geschichte zurückgetreten! — in einer Offenbach'schen Operette, sage ich, soll eine Rosenjungfrau erkiest werden; diese Ehre ist in Frankreich bekanntlich jungen Mädchen vorbehalten, die sich durch ihren makellos tugend-

haften Lebenswandel auszeichnen; da aber der Maire, welcher
die Tugendrose zuerkennen soll, kein Mittel sieht, die Würdig=
ste ausfindig zu machen, so ertheilt er den Preis auf dem
Wege der Verlosung, an der alle unverheiratheten Bewohne=
rinen des Orts theilnehmen, von denen die meisten die Be=
völkerung bereits durch Sprößlinge vermehrt haben.

Man muß an diesen Operetten=Einfall denken, wenn man
sieht, wie manchmal Präsidenten großer Republiken gewählt
werden. Vielleicht wäre es überhaupt besser, sie auszulosen,
statt sie zu wählen. Der Zufall hat wahrscheinlich nicht
weniger Verstand als die Mehrheit der Wähler. Manchmal
trifft er es entschieden besser. Es liegt tiefer Sinn in den
alten Geschichtssagen, in welchen Abgesandte eines Volkes
ausziehen und sich vorsetzen, den Ersten zu ihrem Könige zu
wählen, den sie pflügend oder Wasser schöpfend oder auf
einem Esel reitend antreffen würden. Das Mittel ist so gut
wie ein anderes. Es hat sogar den Vortheil, Zwist zu ver=
hüten. Das Sprichwort sagt: Wem Gott ein Amt gibt, dem
gibt er auch Verstand. Das Sprichwort bleibt wahr, auch
wenn man an die Stelle des Wortes Gott das Wort Zufall
setzt. Vielleicht beruht die Wahrheit des Sprichworts in der
ursprünglichen wie in der geänderten Fassung einfach darauf,
daß man zu einem Amt eben überhaupt keinen besondern
Verstand braucht. Diese Erklärung ist nicht ohne Weiteres
von der Hand zu weisen.

Dem Nachfolger Jules Grévy's, Sadi Carnot, muß die
Erwählung zum Präsidenten der französischen Republik minde=
stens so viel Ueberraschung bereitet haben wie dem die Esel

seines Vaters suchenden Saul die Erhebung zum Könige der
Juden, denn er ist ein Mann von Bescheidenheit und gesundem
Menschenverstand und da er mit diesen beiden Eigenschaften
geschmückt ist, bleibt es vollständig ausgeschlossen, daß er 24
Stunden vor dem Augenblicke, der ihn zum vierten Präsidenten
der dritten Republik machte, eine Ahnung von der doch so
nahen Wendung seiner Geschicke gehabt haben könne. Vierund=
zwanzig Stunden vorher wäre der Gedanke, er könne
erfolgreicher Bewerber um die Präsidentschaft sein, nicht
viel weniger als Wahnsinn gewesen. Vierundzwanzig
Stunden später war dieser wahnsinnige Gedanke That=
sache geworden. Sadi Carnot hatte sich in dieser kurzen
Spanne Zeit nicht geändert. Aber der Zufall war mittler=
weile an ihm vorübergekommen und hatte ihm die Hand auf
die Schulter gelegt und plötzlich ward den Präsidenten=
Machern sonnenklar, was sie so kurz vorher noch nicht geahnt
hatten: daß Carnot die höchste Würde im Staate verdiene.

Der Zufall hat es gut getroffen. Carnot bewährt sich
auf seinem Posten und stellt sogar seine Vorgänger in den
Schatten. Alle Welt ist darüber einig, daß er für sein Amt
geschaffen sei. Und es hatte doch so wenig gefehlt, so wäre
der für das Amt geschaffene Mann sein lebelang auch vom
ausschweifendsten Gedanken mit dem Amte nicht in die ent=
fernteste Beziehung gebracht worden. Es liegt eine tiefe Ge=
schichtsphilosophie in den Geschicken Carnots. Er wiederholt
in ruhigen Zeiten das Beispiel jener erstaunlichen Menschen
der großen Umwälzung und des ersten Kaiserreichs, die, zu
vierundzwanzig Jahren noch Unteroffiziere, Pferdeknechte oder

Böttcher, zu vierunddreißig Feldmarschälle und Herzöge waren und den Hermelinmantel ganz so ungezwungen trugen wie nur je ein für ihn Geborener. Solche Beispiele sind tröstlich für die Millionen, die verurtheilt sind, bis an ihr Lebensende in Dunkelheit dahinzukriechen. Sie können mit dem erhebenden Bewußtsein ins Grab steigen, daß sie ohne Zweifel ganz gute Marschälle oder Präsidenten der Republik abgegeben hätten, blos daß sie es leider nicht geworden sind.

Die Umstände, unter welchen Carnots Wahl erfolgte, bilden eine lesenswerthe Seite des Geschichtsbuches der dritten Republik. Ein entsetzlicher Skandal war ausgebrochen. Das Land sah voll Grauen, daß im Nationalpalaste, welcher den höchsten Würdenträger der Republik beherbergte, eine schmutzige Trödelbude aufgethan war, in welcher der Schwiegersohn des Präsidenten der Republik Ehrenkreuze, Aemter, den Einfluß seines Schwiegervaters und der Minister an feilschende Kunden verschacherte, die von allerlei Vetteln beigetrieben wurden. Man sah einen Senator, den Grafen von Andlau, einen General im Dienste, den General Caffarel, in dieser Schlamm= pfütze bis an den Hals stecken und ahnte, daß man aus dem stinkenden Pfuhle noch mehr derartiger Gestalten herausfischen könnte, wenn man weiter wühlen wollte. Da bemächtigte sich des Landes ein furchtbarer Ekel und Zorn. Ein lauter Schrei erhob sich und forderte gründliche Reinigung. Das Land hatte wochenlang blos eine Politik: die Politik des Kehrbesens, der Carbolsäure, der Lüftung. Die Gambettisten versuchten, geschickt zu sein. Sie stellten sich an die Spitze der Be= wegung. Sie machten den Ruf des Volkes zu ihrem Losungs=

worte. Sie spielten sich als die Partei der Säuberung und
Desinfektion auf. Sie hofften auf diese Weise, vergessen zu
machen, daß die Erschlaffung der öffentlichen Sittlichkeit
großentheils durch sie herbeigeführt worden war und daß ihre
Partei weitaus die meisten Beispiele unerklärlich schnell er=
worbener Vermögen und anstößigen Emporkommens durch
Vetterngunst und Gönnerhilfe darbot. Auch schien ihnen die
Gelegenheit günstig, die seit Gambetta's Tode verlorene Macht
wieder an sich zu reißen. Sie lenkten also die Volksbewegung
geschickt gegen die Person Grévy's und er mußte ihr nach
ehrenvollem Widerstande weichen.

Nun suchten die Gambettisten ihren damaligen Führer
Jules Ferry zum Präsidenten der Republik zu machen. Da=
gegen lehnten sich aber die Radikalen und die Reaktionäre
wüthend auf. Die Reaktionäre haßten in ihm den Urheber
der März=Verordnungen gegen die staatlich nicht anerkannten
Priester= und Nonnen=Orden, in erster Linie gegen die Jesuiten.
Clémenceau, der Führer der Radikalen, warf Ferry vor, daß
er den Tonkinfeldzug unternommen habe, was er in Wirklich=
keit nicht gethan hat, daß er sich Deutschland genähert habe,
was auch nur sehr bedingt wahr ist, besonders aber, daß er
ihm im Lichte stehe. Reaktionäre und Radikale zusammen
zeigten sich entschlossen, Ferry's Wahl um jeden Preis zu
verhindern.

Um jeden Preis, selbst um den des Bürgerkrieges! Auf
dem Wege der ehrlichen Wahl konnte man nicht hoffen, Ferry
zu besiegen. General Saussier lehnte es ab, als Bewerber
aufzutreten. Brisson hatte nicht die geringste Aussicht, Floquet

kaum eine größere. Freycinet war ein ernster Gegner, aber die Mehrheit war ihm nicht sicher. Wahrscheinlich mußte er sogar mit einigen Stimmen in der Minderheit bleiben. Was thun? Einfach zu den Ueberlieferungen der radikalen Parteien zurückkehren. Die Barrikade ist schon oft stärker gewesen als der Stimmzettel und mit Spießen macht man leicht große Striche durch die Rechnungen parlamentarischer Parteien.

Wie man es anfangen muß, das wußten Clémenceau und sein Generalstab ganz gut. Sie kannten die Adresse der Barrikaden=Baumeister. Sie wandten sich also an die Führer der militärisch organisirten Blanquistenpartei und verabredeten mit ihnen kühl einen Aufstand für den Fall, daß Ferry zum Präsidenten gewählt würde. In der Nacht vor dem 2. Dezember 1887, der leicht hätte ein Schicksalstag werden können wie 36 Jahre vorher, fanden bei radikalen Abgeordneten Konven=tikel statt. Man weiß heute, daß Dreyfus, Lanessan, Lockroy, Laisant u. s. w. an ihnen theilnahmen. Man weiß, daß General Boulanger anwesend war und sich verbürgte, daß die Pariser Besatzung auf das Volk nicht schießen werde. Der Sammelplatz der Aufständischen sollte das Stadthaus sein. Stadtverordnete stiegen in der Nacht in den unterirdischen Gang hinab, der das Hôtel de Ville mit der Munizipalgarde=Kaserne verbindet, verschlossen eigenhändig die gewöhnlich offen stehende eiserne Gitterthüre dieses Ganges und ließen an ihr durch einen Schlosser mächtige Vorlegschlösser anbringen. Die Leiter des Aufstandes sollten nicht durch die Munizipalgarde im Rücken bedroht werden.

Im Gambettisten=Lager kannte man diese Vorbereitungen.

Man war entschlossen, der Gewalt Gewalt entgegenzusetzen. Der Pariser Besatzung glaubte man sich sicher. Des Generals Saussier, ihres Oberbefehlshabers, war man es jedenfalls. Die Truppen sollten einhauen. Ruchlose Opportunisten sagten offen: „Paris braucht wieder ein Blutbad, seit dem Aderlasse von 1871 ist es zu vollblütig geworden!"

So kam der Präsidenten-Wahltag heran. Die Besatzung stand in den Kasernen, das Blanquistenheer an seinen Sammelplätzen bereit. Auf beiden Seiten waren die Gewehre geladen und die Klingen geschliffen. Ehe der kurze Wintertag zur Neige ging, konnte Paris in Pulverrauch und Blut schwimmen und die dritte Republik in einem Gemetzel untergegangen sein. Da wurden sich die Parteiführer endlich ihrer Verantwortlichkeit bewußt und bebten vor dem großen Verbrechen zurück, das sie an ihrem Lande zu begehen im Begriffe waren. Im letzten Augenblicke traten Ferry und Freycinet von der Bewerbung zurück und mit einer glorreichen Mehrheit, die ohne den Murrsinn einiger Reaktionäre fast Einstimmigkeit geworden wäre, sah sich Sadi Carnot zum höchsten Amte der Republik gewählt.

Wie war man im kritischen Augenblick auf ihn verfallen? Vielleicht blos durch einen zufälligen Blick auf den Vorübergehenden oder auf ein Namensverzeichniß der Abgeordneten. Diesem Blicke konnte die Erleuchtung blitzschnell folgen. Da hatte man einen Mann, der einen in der Geschichte des revolutionären Frankreichs hochberühmten Namen trug, den Jeder kannte, den Niemand haßte, von dem Keiner Böses wußte, dessen anständiges Mittelmaß, dessen Farblosigkeit ihn bis dahin noch nicht auffallend, ihm bis dahin noch keine Feinde gemacht hatte — das war der Mann! Dieser und kein Anderer! Er war Abgeordneter wie sechshundert andere auch. Er war schon Minister gewesen wie wenigstens achtzig andere auch. Das wäre also nicht entscheidend gewesen. Aber er war von Haus aus wohlhabend und durch seine Heirath reich, hatte also niemals Geld machen müssen; sein Familienleben war rein und einwandfrei und seine persönliche Würde durch kein Abenteuer im Stile Boccaccios, das Lästerzungen verbreiten könnten, jemals vermindert worden; er war mithin die Verkörperung jener bürgerlichen Ehrbarkeit, nach der das Land schrie, und er hatte, um alle die übrigen Eigenschaften zu krönen, einen geschichtlichen Namen.

Die Bedeutung, welche dieser letzte Punkt erlangte, ist sehr bezeichnend. Die französische Demokratie hat die Gleichheit zu einem ihrer Glaubenssätze erhoben. Sie schreibt die Egalité an alle Mauern, aber im Grund ihres Herzens verleugnet sie dieses Wort, das ein unehrliches Scheinzugeständniß an die Schwachen und Kleinen ist. Die Egalité ist nicht in der Natur. Der Kampf ums Dasein, eine der großen Ursachen aller Entwickelung in der organischen Welt, setzt Ungleichheit der Kräfte voraus und diese Ungleichheit, welche den Sieg des Fähigern ermöglicht, veranlaßt nur darum neue Artbildungen, weil sie vererbt werden kann. Nicht Gleichheit, sondern erbliche Ungleichheit ist also das Naturgesetz und die theoretischen Egalité-Schwärmer der Republik huldigten ihm in naiver Unbewußtheit, als sie in einem Augenblicke des Dranges und der Noth einen Mann zum Staatsoberhaupte wählten, den das Verdienst — seines Großvaters empfahl. Lazare Carnot, der „Organisator des Sieges", der Kriegsminister der großen Revolution, war der Bürge dafür, daß sein Enkel sich bewähren werde.

Jules Grévy als Präsident bedeutete die folgerichtige Anwendung der Gleichheit. Er war ein Mann von dunkler Herkunft, ein derber Baum, dessen unsichtbare Wurzeln in der namenlosen Masse der französischen Bauernschaft verborgen waren. Sadi Carnot dagegen ist die uneingeschränkte Anerkennung der geschichtlichen und politischen Bedeutung einer Aristokratie. Denn auch die Revolution hat eine Aristokratie geschaffen und die Nachkommen der Männer, die sich in der katastrophalen Zeit am Ende des vorigen Jahrhunderts hervorgethan haben, sind die ahnenstolzen Ritter und hohen Barone der dritten Republik. Die alte Aristokratie des Landes hat alle Ursache, sich zu Carnots Erhebung zu beglückwünschen. Sie selbst ist zur Zeit noch an die Wand gedrückt, aber der Werth einer Aristokratie ist verkündet und früher oder später wird dieses undemokratische Zugeständniß auch ihr zu Gute kommen. Die Geschichte kennt manche Beispiele von einer plötzlichen Erniedrigung des geschichtlichen Adels eines Landes. Die normännischen Eroberer raubten den angelsächsischen Edelingen und Earls oder Jarls ihre Vorrechte, die Mandschus den chinesischen Adelsfamilien die ihrigen; Napoleon der Erste bestätigte die von der Revolution verfügte Abschaffung aller alten Titel und Ehren. Aber Normannen, Mandschus und Napoleon behielten die Adelseinrichtung bei: sie schufen eine neue Aristokratie und nach kurzer Zeit setzte diese neue Aristo=

kratie ihren Stolz darein, sich als ein Pfropfreis auf der alten, als deren ununterbrochene Fortsetzung zu betrachten. In Frankreich macht man schon jetzt kaum mehr einen Unterschied zwischen dem feudalen und napoleonischen Adel. Noch ein oder zwei Menschenalter und die Revolutions=aristokratie wird sich mit den Abkömmlingen der Kreuzfahrer und den Haudegen Bonapartes zu verschmelzen und eine einzige herrschende Kaste zu bilden suchen. Ist es nicht sehr bezeichnend, daß nach der Erhebung Carnots seine ersten und eiligsten Höflinge sich nicht damit begnügten, mit seiner Abkunft vom großen Carnot Staat zu machen, sondern seinen Stamm=baum über diesen doch allein bedeutungsvollen Ahn hinaus ver=folgten und triumphirend nachwiesen, daß seine Vorfahren schon zwei oder drei Jahrhunderte vor der Revolution in einem burgundischen Neste kleine Notare, Gerichtsschreiber oder son=stige rechtsverdrehende Federfuchser von niedrigem Adel waren?

Carnot scheint die deutliche Empfindung gehabt zu haben, daß die Republik mit der Wahl eines persönlich bis dahin wenig hervorragenden Mannes von guter Geburt eine Art eigener Standes=Erhöhung beabsichtigt habe. Mit großer Ge=schicklichkeit und einer Diskretion, die es vermied, bei den französischen Demokraten der Achtundvierziger=Schule Anstoß zu erregen, verstand er es, einen vornehmen Zug in die Er=scheinung und Uebung der obersten Staatswürde zu bringen. Er legte seinen Vornamen Sadi ab, den er zur Erinnerung an einen Oheim trug, welcher ihn mitten in der ausschwei=fendsten Revolutions=Mode philosophischer und kosmopolitischer Namengebung erhalten hatte, und zeichnete nur noch Carnot, um dem konservativen Theile des französischen Volkes zu gefallen, das sich gern an die gewohnten Kalenderheiligen hält und fremdartige Namen nicht liebt. Man hat den alten Titel ausgegraben, den Napoleon dem großen Carnot in den Hundert Tagen verliehen, und nennt den Präsidenten der Republik in gelindem Halbspotte Grafen von Fenleins. Es ist aber nicht bewiesen, daß er diese Sticheli seiner Gegner unangenehm empfindet. Die Feste im Elysée-Palaste sind gewählter und eleganter geworden. Man tritt nicht mehr wie in eine Dorfmühle ein und die Thürsteher stellen Toiletten-Anforderungen. Die Galawagen des Präsidenten befriedigen Kenner, denen es auch nicht mißfällt, daß der Präsident sich Lakaien in einer weder demüthigen noch strengen blauen Livree zugelegt hat. Spötter machen sich über die feierliche Erscheinung lustig, die Carnot mit seiner geraden, etwas steifen Haltung, seinem sorgfältig geglätteten schwarzen Haupt- und Barthaare, seinem unbeweglichen, würdevollen Gesichte, dem ewigen Fracke, der tadellosen weißen Halsbinde, dem Ordensband und den blendenden Lackstiefelchen darbietet, und sie haben die Sage erfunden, daß seine faltenlos wie angegossen sitzende Galakleidung aus lackirtem Blech sei und er selbst durch ein Uhrwerk gleichmäßig bewegt werde, das er vor jeder Amtshandlung aufziehen lasse. Dieser gutmüthige Spott geht ihm schwerlich nahe und die Franzosen lieben es, daß ihr Staatsoberhaupt etwas förmlich, stets musterhaft gekleidet und kühl zurückhaltend genug ist, um allzugemüthliche Annäherungen zu entmuthigen.

Bisher hat sich Carnot ausgezeichnet gehalten. Er gibt

sein ganzes Gehalt in ornamentaler Weise aus. Er zeigt sich auf häufigen Reisen der Provinz-Bevölkerung, welche findet, daß sie einen vornehm und achtunggebietend aussehenden Präsidenten hat. Er entwickelt in der Erfüllung seiner Repräsentationspflichten eine wahre Selbstaufopferung und hat namentlich während der 1889er Weltausstellung in feierlichen Besichtigungen, Reden, Empfängen und Anwesenheit bei Festen geradezu Uebermenschliches geleistet. Eine persönliche Politik wird er wol ebensowenig haben wollen und haben können wie sein Vorgänger Grévy, immerhin traut man ihm aber zu, daß er in entscheidenden Augenblicken ein kräftiger Vertheidiger der Verfassung und öffentlichen Ordnung würde sein können.

Yvon hat ein Bildniß von ihm gemalt, das ihn so zeigt, wie die spöttische Legende in schildert: in ganzer Gestalt, die Rechte auf ein Tischchen gestützt, das linke Bein etwas vortretend, das breite rothe Großkreuzband der Ehrenlegion wirkungsvoll die schwarzen Flächen des Fracks und die weißen der Weste brechend, das Antlitz ernst, das Auge feierlich und übrigens recht schweigsam, die ganze mehr zierliche als ansehnliche Gestalt wie aus einem Schmuckkästchen gezogen, vom Scheitel zur Sohle ideal gekämmt, gebürstet und zurecht geglättet. Wenn die Zukunft ihm nicht noch große Thaten vorbehält, die sich zur Zeit nicht errathen lassen, so wird er in dieser Yvon'schen Darstellung in die Geschichte eintreten und sie wird zum Allermindesten von ihm sagen müssen, er sei der dekorativste Präsident gewesen, den die dritte Republik in den ersten zwei Jahrzehnten ihres Bestandes gehabt.

Der Boulangismus.

Die merkwürdigste Erscheinung, welche die dritte Republik in ihrem zwanzigjährigen Bestande hervorgebracht hat, ist der Boulangismus. Ich sage absichtlich: Boulangismus, und nicht: Boulanger. Wo immer einzelne Persönlichkeiten sich vorbestehende Volksstimmungen zu Nutzen machen und durch sie zu großen Geschicken gelangen, da sind nicht die Persönlichkeiten, sondern die Stimmungen das Interessante. Die zahlreichen falschen Messias, die im Laufe der Jahrhunderte unter den Juden, die falschen Mahdis, die unter den Mohamedanern aufgetaucht sind, haben als Individuen meist wenig oder gar keine Bedeutung und beachtenswerth ist blos der Messias- und der Mahdi-Glaube, der es dem erstbesten Volks- oder Selbst-Betrüger ermöglicht, auf einer beschränktern oder weitläufigern Bühne kürzere oder längere Zeit hindurch eine Glanzrolle zu spielen.

Boulanger selbst hat schlechterdings keine einzige hervorragende Eigenschaft, durch die er auffallen könnte. Selbst seine Eitelkeit, sein Ehrgeiz, seine Lügenhaftigkeit haben keinen Zug von Eigenart und Größe, der sie, wenn auch nicht sitt=

lich), so doch ästhetisch interessant machen würde. Es ist Alles gewöhnlich, niedrig, landläufig an diesem Mann. In allen Berufen und Lebensstellungen sieht man Streber, Großsprecher, Selbstanbeter und Schwelger, die ebenso viel Gier nach allen wirklichen oder eingebildeten Gütern dieser Welt, nur nicht so viel Glück haben wie Boulanger. Geistig wie körperlich ist er aus der Form hervorgegangen, in der die Dutzendmenschen entstehen. Er ist von mittlerem Wuchse, weder groß noch klein, weder beleibt noch hager, sein Gesicht ist nicht schön und nicht häßlich, man würde ihn mit seinen schlaffen Zügen, seiner starken, etwas gebogenen Nase, seinen kleinen blauen Augen, seinen fleischigen Lippen, seinem am Kinne zugespitzten rothen Vollbart in keiner Versammlung von Männern bemerken, wenn man nicht von Vornherein auf ihn aufmerksam gemacht wäre, und kurz, er ist ein wolerhaltener Fünfziger wie zehntausend andere auch), an denen man auf der Straße jahraus jahrein vorübergeht, ohne daß es einem einfallen würde, den Kopf nach ihnen umzuwenden.

Nichts in seiner Vergangenheit konnte errathen lassen, daß er, fünfzig Jahre lang im Halbdunkel einer in gewöhnlicher Gangart durchschrittenen Laufbahn lebend, in vorgerücktem Mannesalter die Welt mit seinem Namen erfüllen würde. Aus einer kleinbürgerlichen Familie hervorgegangen, der Sohn eines Bretonen und einer Engländerin, welcher er anscheinend seinen körperlichen Typus verdankt, trat er im vorgeschriebenen Alter in die Militärschule, aus der er ohne Glanz als Offizier hervorging. Einen Theil der Kriege des Kaiserreichs machte er in untergeordneten Stellungen — den deutschen Krieg und die Belagerung des Paris der Kommune als Oberstlieutenant — mit, ohne sich jemals besonders auszuzeichnen, sei es, weil er dazu keine Gelegenheit hatte, sei es, weil er dazu nicht im Stande war. Er wird wol seine Schuldigkeit gethan haben wie alle anderen Offiziere auch), er ist auch wiederholt leicht verwundet und dafür hergebrachtermaßen dekorirt worden, es ist aber nicht bekannt und wird übrigens selbst von seinen Ruhmrednern nicht behauptet, daß irgend Jemand ihn in seinen ersten zwanzig Dienstjahren bemerkt hätte.

Als Oberst diente er im Armeecorps des Herzogs von Aumale, machte diesem emsig den Hof und war ein eifriger Kirchgänger. In unterthänigsten Ausdrücken bat er „Seine Hoheit" — derartige Titel sind im französischen Heer ausdrücklich verboten — um seine Fürsprache, damit er zum General befördert werde, und als er die Generalsepauletten erlangt hatte, versicherte er ihn wieder im Tone plattester Ergebenheit seiner ewigen Dankbarkeit. Die erbaulichen Briefe wurden vom vorsorglichen Herzoge von Aumale aufbewahrt. Später, als Kriegsminister, vollzog Boulanger die Ausstoßung dieses Prinzen aus dem Heere. Darauf erinnerte ihn eine Zeitung, die im Solde der Orléans steht, an seine brieflichen Versicherungen unbegrenzter Ergebenheit. Boulanger ließ durch seine Blätter antworten, er habe derartige Briefe nie geschrieben. Die orleanistische Zeitung veröffentlichte den Wortlaut der Briefe. Boulanger erklärte fröhlich, sie seien erfunden. Nun brachte das orleanistische Blatt den Lichtbild-Abdruck der Briefe von der Hand und mit der Unterschrift Boulangers. Was that Boulanger jetzt? Er war wol vernichtet, als entlarvter Lügner für immer entehrt und unmöglich geworden? Nicht im Geringsten. Er schwieg zu der letzten Enthüllung und binnen wenigen Tagen war sie vergessen.

Größeren Kreisen wurde Boulangers Name zum ersten Male bekannt, als die französische Regierung ihn nach Nordamerika schickte, um Frankreich bei der Hundertjahrfeier der Schwesterrepublik jenseit des Weltmeers amtlich zu vertreten. Er verdankte diese Sendung seiner Kenntniß der englischen Sprache, die unter den französischen Generälen nicht sehr verbreitet zu sein scheint, und machte sich in Amerika besonders durch sein Haschen nach Volksthümlichkeit und durch die zanksüchtige Empfindlichkeit bemerkbar, die er an den Tag legte, wenn in seiner Gegenwart die mit eingeladenen Abkömmlinge des Generals Steuben, des deutschen Genossen Lafayettes im nordamerikanischen Befreiungskampfe, durch Aufziehen der deutschen neben der französischen Flagge geehrt wurden.

Als er aus Amerika heimkehrte, ging ihm bereits der von geschickt beeinflußten Zeitungs-Berichterstattern verkündete Ruhm voran, auf fremdem Boden, unter heikeln Verhältnissen die Ehre Frankreichs unerschrocken gewahrt zu haben. Er that, was er konnte, um das Eisen zu schmieden, so lang es warm war. Er, der süßliche Höfling des Herzogs von Aumale, das fromme Pfarrkind, das bei keiner Sonntagsmesse gefehlt hatte, suchte Annäherung an Clémenceau und andere radikale Parteiführer und bezauberte sie durch seine heftig republikanische Gesinnung und seinen Freigeist. Zur

Republik bekehrte Generäle gibt es in Frankreich jetzt schon in großer Zahl; radikale aber sind überaus selten. Boulanger war also ein weißer Rabe und Clémenceau hätte eine Sünde an der Republik zu begehen geglaubt, wenn er diesen seltenen Vogel hätte davonflattern lassen. Dem parlamentarischen Einflusse verdankte es Boulanger zunächst, daß er, zum Divisions-General befördert, den Oberbefehl über das tunesische Besatzungsheer erhielt. Man sah ihn in Tunis nicht viel, er blieb gerade nur lang genug dort, um mit den Zivilbehörden des Landes wegen eitler Vortrittsfragen Krakehl zu bekommen. Hauptsächlich weilte er, ohne Urlaub und mit eigenmächtiger Vernachläßigung aller militärischen Pflichten, in Paris, wo er eine stehende Figur der Wandelgänge des Palais Bourbon, der Redaktionsräume radikaler Zeitungen, der Salons von Clémenceau, Lockroy u. s. w. wurde. Als im Dezember 1886 eine der üblichen sinn= und grundlosen Ministerkrisen ausbrach und Goblet ein wesentlich radikales Kabinet bildete, da wurde ihm Boulanger von Clémenceau förmlich als Kriegsminister aufgenöthigt.

Jetzt war Boulanger an der Stelle, die sein Ehrgeiz seit Jahren erstrebt hatte. Als Organisator hat er sich im Kriegsministerium nicht bewährt, wol aber zeigte er eine ans Wunderbare grenzende Geschicklichkeit in der Verwendung aller Hilfsmittel der modernen Reklame. Man hat ihn sehr bald den „General Géraudel" genannt, nach einem Apo= theker, der in der Anpreisung harmloser Theerpillen eine un= bestreitbare Findigkeit entfaltet hatte. Aber Boulanger mit Géraudel zu vergleichen ist genau so, wie wenn man die Patti mit der Primadonna des Sommertheaters zu Stolpe vergleichen wollte. Boulanger hat auf einem Schlachtfelde nie einen Sieg davongetragen und wird dies voraussichtlich nie thun. Aber er ist der Napoleon der Reklame und allen Barnums und Buffalo-Bills, allen Holloway-Pills-, Pears Soap- und Hoffs Malzextrakt-Künstlern weit überlegen. Man spricht meist nur von dem berühmten schwarzen Roß, auf dem er sich am Nationalfeste von 1887 in herrlicher Generalsuniform, umgeben von einem malerischen Gefolge algerischer Spahis in rothen Reiter-Mänteln, himmelblauen Unterkleidern und weißen Haïks, den Parisern zeigte. Gewiß, der Aufzug war schön. Das Volk freute sich über den prächtigen General und der Rapphengst hatte einen Erfolg, der in Jahrzehnten unvergessen sein wird. Aber der schwarze Gaul war doch nur die kleinste von Boulangers Künsten. Er arbeitete mit ungleich ernsteren Mitteln und Methoden.

Als er Kriegsminister wurde, war es sein erstes, die Geheimgelder seines Amtes zur Unterstützung aller Zeitungen zu verwenden, denen es Vergnügen macht, Geld zu empfangen. Er hatte bald zwei Dutzend Blätter zu seiner Verfügung, die jeden gesegneten Tag des Kalenders spaltenlang sein Lob singen mußten. Er unterhielt im Ministerium ein eigenes Bureau, dem die fähigsten Offiziere zugewiesen wurden und das nichts zu thun hatte, als Reklamen für Boulanger zu dichten.

Die Zeitungen genügten ihm nicht. Er ließ seine Lebensgeschichte im Tone der mittelalterlichen Volksgesänge von den Rittern der Tafelrunde verfassen und die neue „chanson

de geste" in Hunderttausenden von Exemplaren unter den
Soldaten und dem Landvolke verbreiten. Aber auch die
anderen Künste vernachlässigte er nicht. Er ließ Bänkelsänger-
und Tingeltangel-Lieder zu seiner Ehre dichten, von denen
einige wie „En revenant de la revue" oder „Les piou-
pious d'Auvergne" Weltruhm erlangten. Er zeichnete
einen Vorstadt-Komiker, den großen „Paulus", welcher der
berufene Tyrtäus dieser Gassenhauer wurde, durch seine
Freundschaft aus und liebte es, den Napoleon dieses Talma
der Schmiere zu spielen. Er ließ sein Bildniß in grellem
Oelfarbendruck, in großem und kleinem Format, auf starkem
und dünnerem Papier, in Millionen von Abzügen herstellen,
theilweise sogar von deutschen Druckereien, weil die französischen die Bestellungen nicht bewältigen konnten. Bezahlte
Straßensänger sangen die Boulanger-Lieder; bezahlte Hausirer
schrieen auf den Boulevards die Boulanger-Broschüren aus;
bezahlte Kolporteure trugen die Boulanger-Bilder in die
Bauernhütten der entlegensten Dörfer und binnen wenigen
Monaten hatte der geniale Ruhmpauker es erreicht, daß jeder
Franzose, jeder Gesittungsmensch beider Welten Ohren und
Augen von seinem Namen voll hatte, daß Boulanger eine
fixe Idee der Zeitgenossen, daß „En revenant de la revue"
eine Gehörs-Halluzination, eine Geistesstörung wurde.

Und was trompeteten die Herolde seiner Größe? Er
sorgte gewissenhaft dafür, daß sie immer Arbeit hatten. Bei den
Soldaten haschte er nach Volksthümlichkeit, indem er einander
jagende Verordnungen zur Aufbesserung ihres Mittagstisches
erließ. Verwirklicht sind diese Verordnungen schwerlich worden,

aber schon beim Lesen lief den Soldaten das Wasser im Munde zusammen und sie machten in Erwartung der kommenden Herrlichkeiten ihre magere Suppe mit seinem Namen fett. Bei den Unteroffizieren legte er sich ein Bildchen ein, indem er ihnen ein für allemal Urlaub bis Mitternacht gewährte. Die Beliebtheit beim Offizierkorps suchte er zu erschmeicheln, indem er in engeren Kreisen überschäumende Revanche=Reden hielt, die zwar nicht in die Zeitungen kamen, aber im Heere sich weit genug herumsprachen. Er baute die berühmten Holz= baracken an der Ostgrenze, die nie bezogen wurden. Er ließ in seinen Zeitungen die Lebel=Gewehre und das Melinit un= gefähr für seine Erfindung ausgeben. Sie mußten täglich das Thema abwandeln, daß Boulanger das französische Heer unüberwindlich gemacht habe und von der Vorsehung berufen sei, in den deutschen Gauen den Kriegslorber wieder aufzu= lesen, den Sedan vom Haupte Frankreichs gerissen hatte.

Die häufig beobachtete Erscheinung, daß Lügner von Temperament ihre Erfindungen bald selbst für wahr halten, trat auch bei ihm ein. Er fing an, die Schnurrpfeifereien selbst zu glauben, die er in seinem Reklame=Bureau täglich für die besoldete Presse und die fliegenden Blätter gewerbs= mäßig herstellen ließ. Seine eigenen Aufschneidereien machten auf ihn Eindruck, wenn sie in Zeitungen und Flugschriften zu ihm zurückkamen. Er war vorher ehrgeizig und frech ge= wesen. Er bekam jetzt ein Selbstvertrauen, das sich vom Größenwahn nicht mehr viel unterschied. Im Kabinet ge= berdete er sich als das eigentliche Oberhaupt der Regierung. Er wollte auf eigene Faust mit der russischen Regierung

diplomatische Verhandlungen anknüpfen und begriff nicht, daß
der Minister des Auswärtigen, Flourens, dagegen Einwen=
dungen erhob. Im April und Mai 1887, zur Zeit des
Schnäbele=Falles, konnte er nur mit größter Anstrengung
davon abgehalten werden, das Heer mobil zu machen, viel=
leicht den Krieg zu erklären. Und die Lohnschreiber in seinem
Solde verkündeten bei jeder derartigen verbrecherischen Toll=
heit, daß er allein Vaterlandsliebe, Muth, Kraft und Größe
habe, die übrigen Minister aber Schwächlinge und Hasen=
füße seien.

Wie der richtige Hans im Glücke, der selbst nicht weiß,
auf welche Art er dazu gekommen ist, und nur den einen
Gedanken hat, die unerhoffte Gunst des Augenblicks gierig
und mit geheimem Zittern vor dem Ende auszunützen, suchte
er aus dem Kapitale, das er für seine Reklame aufgewendet,
wucherische Zinsen herauszuschinden und den Taumel der
Stunde bis zur Erschöpfung zu genießen. Man sah ihn und
immer nur ihn auf allen Straßen und Plätzen. Wenn er
nicht auf Reisen war, zeigte er sich in allen Theatern, auf
allen Festen, bei allen Aufzügen. Heute im Hippodrom,
morgen bei einer Turner= und Sänger=Feier, übermorgen bei
einer Preisvertheilung; sein Erscheinen immer in den Zeitungen
vorher angekündigt: er die Hauptperson auf dem Programme.
Er bemühte sich besonders, mit dem Glanze seiner Generals=
uniform und goldenen Epauletten Damen zu hypnotisiren,
die nicht einmal jung oder schön zu sein brauchten, wenn sie
nur vornehm waren. Als echter Emporkömmling, der nie
aus der Haut eines niedrigen Snobs kriechen kann, hatte er

7*

keinen größern Stolz, als von Herzoginen des altadeligen
Faubourgs empfangen zu werden und mit Trägern großer
Namen an einem Tische zu speisen. Er, der den Ehrgeiz zu
haben vorgab, ein großes Land in die Tasche zu stecken,
strebte vornehmlich nach dem Triumphe, einen Salon und —
ein Boudoir zu erobern. Seine Ministerschaft war eine lange
Orgie, die er nicht unterbrach, als er schließlich an die Luft
gesetzt wurde. Er hatte nicht mehr die geheimen Regierungs-
gelder zur Verfügung, zapfte aber Freunde und — Freun=
dinen, Anhänger und Spekulanten, eitle Narren und politische
Glücksspieler an, die ihm Millionen in den emsig umgehenden
Klingelbeutel warfen, die einen aus Dummheit und Ver=
blendung, die anderen in der Hoffnung, das geopferte Geld
vielleicht zehnfach wiederzubekommen, wenn Boulanger der
kecke Streich gelang, auf den hin er einstweilen in schwindel=
erregendem Maße schnorrte.

Nach seinem Abgang aus dem Kabinete wickelten sich
die Ereignisse mit dramatischer Raschheit ab. Er wurde
Befehlshaber des auvergnatischen Armeecorps, hielt sich aber
mehr in Paris als in der Auvergne auf. Er ließ durch
Anhänger, namentlich einen angeblichen Grafen Dillon, der
kometenhaft aus tiefem Dunkel zu plötzlichem Glanz auf=
tauchte und dann wieder spurlos in Nacht verschwand, in
verschiedenen Wahlkreisen um Stimmen werben und leugnete
frech ab, daß er mit diesen Bewerbungen etwas zu thun
habe. Die Regierung veröffentlichte seine Briefe und Tele=
gramme an Dillon und wies ihm seine Lüge nach, er aber

that wieder, was ihm schon bei der Enthüllung seines Benehmens gegen den Herzog von Aumale so gut gelungen war: er schwieg zu dem Backenstreiche lächelnd und achselzuckend und das Volk trug ihm das nicht weiter nach. Schlag auf Schlag folgte seine Absetzung von der Befehlshaber-Stelle, seine Ausstoßung aus dem Heere, seine Anklage wegen Anschlags gegen die Verfassung und Unterschlagung öffentlicher Gelder, seine Flucht nach Brüssel und London, seine Verurtheilung durch den Senat, sein Rückzug nach Jersey. Zwischendurch hatte er immer die Oeffentlichkeit zu beschäftigen gesucht. Er war in vielen Wahlkreisen zum Abgeordneten gewählt, aber bei den 1889er Generalrathswahlen schmählich geschlagen worden. Er hatte mit dem alten, feisten Floquet einen Degenzweikampf ausgefochten und war schwer verwundet worden, er, der Kriegsmann, der den jugendlichen Boudoir-Eroberer spielte, von einem Rechtsanwalte, der das Waffenhandwerk nicht einmal als Liebhaber betrieb. Er hatte eine Geschichte des 1870er Krieges geschrieben, die den Beweis lieferte, daß er an dem Tage, an welchem der Pump aufhörte, ergiebig zu sein, als Schriftsteller sich höchstens Fußtritte von Verlegern und Zeitungsleitern holen würde, denen er seine unsagbare Prosa würde anbieten wollen. Seine Rolle scheint trotz aller Anstrengungen ausgespielt zu sein, aber die Thatsache bleibt, daß ein Mensch ohne irgend eine Fähigkeit, ohne einen einzigen fruchtbaren Regierungs-Gedanken, ohne Programm, ohne Charakter, ohne Vergangenheit, ein Lügner, ein Wüstling, ein gemeiner Schürzenjäger, ein Pumpbruder, drei Jahre lang den ersten Platz in der Aufmerksamkeit seines

Volkes hatte einnehmen, der Republik hatte gefährlich werden können.

Wie ist das zu erklären? Gewiß, mit Reklame ist viel zu machen und wer Millionen an Inserate, namentlich im redaktionellen Theile, wenden kann, dem ist in einer demokratischen Republik, wo die öffentliche Meinung, das heißt das Maulaffenthum, ohne Gegengewicht den Ausschlag gibt, ungefähr Alles erreichbar. Die Schwärmerei der Frauen und Kinder für die Generals-Uniform muß auch in Betracht gezogen werden und wenn Boulanger bisher das einzige Beispiel eines zum Abgotte des Volkes emporgeschwindelten Generals ist, so hat das seinen Grund darin, daß eben noch kein anderer General um derartige Volksthümlichkeit mit ähnlichen Dirnenkünsten zu buhlen gesucht hat. Aber diese beiden Elemente des Erfolges erschöpfen die Gründe nicht, denen Boulanger seinen fabelhaften Aufstieg zu verdanken hatte.

Der Boulangismus hätte nicht entstehen können, wenn in den tiefen Massen des französischen Volkes nicht gewisse theils bewußte, theils unbewußte Triebe herrschen würden, gegen welche die Vernunft, das Urtheil, die der Nation in ihrer Gesammtheit ohne Frage innewohnende bürgerliche Wolanständigkeit und die Liebe zur Freiheit vergebens ankämpfen. Da ist zunächst der nie verwundene Grimm über die 1870er Niederlagen, der die brennende Sehnsucht nach Rache und Vergeltung nährt. Da ist ferner die weit verbreitete Unzufriedenheit mit dem Bestehenden, die durch die Verschlechterung der Vermögenslage des Volkes erzeugt ist. Die Reblaus hat Hunderttausende wirthschaftlicher Existenzen vernichtet. Der

Börsen-Zusammenbruch von 1882, der Untergang des Comptoir
d'Escompte, die Katastrophe des Panama-Kanals hat andere
Hunderttausende theils zu Bettlern, theils doch wesentlich
ärmer gemacht. Handel und Gewerbe stockten jahrelang und
die Arbeiter sahen ihre Löhne immer kleiner werden, so weit
sie überhaupt in die Lage kamen, Löhne zu verdienen. Dazu
tritt die Leichtgläubigkeit, welche vielleicht der größte Fehler
des französischen Geistes ist und sich blos aus dessen Beweg=
lichkeit und Raschthätigkeit und aus dem Vorwiegen der Ein=
bildungskraft in ihm erklärt. Da erscheint nun ein Possen=
reißer in herrlicher Zindel= und Flittertracht eines Jahrmarkts=
Zahnbrechers und prahlt, er sichere dem Lande die Revanche.
Er verspricht weiter eine tiefe Umwälzung aller Verhältnisse,
die den Verarmten den Wolstand wiederbringen solle. Das
sind Zauberworte, die laut aussprechen, was in allen Seelen
verschwiegen lebt. Es ist menschlich, daß ein jubelndes Zu=
jauchzen der Widerhall war, den sie im Volke erwecken mußten.
Niemand fragte, ob Boulanger sein Versprechen halten könne
und wie er es anfangen wolle, um alle Geldbeutel zu füllen
und die Prussiens schmählich aufs Haupt zu schlagen. Es
genügte, daß er begriffen hatte, wofür alle Herzen schlugen.
Er hatte den versteckten Knopf gefunden und gedrückt, der
das Uhrwerk des französischen Gefühlslebens in Bewegung
setzte, und sofort gerieth das ganze Volk in ein Zappeln und
Tanzen, in ein Beinewerfen und Armeschwenken, daß dem
Zuschauer schwindelig vor den Augen wurde, und dazu tönte
das „En revenant de la revue" und „C'est Boulange,
lange, lange" dröhnend, betäubend, jedes verständige Wort

hoffnungslos übertönend. Der Mechanismus bestand, der Knopf auch. Es kam nur darauf an, ihn zu drücken. Der Hexensabbath und das Getöse war dann die unausbleibliche Folge.

Die Erscheinung des Boulangismus beweist, daß der Revanche-Durst einstweilen der französischen Freiheit fast noch gefährlicher ist als dem europäischen Frieden. Sie beweist ferner, daß die Franzosen von der Republik Dinge erwarten, die sie nicht leisten kann, da sie nur eine Regierungsform, nicht aber eine Wünschelruthe ist, da sie Jedem die freie Entwickelung und den ungehinderten Gebrauch seiner Fähigkeiten zusichern, nicht aber Rebläuse wegzuhexen und werthlose Schwindelaktien in gutes Geld zu verwandeln vermag. Und schließlich beweist der Boulangismus, daß sich das französische Volk vom Glauben an eine Persönlichkeit noch nicht hat freimachen können. Ueberraschen kann das ja nicht, denn es ist eine nothwendige Folge seiner ganzen geschichtlichen Entwickelung. Ein Volk hängt eben nicht ungestraft jahrhunderte-, jahrtausendelang an Königen, in denen es das Heil des Landes, seine natürlichen Führer, die Zusammenfassung der Volkskraft, die Helfer in aller Noth sieht. Aber es ist eine Mahnung an die Republik, Alles zu thun, was in ihren Kräften steht, um ihre Bürger zu Republikanern zu erziehen, die selbst ihres Glückes Schmiede sein wollen und weder auf Gesalbte von Gottes Gnaden noch auf ungesalbte „Vorsehungs"-Menschen warten, um ihre Geschäfte von ihnen besorgen zu lassen.

Diese Erziehung kann nicht im Handumdrehen vollendet sein. Nur im Märchen bringt die Berührung eines Zauberstabes die Verwandlung eines Ungethüms in einen Prinzen plötzlich zu Stande. Die Politik kennt derartige Wunder nicht. Sie braucht zu ihren Wirkungen Zeit und es dauert lange, ehe Gesetze, Schule, Beispiele Sklaven in freie Männer umschaffen.

Victor Hugo seit 1870.

Einen ganz eigenen Platz nahm Victor Hugo bis zu seinem Tod in der dritten Republik ein. Einfacher Senator wie dreihundert andere Personen, ohne den geringsten politischen Einfluß, ohne intimere Beziehungen zu den drei ersten Präsidenten der Republik und zu Gambetta, war er dennoch eine der Haupt-Repräsentativfiguren Frankreichs und der Blick des Beobachters, der von Weitem auf die Nation fiel, sah aus ihrer Masse neben den Gestalten Grévys und Gambettas mit gleich auffallendem Hochwuchs auch die mächtige Figur Victor Hugos aufragen.

Wie Japan bis zu seiner großen Umformung ein geistiges und weltliches Oberhaupt hatte, so besaß auch Frankreich bis zum Mai 1885 seinen Taikun und Mikado. Der Präsident der Republik war das weltliche, Victor Hugo das geistige, um nicht zu sagen das geistliche Oberhaupt der Nation. Darin gab sich wieder jenes Ueberlebsel monarchischer Instinkte kund, dem ich in allen Erscheinungen des französischen Lebens nachgehe, weil ich in der gegenwärtigen Geschichtsepoche Frankreichs eben nichts anderes sehe als den letzten, entscheidenden Kampf zwischen den monarchischen und den republikanischen Anschauungen und Empfindungen, einen Kampf, der nur zum Theil in den Regionen des Bewußtseins, zum wichtigern Theil in den dunkeln Tiefen des Unbewußten, in den Kellerräumen der Welt- und Lebensanschauung jedes einzelnen Individuums ausgefochten wird. Die folgerichtige Anwendung des Gleichheitsgrundsatzes fordert die Zerstörung der Autorität, welche noch ein letztes persönliches Vorrecht ist. Die heutigen Franzosen können sich aber noch nicht an das autoritätlose Dasein gewöhnen. Ihre Instinkte lehnen sich noch gegen eine platte, formlose Zerflossenheit der Gesellschaft auf, die kein Unten und kein Oben unterscheiden läßt; sie fordern, daß der Gesellschafts-Bau eine Spitze habe, wenn sie auch nicht dulden würden, daß diese Spitze eine Krone sei. Aus diesen Voraussetzungen ging auch die eigenthümliche Stellung Victor Hugos hervor. Er war der Gipfel jener Pyramide, deren Basis das allgemeine Stimmrecht ist. Man konnte getrost welchen Franzosen immer fragen: „Wer ist der Erste in eurer Nation?" und man erhielt stets nur die Antwort: „Victor Hugo!" Die Stellung war eine rein dekorative; ihre Attribute waren ausschließlich moralischer Natur; aber es umgab sie ein Prestige, vor dessen Glanze sich Jedermann neigte. Und so sehr entsprach diese freiwillig einem Einzelnen dargebrachte Verehrung einem tiefen Bedürfnisse der französischen Natur, daß das Verschwinden Victor Hugos im Gemüthe der Franzosen eine unbehagliche Leere zurückließ, die sie seitdem auszufüllen suchen. Man hat sich bemüht, zuerst Herrn de Lesseps zum „großen Franzosen", zum Papste des französischen Geisteslebens zu machen.

Der Zusammenbruch des Panama-Unternehmens riß ihm die dreifache Krone vom Haupte. Dann hat man Herrn Pasteur zum geistigen Führer der französischen Gesittung erhoben. Doch ist er nicht vom ganzen Volk ungetheilt anerkannt. Der Platz ist also eigentlich noch zu haben, zum nicht geringen Kummer der Franzosen, deren Selbstbewußtsein fordert, daß der größte lebende Zeitgenosse, die jeweilige Repräsentativ-Gestalt der Menschheit, wenigstens in den Augen der romanischen Welt, ein Franzose sei.

Victor Hugo war in Paris der Gegenstand einer allgemeinen Verehrung, die an Loyalität streifte. Die Nation hatte ihm stillschweigend eine Reihe von Souveränetätsrechten eingeräumt, unter welchen auch das war, nicht diskutirt zu werden. Bei seiner ausgesprochenen Parteistellung hatte er natürlich in den Reihen der feindlichen Parteien erbitterte Gegner, aber ihr Groll machte sich nur mit der äußersten Zurückhaltung Luft. Ab und zu gestattete sich „Figaro" oder irgend ein anderes unehrerbietiges Blatt derselben Farbe, einige epigrammatische Pfeile gegen die angebliche Filzigkeit des Dichters abzuschnellen. Allein diese Angriffe waren so zahm, so harmlos, daß selbst ein wirklicher Monarch sich über ihren Ton nicht hätte beklagen können, und wenn Victor Hugo ein neues Werk veröffentlichte, so besprach die Kritik es in der verehrungsvollen loyalen Form, in der etwa ein halbamtliches Organ eine Thronrede zu besprechen pflegt. Natürlich gab es stets Zweifler, die an Victor Hugo nicht glaubten, wie sich ja auch mitten in einer erzgläubigen Gemeinde Gottesleugner finden. Aber selbst die Zweifler und Spötter bewahrten ihr spöttisches Lächeln für die Intimität und zeigten öffentlich dieselbe andächtige und ehrerbietige Miene wie die übrige Menge.

Unabhängig durch den Besitz eines Vermögens von mehreren Millionen, die er vom ersten bis zum letzten Centime mit der Feder erworben hatte, lebte Victor Hugo in seinem Hotel wie ein König in seinem Palaste. Es umgab ihn ein Hofstaat, dessen einzelne Mitglieder — Vacquerie, Meurice, Lockroy u. s. w. — zwar nicht den Titel von Hofchargen trugen, aber deren Funktionen übten. Täglich wurde große Tafel gegeben, zu der gezogen zu werden eine hohe Auszeichnung war. Nach der Tafel hielt Victor Hugo Cercle, sprach der Reihe nach seine Gäste an und zog sich nach einiger Zeit in die inneren Gemächer zurück, während das Gefolge noch im Salon beisammenblieb. Ein eigenes Organ, der „Rappel", verkündete die großen und kleinen Ereignisse am Hofe — pardon! im Hause Victor Hugos. Ab und zu unternahm der Dichter unter einem durchsichtigen, aber von aller Welt respektirten Incognito Spaziergänge durch seine gute Stadt Paris oder Spazierfahrten auf der Imperiale irgend eines Omnibus und die Bevölkerung, die ihn kannte, drängte sich mit schweigender Ehrfurcht um ihn, zeigte sich ihn mit dem Finger und verletzte seine Bescheidenheit wol auch durch Hochrufe, wenn die Begeisterung, die sein Anblick erregte, über die zartfühlende Zurückhaltung den Sieg davontrug. Man beschäftigte sich mit den Mitgliedern der Hugoschen Dynastie und feierte die Geburts- und Namenstage seiner berühmten Enkelkinder Jeanne und George, ganz wie man es an korrekten Höfen mit den Prinzen und Prinzessinnen thut. Der Meister — das ist der Titel, den alle Welt dem Dichter gab — verlieh zwar keine Orden, aber er hatte doch Auszeichnungen zu vergeben, um die sich junge Streber mit Herzklopfen bewarben: seine Dekoration bestand in einem Handschreiben, worin er einem Anfänger sagte: „Muth, Ihr Buch verspricht!" oder „Ausdauer, in Ihrem Bilde steckt Zukunft!" Diese Handschreiben, deren monatlich Dutzende erlassen wurden und die das Hofjournal Victor Hugos gewissenhaft veröffentlichte, galten den mit ihnen Beglückten fast soviel wie das rothe Bändchen, dieses spätere Ziel ihres ehrgeizigen Ringens. Wenn Victor Hugo nicht Privataudienzen ertheilte, so empfing er Abordnungen von Vereinen, die sich um seine Patronage bewarben, oder erließ Manifeste an die zahllosen Comités, die, über die ganze gesittete Erdoberfläche zerstreut, kein Denkmal enthüllen, kein Jubiläum feiern, kein Fest veranstalten, keine wolthätige Sammlung einleiten konnten, ohne ihr Unternehmen mit dem Namen Victor Hugos zu schmücken. Es war, ich wiederhole es, ein wahres Fürsten-Dasein, das der Dichter in diesem Paris führte, welches ihn zu seinen Denkmälern zählte, ganz so wie den Triumphbogen und die Notre-Dame-Kirche, und Victor Hugo hatte das volle Bewußtsein dieser ausnahmsweisen, repräsentativen Stellung, denn er pflegte von sich zu sagen: „Je suis un ancêtre", „ich bin ein Ahn". Er hielt sich gleichsam für den geistigen Vater des heutigen denkenden und dichtenden Frankreichs und er nahm die ihm entgegengebrachten Huldigungen als eine ihm gebührende Ahnen-Verehrung an.

Keine Nation gestattet so willig und leicht wie die französische ihren großen Dichtern, aus dem geschlossenen Rahmen der gesellschaftlichen und amtlichen Rangordnung herauszutreten und einen alle anderen beherrschenden erhöhten und abgesonderten Platz einzunehmen. Im achtzehnten Jahrhundert hatten die Franzosen ihren „König Voltaire", in der ersten Hälfte unseres Jahrhunderts konnte Lamartine einen Augenblick lang Präsident der Republik sein. Unser Geschlecht ist zu nüchtern, als daß sie einen Dichter an einen aktiven Posten des Kampfes, der Verwaltung, der Gesetzgebung stellen sollte. Aber wenn Victor Hugo auch nie Aussicht hatte, Präsident der Republik zu werden, wie es Lamartine war, so hatte er doch die volle souveräne Autorität, die Voltaire über seine Zeitgenossen übte, mit dem Unterschiede, daß Voltaire im Königthum und in den gesellschaftlichen Adelsvorrechten seiner Zeit Nebenbuhler hatte, die seine Macht einschränkten, während Victor Hugo weder einen Hof noch eine geschlossene Aristokratie über oder selbst neben sich sah.

Victor Hugo war der Republik dankbar dafür, daß sie ihn auf einen so hohen und glänzenden Thron gesetzt hatte. Er hatte sich mit ihr identifizirt und verherrlichte sie aus allen Kräften. Das war die letzte Wandlung dieses an äußerem Wechsel so reichen Geistes. Der Dichter, der als schwärmerischer Legitimist begann, dann mächtig an der Schöpfung der napoleonischen Geschichtssage mitarbeitete, hierauf Orleanist war, um während der zweiten Republik für eine Weile ein eifriger Anhänger des Prinz-Präsidenten zu werden, wurde durch seinen leidenschaftlichen Haß gegen das zweite Kaiserreich zur ebenso leidenschaftlichen Verehrung der Republik erzogen, deren Ruhme seine ganze literarische Thätigkeit seit 1870 gewidmet war. Und welche ungeheure Thätigkeit schlossen die letzten anderthalb Jahrzehnte seines Lebens ein! Victor Hugo war zuletzt ein Wundergreis, wie er siebenzig Jahre vorher ein Wunderknabe gewesen war. Er hatte zu achtzig Jahren nicht aufgehört, eine erstaunliche Ausnahms=erscheinung zu sein, wie er es zu fünfzehn Jahren gewesen, als er, ein Gymnasiast, mit seinen Gedichten Akademiepreise errang. Die Löwin, lehrt uns die klassische Fabel, ist nicht fruchtbar; sie wirft nur ein Junges im Jahr, eines, aber einen Löwen. Unum, sed leonem. Victor Hugo machte eine Ausnahme von der Regel, die dem Genie Unfruchtbar=keit vorschreibt. Er, der Löwe, besaß die Fruchtbarkeit des Kaninchens. Er war Victor Hugo und schrieb so viel, als wenn er Luise Mühlbach gewesen wäre. Seine Schublade barst von der Masse der Handschriften, die sie einschloß; er, dem schon seine ersten Veröffentlichungen die Unsterblichkeit gesichert hätten, hatte in seinem Schreibtische noch genug un=bekanntes Material für eine neue robuste Unsterblichkeit ein=gesperrt; es lagen da Dramen, Heldengedichte, Romane, Ge=dichte und ihre Zahl vermehrte sich bis zum letzten Tage; manches davon veröffentlichte er in kurzen Zeitabständen, das meiste behielt er für sich; Verleger und Theaterdirektoren be=stürmten ihn um seine Manuskripte, aber er hütete eifersüchtig seine Schätze; er wußte, daß ihm die Zukunft gehörte, und begehrte darum nicht nach neuen Ausbrüchen des Enthusias=mus der Mitlebenden. Allein so zögernd und widerwillig er

auch seine Schöpfungen der Oeffentlichkeit preisgab, so heftig
man ihn auch zu jeder neuen Publikation drängen mußte, die
Zahl der Bände, die er seit 1870 erscheinen ließ, betrug
dennoch achtzehn und diese achtzehn Bände, denen noch nach
seinem Tode bis jetzt weitere sechs gefolgt sind, bilden zu=
sammen den republikanischen Abschnitt der literarischen Thätig=
keit Victor Hugos und eine interessante Einheit, die eingehen=
des Studium verdient.

Ein Zug charakterisirt alle Hervorbringungen Victor
Hugos seit 1870: die Unklarheit und der Widerspruch. Seine
aufsteigende Entwickelung hat den Dichter nicht zu gefesteten
Ueberzeugungen und zu endgiltigen Idealen geführt, sondern
Alles, was klar und fest in seiner Seele war, erschüttert und
zerstört und seine Gedankenwelt in ein durcheinandergerütteltes
Chaos verwandelt, über welchem eine bange Ungewißheit
traurig und ruhelos flattert. Victor Hugo hat sich bemüht,
zu letzten Grundwahrheiten zu gelangen, aber er hat sie nicht
gefunden. Und während er sich mit leidenschaftlich hervor=
geschriebenen modernen Schlagworten des Positivismus und
Liberalismus zu beruhigen, ich möchte sagen zu betäuben suchte,
flog seine Seele bald unbewußt zu den überwundenen Idealen
seiner Jugend zurück, bald stürzte sie sich in einen nebel=
haften Mystizismus, dessen deutlichster Gedanke noch die uni=
verselle Liebe, die Liebe des Weibes, des Kindes, aller Menschen
und selbst der Schuldigen, eine aufs Höchste gesteigerte über=
menschliche evangelische Liebe ist. Diesen Zug der Unklarheit
und des Widerspruchs, diesen grausamen Kampf unhaltbarer
Jugendideale und ungenügend vertiefter Mannesüberzeugungen

werden wir in jedem einzelnen der letzten Werke Victor Hugos wiederfinden.

Ihren Reigen eröffnet „Das schreckliche Jahr", „L'année terrible", diese Sammlung patriotischer Gedichte, die kurz nach den Greueln des Krieges und der Commune erschien Das ist ein dunkles und trauriges Buch. Die Schlangen des Hasses zischen zwischen seinen Blättern hervor. Es flucht, es schmäht, es schreit nach Rache. Kein Schimpfwort ist hart und wuchtig genug, um damit die deutsche Nation zu keulen, kein Stachel scharf genug, um damit die Weichen des französischen Volkes zu einem neuen Raubthiersprung über den Rhein blutig zu spornen. Was gäbe ich nicht darum, wenn Victor Hugo dieses Buch nicht geschrieben hätte! Es ist eine Verleugnung all dessen, was er seit zwanzig Jahren gepredigt. Wo ist da die Liebe aller Menschen zu einander, wo ist die feierliche Abweisung des alten Hasses, der alten Vorurtheile, wo der Abscheu vor dem Kriege, die Verherrlichung des ewigen Friedens, die schöne Vision der vereinigten Staaten von Europa? Man antwortet mir vielleicht darauf: „Wir modernen Menschen haben nun einmal nicht die Selbstverleugnung, nach der Vorschrift des Evangeliums die linke Wange darzureichen, wenn man uns die rechte schmeißt. Während noch die offenen Wunden in der Flanke bluten, aus der man zwei Provinzen gerissen, kann man nicht die Hand segnen, die das verstümmelnde Messer geführt hat." Das ist aber ein Argument, das nur scheinbar einleuchtet. Wo wäre denn auch das Verdienst, wo die geistige Ueberlegenheit eines Friedensapostels, wenn die erste persönliche Gereiztheit sofort das Uebergewicht

über seine schöne Begeisterung erlangen könnte, wenn seine
Bruderliebe für alle Menschen ohne Unterschied der Nation,
sein erleuchteter Kosmopolitismus in dem ersten Augenblicke
verschwinden würden, wo sie ihre Echtheit durch Bekämpfung
der blutigen Kriegs= und Rachetriebe zu bewähren hätten?
Ist es denn etwas Erwähnenswerthes, die fremden Völker
zu lieben, wenn man mitten in tiefem Frieden lebt und das
eigene Volk von allen Umwohnern bewundert, geliebt, geachtet
ist? Eine rühmliche, menschliche Regung wird diese Liebe
erst in den kritischen Augenblicken, wo es gilt, die ihr drohendes
Haupt erhebende Hydra des Hasses im eigenen Herzen und in
den Herzen der Anderen zu bekämpfen. In solchen Augen=
blicken muß der Friedensapostel seines Amtes walten. Ich
kann nicht zugeben, daß er, wie Prudhomme, der den ihm
gestifteten Ehrensäbel dazu benutzen will, um die Verfassung
zu vertheidigen und, wenn nöthig, anzugreifen, — daß er, sage
ich, sein begeistertes Wort dazu benützen dürfe, um den Frieden
und die Völkereintracht zu vertheidigen oder, nach Bedarf,
auch anzugreifen. Der Priester darf nicht seine Harfe weg=
werfen, um sich mit einem Beil ins Gewühl der Würger zu
stürzen. Sein Platz bleibt stets am erhabenen Altar und er
muß die Bruderliebe und die Versöhnung um so lauter pre=
digen, je lauter der Haß und die Zwietracht grollen. „L'année
ertrible" bleibt einer der schweren und peinlichen Wider=
sprüche, aus denen das Dichtergenie Victor Hugos zusammen=
gesetzt ist.

Das nächste Buch war der Roman „1793". Er ist ein
mit Verachtung der geschichtlichen Vorurtheile gesungenes

kühnes Loblied auf die Helden des Schreckens, die am 9. Thermidor ihren rauhen Republikanismus mit dem Tode büßten. Zum erstenmale machte sich Victor Hugos Begeisterung für die große Revolution in den „Misérables" Luft, in der episodischen, aber wunderbar wirkungsvollen Gestalt des alten Conventsmitglieds. In etwas indirekter Weise huldigte er ihr auch in den „Châtiments", wo die Republik ab und zu den leuchtenden Gegensatz zur Schwärze des Verbrechens vom 2. Dezember bilden muß und in rein malerischer Absicht zur Erzielung koloristischer Effekte benutzt wird. In „1793" bricht der Strom der revolutionären Begeisterung ganz und gar durch; dieser Roman ist das erste Denkmal des Republikanismus Victor Hugos. Und dennoch — selbst diese Dichtung ist von halb unbewußten Vorbehalten nicht frei. Die Bewegung, mit der die Gestalten der Royalisten gezeichnet sind, die großmüthige Wärme, mit der ihrer Ueberzeugungstreue und ihres ehrlichen Heldenmuths gedacht wird, sind fühlbar ein letztes Nachklingen von Jugendempfindungen, welche die späteren Ueberzeugungen des Mannes nicht ganz verstummen machen konnten.

Auf „1793" folgte eine längere Pause, die erst im Vorfrühling 1877 durch das Erscheinen der neuen Folge von „La légende des siècles" unterbrochen wurde. Diese zwei Bände Gedichte erregten ein Aufsehen, wie es seit den „Misérables" kein Werk des Dichters, wie es seit Jahrzehnten überhaupt noch keine Sammlung von Versen erregt hatte. Die französische Kritik lag zu den Füßen des Meisters und sang Hosiannah. Es gab nur eine Stimme über das Buch: das ist keine Dichtkunst, das ist Offenbarung. In der That, Victor Hugo nimmt in der neuen „Legende der Jahrhunderte" den höchsten Flug und strebt nach den äußersten Zielen des Menschengeistes. Er nimmt das Werk des Aufbaus einer poetisch-philosophischen Weltanschauung dort auf, wo es Goethe unvollendet gelassen. Er stellt sich mit zuversichtlichem Glauben an seinen Hohenpriesterberuf die Aufgabe, der Welt die letzten Urwahrheiten, die verborgensten Daseinsgeheimnisse zu offenbaren. Er setzt sich auf den Dreifuß der Prophetin, seine Augen rollen, sein Antlitz flammt von innerer Glut und nach dem Apparat, den er entfaltet, muß man erwarten, daß von seinen Lippen Orakelworte fließen werden, vor denen alle Sphinxe des Zweifels sich besiegt in den Abgrund stürzen müssen. Allein ach! diese Erwartungen werden nicht erfüllt. Der Dichter wiederholt wol alle die schrecklichen Fragen, die Faust in seinem dunkeln Studirzimmer vor jenem blühenden Ostermorgen durchzittert haben, allein er hat ebensowenig wie die Denker vor ihm eine befriedigende Antwort auf sie und mit einem eigenthümlich vagen, mehr fühlbaren als geäußerten Instinkte der Reaktion stößt er die führende Hand der Naturforschung von sich und blickt verstohlen nach dem Leitstern des Glaubens auf, daß er ihm aus dem Labyrinthe der Zweifel herausleuchte.

Nahezu fünfundvierzig Jahre vorher schrieb Victor Hugo vor seine „Chants du crépuscule" folgende Worte: „Was in dieser Sammlung manchmal ausgedrückt ist, das ist dieser sonderbare Dämmerzustand der Seele und der Gesellschaft in unserem Jahrhundert, das ist dieser Nebel von außen, diese Ungewißheit im Innern, dieses unbegreifliche Spiel von Licht und Schatten, das uns umgibt ... In diesem Buche finden sich alle die Gegensätze, der Zweifel und das Dogma, der Tag und die Nacht, der lichte Punkt und der dunkle Punkt, wie in allem, was wir in diesem Jahrhundert sehen und denken ... Das letzte Wort, das der Verfasser hier noch hinzufügen muß, ist, daß er in dieser Epoche der Erwartung und des Ueberganges, in dieser Epoche der erbitterten Diskussionen, wo man nur zwei Worte anhört, versteht und beklatscht, das Ja und das Nein, dennoch nicht einer von denen ist, die verneinen, noch einer von denen, die bejahen. Er ist einer von denen, die hoffen."

Anderthalb Menschenalter waren seither verflossen, allein Victor Hugo hätte vor seine „Legende der Jahrhunderte" dieselbe Vorrede setzen können, mit welcher er die „Gesänge der Dämmerung" eingeleitet hatte, blos den letzten Satz hätte er zu streichen gehabt. Er ist in diesem Buche nicht mehr einer von denen, die hoffen. Das ist das Ergebniß seiner Entwickelung, das ist der Unterschied zwischen dem Seelenzustande des Jünglings und dem des Greises. Seine Weltanschauung ist schwarz geworden wie eine Sturmesnacht und ein trostlos bitterer Pessimismus erfüllt sein Herz bis an den Rand. Alle seine Ideale sind wankend, sein Wesen hat keinen festen Mittelpunkt, sein Gesichtskreis keinen einzigen Fixstern mehr, nach welchem er die Bussole seiner Gedanken richten könnte, und er schwankt schattenhaft und ruhelos zwischen allen Gegensätzen des Liebens und Hassens, des Glaubens und Zweifelns, des Bewunderns und Verachtens hin und her. Die „Legende

der Jahrhunderte" ist die zusammengefaßte Entwickelungs-
geschichte der Menschheit, wie sie sich im betrachtenden Geiste
des Dichters abspiegelt. In einem apokalyptischen Gesichte,
das er mit unfaßbar dunkeln Worten und Bildern beschreibt,
sieht er die ganze Weltvergangenheit als eine ungeheure
Mauer vor sich, die aus konvulsivischen Leibern und gespenstisch
formlosen Seelen besteht. Er sieht hier allen Menschenjammer,
alle Verbrechen, alle Gewaltthaten, alle Irrthümer der Weltgeschichte, er sieht die Könige und die Priester, die Zwinger
des Leibes und die Henker des Gedankens, er sieht all das
schuldlos vergossene Blut, das in zwecklosen Kriegen geflossen
ist, und hört die Ketten klirren, die durch Jahrtausende den
Nacken der Völker zu Boden gezerrt haben, und voll von
diesem grauenhaften Bilde sucht er dessen einzelne Gestalten
in den Gedichten festzuhalten und nachzuzeichnen.

Wolkig und schattenhaft wie dieses Gesichte, in dem ihm
die Geschichte der Menschheit gleich der wüsten Ausgeburt
eines Alpdrucks erscheint, ist die Gedankenwelt des Dichters
und seine Weltanschauung. Ueber keine der großen Fragen,
durch die jeder denkende Mensch sich hindurchgerungen haben
muß, ehe er das geistige Gleichgewicht erlangen kann, hat
er eine gefestete Ansicht: allein er berührt sie alle und
pendelt dabei unabläßig zwischen äußersten Widersprüchen
hin und her, aus denen der Leser den Schlußeindruck einer
tiefen Zerrissenheit und eines in allen Grundfesten unterwühlten Gemüthes erhält.

Ist Victor Hugo ein Gläubiger? Nährt er die theologische Eitelkeit, eine unsterbliche Seele und einen gnädigen

persönlichen Gott zu besitzen? Er behauptet es an zehn Stellen ausdrücklich und feierlich. Allein an einer elften kann er es nicht verhüten, daß der blasse Zweifel zu Tage trete, und er ruft den Priestern zu:

„Vous, qui pourtant parfois, fronts chauves, barbes grises,
Avez des tremblements dans vos mornes églises
Et sentez que la tombe est peut-être un cachot."

„Ihr, Kahlstirnen, Graubärte, empfindet trotz alledem manchmal ein Beben in euren düsteren Kirchen und fühlt, daß das Grab vielleicht ein Kerker ist."

Einmal zweifelt er an der biblischen Darstellung des Menschenursprunges und sagt: „Von Adam, unserm Ahn — so nennst du ihn zumindest —." Allein er hat nicht den Muth, über diesen leisen Zweifel hinauszugehen, und wenn die Naturforschung kommt und sich anheischig macht, ihm einen andern Stammbaum herzustellen, überhäuft er sie mit Schmähungen und Spott:

„Und wenn ein ernsthafter Engländer, korrekt, wolgekleidet, in schöner Wäsche, mir sagt: ‚Gott hat dich zum Menschen gemacht und ich mache dich zum Affen, zeige dich nun einer solchen Gunst würdig', — so bleibe ich von dieser Beförderung einigermaßen verblüfft."

Soweit hat sich sein Geist von der Ueberlieferung und dem dogmatischen Aberglauben befreit, daß er die positiven Religionen ablehnt und ihre Diener als betrügerische Bonzen behandelt. Allein das hindert ihn nicht, sich seinerseits doch wieder eine neue Zukunftsreligion auszudenken, die sogar eines sichtbaren Götzenbildes nicht entbehren kann. Er möchte „auf einem hohen Berg einen Riesentempel aufgebaut sehen und in diesem Tempel ein ungeheures Standbild aufrichten, das, von rückwärts unbestimmt beleuchtet, aus den Finsternissen der Apsis vag hervorschimmern würde wie ein Traum und wie eine Ahnung. Der schlichte Landmann würde zum Heiligthum wallen und, erfaßt von den Schauern des Großen und Unbekannten, seine Seele der Andacht erschließen. Der Leidende würde hier Stille und Frieden, der Unstäte Ruhe und erquickenden Schatten finden, die Weisen aber, das dunkle Bild sehend, das der von rückwärts hervorbrechende Lichtschein umflimmert, würden hierin ein Sinnbild erkennen und begreifen, daß das unbekannte, aber gewiß vorhandene Wesen vor dem Anbruche des ewigen Morgens leuchtet und dennoch dunkel bleibt, weil keine Spannweite des Gedankens diese Gestalt fassen kann. Sie ist ohne Ende, ohne Grund, ohne Ruhe, ohne Sinnbild, ohne Schlummer und obwol ein Mysterium, ist sie darum nicht minder Sonne."

Nicht immer erfüllt übrigens diese monotheistische Träumerei den Geist des Dichters. Manchmal neigt er zu einem Dualismus hin, wie er ihn in allen asiatischen, den arischen sowol als auch semitischen, Kosmogonien und Religionssystemen vorgebildet findet. Er stellt sich die Welt und ihre Erscheinungen als einen Kampf zwischen einem guten und einem bösen Prinzip vor und nennt seinen Ormuzd Gott und seinen Ahriman Wurm. Das Ende des ewigen Kampfes stellt sich Victor Hugo anders als Zoroaster vor; bei ihm siegt die

Positivität über die Negation und er ruft dem Wurm, dem Vernichter zu: „Du bist nur der Verschlinger des niedrigen Stoffs, das unverderbliche Leben steht außerhalb deines Bereichs; die Seelen werden einander auch jenseit des Todes lieben, du kannst es nicht verhindern; du bist nur der Haß, welcher beißt, ein Nichts, das versucht, Alles zu sein — das bist du!"

Zu den großen Worten, die der Dichter mit Vorliebe gebraucht, gehören Aufklärung, allgemeine Volksbildung, Erkenntniß. Allein im Innersten seines Gewissens hat er nur sehr geringes Vertrauen zur Wissenschaft und Forschung und er ruft dem nach Wahrheit und Erleuchtung strebenden Menschen mit bitterem Hohne zu: „Grabe, wühle, klettere, steige hinab, lerne, beobachte, schwebe mit dem Adler oder krieche mit der Krabbe, du wirst doch von Nichts das Ende erfassen: dem Thatsächlichen nachstreben, heißt das Unfindbare suchen — poursuivre le réel c'est chercher l'introuvable."

Seine vernichtendsten Blitze schleudert der Dichter nach den Häuptern der Könige. Wenn er von diesen spricht, ist ihm kein Fluch kräftig, kein Hohn ätzend genug. „Zu wem kommst du?" läßt er in einer Ballade ein Ungethüm einen auf Abenteuer ausgehenden Ritter fragen, „kommst du um meinetwillen oder wegen des Königs Ramiro?" „Ich komme wegen des Scheusals." „Dann ist es wegen des Königs", und der Drache, sich wieder zusammenringelnd, legt sich in seine Höhle zurück. Einmal sagt er von den Königen: „Ihr seid Entwender von Städten, Völkerdiebe, die Häupter der

ewigen „Plünderung", ein andermal ruft er einen Herrscher
an: „Du wirst dir eine goldene Tiara aufs Haupt setzen
und was man sonst Diebstahl genannt hat, wird nun Er=
oberung heißen, denn auf den Höhen ist nichts Verbrechen,
ist alles Tugend." Allein selbst in diesem so tief gewurzelt,
so elementar scheinenden Tyrannenhaß ist Victor Hugo nicht
folgerichtig und in einer Allegorie „Der Montblanc" feiert er
das Prinzip der freiwilligen Unterordnung der Kleinen und
Dunkeln unter den Großen und Glänzenden. Er läßt die
kleinen Berge alle Tugenden des Gletscherriesen preisen und
diese Verherrlichung mit den Worten schließen: „Er ist höher,
reiner, größer als wir und wären wir Menschen, wir würden
ihn verunglimpfen."

Einmal predigt er den ewigen Frieden und die Ver=
brüderung aller Völker und gleich darauf schürt er wieder
den Haß der Franzosen gegen ihre Besieger von 1870. Jetzt
behandelt er die Masse als einen elenden Sklavenhaufen, der
sich vor dem Erfolg in den Staub wirft und dem gefallenen
Löwen den Eselsfußtritt versetzt, dann stellt er sie wieder als
eine Versammlung von Halbgöttern voll Gesinnungsadels und
unbeugsamer Tugend dar.

Doch wozu diesem grillenhaften Dichtergeist in all seinen
wunderlichen Zickzackwanderungen folgen? Wir haben bereits
gesehen, wie er bald Monotheist, bald Dualist ist; wie er
bald die positive Religion verachtet, bald eine neue gründen will,
die noch phantastischer ist als alle bestehenden; wie er jetzt an
die Unsterblichkeit der Seele glaubt, jetzt an ihr zweifelt; wie
er bald Adam als seinen Stammvater verleugnet, bald gegen

die unpoetische Deszendenztheorie Einspruch erhebt; wie er nun die Forschung als Lichtspenderin feiert, um gleich darauf vor der Forschung zu warnen; wie er hier die Könige mit Schimpfworten geißelt, dort den Menschen einen Vorwurf daraus macht, daß sie sich vor dem Höhern und Größern nicht freiwillig beugen. Im Geiste des Dichters stürmen alle entgegengesetzten Anschauungen wie die Winde in der Höhle Aeols durcheinander und sein Gesichtskreis ist verhängt von wunderlich geballten, ewig wechselnden Wolkengebilden, die nur manchmal auf einen Augenblick auseinandertreten und einen klaren Sonnenstrahl durchblitzen lassen. Und dennoch glaubt er, daß er berufen sei, der Welt die letzten Wahrheiten zu verkünden, und fordert, daß man auf sein Wort wie auf ein Orakel horche. „Ein Dichter ist eine Welt, eingeschlossen in einen Menschen", sagt er stolz von sich und begründet damit seinen Lehrberuf. Er steht noch auf dem Standpunkt einer längst vergangenen Kulturepoche, wo die Schrift unbekannt oder Geheimniß der Priester war und alle geistigen Güter einer Nation in der mnemotechnisch bequemern und darum leichter zu behaltenden gebundenen Form dem Gedächtniß Einzelner anvertraut waren. Damals waren die Sänger die Hüter der kostbarsten Volksschätze: der Geschichte in Gestalt von Heldengedichten, der Religion in Gestalt poetischer Mythen, des Rechts in Gestalt terniger Spruchweisheit; das Volk blickte zu seinen Barden mit Ehrfurcht, mit bewundernder Scheu und Dankbarkeit auf und achtete sie als seine Lehrer, Richter, Priester, Tröster im Unglück und Verherrlicher im Glück. Heute hat die Dichtkunst nicht mehr diesen antiken Universalberuf: die Gesittung, die auf allen Gebieten eine Theilung der Arbeit herbeigeführt hat, konnte auch die Poesie nicht im Vollbesitz ihrer umfassenden Aufgaben lassen. Weder die Thaten der Vorfahren, noch die Geheimnisse des Welturspunges, noch den letzten Grund der Dinge will man heute von der Poesie erfahren. Die bescheidene Journalistik und die stolzere Geschichtschreibung besorgen heute die Arbeit Homers und schreiben die Iliade der Zeit; die Materien, die Hesiod in der Theogonie und Snorri Sturlufon in der Edda zusammengefaßt, detaillirt heute eine ganze Fakultät und wer „über die Natur der Dinge" unterrichtet sein will, der geht nicht bei Lucretius in die Schule, sondern studirt Naturwissenschaften. Die Poesie ist nicht mehr die höchste Wissenschaft, die Zusammenfassung aller Wissenschaften, die Sublimirung der Philosophie, sie ist nur mehr eine schöne Kunst. Man will von ihr nicht Aufschlüsse erhalten, sondern gerührt, erschüttert, vielleicht gar nur unterhalten sein. Victor Hugo läßt sich eine so niedrige Stellung nicht gefallen. Er glaubte in Anrecht auf Propheten- und Priesterrang zu besitzen. Das ist eine Folge seiner französischen Erziehung und der daraus hervorgehenden Denkweise. Die französische Erziehung war bisher eine literarische und scholastische, was freilich in der nächsten Generation durch die zuerst von Paul Bert angebahnte großartige Unterrichts-Reform anders werden wird; Kenntniß antiker und nationaler Dichter war stets die am dringendsten geforderte positive Wissenschaft und „belesen" ein anderer Ausdruck für „gebildet", „lettré". Mit Naturwissenschaften beschäftigt sich nur derjenige, der ein Brod= studium aus ihnen macht, die Grundlage der allgemeinen Bil= dung der Nation aber ist heute noch die schöne Literatur. Da= her eine Ueberschätzung der Form und eine Unterschätzung des Inhalts; ein hoch entwickelter Geschmack für den Stil und ein verkümmertes Interesse für das Thatsächliche; eine über= triebene Bewunderung der Fiction und eine zurückgebliebene Würdigung der Forschung. In Frankreich, das für die exakten Wissenschaften so viel gethan hat wie irgend ein Land der Welt, hat dennoch der Forscher das kleinste und der Poet das größte Publikum, der letztere ist daher leicht geneigt, seine Stellung im Geistesleben der Zeit falsch aufzufassen. Victor Hugo ist in diesen Fehler verfallen und der pythische Ton der „Legende der Jahrhunderte" ist eine Folge dieses verhängnißvollen Irrthums. Hätte er weniger an Lucretius und mehr an Shakespeare und Goethe gedacht, hätte er weniger transszendentale Philosophie getrieben und mehr Plastik geübt, es würde sich zwischen den Seiten dieses zum Theil so herrlichen Ge= dichtes weniger Löschpapier finden und der frische Strom seiner Poesie weniger häufig durch den dürren Sand eines absolut veralteten scholastischen Raisonnements verseichtet werden.

Hat er die schweren Bedenken gefühlt, die der ernste Leser angesichts dieses orakelnden Tons der Gedichte und dieser Hohenpriesterhaltung des Dichters hegen muß? Ich weiß es nicht. Allein Thatsache ist, daß das nächste Buch Victor Hugos ganz frei von Scholastik blieb und rein mensch= lich, rein poetisch war. Dieses Buch, das den etwas anspruchs= vollen Titel führt „Die Kunst, Großvater zu sein", erschien

kaum drei Monate nach den zwei Bänden der „Legende der
Jahrhunderte". Es ist ein Tempel, der dem holden Dienste
des Kindes geweiht ist. Der Titan, den wir seit Jahrzehnten
im Kampfe gegen Tyrannen und Bonzen gesehen, legt da die
rasselnde Wehr ab und tritt leisen Schrittes in die Kinderstube,
um unter Singen und Kosen die Wiege der Säuglinge zu
schaukeln.

Die großen Dichter sind bisher mit Verachtung an diesem
trautesten Gemache der Menschenbehausung vorübergegangen.
Die Rose am Strauch und die Nachtigall im Busche, der
Löwe der Wüste und der Stern des Himmels haben ihre
Poeten gefunden; das Lächeln einer Frauenlippe und der
Schwerthieb des Kriegers haben zu Gesängen begeistert; allein
den unendlichen Schatz von Poesie, der in einem rührend un=
beholfenen, rosigen, lallenden, unbewußten Wiegenkinde liegt,
haben von den großen Dichtern aller Völker bisher erst zwei
gehoben: Rückert und Victor Hugo. Allein wie merkwürdig
verschieden sind die posthumen „Kinderlieder" von Rückert
und „Die Kunst, Großvater zu sein" von Victor Hugo! Es
ist der ganze Unterschied zwischen dem deutschen und franzö=
sischen Nationalgenie, der sich in diesen beiden gleich tiefen
und gleich menschlichen Büchern offenbart. Rückert vergißt
die Entzückungen des „Liebesfrühlings" und den patriotischen
Zorn Freimund Raimars, die milde Weisheit der Brahmanen
und den findigen Witz des Hariri, um unter Kindern selbst
Kind zu werden. Er blickt aus Kinderaugen und denkt nach
Kinderweise. Wenn er sie warnt: „Geht, Kinder, nicht ans
Wasser 'ran, im Wasser wohnt der Wassermann", oder wenn

er ihnen ein Eiapopeia singt, so hat sein Wort etwas von der unbeschreiblich lieblichen gestammelten Kosesprache, in der die Mutter mit ihrem Kinde spricht, von dieser Sprache, süß und unartikulirt wie Vogelgezwitscher, die das Weib wie durch Offenbarung über Nacht sprechen lernt, wenn es Mutter geworden ist, die das Kind versteht, wenn seine Seele dem gewöhnlichen Worte noch unzugänglich ist, und die es so rasch und vollkommen vergißt, wenn das Flüstern der erwachenden Vorstellungen in seinem Geiste laut und lauter wird. Ganz anders Victor Hugo. Er kann sich des eigenen Ichs nicht entäußern. Er kann sich nicht klein machen und stammeln, wenn er zu den Kindern spricht; er bleibt immer er, auch wenn er auf allen Vieren galoppirt und seine Enkelchen auf seinem Rücken reiten läßt; es ist eine Löwenpranke, wenn auch mit eingezogenen Krallen, mit der er die blühenden Sammtwangen der Kleinen streichelt. Er richtet das Wort donnernd, tiefsinnig und gedankenschwer an sie, wie ein sich offenbarender Gott aus dem Dornbusche zu einem einfältigen Schäfer spricht, unbekümmert, ob seine Orakelrede verstanden wird oder nicht. Victor Hugo spricht überhaupt nicht wie Rückert zu den Kindern, sondern zur Galerie, auch wenn er sich scheinbar an die Kinder wendet.

Victor Hugos Liebe zum Kinde hat nicht die naive, gemüthvolle Hingabe Rückerts. Ihre ursprüngliche Süßigkeit ist mit einem unsäglich bittern Pessimismus versetzt. Seine Kindesliebe ist eine andere Form des Menschenhasses. Das Kind ist ihm ein stilles Asyl, zu dem er sich aus den giftigen Gehässigkeiten und grimmigen Messerkämpfen der Welt rettet. Nachdem ihn das Treiben gekrönter Schurken und feiger, speichelleckerischer Sklaven elend gemacht hat, ist es ihm eine Labung, das Lächeln eines unschuldigen Kinderangesichts zu sehen. So ruft Christus, nachdem er mit heiligem Zorne die Zöllner und Pharisäer gegeißelt hat: „Lasset die Kleinen zu mir kommen, denn ihrer ist das Himmelreich."

Das ist die Stimmung, in der das Buch anhebt. Das Verbrechen vom 2. Dezember hat den Dichter aus dem Vaterlande vertrieben und von der meerumrauschten Felseneinöde von Guernsey blickt der Verbannte, Schatten auf der Stirn und Zorn im Herzen, auf das Treiben der Welt hinaus. Er hat den Glauben und die Hoffnung verloren. Die Menschen widern ihn an und wäre seine Seele nicht so stark und gesund, er würde in die Bleichsucht des sentimentalen Weltschmerzes verfallen. In dieser düstern Zeit ereignet sich die Geburt der kleinen Jeanne, des ersten Kindes seines Sohnes Charles. Die Szene wechselt plötzlich wie eine Theaterdekoration. Die Wolken weichen auseinander und hinter den geballten Nebeln leuchtet blauer Himmel auf. „Gewiß", ruft der Dichter: „es ist heilsam und gut für den Gedanken, manchmal durch unsere Schmerzen einen tiefen Frieden, ganz aus Sternen gewoben, zu betrachten. Das ist es, woran Gott dachte, als er an die Wiegen schlummernder Kinder die Dichter stellte." Das ganze Wesen des Dichters ändert sich. Er hat keinen Grimm und keine Bitterkeit mehr. Die Geißel der „Châtiments" entfällt seiner sich öffnenden Faust. Er, der den Mächtigen, den Königen, den Cäsaren widerstanden hat,

„me voilà vaincu par un petit enfant", — ist nun von einem kleinen Kinde besiegt.

Ein Jahr darauf bekommt die kleine Jeanne ein Brüderchen, George. Angesichts dieses Kinderpaares wird der verbitterte Großvater ganz Rührung, ganz Milde, ganz Liebe. Er findet nicht Bilder und Jubelrufe genug, um sein Glück in alle Winde zu singen: „Ach wie die Söhne unserer Söhne uns entzücken! Das sind junge Stimmen der Frühe, die singen, sie sind in unserer düstern Behausung die Rückkehr der Lenzrosen, des Lebens und des Lichtes. Großvater werden heißt wieder ins Morgenroth eintreten."

Aber diese Freude, dieses Entzücken ist doch nicht ursprünglich, sondern reflektirt. Victor Hugo versäumt keine Gelegenheit, die Unschuld der Kinder zur Fäulniß der Erwachsenen, das weiße Kindesangesicht zur schwarzen Welt in wirksamen Gegensatz zu bringen, um den Zauber, den das Kind auf ihn übt, gleichsam zu erklären, vielleicht zu entschuldigen. „Ich betrachte", sagt er, „in unseren oft so schwarzen und befleckten Zeiten diesen Lichtpunkt, der aus den Wiegen und Nestern hervorbricht."

Das Lallen des Kindes ist ihm eine Offenbarung, ein Gesang. „Es ist die unendliche, unschuldige und herrliche Sprache, welche die Winde, die Wälder, die Wogen hauchen." „Das Kindeswort ist mir eine Bücherei. Ich öffne jedes Wort, das die Kinder sagen, wie man ein Buch nimmt, und ich entdecke darin einen tiefen und großen, manchmal strengen Sinn."

Das Kind war für Hugo von jeher ein heiliges Mysterium,

das ihn mit Andacht und Bewunderung füllte. Er sieht darin die Zukunft, das Unvergängliche, die Stetigkeit der Entwickelung des Menschengeschlechts. Das Kind ist ihm das Sinnbild und der Ausdruck der ewig waltenden Schaffenskraft der Natur und die unverzeihlichste, ungeheuerlichste Majestätsbeleidigung scheint ihm die Beleidigung der Majestät des Kindes. Mit welcher sittlichen Entrüstung klagt er darum die katholische Religion wegen ihres unlautern Dogmas von der unbefleckten Empfängniß an! Die Vergötterung einer ehernen, finstern, menschenfeindlichen Jungfräulichkeit, die die Versiegung aller Lebensströme fordert, scheint ihm eine grauenhafte Ruchlosigkeit, eine verbrecherische Verstümmelung der Natur, und er führt seine gewaltigen Schwerthiebe gegen die theologischen Feinde des Schaffens und Werdens. Sein Zorn legt sich indeß bald und macht einem gutmüthigen Spotte Platz, wenn er die blühenden Kinder vor sich sieht. „In diesen reinen Augen, versichert Trublot in seiner Predigt, leuchtet das unheilvolle Incognito des Dämons: sie sind das Böse, die Hölle, Abgründe — mag sein. Laßt mich diesen Verbrechen Kuchen geben."

Seine intimsten Gedanken über die Stellung des Kindes in der Natur, seine Schätzung der sittlichen Gewalt, die dem Kind eigen ist, drückt der Dichter in einem Märchen „L'epopée du lion" aus, das eins der schönsten Gedichte ist, die zu schaffen je einem Poeten gegeben war. Der Löwe hat ein kleines Kind geraubt und in seine Höhle geschleppt. Dieses Kind aber ist der Sohn des Königs, der Erbe der Krone. Man sendet Boten zum Ungethüm, um es zur Herausgabe des Kindes zu veranlassen; zuerst einen Höfling; der Löwe antwortet trotzig: „Geh!" Dann einen frommen Einsiedler; der Löwe antwortet verächtlich: „Fort, alter Dummkopf!" Dann einen fahrenden Ritter, der ihn bekämpfen soll; der Löwe zerreißt ihn in kleine Fetzen. Eine Treibjagd wird veranstaltet, die ganze Armee zieht zu Walde, man umstellt die Höhle und sendet einige Pfeile ins Fell des Löwen. Nun ist seine Geduld zu Ende. Mit einem Satz ist er mitten unter seinen Angreifern, die entsetzensbleich auseinanderstieben. Nachdem er den Forst von den Jägern gesäubert hat, ruft er den Fliehenden nach: „Saget dem Könige, daß ich morgen durch die Straßen der Stadt nach dem Königspalaste kommen und das Kind dort vor den Augen des Vaters, seiner Armee und seines Volkes verzehren werde." Und der Löwe hält Wort. Am nächsten Morgen erscheint er in der Stadt, das Kind im Rachen. Alles hat sich voll Todesangst geflüchtet. Der Königspalast steht leer und weit offen. Der Löwe dringt bis ins Schlafgemach des Königs. „Da, nahe dem Blumenpark, in einem Alkoven, fand er ein armes Wesen, vergessen in der allgemeinen Flucht, gewiegt in den unendlichen, bescheidenen Traum der Kindheit. Es erwachte. Es war ein kleines Mädchen, das zweite Kind des Königs. Allein und nackt. Es sang ... Und der Löwe sah dies. Er trat in das Gemach und der Boden bebte. Ueber das Spielzeug, das einen Tisch bedeckte, streckte der Löwe sein furchtbares Haupt vor, düster in seiner Majestät eines Ungethüms und eines Herrschers, und die Beute in seinem Rachen vermehrte noch seine Schrecklichkeit. Das Kind sah ihn. Das Kind schrie: „Bruder! Mein Bruder! Ach, mein Bruder!" Und aufrecht, rosig im Lichte, von dem es vergöttlicht wurde, betrachtete es diesen Riesen der Wälder, dessen Auge die Typhons zurückweichen und die Briareen fliehen gemacht hätte .... Sie richtete sich auf, gerade am Rand ihres engen Bettchens, und bedrohte das Ungethüm mit ihrem ohnmächtigen Fingerchen. Und der große Löwe legte den Bruder vor ihre Wiege hin, zart wie es eine Mutter gethan hätte, und sagte ihr: „Hier, da hast du ihn, sei nur nicht böse — le voici, là, ne te fâche pas‘."

Ich sehe in diesen Gedichten mehr als Gedichte und in der „Art d'être grandpère" mehr als eine individuelle Offenbarung. Ich sehe in dem Buche die Offenbarung eines Nationalgenius und das verleiht demselben außer dem poetischen ein hohes völkerpsychologisches Interesse. Die griechischen und romanischen Urvölker haben von jeher der Fortpflanzung, dem Zeugen und Gebären, einen religiösen Cultus gewidmet. Victor Hugos poetisch-mystische Auffassung des Kindes, dieses Erhalters der Gattung, dieser lebendigen Zukunft, ist für mich nichts Anderes als eine von den Sittlichkeitsbegriffen der christlichen Gesittung beeinflußte und umgestaltete Form derselben Anschauungen, welche bei den naiveren Heiden vo Erfindung der christlichen Schamhaftigkeit im Phallusdienst und Pankultus ihren Ausdruck fanden.

Am 1. Oktober desselben Jahres, welches die „Neue Legende der Jahrhunderte" und „Die Kunst, Großvater zu sein" erscheinen sah, veröffentlichte Victor Hugo ein neues Buch, diesmal in Prosa, welches einen der größten buchhändlerischen Erfolge hatte, deren die Literaturgeschichte gedenkt. Binnen acht Wochen waren davon gegen 200,000 Exemplare abgesetzt und seine Wirkung auf die französische Nation war eine ungeheure. „Die Geschichte eines Verbrechens" ist keine literarische, sondern eine politische That und will als solche gewürdigt werden. Der erste Band wurde am 1. Oktober 1877 ausgegeben, vierzehn Tage vor den allgemeinen Wahlen, die dem Regiment des 16. Mai und in späterer Folge dem „Mac Mahonnat" ein Ende machten. Victor Hugo konnte damals mit vollem Recht an die Spitze seines Buches die Worte setzen: „Dieses Werk ist mehr als aktuell, es ist dringend. Ich veröffentliche es." Er handelte wie ein Seher. Seine „Geschichte eines Verbrechens" lag seit einem Vierteljahrhunderte fertig in seinem Pult, aber er veröffentlichte sie erst unter dem Ministerium Broglie-Fourtou; es war eine Art Freikugel, die sich der Dichter auf einen Augenblick äußerster Gefahr aufgespart hatte; er fühlte und wußte, daß seine Freikugel ihren Mann sicher fällen werde, und er schoß sie erst ab, als er das Ungethüm eines neuen Staatsstreichs finster und drohend vor sich aufsteigen sah. Wußte er, was die Männer des 16. Mai im Geheimen planten? Errieth er die unheimlichen Verschwörungen, die im Elysée und in den Ministerhotels der Place Beauveau, der Place Vendôme und der Rue St. Dominique damals gesponnen wurden? Ich weiß es nicht. Thatsache ist nur, daß, wie parlamentarische Enquêten seither unwiderleglich bewiesen haben, in dem Augenblicke, wo Victor Hugo schrieb, sein Buch sei dringend, wirklich verruchte Fäuste zum Todes-

streiche gegen das Gesetz und die Freiheit in Frankreich er=
hoben waren.

Welchen Antheil hat nun das rechtzeitige Erscheinen der
„Geschichte eines Verbrechens" an der Vereitelung des Staats=
streichplans Batbies? Ich möchte sagen, es hat die Urheber
dieses Plans geradezu ermuthigt, das neue Verbrechen zu
wagen, allein es hat andererseits das Mißtrauen und die
Unruhe der Nation in einem solchen Maß erweckt, daß die
allgemeine aufgeregte Wachsamkeit eine Ueberrumpelung, ohne
die ein Staatsstreich unmöglich ist, nicht zuließ. Das Buch
gibt eine genaue Darstellung des Raubanfalls vom 2. De=
zember 1851 und eine wahrheitsgetreue Schilderung der
Banditen, welche jenes geschichtliche Verbrechen begangen haben.
Die Völker haben ein betrübsam kurzes Gedächtniß, sowol
für die Wolthaten, die man ihnen erweist, als auch für die
Bitternisse, die man ihnen zufügt. Das gegenwärtige Ge=
schlecht hatte im Jahre 1877 kaum mehr eine klare Vorstellung
von dem, was der Staatsstreich eigentlich gewesen. Es war
in der Gewohnheit aufgewachsen, den Mann des 2. Dezember
als mächtigen Kaiser zu sehen, der siegreiche Kriege führte,
glänzende Weltausstellungen veranstaltete, die stolzesten Herrscher
Europas als seine Gäste bei sich empfing und von den Lohn=
schreibern aller Regierungen mit dem geheuchelten tiefen Re=
spekte behandelt wurde, auf den jeder Kronenträger bei diesem
Gelichter selbstverständlichen Anspruch hat. Es war gut, daß
Victor Hugo diesem vergeßlichen Geschlechte zeigte, wie Seine
Majestät Napoleon III. eigentlich ein Bastard von obszöner
Herkunft, ein verlotterter unskrupulöser Abenteurer gewesen

sei, der eines Tages durch einen verwegenen Handstreich Frankreich in seinen Schnappsack steckte, den jedoch in jedem Augenblicke der neunzehn Jahre seiner erstohlenen Herrlichkeit, als er Rußland und als er Oesterreich besiegte, als er der Königin von England die Hand küßte und als die Kaiser und Könige Europas an seiner Tafel Salz und Brod aßen, nach Recht und Gesetz ein Gerichtsdiener in Begleitung einer Patrouille hätte aufheben und zum Galgen führen können. Das war die Moralität und die politische Nützlichkeit des Buches. Allein unglücklicherweise zeigt dasselbe außer den verbrecherischen Ursprüngen des Kaiserreichs auch noch etwas Anderes: die verblüffende Leichtigkeit, mit welcher ein Staatsstreich ausgeführt werden kann. Wenn man bei der letzten Seite des Buches angelangt ist, fragt man sich unwillkürlich: Also eine so einfache, so kinderleichte Sache ist es, einer großen Nation Alles zu stehlen, was ihr theuer ist? Es genügt also, einem Obersten ein Päckchen Bankbillets zu geben und einem andern die Generalsepauletten zu versprechen, damit sie ihre Regimenter gegen das Volk führen? Es genügt also, 48 Polizeikommissären und 500 Stadtsoldaten zu sagen: „Geht hin und verhaftet Unschuldige, schleppt Volksvertreter ins Zellengefängniß, schlagt Spaziergänger todt" — damit sie wirklich hingehen und so thun? Die Richter, die Bischöfe, die Präfekten warten also nur auf einen Wink, um dem Verbrechen Treue zu schwören, für dasselbe Tedeums zu singen und ihm die Departements zu Füßen zu legen? Wenn das wirklich ein solches Kinderspiel ist, so wäre es ja eine Sünde, es nicht bei nächster Gelegenheit zu wiederholen!

Die Lage im Oktober 1877 hatte eine verhängnißvolle Aehnlichkeit mit der im Dezember 1851 und wenn die Männer des 16. Mai schwankten, diese Lage so zu beenden, wie Napoleon sie beendet hatte, so konnte ihnen Victor Hugos Darstellung die Lust dazu erwecken. Die Sache lag sogar 1877 noch einfacher als 1851. Die Männer, die damals den Staatsstreich machten, mußten fürchten, daß ihrer im Fall eines Mißerfolges das Bagno harre, allein sie wußten nicht, ob sie im Falle des Gelingens ihren Lohn erhalten würden. Die Männer, die 1877 den Staatsstreich machen wollten, wußten dagegen, daß ihnen im Falle des Gelingens wieder wie während der neunzehn Jahre des Empire die Taschen des französischen Volkes offen stehen würden, während sie im Falle des Mißlingens als einzige Strafe höchstens den Verlust ihres Amtes riskirten. Denn das ist nun einmal so: wenn das Volk zur Vertheidigung seiner Rechte die Waffen ergreift und besiegt wird, so brüllen alle Wolgesinnten: „Brennt! Mordet! Schießt! Keult! Keine Gnade für die Canaille! Missethäter müssen durch Strenge geschreckt werden!" Wenn aber das Volk siegt und die Verbrecher festhält, die ihm seine verbriefte Freiheit rauben wollten, dann säuseln dieselben Wolgesinnten: „Mäßigung! Mäßigung! Man darf die besiegte Partei nicht erbittern! Man muß sie durch Milde versöhnen." So kommt es, daß für die Revolution die Niederlage Tod und Deportation bedeutet, für den Staatsstreich dagegen die Niederlage nur die Bedeutung hat, daß die Minister und Präfekten sich neue Visitenkarten stechen und auf dieselben „Ex=Minister" und „Ex=Präfekt" schreiben lassen müssen. Als der Staatsstreich am 2. Dezember siegte, füsilirte und deportirte er; als die geschichtliche Gerechtigkeit am 4. September 1870 siegte, pensionirte sie. Maupas und Rouher blieben auch unter der Republik Kandidaten für die Abgeordnetenkammer, Baudin aber ist todt und daß Victor Hugo den Staatsstreich überlebt hat, ist nicht das Verdienst der Dezembermänner.

Alle diese Wahrheiten stellt die „Geschichte eines Verbrechens" ins hellste Licht und weit entfernt, von der Wiederholung eines Staatsstreichsversuchs abzuschrecken, scheint das Buch, wie die Ereignisse lehrten, die Männer des 16. Mai zu einem solchen geradezu ermuthigt zu haben. Glücklicherweise war die Nation im Jahre 1877 nicht müde, apathisch und enttäuscht wie im Jahre 1851 und Dank dem patriotischen Zorne, den Victor Hugo in jedem der zwei Millionen Leser seines Werkes zu entzünden verstanden hatte, verfolgte ganz Frankreich jeden verdächtigen Schritt seiner damaligen Regierung mit so heftig erregtem Mißtrauen, mit so drohend blitzenden Augen und geballten Fäusten, daß es schließlich bei den ersten Anfängen einer Ausführung des geplanten neuen Verbrechens blieb. Und dieses Ergebniß kann immerhin als eine Wirkung des rechtzeitigen Erscheinens der „Geschichte eines Verbrechens" hingestellt werden.

Nur kurze Zeit ruhte der Dichter auf seinen Lorbern und schon in den letzten Apriltagen 1878, knapp vor der Eröffnung der Weltausstellung, bescherte er uns wieder ein neues Werk, die Dichtung „Der Papst". Es ist ein Drama, jedoch von jener Verschwommenheit und Uneingeschränktheit der Umriſſe, die wir im zweiten Theile des Fauſt oder in Byrons Manfred beobachten. Stimmen aus dem Himmel und der Hölle, Betrachtungen des Dichters, Zwiegeſpräche mit der Unendlichkeit und der Finſterniß durchbrechen jeden Augenblick den Rahmen, der die loſen Einzelſzenen zu einem einheitlichen Ganzen zuſammenfaßt. Der Anfang des Gedichtes iſt in der bizarrſten Manier Victor Hugos gehalten. Er lautet wörtlich: „Erſte Szene. Schlaf. Der Vatikan. Das Zimmer des Papſtes. Die Nacht. Der Papſt, in ſeinem Bette. „„Ach. Ich entſchlummere. Endlich!"" Er entſchlummert." Die Worte des Papſtes bilden einen halben Alexandriner. Dieſer Halbvers iſt die ganze erſte Szene und zugleich die ganze Expoſition des Gedichtes. Am Schluſſe desſelben finden wir die zweite Hälfte des Alexandriners und zwiſchen den beiden Hemiſtichen iſt eine ganze Welt von phantaſtiſchen Traumſzenen eingeſchaltet. Kaum hat der Papſt die Augen geſchloſſen, ſo hebt eine Stimme aus dem geſtirnten Himmel an: „O Lebende, Männer, Frauen, ſchlaft. Komm zur Ruhe, ſchwarzes Gewimmel der Seelen. Vergeſſenheit! Waffenruhe! O Böſewichte, haltet euch ſtill. Genug! Die Stunde des Friedens, nach der die Erde verlangt, iſt gekommen .... Menſch, du weißt Alles, wenn du weißt, daß du gerecht ſein mußt" u. ſ. w. Dieſer myſtiſche, nicht immer leicht faßbare Aufruf leitet eine Reihe verſtändlicherer Szenen ein. Die Könige der Erde erſcheinen im Zimmer des Papſtes und es entſpinnt ſich zwiſchen ihnen und ihm folgende Wechſelrede: „Könige: Sei gegrüßt, Papſt, wir ſind die Allmächtigen, die Könige, die Herren! Papſt: Seid gegrüßt, Menſchen.

Könige: Wir sind Könige, Priester! Papst: Und Gott? Könige: Du weißt, daß es auf Erden Höhen gibt. Papst: Von der Höhe Gottes aus sehe ich nur eine Ebene. Könige: Wir sind groß, siegreich, stark. Papst: Alles ist menschlicher Schatten. Könige: Wir sind die Auserlesenen! Papst: Alle Menschen sind gleich ... Könige: Bist du nicht selbst König? Papst: Ich? Regieren? Nein. König: Was thust du sonst? Papst: Ich liebe."

Diese Szene gibt den Ton für die Stimmung des ganzen Gedichtes. Auf jeder Seite tritt uns immer wieder die welt=
umfassende mystische Liebe entgegen. Der Papst tritt in der nächsten Szene an die Schwelle des Vatikans und ruft urbi et orbi zu: „Hört, o Lebende, von so viel Schatten bedeckt, welche so lang ein knechtischer Betrug irreführte! Das Szepter ist eitel, der Thron ist schwarz, der Purpur ist schmachvoll. Es gibt nur einen Purpur unter dem großen, undurchdring=
lichen und milden Himmel: das ist die Liebe ..." Dann legt der Hohepriester seine Schätze ab, kleidet sich in ein härenes Gewand, besucht die Hütten der Elenden, die er beschenkt, tröstet die Leidenden, umarmt die Sünder, donnert gegen Erz=
bischöfe, die all ihre Reichthümer an den Bau einer prächtigen Kathedrale verschwenden, während um sie Arme hungern und frieren, mahnt feindliche Armeen, einander zu lieben, versöhnt Parteien, die einander im Bürgerkriege gegenüberstehen, ent=
reißt einen Verbrecher dem Schaffot, weil ein Menschenleben, selbst das eines Mörders, heilig sei, zieht zuletzt in Jerusalem ein und schließt seine Osterrede an das versammelte Volk mit den Worten: „Völker, liebet euch. Friede über Alle." Auf

diese höchste Steigerung des Gedichtes folgt das jähe Ende, das ich in der lapidarischen Kürze des Originals anführe: „Zweite Szene. Erwachen. Der Papst, erwachend: Welch schrecklichen Traum ich soeben geträumt habe!" Diese zugespitzte Gegenüberstellung der idealen Reden und Handlungen eines echt evangelischen Papstes und des unerwarteten Ausrufes, daß ein solcher Traum, der jedem Leser ein beneidenswerther scheinen mußte, im Gegentheil ein schrecklicher sei, diese Gegenüberstellung, die vollständig in einem einzigen Halbvers enthalten ist, macht aus dem Gedicht eine der mächtigsten Satiren, die je gegen das Papstthum geschrieben worden sind.

Die zwei folgenden Dichtungen, die Victor Hugo nach dem „Papst" veröffentlichte, umschreiben denselben Grundgedanken: die allgemeine Liebe. Die eine, „Das höchste Erbarmen" (la pitié suprême), predigt Verzeihung und Mitleid für die Peiniger der Menschheit, für die Könige, für die Verbrecher, für die Räuber und Meineidigen. Es ist das „Liebet eure Feinde" des Heilands bis auf die äußerste Spitze getrieben. Die andere Dichtung, „Religion und Religionen", analysirt und verspottet die Dogmen, ironisirt die Priester, weist die positiven Glaubensformen zurück und sublimirt aus allen Religionsbekenntnissen der Menschheit ein einziges stetiges Element: das Dasein eines allgütigen Wesens, dessen einzige Eigenschaft die Liebe ist. Es ist also ein Deismus, der durch das Stadium des Christenthums hindurchgegangen ist und davon gefärbt wurde. Diese drei Werke, „Der Papst", „Das höchste Erbarmen" und „Religion und Religionen", fassen die letzte Weltanschauung Victor Hugos vollständig zusammen. Die=

selbe ist evangelischer als das Evangelium und christlicher als Christus: sie ist eigenthümlich weichmüthig-geheimnißvoll und süßlich-priesterhaft: sie hat etwas vom christlichen Sozialismus und etwas von der stillfriedlichen All-Liebe der brahminischen Philosophie an sich. Man spürt aber dennoch, daß sie nur eine schöne ideale Selbsttäuschung sei, in welche Victor Hugo sich vor den Erscheinungen der wirklichen Welt flüchtet.

Wir haben die letzte Umwandlung des Dichters kennen gelernt, die in die Zeit der dritten Republik fällt: wir haben gesehen, welche Widersprüche die Seele des alternden Genies zerreißen: wie Victor Hugo nun den Kosmopolitismus und dann wieder die Revanche predigt; wie er jetzt die Wissenschaft und jetzt den Gottglauben rühmt; wie er einmal mit den glühendsten Worten des Hasses die Urheber des Staatsstreichs brandmarkt und ein andermal für die Tyrannen Erbarmen und Verzeihung fordert und wie er zuletzt in einer mystischen Liebe die Lösung und Versöhnung dieser innern Gegensätze sucht. Es erübrigt nur noch ein Wort über die allgemeine Bedeutung Victor Hugos für das Geistesleben Frankreichs im neunzehnten Jahrhundert.

Victor Hugo ist in sehr großem Maße ein nationaler und in sehr kleinem ein menschlicher Dichter. Er wird einen gewaltigen Platz in der französischen, einen mit den Jahren immer schmäler werdenden in der Welt-Literatur einnehmen. Sein Einfluß auf die Zeitgenossen war größer als der Shakespeares und Goethes, aber diese beiden Namen sind auf die Erinnerungstafeln der Menschheit mit einer Farbe geschrieben, die kräftiger wird, indem sie altert, während der Name Victor

Hugos schon jetzt, wenige Jahre nach seinem Tode, tief ver=
blaßt ist und alles Geklapper der Hohenpriester seines Kults,
die ihn überlebt haben und im „Rappel" weiter für ihren
Halbgott oder Gott Messen lesen, für die immer noch er=
scheinenden posthumen Werke des fast Verschollenen keine Theil=
nahme mehr erwecken kann. Warum? Weil seine Zeit und
seine Umgebung wichtige Elemente seiner Größe waren.
Victor Hugo war ein Kämpfer, ein Revolutionär; er war
eine der Verkörperungen des Fortschrittsgedankens in der
ersten Hälfte unseres Jahrhunderts. Frankreich bedarf solcher
Neuerer, wenn es nicht verflachen soll. Es ist eine schöne
Eigenthümlichkeit des französischen Geistes, daß er nüchtern
und prosaisch ist; das französische Auge sieht scharfe, klare
Umrisse und durchdringt Verschwommenheiten; der französische
Gedanke ist einfach, geradlinig, bestimmt, ich möchte sagen
geometrisch; das französische Wort nennt die Dinge beim ein=
fachsten Namen und vermeidet ängstlich die Uebertreibung,
das Bild, mit einem Worte die poetische Umschreibung. Diese
großen Vorzüge werden jedoch auch zu einem Fehler: sie
führen leicht zu einer absoluten Herrschaft der Prosa und des
hausbackenen Menschenverstandes, kurz gesagt zum respektablen
Spießbürgerthum. Daher finden wir in der französischen
Literatur die stete Neigung, in den Klassizismus mit seiner
vernünftigen Regelmäßigkeit, seiner klugen Routine, seiner be=
dächtigen Flachheit zurückzufallen; sie würde unleidlich phili=
strös und schablonenhaft werden (wie sie es zur Zeit des
ersten Kaiserreichs und der Restauration geworden ist), wenn
nicht von Zeit zu Zeit ein Ausnahms=Genius käme, die alten

Formen zerbräche, einen entschlossenen Aufflug nähme und die Nation aus den bequem gleichgemachten Flachthälern ihres Geisteslebens in höhere Regionen der Poesie mit sich emporrisse. Fast in jedem Jahrhundert der französischen Literaturgeschichte finden wir einen solchen Neuerer, dessen Extravaganz und Romantik die gewohnheitsmäßige Prosa des französischen Geistes auf eine Weile unterbricht. Das fünfzehnte Jahrhundert hat seinen Villon, die Renaissance ihren Rabelais, das neunzehnte Jahrhundert endlich hat seinen Victor Hugo. Sein erstes Auftreten war eine Auflehnung gegen den Klassizismus, das heißt gegen das Philisterthum, gegen die Routine, gegen die Pedanterie, gegen die Autoritätenherrschaft. Die Romantik, deren erster und größter Name er ist, sündigt durch überspannten Idealismus, durch kraftgeniale Leidenschaftlichkeit, durch Sturm und Drang, aber alle diese Ueberschwenglichkeit war nöthig, um den radikalen Gegensatz zur korrekten Gemessenheit des Klassizismus genügend scharf zu markiren. So werden alle die Eigenschaften, welche eine blos von ästhetischen Gesichtspunkten ausgehende Kritik die großen Fehler Victor Hugos nennen muß, in den Augen des sittengeschichtlichen Kritikers zu nothwendigen Mitteln seines Erfolges, freilich zu Mitteln, die werthlos und unberechtigt werden, so wie der Erfolg errungen ist.

Victor Hugo hat niemals wirkliches Leben schildern wollen oder können, sondern nur Vorgänge und Personen eines blauen Wunderlandes, welches allein in seiner Einbildung existirte; er hat keine einzige menschliche Gestalt geschaffen, die den Eindruck der Wahrheit oder auch nur Möglichkeit macht, sondern Monstra, Ungethüme der Tugend und des Lasters, der Liebe und des Hasses. In der Wahrheit und Wirklichkeit liegt also nicht die Größe dieses Dichters und da nur das Wahre und Wirkliche zu allen Zeiten und an allen Orten verständlich ist, so fehlen seinen Schöpfungen die Bedingungen der zeitlichen und räumlichen Dauer. Allein etwas Anderes, was fast ebenso groß ist wie die Wahrheit und Wirklichkeit, bildet ein Attribut nahezu jeder Zeile, die Victor Hugo in Vers oder Prosa geschrieben hat, und das ist die Stimmung. Hierin finde ich die ungeheure Bedeutung Victor Hugos. Jedes seiner Worte erfaßt uns und entreißt uns der prosaischen Alltagsgemächlichkeit, um uns in eine erhöhte, poetische, rauschähnlich=phantastische Stimmung hinüberzuzaubern. Naturbeobachtung und treue Menschenschilderung brauchte die französische Literatur nicht; diese besaß sie von jeher, diese waren von jeher ihre Stärke. Allein was ihr fehlte, das war eben poetische Stimmung. Sie war nüchtern, trocken, spießbürgerlich. Victor Hugo kam und erfüllte sie mit Extravaganz, mit Romantik, mit einer manchmal bis zur Tollheit gesteigerten Sturmnachtstimmung. Das ist sein großes Verdienst um die Literatur und das Geistesleben seines Volkes und dieses Verdienst sichert ihm einen fast noch größern Platz in der Kultur= als in der Literaturgeschichte Frankreichs.

Zola und der Naturalismus.

Jeder Geschichtsabschnitt eines Volks bringt ein eigenes Schriftthum hervor, dessen Besonderheiten sich meist in einer typischen Persönlichkeit verkörpern. In diesem Sinne sind Corneille, Voltaire, Victor Hugo für bestimmte Zeitabschnitte kennzeichnend. Die literarische Erscheinung nun, welche die dritte Republik begleitet und vielleicht von ihr herbeigeführt wurde, ist der Naturalismus und die Verkörperung dieser Richtung ist Emil Zola.

Dieser Schriftsteller, einer der größten, die das Jahrhundert hervorgebracht hat, ist ein Produkt der republikanischen Ideen, auf deren Untergrund allein seine gewaltige dichterische Schöpfung aufgebaut werden konnte. Ich versuche, meinen Gedanken noch deutlicher auszudrücken. Dieselbe Ideenströmung, die im politischen Leben Frankreichs zum Republikanismus, im gesellschaftlichen zur Demokratie führte, veranlaßte in der Literatur und Kunst den Naturalismus und nahm speziell in Zolas Hirn die Form des Romanzyklus „Les Rougon-Macquart" an.

Der Naturalismus, Zola und sein Romanzyklus müssen

von zwei verschiedenen Seiten betrachtet werden, von der politisch-sittengeschichtlichen und von der ästhetischen. In politischer Hinsicht sind „Die Rougon-Macquart" eine nachträgliche Anklage und Verurtheilung des Kaiserreichs, ebenso großartig wie die „Châtiments" und „Die Geschichte eines Verbrechens" von Victor Hugo, aber noch wirkungsvoller, weil sie den Abscheu gegen das Empire durch die sichersten Zugänge, durch die der poetischen Rührung und Erschütterung, in das innerste des Herzens und Geistes der Leser einzuführen verstehen. Zola hat sich zum poetischen Erläuterer des Geschichtsschreibers gemacht. Dieser zeigt die äußeren großen Umrisse der Ereignisse: den Staatsstreich, das persönliche Regiment Napoleons, die freiheittödtenden Gesetze des Kaiserreichs, die Entwickelung der staatlichen Einrichtungen unter demselben; Zola legt die Farbe in diese Umrisse: er weist die menschliche Seite der Geschichtsvorfälle nach; er zeigt, wie sie auf Einzelgeschicke zurückgewirkt haben, wie sie durch dunkle Einzelgeschicke herbeigeführt worden sind. Seine Thätigkeit ist mit der des Mikroskopikers zu vergleichen. Der Arzt tritt zu einem Kranken und konstatirt dessen schweres Leiden, dessen verfallenes übles Aussehen. Der Mikroskopiker legt aber das Blut und die Säfte des Patienten unter sein Glas und nun sieht das Auge mit Schaudern das grause Gewimmel winziger Organismen, deren vergiftende Lebensthätigkeit das Leiden und den Tod des angegriffenen Menschenleibes verschuldet. Der Historiker macht die makroskopische Diagnose des Kaiserreichs: er sagt, die Nation sei während desselben krank und verfallen gewesen: Zola fügt die mikroskopische

Diagnose hinzu; er macht mit poetischer Vergrößerung oder vielmehr Verdeutlichung die zerstörenden Mikroben sichtbar, die das Blut der Nation vergifteten und sie ohne die heilende Krise des Krieges und der Revolution getödtet hätten.

Die „Rougon-Macquart" sind ein literarisches Denkmal von gewaltiger Großartigkeit; nicht blos in ihrer Konzeption, sondern auch in ihrem äußern Umfange. Sie sollen zwanzig Einzelromane umfassen, von denen bisher sechzehn erschienen sind. Alle zwanzig hängen insofern zusammen, als sie die Schicksale von Mitgliedern derselben Familiengruppe darstellen, welche wir durch vier und zum Theil durch fünf Geschlechter verfolgen. Im ersten Roman „La Fortune des Rougon", erzählt uns der Dichter die frühen Geschicke der Familien Rougon und Macquart, die sich vielfach mit einander verschwägern und deren geborene und angeheiratete Sprossen den ganzen Romanzyklus bevölkern. Die Stammmutter der Familie Rougon, eine geborene Fouque, war schwachsinnig und epileptisch und hat chronische Geisteskrankheit in ihre Sippe gebracht, von der kein einziges Mitglied völlig gesunde Nerven, einen völlig normalen und harmonischen Charakter hat. Vielleicht sind sie darum sammt und sonders hinterlistig, gewaltthätig, neidisch, ehrgeizig, geil, bereit zu jeder offenen und geheimen Schandthat, die sie fördern oder ihre schmutzigen Leidenschaften befriedigen kann, mit einem Worte verschiedenartig individualisirte Verkörperungen eines monströs übertriebenen, ruchlosen Egoismus. „La Conquête de Plassans" zeigt, wie der Staatsstreich von dieser Sippe in der von ihr beherrschten Stadt Plassans in der Provence aufgenommen und für die eigenen Zwecke ausgenützt wurde; wie die Rougons und Macquarts die Republikaner terrorisirten, sich der politischen Leitung des Ortes bemächtigten und die gute Stadt Plassans mit heroischen Geberden dem neuen Regiment zu Füßen legten, ohne daß sie in den Momenten der Gefahr ihre Haut auch nur im Geringsten gefährdet hätten, und wie sie für die vorgeschützten Dienste im Interesse des Staatsstreiches ihren hohen Lohn forderten. „La Curée" führt uns nach Paris; wir sind Zeugen der ungeheuern Umgestaltungen, die Paris unter dem Haußmann'schen Régime erfuhr, und blicken hinter die Coulissen dieser großartigen Arbeiten. Wir sehen, wie unerhört bei den Expropriationen geraubt und geplündert wurde, wie der offiziell organisirte Massendiebstahl einzelne Anhänger des Kaiserreichs und ihre sämmtlichen Schützlinge zu Millionären machte, wie diese Emporkömmlinge schwindelten, schwelgten, sich mit aller Schmach und allen Verbrechen bedeckten, wir sehen mit einem Worte, um den Preis welcher grauenhaften Korruption der Glanz des heutigen Paris erkauft wurde. „Son Excellence Eugène Rougon" entrollt das Bild der Verderbniß in den höchsten Kreisen der Regierung; der Dichter findet hier Gelegenheit, die prächtigen Momente des Hoflebens in den Tuilerien und in St. Cloud zu schildern und zugleich den monumental aussehenden Würdenträgern des Kaiserreichs die goldgestickten, ordenbedeckten Uniformen auszuziehen, um unter denselben die durch und durch verfaulten Leiber unskrupulöser Glücksjäger in ihrer ganzen abschreckenden Nacktheit zu zeigen. „Le Ventre de Paris" ist das Gemälde der kleinen bürgerlichen Gesellschaft von Paris während des Kaiserreichs; jeder Ladenbesitzer, jeder Hausbesorger steht im Solde der Polizei, deren geheime Agenten die ganze Bevölkerung durchsetzen und in jeden Familienkreis dringen; man erfindet Komplote, opfert Betrogene, die dumm genug waren, den Spitzeln ins Netz zu laufen, und gibt jede derartige, von der Polizei zuerst gemachte und dann mit großem Aufgebot von Kraft und Strenge unterdrückte Verschwörung als neue Rettung der Gesellschaft vor den Schrecken der radikalen Revolution aus. „La faute de l'Abbé Mouret" malt die klerikalen Umtriebe, die sich in Frankreich unter dem Empire breit machten; die Regierung ließ die schwarze Horde gewähren, unterstützte sie wol auch in ihren Unternehmungen, lieferte ihr die Gewissen und den Geldbeutel, die Schule und die Kirche der Nation aus und wurde zum Dank dafür von den allgewaltig gewordenen Pfaffen begönnert. „L'Assommoir" stellt die Verwüstungen dar, welche der in den drei letzten Jahrzehnten immer drohender um sich fressende Krebsschaden des Alkoholismus in der Arbeiterbevölkerung angerichtet hat; wir sehen, wie das Gift des Absinths und Schnapses die unteren Klassen der Gesellschaft entsittlicht, die Charaktere anätzt, das Familienleben auflöst, aus den einzelnen Arbeitern gewissenlose, faullenzende, zu jeder Schandthat fertige, geistig und sittlich verthierte Schenfäler macht, aus deren unheimlicher Masse ein entsetzlicher Geruch von Fusel und Eiter aufsteigt. „Nana" ist das Gegenstück dieses Bildes; der vorige Roman malte die Arbeiterklasse, dieser malt die sogenannte gute Gesellschaft; das Gift der Proletarier ist der

Schnaps, das Gift der Vornehmen ist die Cocotte, dieses Fäulnißprodukt der Zersetzung der unteren Volksschichten; wie der Fusel die Armen auffrißt, so frißt die feile Dirne die Reichen auf; das vornehme Opfer der Prostitution und das niedrige des Alkohols werden einander ganz ähnlich: sie sind beide Haufen verwesenden Fleisches, ohne Willen, ohne Verstand, baar jeder Menschenähnlichkeit, die Luft und den Boden um sich her verpestend, nicht einmal gut genug, um mit einer Schaufel auf den Dünger geworfen zu werden.

Zwischen die beiden grauenhaften Gemälde, welche der „Assommoir" und „Nana" enthalten, schob Zola ein lyrisches Intermezzo ein, „Une page d'amour", einen Band, der einigermaßen aus der Serie heraustritt und nur durch die Wurzeln des Familienstammbaums mit den übrigen Nummern der „Rougon=Macquart" zusammenhängt.

In „Pot=Bouille" steht das Bürgerthum auf dem Pranger, die sogenannte anständige Gesellschaft, welche äußerlich alle Vorschriften des Herkommens und alle staatlichen Gesetze ziemlich genau beobachtet, im Geheimen aber jede Schurkerei und jede Niedertracht ohne die leiseste Gewissensregung begeht und sich in Schlamm und Verwesung mit greulichem Behagen wälzt. Von einem vornehm aussehenden Miethhause wird, ein wenig nach dem Vorgange des Gil Blas, die Vorderwand weggehoben und wir sehen, wie Unzucht und Lotterei vom obersten bis zum untersten Stockwerk herrscht, sich über alle Vorder= und Hintertreppen ergießt, in die Dachstube des Dienstmädchens und in das Boudoir der Hausbesitzerin im ersten Stocke dringt und alle Bewohner in der scheußlichen Vermischung einer Bacchanalie betrunkener Satyre und geiler, waldschweifender Buhldirnen durcheinander flicht. „Au bonheur des Dames" entrollt das Gemälde der großen Pariser Magazine, welche den alten, rechtschaffenen Kleinhandel allmälig wie mit den Fangarmen und Saugnäpfen eines entsetzlichen Polypen umfassen und ersticken und durch ihre beständige Ausstellung lockender Waarenmassen, durch ihre alle Zeitungen, Theatervorhänge, Häusergiebel bedeckenden Reklamen, durch die schlaue Darreichung kleiner Geschenke die Begehrlichkeit der Frauen ins Ungeheuerliche steigern und ihre natürliche Hysterie bleichsüchtiger Großstädterinnen bis zur Tollheit und zum Stehlwahnsinn großziehen.

„La joie de vivre" ist wieder ein Zwischenspiel wie „Une page d'amour". Das Zeugen, Gebären und Vergehen, der Haß und die Liebe, die Hoffnung und die Verzweiflung, das Leben und der Tod sind der Inhalt dieser seltsamen Idylle, welche an kleinen Einzelmenschen das Walten des großen Naturgesetzes vom ewigen Erblühen des Lebens aus dem Tode zeigen will.

In „L'Oeuvre" erinnert sich Zola zum letztenmal seiner ursprünglichen Absicht, die dem „Rougon-Macquart"-Zyklus zu Grunde liegen sollte, und wir werden die Zeugen des Lebens eines Abkömmlings der von einem physiologischen Fluche beladenen Familie, eines Malers, in welchem höchstes Wollen mit unzulänglichem Können ringt und der schließlich an der Erkenntniß seiner Ohnmacht erschütternd zu Grunde geht. Der Maler des Romans „L'Oeuvre" ist das einzige Beispiel eines Mitglieds der Familie, in welchem das Nerven-

Erbübel die Form des Talentes annimmt, statt, wie bei allen seinen übrigen Verwandten, in der Form des Wahn- und Blödsinns, der Wollust und Grausamkeit, der rücksichtslosen Selbstsucht und des Verbrechens, der Schwäche und des Alkoholismus aufzutreten. „Germinal" malt das großartige Bild der Arbeiterbewegung. Dieses bisher gewaltigste Werk der Reihe zeigt an dem Beispiel eines Kohlenbergwerkes den Kampf des Menschen gegen die stiefmütterliche Natur, welcher im Erdenschoße die eifersüchtig gehüteten Kohlenschätze geraubt werden sollen, aber zugleich den feindlichen Gegensatz zwischen der Noth und ahnenden Genußgier des Proletariers und der Härte des Kapitals, das dem Tagelöhner gegenüber mit der Macht und Unerbittlichkeit einer Elementarkraft auftritt. „La Terre" macht dem Bauernstande den Prozeß und schildert den Landmann als ein Unthier in vager Menschengestalt, als eine Zusammenfassung aller Laster und teuflischen Triebe, als ebenso verkommen wie das städtische Bürgerthum, nur roher in der Form und rücksichtsloser in seiner viehischen Gewaltthätigkeit. „La bête humaine" endlich ist die Darstellung einer jener großen Eisenbahn-Verwaltungen, die in Frankreich einen Staat im Staate bilden und ihre besonderen Korruptions-Formen haben.

So weit ist das gewaltig angelegte Werk bisher gediehen; es hat vier Fünftel seiner geplanten Ausdehnung erreicht und die drei oder vier Bände, die uns noch versprochen sind, können kaum mehr Ueberraschungen oder Enttäuschungen bringen: die sechzehn Bände, die vorliegen, gestatten demnach ein vollgewichtiges Urtheil über den Dichter, seine Methode und seine Schöpfung.

Die politische und kulturhistorische Seite dieser Romane habe ich bereits kurz beleuchtet. Sie zeigen mit entsetzlicher Deutlichkeit die Fäulniß, die während des Kaiserreichs alle Schichten der französischen Nation befallen hatte. Sie gestatten außerdem an zahlreichen Stellen Einblicke in das intimere Leben einzelner Klassen und Individuen, die kein anderes zeitgenössisches Dokument dem künftigen Geschichtsschreiber unserer Zeit gewähren wird. Es ist unmöglich, die „Rougon-Macquart" zu Ende zu lesen, ohne einen Fluch gegen das Empire auf den Lippen zu haben und ein überzeugter Demokrat und Republikaner zu werden. Das ist der Dienst, den Zola der Republik erwiesen hat. Aber es ist auch unmöglich, ans Ende dieser Romane zu gelangen, ohne einen tiefen Ekel vor allen Gemeinheiten und allen Lastern und eine leidenschaftliche, aufgeregte Sehnsucht nach reiner Luft und anständigen Menschen zu empfinden. Das ist der Dienst, den Zola den guten Sitten erwiesen hat. Vielfach macht man aus dieser Schlußempfindung, die seine Romane hinterlassen, dem Dichter einen Vorwurf. Ich halte sie für das größte Lob, das man seiner Absicht und seiner Kunst spenden kann.

Dies die politische und kulturhistorische Bedeutung des Zyklus. Ihre poetische ist größer, ist sehr groß. Es gibt wenige Schilderer von der Kraft und Gewalt Zolas. Seine Palette enthält die glühendsten Farben, seine Plastik ist unübertrefflich. Die Idee der leblosen Dinge ist ihre Form, die Poesie der leblosen Dinge ist die Stimmung, die ihre

Gesammtheit im Beschauer hervorbringt. Zola erfaßt mit wunderbarer Sicherheit die Form, das heißt die sinnliche Erscheinung der Dinge, die er mit einer erstaunlichen Wahrheit wiederzugeben weiß, und in die Stimmung, das heißt in die Metaphysik der leblosen Dinge, ist überhaupt noch kein Poet so tief und geheimnißvoll eingedrungen wie er. Diese Eigenschaften des Dichters bewirken, daß die mit Worten gemalten Bilder in seinen Romanen einen unauslöschlichen Eindruck auf den Geist des Lesers hervorrufen. Ob er nun den verlassenen, blumenüberwucherten Friedhof in Plassans oder die Heimfahrt aus dem Bois de Boulogne; die Pariser Hallen oder ein Cabinet particulier der Maison dorée; eine Morgenstunde auf den äußeren Boulevards oder einen Abend im Foyer des Vaudevilletheaters; ein schlagendes Wetter in einer Kohlengrube oder eine Ernte in den Ebenen der Beauce schildert, es sind immer Meisterwerke, die dem wirklichen Leben selbst seine Wärme, seinen Blutumlauf, seine unfaßbaren Halbtöne, seine verworrenen Geräusche, seine wechselnden Anblicke entlehnt haben und darum mit fast unheimlicher Wahrheit wirken. Die leblosen Hintergründe seiner Geschichten, die Coulissen und Soffiten, sind sogar mit solcher Meisterschaft gemalt, daß man über ihnen manchmal die handelnden Personen auf der Bühne vergißt und diese fast zu einer bedeutungslosen Staffage herabsinken. Das ist nur darum kein zerstörender Fehler, weil er sich zum Glück doch nur ausnahmsweise ereignet. Gewöhnlich sind die Menschen Zolas interessant genug, um unsere Augen von den blendenden Dekorationen, in deren Mitte sie sich bewegen, ab- und auf sich zu lenken. Zola ist eben nicht blos ein großer Schilderer, nicht blos ein wunderbarer Psycholog der unbelebten Welt, er ist auch ein Seelenmaler und ein Dichter. Er vermag die höchsten Affekte in seinen Lesern zu erregen. Er fesselt, er rührt, er erschüttert sie. Der Mann, der die Gestalten von Silvère und Miette (in der „Fortune des Rougon-Macquart"), ihre zauberisch duftige, berauschend poetische Liebe und ihren märchenhaft rührenden tragischen Tod; der (in „La Curée") die athemraubend dramatische Szene zwischen dem Vater Aristid, seinem Sohne Maxim und seiner zweiten Frau Renée, die mit dem Stiefsohn ein blutschänderisches Verhältniß hat; der (im „Assommoir") den Tod des kleinen schwindsüchtigen, vom versoffenen Vater bis zum letzten Momente grausam gepeitschten Mädchens; der (in „Une page d'amour") die nächtliche Begegnung zwischen Helene und ihrem Geliebten zu ersinnen und darzustellen gewußt hat, dieser Mann ist eine dichterische Schöpferkraft allerersten Ranges, dieser Mann besitzt jenen nur von den wenigsten Poeten aller Zeiten gehandhabten Zauberstab, dessen Berührung die Thränen und das Lachen entfesselt, der allen menschlichen Leidenschaften gebietet, mit dem der Dichter nach seinem Belieben den Leser aufregen und beruhigen, in tiefe Schwermuth versenken und zu flammender Begeisterung emporraffen, mit der wahnsinnigen Liebe Faust's zum Schatten Helenens und mit dem aberwitzigen Hasse Don Quijotes gegen den Verzauberer Dulcineens erfüllen kann.

Nach diesem aufrichtigen Lobe, das nur derjenige übertrieben finden wird, der die angeführten Romane nicht gelesen hat, darf ich nun wol auch meine Vorbehalte machen. Zola nennt seinen Zyklus „Naturgeschichte einer Familie unter dem Kaiserreich". Diese Bezeichnung ist nur dann richtig, wenn man den Ton auf „eine" legt. Es ist die Geschichte e i n e r Familie, einer einzigen, und Zola hat Unrecht, dies meist zu vergessen und seine poetischen Gesichte so darzustellen, als wären sie ein Bild allgemeiner Verhältnisse, als wären seine Romane die Naturgeschichte der Nation unter dem Empire. Die Korruption war allgemein, aber nur in den amtlichen Kreisen, in der Verwaltung, in den großen Städten, deren unstäte, gährende Bevölkerung von den Wurzelfäden der Regierungsgewalt dicht durchsetzt waren; außerhalb dieser amtlichen Welt und ihrer nächsten Umgebung lagen die Verhältnisse ganz anders; da fand das herrschende System keinen Widerhall in den Sitten und Anschauungen; da lebte und dachte und handelte man wie unter dem Bürgerkönigthum, das dem Empire voranging, wie unter der Republik, die ihm folgte, blos nach den festen physiologischen Gesetzen des französischen Volkslebens, die von einem vorübergehenden Regierungssystem kaum beeinflußt und gewiß nicht radikal geändert werden. Es ist auch nicht richtig, die ehrgeizigen, gewissenlosen Streber der Rougon-Macquart'schen Sippe als einen weitverbreiteten Typus aufzufassen. In einem Lande, das häufigen Umwälzungen unterworfen ist, erzeugt das Beispiel erstaunlicher Lebensläufe und wunderbaren Emporkommens, diese nothwendige Begleiterscheinung innerer Umstürze, einzelne Geistesverfassungen von derjenigen Rougons, neidische, macht- und geldgierige Streber, die von einem Bürgerkriege Befriedigung ihrer schmutzigen Leidenschaften erhoffen. Aber die große Masse der Nation kennt diese Art von Ehrgeiz nicht. Sie hat gar keinen politischen Ehrgeiz. Obskur und mächtig, verrichtet sie alle die Werke, welche die Größe eines Volkes ausmachen, ohne dafür einen andern Lohn zu fordern und zu erhalten als den vagen Abglanz nationaler Glorie, deren zusammengefaßte Strahlen in der Regel auf sich hervordrängende Schreier und Wichtigthuer fallen. Diese dunkle, namenlose Masse liefert die Soldaten, welche die Schlachten gewinnen, deren Ruhm einen General unsterblich macht; sie zahlt die Steuern, deren Ueberschüsse die Renten zum Steigen bringen, an denen einzelne Börsenmänner Millionen verdienen; sie stellt die Arbeiter, welche die Wunderwerke der Industrie hervorbringen, für die der Fabrikbesitzer dekorirt und weltweit berühmt wird. Dieses breite, solide Fundament des Volkes hat, ich wiederhole es, keinen politischen, sondern nur einen sozialen und menschlichen Ehrgeiz: es fordert für sich materielles Wolbefinden und eine möglichst große Summe individuellen Glücks. Für politische Ideale begeistern sich die Millionen des Volkes erst dann aufrichtig und dauernd, wenn ihr schlichter Verstand erkannt hat, daß die Verwirklichung dieser Ideale ihr Dasein behaglicher und angenehmer machen wird. Ein anderes als dieses praktische, auf die eigene Glücksempfindung zurückgeführte Interesse nimmt das Volk niemals an der Politik und darum bleiben Geschicke wie die der Rougon-Macquart, weit entfernt, typisch zu sein, stets nur sehr vereinzelte Ausnahmen im nationalen Leben.

Eine zweite Einwendung, die ich gegen den Romanzyklus

Zolas erhebe, ist die, daß er demselben als Grundidee eine
sonderbare Theorie der Vererbung untergelegt hat. Aus einer
geistesschwachen Stamm-Mutter gehen mehrere Generationen
krankhaft veränderter Individuen mit zerrüttetem Nervenleben
hervor, deren sämmtliche Handlungen durch ihr Erbübel bestimmt werden. Dieser körperliche Fatalismus schädigt die
poetische Konzeption aller seiner Gestalten. Der Dichter rückt
sie aus der Sphäre allgemein menschlicher Wahrheit, in der
allein eine poetische Schöpfung sich bewegen sollte, und verbannt sie in eine pathologische Ausnahmshürde, die ganz abseits liegt von den Wegen unserer täglichen Erfahrung. Dabei
haben diese dichterischen Spittelstudien nicht einmal das Interesse der Exaktheit, weil sie nicht auf wirklicher Beobachtung
beruhen, sondern willkürliche Fiktion Zolas sind. Uebel aller
Art, auch Nervenübel, vererben sich; gewiß; aber bei fortge-
setzter Blutmischung, wie sie in den Romanen Zolas durch die
Ehen mit fremden, physisch gesunden, wenn auch an Charakter-
fehlern leidenden Personen herbeigeführt wird, hört das Erbübel auf, der Angelpunkt des ganzen Lebens, Charakters und
Geschicks der Individuen zu sein, und behält nicht entfernt
die Bedeutung, die Zola ihm beimißt.

Allein wenn ich Zola einen falschen, pseudowissenschaftlichen Ausgangspunkt und eine unwahre Verallgemeinerung
vereinzelter Erscheinungen im Volksleben vorwerfe, so kann ich
mich durchaus nicht dem Protest anschließen, den manche Kritiker gegen die angebliche Unsittlichkeit Zolas erheben. Es
kann allenfalls eine Frage des Geschmackes sein, ob er es nöthig
hatte, selber im Interesse der Lokalfarbe eine niedrige Pöbel-

sprache anzuwenden, wenn er Szenen aus dem Leben des Pöbels schilderte, und ob es nicht mit dem pöbelhaften Dialog der handelnden Personen genug gewesen wäre. Allein ihm daraus einen Vorwurf zu machen, daß er gewisse anstößige Dinge darstellt, ist eine unleidliche Tartüfferie. Virgil, der die Bucolica schreibt, kann harmlos und unschuldig bleiben wie ein weißgewaschenes Lämmlein; Sueton, der das Leben der zwölf Cäsaren erzählt, muß nothwendig für Institutsvorsteherinnen anstößig werden. Zola schildert verfaulte Zustände und verwesende Menschen; er muß also, wenn er wahr bleiben will, Schwären auf der Haut und Geschwüre an den Sitten zeigen; das ist garstig, aber es ist nothwendig. Er ist ein patriotischer Arzt, der die Krankheiten seiner Nation heilen will; zu diesem Zwecke muß er die Schäden aufdecken; das können ihm nur die Parasiten übelnehmen, die von der Fäulniß leben, die ein Interesse daran haben, die soziale Eiterung zu unterhalten. Um die Schnapspest und die Cocottenseuche in ihrer ganzen Abscheulichkeit sichtbar zu machen, um ihre Verwüstungen dem Geiste des Lesers recht nahe zu bringen, mußte er starke Mittel anwenden. Und wer die Größe des Uebels kennt und es mit dem französischen Volk ehrlich meint, wird nicht eine einzige Nuance von den kräftigen Farben vermissen wollen, die Zola für das Gemälde der Nationalkrankheiten auf seiner Palette mischt.

Der Leser hat bemerkt, daß ich bisher, indem ich es versuchte, den Werken Zolas gerecht zu werden, dieselben als Dichtungen wie alle anderen, als Romane wie andere auch, nur als bedeutendere und bessere Romane behandelt und die

Anmaßung völlig übersehen habe, die sie als eine neue, noch nie dagewesene literarische Gattung, als das Produkt einer ästhetischen Revolution hinzustellen liebt. Ich habe es bisher vermieden, das Wort „Naturalismus" auszusprechen, mit dem seit Jahren so viel Lärm gemacht wird und das immer in Verbindung mit dem Namen Zola auftritt. Der Grund dieser Unterlassung ist einfach der, daß ich nicht weiß, was die guten Leute mit ihrem berühmten „Naturalismus" eigentlich meinen, und daß ich eine ausreichende Erklärung des Wortes vergebens sowol in den bändestarken Lobhymnen der Bewunderer Zolas als auch in den weiß Gott genug schwatzhaften Angriffen seiner leidenschaftlichen Feinde gesucht habe.

Manche Kritiker definiren den Naturalismus als eine Neigung, mit brutalen, cynischen Schilderungen gewagter Situationen die Sinnlichkeit der gemeinen Masse zu reizen und dadurch die Millionen der Leser heranzuziehen. Und in der That, das Treiben der Nachahmer Zolas scheint dieser Definition Recht zu geben. Bonnetain, Vast-Ricouard, Céard, und wie die Apostel des Meisters alle heißen, haben eine abjekte Vordell-Literatur geschaffen, die unter der Flagge Zolas segelt und den Namen dieses großen Schriftstellers schwer kompromittirt. In diesen Büchern wird jeder Schmutz mit dem professionellen Behagen des Kanalräumers aufgewühlt und der ekelhafte Brei der Unzucht mit dem lüstelnden Raffinement der greisenhaften Impotenz um und umgerührt. Aus den Romanen ist dieser Priapismus in die Zeitungen hinabgestiegen und die letzten Jahre haben ein erschreckendes Emporwuchern von Dutzenden schmieriger Schandblätter gesehen, die geradezu eine Ausgeburt wahnsinniger Satyriase zu sein scheinen. Der gesunde Menschenverstand empört sich gegen diese tolle Orgie, man schreit nach der Polizei, die Gerichte schreiten ein, einige dieser unaussprechlichen Blätter werden zu schweren Strafen verurtheilt, aber die Masse derselben fährt fort, ihren unflätigen Kram auszubieten, und die Wächter der guten Sitte, die angesichts dieser beispiellosen Ausartung in Verzweiflung gerathen, verlieren mit dem kalten Blute die Gerechtigkeit und beschuldigen offen Zola, der Urheber dieser widerwärtigen Bewegung zu sein. Die Beschuldigung ist eine ungerechte. Zola geht schlüpfrigen Situationen nicht aus dem Weg, aber er sucht sie nirgends absichtlich auf. Er malt sie nie mit faunisch grinsendem Wolgefallen, sondern mit der unbeweglichen Ruhe und amtlichen Kühle, mit der ein Gerichtsarzt das Gutachten über einen sittenpolizeilichen Fall verfaßt. Es mag ja sein, daß gerade diese bedenklichen Stellen gewisse Leser angezogen haben, die für die Bedeutung der Werke Zolas im Uebrigen weder Sinn noch Verständniß haben, wie es ja vorkommt, daß vorwitzige Frauen aus schmutziger Neugier verstohlen medizinische Bücher lesen, die gewiß nicht geschrieben wurden, um solchen Kontrebande-Lesern einen Sinneskitzel zu verursachen. Aber in den „Rougon-Macquart" sind ganze Bände, die nicht ein Wort enthalten, welches das empfindlichste Ohr verletzen könnte, und diese unbedenklichen Romane werden doch auch vom „Naturalismus" für sich in Anspruch genommen. Es ist also klar, daß trotz einzelner starker Stellen, die eben von den Tendenzen des Dichters und von seinem Stoff erheischt wurden, und trotz der Verkommenheit seiner Nachahmer, die blos diese zweideutigen, nicht aber die weitaus zahlreicheren hochmoralischen und poetischen Kapitel gesehen und verstanden haben, der Naturalismus unmöglich mit Obszönität identisch sein kann. Wir stehen somit wieder vor der obigen Frage: Was ist Naturalismus?

Zola selbst, offenbar der berufenste Wortführer seiner eigenen Sache, antwortet auf die Frage mit einem ganzen Phrasenschwalle. Seine Romane, sagt er, seien realistisch; sie seien „menschliche Dokumente" und „experimentelle Romane"; er habe eine Methode und diese Methode sei eine wissenschaftliche, genauer gesagt eine naturwissenschaftliche. Das sind recht stattliche Worte, die sich vortrefflich präsentiren und einen ganz vornehmen Eindruck machen. Wer nicht recht fest auf seinen Beinen steht, wird sich von ihnen vielleicht einschüchtern lassen und nur mit der Mütze in der Hand vor sie hintreten. Wenn man ihnen aber unerschrocken ins Gesicht leuchtet, so sieht man alsbald, daß sie der reine Galimathias sind.

Statt „Naturalismus" „Realismus" zu sagen ist ein kindisches Spiel mit Worten, das uns nicht um Haaresbreite dem Verständnisse näher bringt, denn der eine Ausdruck bedeutet ganz so viel oder so wenig wie der andere. Von jeher haben sich Bierhaus-Aesthetiker damit vergnügt, in der Kunst wie in der Literatur einen Realismus und einen Idealismus zu unterscheiden und die beiden Begriffe als Gegensätze gegeneinander zu halten. Diese Klassifikation ist aber von einer geradezu verblüffenden Oberflächlichkeit und wer tiefer analysirt, findet nicht den geringsten wesentlichen Unterschied zwischen den Werken, die man realistisch, und jenen, die man idealistisch nennt. Soll man unter Realismus das Bestreben des Künstlers verstehen, die Dinge zu beobachten und wahr wiederzugeben? Dieses Bestreben hat jeder, absolut jeder Schriftsteller. Absichtlich weicht Niemand in seinen Darstellungen von der Wahrheit ab. Und selbst wer es wollte, könnte es gar nicht, weil sich die intimste Konstruktion des menschlichen Geistes dem widersetzen würde. Jede unserer Vorstellungen beruht auf einer Beobachtung, die wir einmal gemacht haben. Die sogenannten „eingeborenen Ideen" sind ein längst überwundener philosophischer Standpunkt und jeder Denker nimmt heute an, daß wir keinen einzigen Gedanken im Kopfe haben, den nicht ein durch unsere Sinne vermittelter äußerer Eindruck angeregt hat. Auch wenn wir frei erfinden, operiren wir nur mit geistigen Elementen, die uns von einer vorangegangenen realen Beobachtung geliefert worden sind; wir können überhaupt nichts erfinden, nur zusammenfügen; das extravaganteste Märchen ist nichts anderes als eine Kombination beobachteter, realer Thatsachen, die nur nicht nach den Gesetzen der Wirklichkeit, sondern nach den übrigens ganz so festen Gesetzen unserer Phantasie geordnet sind. Es ist also dem Menschen schlechterdings unmöglich, aus dem Kreise der beobachteten Thatsachen, in den er gebannt ist, herauszutreten, mit einem Worte, in seinem Denken und folglich auch in seinem geistigen Schaffen anders als realistisch zu sein. Wenn dennoch das eine Werk den Eindruck größerer Wahrheit macht als das andere, so ist dies nicht eine Frage dieser oder jener ästhetischen Richtung, einer realistischen oder idealistischen Darstellungsweise, sondern ausschließlich eine Frage des größern oder kleinern Talents. Ein genialer Dichter ist immer wahr, ein mittelmäßiger ist es nie, der erstere auch dann, wenn er es vernachlässigt, in den Details seiner Schilderungen stets exakt zu sein, der letztere auch dann nicht, wenn er mit peinlicher Aufmerksamkeit und mit der Methode des Photographen an den kleinen Aeußerlichkeiten haftet. Shakespeare ist wahr, trotzdem bei ihm Geister erscheinen, Elfen durch die Luft fliegen und Prag am böhmischen Ozean liegt; Goethe ist realistisch, trotzdem Faust mit dem Teufel einen Pakt macht und der Hexensabbath in der Brockennacht an uns vorübertanzt; die Nachahmer und Anempfinder, die kleinen Durchschnitts-Skribenten sind unwahr, trotzdem sie sich vor jedem Hinüberschweifen ins Gebiet der Geister und Gesichte ängstlich hüten und brav am platten Boden haften. Es ist eben ein Attribut des genialen Auges, das charakteristische Wesen der Dinge zu erfassen und festzuhalten, während das talentlose Auge an den Phänomenen blöde herumschaut, ohne zu sehen, was eigentlich an ihnen zu sehen ist.

Das charakteristische Wesen der Dinge: darin liegt das ganze Geheimniß der poetischen Wirkung. Wer jenes trifft, der macht den Eindruck des Wahren; wer es nicht zu treffen oder plastisch herauszuarbeiten vermag, kann den Leser nicht überzeugen, in ihm nicht die Empfindung lebendiger Wirklichkeit erregen. Zola ist wahr, denn er ist ein echter Dichter; aber er ist nicht wahrer, als es alle großen Dichter vor ihm gewesen sind. In diesem höhern Sinne ist er realistisch, aber er hat den Realismus nicht erfunden: der Realismus ist so alt wie die Literatur; Homer war schon realistisch und noch realistischer als Zola; von einer neuen Schule, von einer neuen Richtung zu sprechen, ihr einen neuen Namen zu geben, ist eine thörichte Anmaßung, die sich gegen eine ernste Analyse nicht einen Augenblick lang halten kann.

Oder soll die Besonderheit jenes Realismus, der sich den neuen Namen „Naturalismus" beilegt, etwa darin bestehen, daß er nicht blos das Wesentliche, sondern auch das Zufällige der Dinge wiederzugeben sucht, daß seine Schilderungen nicht das Ergebniß einer subjektiven Analyse, eines rationellen Eklektizismus, sondern eine naive, vollständige Reproduktion des Objekts selbst sind? Zola behauptet es, aber er versündigt sich mit dieser Behauptung gegen eine der grundlegenden Errungenschaften des modernen Denkens. Seit Kant weiß es jeder Schuljunge, daß wir ans „Ding an sich", ans Objekt, gar nicht herankönnen. Es ist uns unnahbar und unfaßbar. Wir nehmen nur das Spiegelbild des Objekts in unserem Geiste wahr. Wir haben stets nur mit unserem eigenen Ich, mit unseren eigenen Sinnen zu thun. Unser Geist ist aber kein achromatischer Spiegel. Er färbt die Bilder, die er zurückwirft, mit seiner eigenen individuellen Farbe. Der Poet, der Dinge schildert, gibt sie nie so wieder, wie sie sind, sondern so, wie er sie sieht und wie muthmaßlich kein anderer Beobachter sie sehen würde. Seine Schilderung ist subjektiv und das Gegentheil von realistisch, wenn unter Realismus Objektivität verstanden sein soll. In diesem Sinne ist Zola nirgends, absolut nirgends Realist. Die Dinge gewinnen unter seiner Hand ein Leben, eine Bedeutung, die sie in Wirklichkeit nicht haben. Sie bekommen eine Seele, einen Schopenhauer'schen Willen; sie treten in handelnde Beziehungen zu einander und zu den Menschen, die sich zwischen ihnen bewegen; sie werden zu transszendentalen Wesen, die an allen Dramen theilnehmen, deren Zeugen sie sind. Und das soll Realismus sein? Das ist Idealismus, wenn es überhaupt einen solchen gibt. Die Dinge an sich haben keine Stimmung, diese ist eine anthropomorphische Belebung, die die Individualität des Beschauers in die Dinge hinein trägt, und bei Zola athmet jedes Objekt eine gewisse Stimmung, die mit den sich eben abspielenden Vorgängen zusammenklingt. Man könnte ihn also mit vollem Rechte den größten Idealisten unserer Epoche nennen.

Wir haben nun gesehen, daß, wenn Realismus Wahrheit bedeuten soll, alle wirklich begabten Dichter Realisten sind und daß im Gegentheil, wenn man unter Realismus volle Objektivität verstehen will, Niemand ein Realist ist. Aus den vorstehenden Betrachtungen geht ferner hervor, daß es überhaupt willkürlich und oberflächlich ist, von Realismus und Idealismus als von Gegensätzen zu sprechen, da diese Begriffe nicht existiren und alle Unterschiede in der Wirkung von Kunstwerken auf das Talent oder die Talentlosigkeit ihrer Urheber zurückzuführen sind. Wahr ist dagegen, daß manche Zeiten sich nur mit sich selbst beschäftigen, andere dagegen aus sich heraustreten, von sich abgelenkt sein wollen. Jene Zeiten fordern von ihrer Literatur, daß sie zeitlich und räumlich naheliegende Vorwürfe behandle, diese, daß sie ihre

Stoffe in so entlegenen Gegenden und Zeiten wie möglich suche. In Epochen der geistigen Erschlaffung, der Gedrückt= heit, der aussichtslosen Stagnation nehmen die Völker ihre Zuflucht zu Büchern, die ihnen ferne, schönere, freiere und erfreulichere Horizonte aufrollen; in Epochen dagegen, wo das Geistesleben erregt ist, wo zahlreiche große Fragen einer Lösung zudrängen, wo die Völker mit fieberhaftem Interesse die sichtbare Umgestaltung der alten Ordnung der Dinge ver= folgen, finden nur Schriftsteller Gehör, die an den leiden= schaftlichen Redekämpfen des Tages theilnehmen, und die Debatten des Marktes setzen sich ganz allgemein in den Werken der Künstler fort. Wenn man diese beiden Richtungen Idealismus und Realismus nennen will, so habe ich gegen das Wort keine Einwendung. In diesem Sinne gibt es idea= listische und realistische Zeitströmungen, idealistische und rea= listische Literaturepochen und Schriftsteller. Unsere Zeit ist, immer nach der vorstehenden Definition, eine intensiv reali= stische; sie will sich nur mit sich selbst beschäftigen; sie fordert von Schriftstellern und Künstlern Behandlung der Tages= fragen. Zola kommt diesem Zuge der Zeit entgegen und hängt in seiner Produktion am Heute und an Paris. Darin erschöpft sich sein ganzer Realismus, den er mit nahezu allen zeitgenössischen Schriftstellern theilt. Was der Naturalismus Neues, Nochnichtdagewesenes sein soll, wird immer unfind= barer, je weiter wir in der Analyse fortschreiten.

Doch ja — Zola spricht ja von „menschlichen Doku= menten", vom „Experimentalroman", von „naturwissenschaft= licher Methode". Er gibt sich den Anschein, als wäre er nicht ein Dichter wie alle seine Vorgänger seit so und so viel tausend Jahren, sondern ein Forscher, der eine neue Wissenschaft begründet hat. Das ist eine Anmaßung, die nur lächeln machen kann. Was will er damit sagen, daß er seine Romane „menschliche Dokumente" nennt? Meint er, daß sie Beiträge zur Kenntniß des menschlichen Lebens und der menschlichen Seele sind? Wenn er das meint, so hat er Recht, aber dann sind auch alle anderen guten Romane und Dramen, die seit Jahrhunderten geschrieben worden sind, „menschliche Dokumente" und es war überflüssig, für die „Rougon-Macquarts" eine besondere Bezeichnung zu erfinden, die zwischen ihnen und all ihren Vorgängern eine Unterscheidung aufstellt, welche keinerlei Berechtigung hat. Meint er aber, daß sie ernste Dokumente sind, aus denen die exakte Forschung positive Thatsachen schöpfen kann, so befindet er sich in einem sonderbaren Irrthum. Die Wissenschaft kann mit der Fiktion nichts anfangen. Sie braucht keine erdichteten Menschen und Handlungen, auch wenn sie noch so wahrscheinlich sind, sondern Menschen, die gelebt, und Handlungen, die stattgefunden haben. Der Roman behandelt die Geschicke einzelner Individuen und Familien, die Wissenschaft braucht Mittheilungen über die Geschicke der Millionen. Polizeiberichte, Steuerlisten, Handelsausweise, Kriminal- und Selbstmordstatistik, Angaben über die Preise der Lebensmittel, die Höhe des Tagelohns, die durchschnittliche Lebensdauer der Menschen, das Verhältniß der Eheschließungen, der ehelichen und unehelichen Geburten, das sind „menschliche Dokumente"; aus diesen erfahren wir, wie ein Volk lebt, ob es fortschreitet, ob es glücklich oder unglücklich, rein oder verdorben ist; die Kulturgeschichte legt die so amusanten Romane Zolas mit Geringschätzung beiseite und greift zu den langweiligen statistischen Tabellen, wenn sie Thatsachen braucht. Daß er seine Werke als Quellenschrift für den Forscher ausgibt, ist eine unerklärliche Schrulle Zolas.

Und eine noch sonderbarere Schrulle ist sein „Experimentalroman". Daß er dieses Wort erfinden konnte, beweist wol, daß er einen vagen Respekt vor den Naturwissenschaften hat, die das moderne Leben beherrschen und die Grundlage der modernen Weltanschauung bilden, aber es beweist auch, daß er denselben mit der Unwissenheit eines Kindes gegenübersteht. Der Begriff des Romans schließt von vornherein den Begriff des Experiments aus. Dieses hat mit Thatsachen, jenes hat mit Einbildung zu thun. Zola glaubt, ein Experiment gemacht zu haben, wenn er nervenkranke Personen erdichtet, diese in erdichtete Verhältnisse stellt und sie erdichtete Handlungen vollführen läßt. Das ist aber ebensowenig ein neuropathologisches Experiment, wie ein lyrisches Gedicht ein biologisches Experiment ist. Ein naturwissenschaftlicher Versuch ist eine an die Natur gerichtete Frage, auf welche die Natur, nicht der Frager selbst, die Antwort geben soll. Zola stellt ebenfalls Fragen, das gebe ich zu; aber an wen? An die Natur? Nein, an seine eigene Einbildungskraft. Und wer beantwortet sie? Die Natur? Nein. Seine eigene Einbildungskraft. Hierin liegt der Unterschied zwischen Zola und dem Naturforscher, ein Unterschied, der so groß ist, daß er komisch wirkt. Die Thatsachen, zu denen der Experimen=

tator gelangt, sind objektiv, sie sind unseren Sinnen zugänglich, wir müssen an sie glauben, weil wir uns von ihrer Wesenheit überzeugen können. Die Lösung dagegen, die Zola für seine Probleme findet, sind subjektiv; sie existiren nur in seinem Geiste; wir können sie nicht objektiv feststellen; er kann uns überreden, sie als wahr anzunehmen, aber wenn wir ihm nicht glauben wollen, so steht uns das frei und er hat kein Mittel, uns zur Anerkennung ihrer Wirklichkeit zu zwingen. Unter solchen Umständen von „Experimenten" zu reden heißt entweder nicht wissen, was ein Experiment ist, oder bewußt auf die Ideenverwirrung der unwissenden Menge spekuliren, welcher in unserer Zeit die exakte Wissenschaft mehr imponirt als die Fiktion.

Das Unglück Zolas ist, daß er sich nicht darauf beschränkt, Dichter zu sein, sondern daß er auch als philosophischer Aesthetiker die Theorie seines Schaffens darlegen will. Damit scheitert er aber aufs kläglichste. Er trägt in seine Werke Dinge hinein, die weder ein unbewaffnetes noch ein bewaffnetes Auge darin entdecken kann, und nachdem er unsterbliche Romane geschrieben hat, klügelt er nachträglich ein System und eine Methode aus, welche denselben angeblich zu Grunde liegen sollen, von denen sich aber in den Romanen selbst keine Spur findet. Welch ein Jammer, daß Zola auf diesen Irrweg gerathen ist! Wer lebendige Werke zu schaffen vermag, kann sich's damit genügen lassen; die Eunuchenarbeit des Theoretisirens mag den Unvermögenden überlassen bleiben

Natürlich kann der Mißerfolg des spekulativen Aesthetikers dem Erfolge des naiv schaffenden Romandichters nicht

schaden. Zola, der Verfasser der „Rougon-Macquart", ist
für Zola, den Verfasser von „Mes haines" und „La République
 naturaliste", in keiner Weise verantwortlich. Seine
Romane bleiben großartige Sittenschilderungen aus der Zeit des
Empire, seine Menschen fesselnde, wahre Gestalten, seine Beschreibungen
 unübertreffliche Beispiele farbenprächtiger Wortmalerei,
 seine Stimmungsbilder merkwürdige Versuche tiefsinniger
 Belebung des Unbelebten. Ein neues Genre wird
jedoch kein in der Analyse geübter Kritiker in diesen Werken
entdecken; ein solcher wird nicht zugeben, daß dieselben
wahrer, „realistischer" seien als zahllose frühere Werke bedeutender
 Schriftsteller, er wird sogar in den Details manche
Ungenauigkeiten nachweisen können, ohne dem Dichter daraus
 einen Vorwurf zu machen, weil sie eben unwesentlich
sind; er wird geltend machen, daß Zola in seinen Stillleben
die todten Dinge idealisirt und in seinen Seelenmalereien,
wo er das Unsichtbare, die inneren Vorgänge wiedergibt,
ohnehin nicht realistisch, nach einem Modell arbeiten kann,
sondern die objektive Photographie durch die subjektive Intuition
 ersetzen muß, wie es eben jeder Dichter vor ihm gethan
 hat; ein solcher Kritiker wird mit einem Worte die
neue Bezeichnung „Naturalismus" für den Stil Zolas als
unnöthig und bedeutungslos zurückweisen und dessen Werken
außer ihrem poetischen Werthe nur eine besondere Eigenschaft
zugestehen: die brennende Aktualität.

Doch nein — er wird zugeben, daß sie noch eine andere
ästhetische Bedeutung haben, eine Bedeutung, auf die merkwürdigerweise
 noch kein einziger der zahllosen Kritiker hin-

gewiesen hat, welche in den letzten Jahren Zola, seine Romane und den Naturalismus bis zum Ueberdrusse sezirt, analysirt, glorifizirt und verdammt haben. Die „Rougon-Macquart" erweitern die Form des Romans und geben dieser Dichtungsart eine neue Entwickelung; nicht indem sie von ich weiß nicht was für pseudowissenschaftlichen Halluzinationen ausgehen, über die man nur die Achsel zucken kann, sondern indem sie an die Stelle des bisher üblich gewesenen Einzelhelden des Romans einen Kollektiv-Helden setzen. Das ist ein Fortschritt, welcher mit demjenigen zu vergleichen ist, den die Geschichtschreibung machte, als sie anfing, statt einer Biographie von Königen und Feldherren eine Darstellung des Volkslebens zu werden, als sie sich aus einer Chronik von Hof- und Staatsaktionen zur modernen Sittengeschichte und Völkerpsychologie entwickelte. Der ältere, man muß jetzt schon sagen der veraltete Roman nimmt eine Persönlichkeit und erzählt deren Leben, vernachlässigt aber ihre weitere menschliche Umgebung, die in tiefem oder halbem Dunkel bleibt, während alles Licht sich auf den Helden konzentrirt. Der Zola'sche Roman widmet der Umgebung dieselbe Aufmerksamkeit wie dem Helden; der Held verschwindet sogar unter dieser nivellirenden Behandlungsweise; das Licht fällt nicht auf eine einzelne Person, sondern auf eine weite Menschengruppe, deren einzelne Mitglieder mit einander in zahlreiche wechselnde Berührungen kommen; die handelnden Personen sind in ihrem natürlichen Mittel; wir können alle ihre weitverzweigten Interessen verfolgen, die sie an zahlreiche Menschen knüpfen; alle diese Menschen wirken auf einander, beeinflussen einander; jeder von ihnen gewinnt eine Bedeutung für das Leben und die Entwickelung aller übrigen: das Licht, das auf einen fällt, verbreitet sich in natürlicher Abstufung über sein Haus, seine Familie, deren Freunde, deren Bekannte, deren ganze Gesellschaftsschichte, und an den äußersten Grenzlinien dieses vom Poeten beleuchteten Kreises erscheint, von den verdämmernden Strahlen gerade noch bis zur Sichtbarkeit erhellt, die vage Masse der ganzen Nation. Das ist das wirkliche Leben. Der einzelne Mensch hat keine isolirte Existenz, sondern steht in Wechselbeziehungen zu zahllosen anderen Menschen; man kann seine Entwickelung und sein Leben nicht einleuchtend darstellen, ohne alle die Personen vorzuführen, mit denen die Existenz eines zivilisirten Staatsbürgers das Individuum in stete und folgenreiche Berührung bringt; man muß zeigen, wie die Einzelexistenzen mit der Existenz von Volksklassen und Nationen zusammenhängen; wie die feinen Wurzelfasern des Einzellebens den ganzen Körper der Nation durchdringen, so daß man dieses Einzelleben nicht ungeschädigt herausheben kann, ohne ein weites Stück des Bodens, in dem es wurzelt, mit auszuschneiden. Der alte Roman kennt diese Art von lebendiger Verpflanzung eines Menschen= oder Familienschicksals aus der Wirklichkeit in die Dichtung nicht; er fällt das Individuum entschlossen vom Stock und präsentirt es dem Leser; er ist ein Herbarium; der neue Roman ist eine Baumschule. Das ist der Fortschritt, den Zolas Romane bedeuten, ein Fortschritt, der für die Dichtungsart des Romans so wichtig ist, wie es die Durchbrechung der pedantischen Einheiten für die dramatische Dichtungsart war.

Zola und der Naturalismus.

Der erste, der den Roman so auffaßte, war Balzac und Zola hat Recht, ihn seinen Lehrer zu nennen. In Stil und Methode von Zola urverschieden, hat er mit diesem das eine gemein, daß er eine Menschengruppe, eine Volksschichte, nicht einen Einzelhelden zum Mittelpunkte seiner Darstellung macht. Diese Entwickelung der Form des Romans ist eine demokratische; sie ist ein ästhetischer Widerhall der tönenden Schlagworte des Jahrhunderts. Dieselben Gedankenströmungen, die in der Politik die Gleichheit schufen und das allgemeine Stimmrecht an die Stelle des persönlichen Regiments setzten, mußten in der Literatur zum Massenroman Balzacs und Zolas, zu den das ganze Leben der Nation umfassenden Gemälden der „menschlichen Komödie" und der „Rougon-Macquart" führen. Diese Richtung ist ein neuer Sieg des republikanischen Kollektivismus über den monarchischen Individualismus und darum habe ich zu Beginn dieses Kapitels Zola und sein Werk eine Begleiterscheinung und Folge der Republik genannt.

Alfons Daudet und seine Tendenzromane.

Der Nebenbuhler Zolas in der Gunst des französischen und europäischen Publikums war in den ersten anderthalb Jahrzehnten der dritten Republik Daudet, nach jenem bis zum Emporkommen von Guy de Maupassant und Bourget der meistgekaufte französische Schriftsteller der Gegenwart. Obwol sein erstes Hervortreten noch in die letzten Jahre des Empire fällt, trifft sein eigentlicher Aufstieg und das weltweite Bekanntwerden seines Namens doch mit der Republik zusammen und der künftige Literarhistoriker wird ihn als eine der Glorien der republikanischen Zeit ansprechen. Man thut den Thatsachen in keinem Fall einen Zwang an, wenn man behauptet, daß Daudets Schaffensthätigkeit, sowol was die Wahl der Stoffe als auch was die charakteristische Ausführung betrifft, von den herrschenden Gedanken des republikanischen Jahrzehnts beeinflußt worden ist, und man ist berechtigt zu untersuchen, in welchem Maße sich dieser Einfluß geltend gemacht hat.

Man wird in Daudets Romanen nicht eine scharf hervortretende politisch-sittengeschichtliche Tendenz finden wie in denen Zolas. Daudet ist nicht wie der letztere ein Rufer im

Streit; sein Temperament ist kein polemisches; er hat kein Behagen am Getöse des Kampfes und wird nicht freudig erregt im Raufgewühle, wo man fröhliche Faustschläge versetzt und gesunde Hiebe zurückerhält. Dieser Felibre mit den idealen Locken, die ihm bis in den Nacken hinabrollen, mit dem gabeligen Christusbarte, dem reinen, edeln Profil und dem unbestimmten, in den Wolken schwebenden Blicke der großen, vagen, kurzsichtigen Augen ist ein sanfter Träumer, der eigentlich nicht in diese aufgeregten Zeiten paßt. Zola hat etwas vom tobenden Klopffechter an sich; Streit ist sein Element; er befindet sich nur wol, wo es Beulen setzt; er schnarcht den harmlosen Straßenwanderer an, wischt beim geringsten Anlaß mit der Klinge heraus und behält nur dann guten Muth, wenn er im Laufe des Vormittags ein halb Dutzend Philister blutrünstig gefuchtelt hat. Daudet ist friedlich, nachdenklich, schwermüthig; er vermeidet jede zänkische Wechselrede, die ihn aus seiner Innerlichkeit herausreißen würde; er ist eine holde, harmlose Dichternatur, ein spätgeborener Nachkomme jener provençalischen Troubadours, seiner Landsleute, die, mit dem Saitenspiel als einziger Wehr ausgerüstet, durch die blühenden Lande zogen und mit den Vögeln des Waldes um die Wette von Liebe, Lebenslust und Frühlingswonne sangen. Zolas Stimme ist die eines Führers von Gewalthaufen, rauh und donnernd wie sie sein muß, um den Lärm der Walstatt zu überdröhnen. Daudets Stimme ist anmuthig, weich und einschmeichelnd; sie braucht Stille ringsum, damit ihre Schönheit zur Geltung komme; sie wendet sich an liebevolle, andächtige Zuhörer, die ihre Wärme, ihren Wollaut, ihre kunstvollen Biegungen zu würdigen wissen. Daudet ist seiner innersten Natur nach ein Dichter einer Epoche, in der man von der Literatur nur menschliche Wahrheit, aber keine Theilnahme an dem Wortzanke des Tages fordert. Er ist der Dichter einer Weimar'schen Zeitstimmung. Er hat ursprünglich kein Verlangen nach Aktualität, dieser Lebensluft Zolas. Seine ersten Werke: seine Gedichte, seine „Briefe aus meiner Mühle", seine „Montags-Geschichten", selbst die Romane „Der kleine Dingsda", „Der arme Jack" u. s. w. sind rein menschlich und haben unwesentliche Beziehungen zum Tag. Allein auf die Dauer entging er dennoch den Einflüssen der Stunde nicht. In dem Maße, wie das erste Jahrzehnt der dritten Republik vorrückte, nahmen seine Werke einen aktuellen Charakter an. Vielleicht ohne daß er es merkte, schlich sich die Tendenz in die verborgensten Arbeitsstuben seiner Phantasie ein und stand dabei, wenn er seine Stoffe wählte. Es ist eine bekannte Erscheinung, daß Singvögel, die in einer stillen Stube leise vor sich hin zwitschern, lauter zu singen beginnen, wenn man zu sprechen anfängt, und ihre Töne immer stärker anschwellen lassen, je lärmender das Gespräch um sie wird. Daudet that, wie die Singvögel zu thun pflegen. Seine Stimme war in der Stille des Empire ein poetisches Vogelgezwitscher. Im Lärm der Republik wurde sie lauter und zuletzt schmetternd. Demosthenes ging aus donnernde Meer, um sein schwaches Organ im Kampfe mit dem Wogengebrause zu stärken. Daudet wiederholt unbewußt das absichtvolle Beispiel des willensstarken Griechen. Die Nothwendigkeit, das Getöse der Brandung zu übertönen, hat seiner Stimme allmälig eine Kraft und ehernes Dröhnen gegeben, die sie ursprünglich nicht besaß.

Zwei Romane Daudets, die mit das größte Aufsehen erregt haben, „Der Nabob" und „Die Könige im Exil", sind Wirkungen des Einflusses, den die Zeit und die Umgebung auf den Dichter ausübten. Sie sind, vielleicht ohne es zu wollen, politisch, tendentiös und aktuell. Ganz so wie die „Geschichte eines Verbrechens" von Victor Hugo und wie die „Rougon-Macquart" von Zola ist der „Nabob" von Daudet eine poetische Verarbeitung des unerschöpflichen Themas aller heutigen französischen Schriftsteller von Bedeutung: des zweiten Kaiserreichs. Welcher großartige Vorwurf ist es aber auch für einen Dichter, die theils lächerlichen, theils grauenhaften Szenen der Polichinell-Posse zu schildern, deren Schauplatz Frankreich fast zwei Jahrzehnte lang war!

„Der Spaß wird nicht lange dauern, aber er wird amusant sein", hatte Morny gesagt, als er seinen Halbbruder Louis Napoleon drängte, den Staatsstreich zu machen; und so kam es auch ungefähr. Der Spaß, das Empire nämlich, dauerte nicht allzulang, obwol immerhin länger als Morny selbst, und er war sehr amusant. Frankreich gewann das Ansehen eines großen Maskenballs, auf dem schwindelnde Börsenmänner, fallite Kaufleute, ruinirte Kartenspieler, entlassene Galeerensträflinge, vaterlandslose und unskrupulöse Abenteurer beiderlei Geschlechts in übermüthiger Lustigkeit und prächtigen Verkleidungen umherwirbelten, die einen als Minister und Senatoren, die anderen als Hofdamen, große Finanziers und offizielle Publizisten, alle zusammen aber als die „hohe Gesellschaft", als die „crême de la crême" des Kaiserreichs. Von außen tönten undeutlich die Verwünschungen der Verbannten, das Kettengeklirre der Cayenne-Schüblinge und das Grollen der Victor Hugo'schen „Châtiments" in den Ballsaal herein, allein die rauschende Musik des ewigen Festes übertönte diese störenden Laute und erst als die Kanonen der Deutschen vor den Pforten zu donnern begannen, nahm der tolle neunzehnjährige Mummenschanz ein Ende.

In dem Romane „Der Nabob" gaukeln nun die allerbezeichnendsten Gestalten dieser Maskerade an unseren Augen vorbei; er malt die Sittenverwilderung, die gesellschaftliche Fäulniß und den erbärmlichen Mammondienst des Kaiserreichs, wenn auch mit ganz anderen Kompositionsmitteln und Farben wie Zolas „Rougon-Macquart". Als Kunstwerk steht der „Nabob" vielleicht etwas hinter den früheren Schöpfungen Daudets zurück; die Zusammenfügung der Elemente ist lose; zwei verschiedene Handlungen, die kaum einige gemeinsame Berührungspunkte haben, der Liebesroman einer extravaganten Bildhauerin und die Lebenstragödie eines ehrgeizigen Emporkömmlings, schlingen sich locker durcheinander und der Roman gleicht eher einer bunten Mosaik kaum zusammenhängender Einzelbilder als einer einheitlichen Erzählung; allein er hat neben der edeln und reichen Schreibweise, die in allen früheren Werken Daudets ebenfalls zu finden ist, auch noch einen zeitgeschichtlichen Werth, der jenen abgeht, denn alle seine Personen sind meisterhafte, nach dem

Leben gemalte Bildnisse, deren Originale in der politischen und Sitten=Geschichte des Kaiserreichs einen bleibenden Platz gefunden haben. Eine der Hauptgestalten des Buches, der Herzog Mora, ist beispielsweise niemand anders als der Herzog von Morny, den in seinen intimsten Anblicken zu schildern Daudet um so zuständiger war, als er jahrelang der Privatsekretär des allmächtigen Senatspräsidenten ge= wesen ist.

Bonapartisten haben den „Nabob" eine Undankbarkeit Daudets genannt. Mit Unrecht, wie mich dünkt. Er hat ihn gewiß nicht mit dem Vorsatze geschrieben, das Kaiserreich und seine Größen odios darzustellen. Aber die Gewalt der Wirklichkeit war stärker als seine poetische Absicht und sein künstlerisches Gewissen hat die stillen Neigungen seines Ge= müthes besiegt. Wenn der „Nabob" eine Verurtheilung des Kaiserreichs und eine Rechtfertigung der Republik ist, wenn Daudet mit einen Stein aufs Grab das Empire geworfen, mit auf den Halsstumpf der bonapartistischen Hydra einen glühenden Feuerbrand gedrückt hat, der verhindern wird, daß ihr je wieder neue Köpfe wachsen, so hat dabei nicht sein vorgefaßter Beschluß, sondern der Fatalismus der That= sachen seine Hand geführt. Wer wie Daudet das Talent der tiefen, innern Wahrhaftigkeit besitzt, kann eben das Kaiserreich nicht anders als abschreckend darstellen.

Auf den „Nabob" folgten „Die Könige im Exil", ein Roman, der für die innere Entwickelung Daudets nach den republikanischen Anschauungen hin noch bedeutungsvoller ist als der vorhergehende. „Der Nabob" ist ein objektives

Zeitgemälde, ohne Zorn noch Eifer gemalt; „Die Könige im Exil" sind ein mühsam hervorgeschluchztes Glaubensbekenntniß, womit Daudet eine Ueberzeugung abschwört und zu einer neuen übertritt.

Alfons Daudet war ursprünglich Legitimist. Die Anekdote ist bekannt, wie er, als er dem Herzog von Morny vorgestellt wurde und dieser ihn fragte, ob er sein Privatsekretär werden wolle, ihm zur Antwort gab: „Herr Herzog, ich muß Ihnen zunächst sagen, daß ich Legitimist bin." „Ich verlange von Ihnen nicht, daß Sie mir Ihre Ueberzeugungen, ich verlange nur, daß Sie mir Ihre Locken opfern. Lassen Sie sich Ihre Haare scheeren und behalten Sie Ihre politischen Meinungen", gab der Herzog lachend zur Antwort und Daudet wurde sein Sekretär, sammt seinen Locken, die er nicht kürzen ließ, und sammt seinem Legitimismus, den er sich im Dienste der eigentlichen Seele des Kaiserreichs bewahrte. Und daß Daudet am Königsglauben hing, begreift sich. Der Legitimismus wie die Religion enthält ein Element des Märchenhaften und Uebersinnlichen, das ihn den Kindern, Frauen und Poeten, überhaupt den zu Illusionen geneigten Geistern theuer machen kann. Derselbe Zug, der jedes poetische Gemüth zu den Sagen und Abenteuern des romantischen Mittelalters hinführt, kann auch eine stille Schwärmerei für das feudale Königthum in einem Lande veranlassen, wo dasselbe ganz so ein Ding geheimnißvoll verklärender Vergangenheit ist wie Lindwurmkämpfe und fahrendes Ritterthum. Der Glaube an den Legitimismus ist aber um so schwerer zu erschüttern, als er nicht im Ver-

stande, sondern im Gemüthe wurzelt und bei einem erwachsenen
Menschen meist nicht ein Grundsatz, sondern ein Gefühl, die
Erinnerung an eine Kindheitstimmung ist, der man mit Ver=
nunftgründen nicht beikommen kann.

Nun denn, was der Glanz des Kaiserhofs und der Um=
gang mit den bedeutendsten Geistern des Empire nicht ver=
mocht hatten, das brachte der unwiderstehliche Druck der
das ganze Bewußtsein der Nation beherrschenden demo=
kratischen Anschauungen zuwege: sie machte aus dem ortho=
doxen Legitimisten zuerst einen Skeptiker und dann einen
überzeugten Republikaner. „Die Könige im Exil" sind nichts
anderes als die Geschichte dieser Bekehrung. Es ist ein Vor=
recht der Dichter, daß sie Gefühlen, welche ihr Herz bedrücken,
die Form einer Dichtung geben und sich von ihnen befreien
können, indem sie sich ihnen objektiv gegenüberstellen. In
„Les rois en exil" gibt Daudet den widerstreitenden Em=
pfindungen seines Herzens plastische Erscheinung und alle
Personen, alle Episoden des Romans sind nichts anderes
als verkörperte Weg=Abschnitte des seelischen Werdeganges,
auf dem der Dichter die legitimistische Schwärmerei aus
seinem Gemüthe herausgerissen hat.

Der hochbegabte, begeisterungsvolle Elysée Méraut, der
mit der ganzen Innigkeit eines tiefen Gemüths an der Idee
des Königthums von Gottes Gnaden hängt und für dieselbe
mit Wort und Schrift kämpft, leidenschaftlich und schwärmerisch,
mit völliger Selbstlosigkeit, blos um dem Herzensdrange zu
genügen, unbekümmert um die Aussichten des Erfolgs und
ohne Hoffnung auf etwaigen Lohn; der alte Herzog von

Rosen, der sein Leben, sein Vermögen, sein einziges Kind, seine Ehre dem Könige zum Opfer bringt, ohne zu schwanken, ohne an den bodenlosen Erbärmlichkeiten des Königs Anstoß zu nehmen, ohne sich über den an ihm selbst geübten Verrath zu beklagen; die hochherzige, starke Königin, die so viel bitteres Leid erträgt, ohne ihre Würde einen Augenblick lang zu vergessen, diese Märtyrerin der Krone, in der erst nach unsäglichen Schmerzen die Mutter die Königin besiegt; der verbitterte Marquis de Hezeta, dieser wilde Freischaarenführer, der nach einem Leben voll übermenschlicher Kämpfe für das Legitimitätsprinzip zuletzt, von seinem Könige verrathen, mit einer greulichen Verwünschung gegen die Könige auf den Lippen stirbt, alle diese wunderbar idealen Gestalten, die ganz Begeisterung, ganz Aufopferung, ganz selbstlose Treue und Hingebung sind, deren felsenfester Glaube aber schließlich doch unter der Wucht unbarmherziger Thatsachen zusammenbricht und die ausnahmslos an dem frommen Irrthum ihres Lebens zu Grunde gehen, alle diese Gestalten sind verschiedene Verkörperungen der eigenen Jugendüberzeugungen Daudets und in der Bitterkeit, mit der die einen in der Todesstunde den König verwünschen, in der erschütternden Wehmuth, mit der die anderen dem Schiffbruch all ihrer theuersten Träume anwohnen, in dem tragischen Verzicht, mit dem einige Wenige alle grausamen Enttäuschungen ertragen, spiegeln sich die tiefschmerzlichen Empfindungen wider, unter welchen der Dichter den hartnäckigen Glauben an den Legitimismus in seiner eigenen Seele niedergerungen hat.

Die Gestalten des Königs Christian und des Prinzen

Axel, genannt Hühnerschwanz, sind im Gegentheil schematische Zusammenstellungen all der Anklagen, welche der Radikalismus gegen das Königthum von Gottes Gnaden erhebt. Mit einer grausamen Wollust der Selbstquälerei häuft der Dichter jede Schmach, jede Niedertracht auf das Haupt des bemitleidenswerthen Exkönigs; er findet nicht genug dunkle Farben, um seinen Charakter anzuschwärzen; er wird unwahrscheinlich in seinem Bestreben, ihn als unfaßbaren Schurken hinzustellen; er, der sonst so feinsinnig und künstlerisch Maß zu halten weiß, verfällt in groteske Uebertreibung, wo er die Schlechtigkeit des Königs herausarbeitet; man fühlt, daß der Dichter diesen Christian nur darum so widerlich macht, um sich selbst die thörichte Liebe zu ihm und Seinesgleichen zu verleiden; der König hat durch seine eigene Schuld den Thron verloren; das genügt noch nicht, um ihn widerwärtig zu machen; er geht in der Verbannung leichtfertigen Vergnügungen nach; das ist bedenklich, aber der König bleibt darum noch immer die erhabene Erscheinung, die er gewesen; er verführt die Frau seines treuesten Dieners — oh, nicht doch! — er wälzt sich im Schlamm gemeiner Orgien, während seine Königin daheim weint und leidet und mit übermenschlicher Anstrengung den Nimbus der Souveränetät erhält; er bestiehlt im Geheimen seine eigene Krone, das geheiligte Sinnbild seiner göttlichen Sendung — halt ein, halt ein! — er verräth um eines feilen Weibes willen die Märtyrer, die ausziehen, um ihm seinen Thron wiederzuerobern, und sendet sie in ruhmlosen Tod, während er selbst in den Armen der Buhlerin schwelgt — genug! nicht weiter! — jetzt ist endlich der Zauber überwunden, der die Gestalt des Königs umgibt: solcher Gemeinheit kann keine Nachsicht Stand halten: wenn der König ein so elendes, verächtliches Subjekt ist, dann hat der Glaube an ihn keine Berechtigung; und der Dichter wendet sich von dem Scheusal, das er selbst geschaffen, erschüttert ab und blickt mit tiefer Bewegung in die Leere hinunter, welche die Demolirung des Legitimismus in seiner Seele zurückläßt.

So stellt sich mir der Roman „Die Könige im Exil" dar, welcher, objektiv als Kunstwerk betrachtet, große Schwächen hat, jedoch als ein in die Form einer Dichtung gegossenes Stück Seelen- und Gemüthsleben des Dichters vom höchsten psychologischen Interesse ist. Die Schwächen selbst sind eine unvermeidliche Folge der Idee und Anlage des Buchs. Die handelnden Personen sind schattenhafte Gestalten ohne rechtes inneres Leben — natürlich, sie sind eben absichtsvoll konstruirte sinnbildliche Verkörperungen von Theorien und Grundsätzen und nicht selbstständige Lebewesen: sie sprechen und handeln nur zu dem Zwecke, um die These, deren Personifikation sie sind, von allen Seiten ins rechte Licht zu stellen; sie sind mit Polemik und Beweisführung, nicht mit Herz und Seele gefüllt und es beweist eine ganz außerordentliche dichterische Kraft, daß diese blassen, theoretischen Lehrfiguren uns dennoch an vielen Stellen menschliche Theilnahme einflößen. Man muß ferner einwenden, daß der Schluß des Romans ein unbefriedigender sei: der König Christian verschwindet vom Schauplatz, ohne daß man weiß, was aus ihm wird; er verdämmert wie eine Gespenstererscheinung:

die Königin gibt es auf, für ihren Sohn die Krone zu wünschen, aber daß sie auch innerlich den Glauben an die Heiligkeit seiner Herrscherfendung aufgibt, ist nirgends ersichtlich gemacht; allein auch dieser Fehler geht nothwendig aus der Anlage des Werkes hervor; der Dichter hat sich selbst die Nichtigkeit des Legitimismus bewiesen und verzichtet auf seinen lang und liebevoll gehegten Glauben; das ist ein durchaus genügender Abschluß eines innern Gedankenvorganges, wenn auch ein ungenügender Abschluß für eine erzählende Dichtung. Die Bekehrung eines tiefempfindenden Poetengemüths vom Legitimismus zur Demokratie kann nicht anders enden als mit einem wehmüthigen Scheideblick auf eine schöne, zerstörte Jugendtäuschung...

Die Manier Daudets ist von derjenigen Zolas völlig verschieden. Seine Schilderungen sind warm, plastisch, poetisch, aber er geht nicht bis zur Beseelung der leblosen Dinge und sieht zwischen diesen und den Menschen nicht die aktiven Beziehungen, die Zola mit so merkwürdiger Beharrlichkeit und Kraft hervorhebt. (Diese Eigenheit steigert sich bei Zola bis zur Schrulle. Wenn bei ihm etwas Fröhliches geschehen soll, so ist das Wetter prächtig; liegt im Gegentheil ein Unheil in der Luft, so ist es gewiß regnerisch. Im „Assommoir" wird erzählt, daß im Hause, wo die Heldin wohnt, ein Färber seine Werkstatt hat; die Gosse nun, welche die Spülwässer der Färberei abführt, hat immer die Farbe, die den jeweiligen Vorgängen entspricht: sie ist roth an Freudentagen, gelb an Tagen häuslichen Zwistes, schwarz, wenn ein schweres Unglück geschieht u. s. w.) Sein Roman hat noch die alte Form, die ich im vorigen Kapitel definirt habe; ich möchte ihn bildhauerisch nennen, weil er nach dem Beispiele der Bildhauerei blos eine Hauptperson oder Hauptgruppe voll ausbildet, die Umgebung aber entweder blos andeutet oder höchstens stilisirt wiedergibt, wogegen man den Zola=schen Roman malerisch nennen könnte, weil er nach dem Vorgange der Malerei die Träger der Handlung und ihre menschliche und unbelebte Umgebung mit gleicher Sorgfalt, wenn auch nach Vorder=, Mittel= und Hintergrund perspek=tivisch abgestuft, behandelt. Trotz diesem Grund=Unterschiede rechnen Manche Daudet zur naturalistischen Schule. Sie finden eben zwischen ihm und Zola Aehnlichkeiten, die sie auf eine Gemeinsamkeit des ästhetischen Ausgangspunktes zurück=führen. Allein mit Unrecht. Die Aehnlichkeit zwischen Daudet und Zola ist eine Familienähnlichkeit, die die Zeit auf alle ihre Kinder vererbt. Beide haben Aktualität, beide scheinen politische Tendenzen zu verfolgen. Allein diese letzteren, bei Zola Absicht, sind bei Daudet ungewollte, vielleicht sogar unbewußte Folge des Einflusses, den zeitliche und örtliche Umgebung auf den Schriftsteller üben. Daudet schrieb anti=imperialistische und anti=legitimistische, also demokratische und republikanische Romane, weil sein Geist von den republi=kanischen Ideen durchtränkt wurde, die er seit der September=Umwälzung so zu sagen mit der Luft einathmete. So nimmt eine Blume, sie mag ursprünglich welche Farbe immer haben, allmälig die Färbung des Erdreichs an, worein der Ziergärtner sie gesetzt hat.

Die Republik und die Denker.

Eine eigenthümliche, um nicht zu sagen beunruhigende Erscheinung ist es, daß, während alle jüngeren Talente, deren Ruf ein Kind der letzten zehn oder fünfzehn Jahre ist, absichtliche oder unwillkürliche Glaubensprediger des republikanischen Gedankens sind, im Gegentheile viele der ausgezeichnetsten Geister Frankreichs, Denker und Schriftsteller, die während der ersten Hälfte ihres Lebens begeisterte Vorkämpfer der Republik waren, jetzt, wo sie die Ideale ihrer Jugend verwirklicht sehen, wo die von ihnen verherrlichte, herbeigesehnte Republik eine herrschende Thatsache ist, sich gegen sie kühl, wenn nicht gar feindselig verhalten.

Ehe ich es versuche, eine Erklärung dieser auffallenden Erscheinung zu bieten, sei es mir gestattet, das Thatsächliche derselben kurz darzustellen.

Nehmen wir zunächst die Prosadichter ersten Ranges des vorigen Geschlechts. Es findet sich unter ihnen kein einziger Republikaner, dagegen mancher Farblose und ein ausgesprochener Feind der Republik. Alexander Dumas hat nie etwas gesagt oder gethan, was einen Schluß auf seine politischen Ueberzeugungen gestatten würde, doch knüpfen ihn seine persönlichen und journalistischen Beziehungen jedenfalls mehr ans reaktionäre als ans fortschrittliche Lager. Emil Augier war ein schneidiger Bekämpfer der Verderbniß in den höheren Klassen und der Dichter des „Fils de Giboyer", dieser blutigen Geißelung der Feilheit in der Politik und Literatur, der „Lionne pauvre", dieses erschreckenden Gemäldes der zerstörenden Einflüsse des Beispiels vornehmer Verschwendung auf kleinbürgerliche, mittellose, aber glanzsüchtige Obenhinaus, der „Fourchambault" dieser begeisterten Predigt für die Herzensehe und gegen die in den vornehmen französischen Familien allein übliche Verbindung zweier Vermögen oder Stellungen, der Dichter dieser unerschrockenen Standreden gegen die Laster der guten Gesellschaft, sage ich, mußte jedenfalls den Freunden sozialer Reform sympathisch sein; doch wußte man in Paris, wo man sich auch um das Privatleben der bedeutenden Menschen kümmert, daß Augier persönlich ein Konservativer, um nicht zu sagen ein Reaktionär sei. Victorien Sardou aber, ah, das ist etwas anderes! Victorien Sardou ist ein erbitterter Widersacher der gegenwärtigen Zustände und er trägt seinen Haß gegen die Republik mit einem Muthe, der seine einzige sympathische Seite ist, bei jeder Gelegenheit zur Schau. Bald nach dem Sturze des Kaiserreichs rächte er sich an den Urhebern der Septemberrevolution mit dem „Rabagas", diesem dramatisirten Pamphlet gegen Gambetta; nicht zufrieden, die Demokratie im eigenen Land angegriffen zu haben, zog er, wie ein mittelalterlicher fahrender Ritter, in die abenteuerliche

Fremde aus, um seine Feindin auch dort aufzusuchen und
zu bekämpfen, und er schrieb „Oncle Sam", einen Versuch,
die demokratischen Sitten der großen Republik jenseit des
Wassers lächerlich zu machen. Diese reaktionäre Klopffechterei
hat freilich nicht der Republik, sondern nur Herrn Sardou
selbst geschadet. Sehr fein, sehr geistreich hat ihm dies der
bekannte Aesthetiker Charles Blanc anläßlich seiner Aufnahme
in die französische Akademie, die am 23. Mai 1878 stattfand,
vorgehalten. Die Sitzung war eine besonders pikante. Blanc,
dem die Aufgabe zugefallen war, die panegyrische Empfangs=
rede über Sardou zu halten, war ein ebenso entschiedener Re=
publikaner wie trefflicher Aesthetiker. Als er im Jahre 1876
in die Akademie aufgenommen wurde, kanzelte ihn sein damaliger
Bekomplimentirer, ein reaktionärer Bockbeutel, mit einer in
den Räumen des Instituts ganz ungewöhnlichen Brutalität
wegen seiner republikanischen Gesinnung ab. Bei dem Em=
pfange Sardous lag die Sache umgekehrt; der Republikaner
Blanc hatte den Reaktionär Sardou anzusingen und er
konnte den Anlaß zu einer Heimzahlung der empfangenen
Schmähungen mit Wucherzinsen benutzen. Allein der Pathe
Sardous verfiel nicht in die Geschmacklosigkeit, deren Opfer
er selbst gewesen. Er begnügte sich, dem Verfasser des
„Rabagas" Folgendes zu sagen: „Ich habe, mein Herr, Ihre
Komödien nicht spielen sehen noch lesen können, ohne mich
unwillkürlich des antiken Theaters zu erinnern, nicht um
Aehnlichkeiten zu suchen, sondern im Gegentheil um die tiefen
Unterschiede zu bemerken, welche die Jahrhunderte und die
Sitten trennen. Ehemals faßte der komische Dichter, der sich

für einen Diener der Sittenpolizei hielt, jede Person am Kragen, die er beim frischen Verbrechen der Lächerlichkeit ertappte. Er schleppte sie vor den Gerichtshof des Theaters und ließ sie vor den Richtern erscheinen, zitternd, verwirrt, erschrocken über ihre von aller Welt erkannte Identität und eine Karikatur ihrer selbst, während das athenische Volk, dasselbe, das dem Attizismus seinen Namen gegeben hat, diesen blutigen und häufig schlüpfrigen Satiren Beifall klatschte, ohne daß es zu ahnen schien, daß sein Beifallklatschen einen Euripides entehrte und einen Sokrates verunglimpfte . . . Glücklicherweise wurde die Komödie seither gezwungen, die Dinge aus einer Höhe zu betrachten, von der aus sie nicht mehr Individuen wahrnehmen, nur noch typische Figuren darstellen kann; von der aus sie uns alle Welt schildert, ohne eine bestimmte Person zu nennen; von der aus sie alle Welt lachen macht, ohne eine bestimmte Person zu betrüben: Frankreich, das sich mit Recht etwas darauf einbilden darf, in diesem Punkte mehr Attizismus zu haben als das Attika das mit Aristoteles zeitgenössisch war, duldet auf dem Theater nicht leicht Anspielungen, die zu durchsichtig wären. Frankreich gibt zu, daß man aus Tartuffe und aus Harpagon und aus Agnes Hauptwörter mache, aber es gestattet nicht, daß sich hinter einem Phantasie-Namen ein wirklicher Eigenname verberge. Aus diesem Anlasse, mein Herr, wäre ich versucht, mit Ihnen einen schweren Streit heraufzubeschwören oder wenigstens Ihnen einige lebhafte Vorstellungen zu machen — ein Vorgehen, das nicht ohne Beispiel wäre; allein wenn ich mir die Sache überlege, so finde ich, daß es besser ist, zu

schweigen ... Dennoch lassen Sie mich Ihnen sagen, daß
Ihre seltenen Ausflüge in das Gebiet der Politik nicht immer
glücklich gewesen sind und nichts zu Ihrem Talent und zu
Ihrem Ruhme beigetragen haben. Mehr als einmal hat Ihr
sonst so wolgeschliffener Scherz an der Politik seine Spitze
abgestumpft, Ihr Stift, sonst immer so fein und so fest, zer-
bröckelt sich an den Rändern, wenn Sie die Umrisse einer
Gesellschaft zeichnen wollen, die nicht die Ihrige ist, der
Vereinigten Staaten oder Monacos zum Beispiel." („Rabagas"
spielt bekanntlich in Monaco.)

Blanc konnte in einer Bekomplimentirungs-Ansprache
Sardou unmöglich deutlicher sagen, was er von seinen poli-
tisirenden Komödien dachte. Sardou ist übrigens kein Gegner
von einem Wuchse, der der Republik Furcht einjagen könnte.
Seine Komödien sind Werke von großer Geschicklichkeit, die
weder mit Wahrheit noch mit Poesie etwas gemein hat, und
sie werden nicht dauern. Er ist eine jener lärmenden Reputationen, die ein halbes Jahrhundert mit tausend Echos
erfüllen und dann mit fast lächerlicher Plötzlichkeit verstummen.
Ein Bischen Brausepulver, in einen Löffel Wasser geworfen,
bringt ein überaus prätentiöses Rauschen und Brausen hervor
und füllt ein großes Glas ganz mit einer Gischt- und
Schaummasse, die das Gefäß für ihre Fülle zu eng findet
und heftig überläuft. Das währt so eine halbe Minute lang;
und dann? Dann sieht man, daß das ganze Gerausche und
Gebrause ein Schwindel war, daß die scheinbare Fülle, die
das Glas nicht fassen konnte, aus Luftblasen bestand und
daß das lärmende Geprudel von einem klug ausgesonnenen

chemischen Gemisch und einem jämmerlichen Löffel voll Wasser herrührte. Es gibt auch Reputationen, die eine geschickte Reklame wie ein Brausepulver aufbranden macht, und ich kann mir nicht helfen, aber mir scheint Sardous großer Ruhm nur eine Brausepulver-Reputation zu sein.

Bedenklicher als die Gleichgiltigkeit oder offene Feindseligkeit dieser Schriftsteller, denen man überdies keinen Gesinnungswechsel vorwerfen kann, ist die Haltung der Philosophen und Gelehrten, die, früher mächtige Stützen des freien Gedankens in Frankreich, unter der Republik lau, zweideutig oder gar reaktionär wurden. Man wird schmerzlich berührt, wenn man sich die Namen der Männer wiederholt, die mehr oder weniger rechtwinkelig von der Bahn des Republikanismus abgeschwenkt sind. St. René Taillandier hat zwei Jahre vor seinem Tode die liberalen Sünden eines langen und nicht ruhmlosen Schriftstellerdaseins mit einem Schmähvortrag über Danton und Robespierre gesühnt, welcher übrigens im Poltern und Pfeifen seiner entrüsteten Zuhörer, der freisinnigen Sorbonne-Jugend, unterging; Eduard Laboulaye, dieser alte Demokrat, der das Adelspartikel und den Vicomte von sich geworfen und dem die genialen Satiren „Prince Caniche" und „Paris en Amerique" einen so vornehmen Platz unter den freisinnigen Bekämpfern des napoleonischen Schandregiments gesichert haben, verdiente sich schließlich die Verzeihung der „Wolgesinnten", indem er, wenn auch unter dem Vorwande der Unterrichtsfreiheit, die katholischen Universitäten in Frankreich gründen half und im Senate stets mit der Rechten von Broglie'scher Couleur stimmte; J. J.

Weiß, in den Sechziger Jahren der Freund und Genosse Roche=
forts, Pyats, Rancs, ein gefürchteter Todfeind des Kaiserreichs,
eine Zierde des Café de Madrid, ist eine Säule der Reaktion
geworden und war vielleicht ein geheimer Mitarbeiter am Staats=
streichversuche vom Dezember 1877; Littré, diese mächtige und
reine Erscheinung, dieser verblüffende Gelehrte, bescheidene,
selbstlose Charakter und beispiellose Arbeiter, der als Achtziger,
mit den Gebrechen des hohen Greisenalters und eines schweren
Siechthums behaftet, noch so viel hervorbrachte wie selten ein
Jüngling in der Glut der ersten Schaffenslust und dessen
Gedanken bis zur Todesstunde eine erstaunliche Tiefe, Klar=
heit und Weite hatten, er, der Erbe der Comte'schen Lehre,
das Haupt der positivistischen Schule in Frankreich, ein
Unabhängiger, der vor der radikalsten Analyse nicht zu=
rückscheute — hat er nicht in seinen letzten Lebensjahren
wiederholt in seiner „Revue positiviste" Aufsätze ver=
öffentlicht, deren sich die Feinde der Republik als Waffen
gegen die letztere bedienen konnten? Taine, der geniale
Verfasser der „Geschichte der englischen Literatur", dieses
monumentalen Werkes, das eine Umwälzung in der Ge=
schichtschreibung des Geisteslebens der Nationen bedeutet,
indem es die literarischen Werke auf die Einwirkungen der
zeitlichen und örtlichen Umgebung zurückführt und die Schrift=
steller und Dichter als Verkörperungen der herrschenden Volks=
ideen hinstellt, der freisinnige Taine, der in seinen früheren
Geschichtswerken der Entwickelung und dem Fortschritte des
demokratischen Gedankens so liebevoll nachgegangen war,
schrieb eine mehrbändige Studie „über die Ursprünge des

modernen Frankreichs", „Les origines de la France contemporaine", deren die große Revolution behandelnder Theil von Gehässigkeit gegen die Führer der volksthümlichen Bewegung strotzt und mit einer wahrhaft vandalischen Zerstörungsfreude jede demokratische Reputation jener Zeit niederreißt, jede Heldenthat verkleinert oder karifirt, jeder Maßregel kleinliche oder verbrecherische Beweggründe unterschiebt, mit einem Worte für die Revolution das ist, was für Napoleon I. das Geschichtswerk jenes heitern Père Loriquet war, der die Zeit des ersten Empire als einen Theil der Regierungszeit Ludwigs XVIII. und den großen Kaiser als General-Lieutenant der Heere Sr. Majestät des Königs behandelte. Ernst Renan endlich, dem sein „Leben Jesu" den Ruhm eines Freidenkers, seine vermischten Schriften den eines Republikaners verschafft haben, den die liberale Partei in Frankreich immer gewohnt war als eine ihrer Berühmtheiten zu betrachten, Renan hat im Herbst 1878 eine Arbeit veröffentlicht, die ihm geradezu einen Ehrenplatz neben den Rivarols der dritten Republik, einen Platz in der unmittelbaren Nachbarschaft Sardous sichert.

Das betreffende Werk, welches in Form und Tendenz eine gewisse Aehnlichkeit mit „Rabagas" hat, heißt „Caliban" und ist eine Art phantastischen Dramas. Caliban, einem deutschen Leser braucht man das nicht erst zu sagen, ist eine Gestalt aus Shakespeares „Sturm"; ein wunderliches Zwitterwesen, halb Mensch, halb Erdwurm, unflätig in Sprache und Empfindung, beschränkt im Denken, tückisch an Charakter, der Feind alles Höhern und Edlern, das karifirte Gegenstück des poetischen Luftgeists Ariel. Shakespeare hat in diesen beiden

Gestalten, im Ariel und Caliban, den Idealismus und Realismus verkörpern wollen. Renan bemächtigte sich nun der widerwärtigen Gestalt des Caliban und machte ihn zum Helden eines Dramas, welches er die Kühnheit hatte, eine Fortsetzung des „Sturmes" zu nennen. In einer Vorrede, die er dem Stücke vorausschickte, bediente er sich eines einfachsten rhetorischen Kunstgriffs, um dem Leser durch die Blume zu verstehen zu geben, was er eigentlich beabsichtigt habe. „Lieber Leser", sagt er, „sieh in dem Spiele, welches hier nachfolgt, die Unterhaltung eines Ideologen, nicht eine Theorie; eine Ausgeburt der Einbildungskraft, nicht eine politische These." Das heißt für jeden Leser, der seine Augen nicht in der Westentasche trägt: „Sieh in dem Stücke, welches hier folgt, eine Theorie und eine politische These und nichts Anderes." Und in der That, der „Caliban" ist ein hervorragend politisches Werk. Der Titelheld soll die Verkörperung der zeitgenössischen Demokratie sein, er soll das Volk mit seinen Kämpfen und Bestrebungen darstellen, jedoch vom Lichte der Gehässigkeit beleuchtet und mit der Schellenkappe unbarmherziger Verhöhnung gekrönt. Prospero, der im „Sturme" mit so hartnäckigem Mißgeschicke zu kämpfen hat, ist wieder auf den Thron von Mailand gesetzt worden. Er hat Caliban von der wüsten Insel mit sich genommen und hält ihn, einen grollenden und überflüssigen Diener, in seinem Palast. Einige Selbstgespräche Calibans werden von dem Geiste, der das Renan'sche Drama beseelt, einen Begriff geben: „Mein Herr hat mir die Freiheit versprochen", sagt er im ersten Auftritt, „und ich erwarte sie noch immer. Ich habe ein Anrecht auf diese Freiheit. Ehemals hatte ich keinerlei Gedanken; allein in dieser lombardischen Ebene haben sich meine Gedanken gut entwickelt. Die Menschenrechte sind absolut. Wie kann sich Prospero erlauben mich zu verhindern, mir selbst anzugehören? Mein Menschenstolz empört sich. Ich bejauke mich in seinem Keller, das ist wahr; allein ist es nicht das erste Verbrechen der Fürsten, daß sie das Volk durch ihre Wolthaten beschämen? Um diese Schmach auszulöschen, gibt es nur ein Mittel und das ist, sie zu tödten." Ariel kommt hinzu und wird von Caliban mit Schimpfreden empfangen. Der Luftgeist macht ihm Vorstellungen: „Warum empörst du dich? Wo könnte es dir besser gehen als hier? Der Keller steht dir offen und du kennst den Weg, der zu ihm führt. Frei wärst du weit weniger glücklich." „Das ist wahr", antwortet Caliban, „aber man beutet mich aus. Kriechender Sklave, du weißt also nicht, daß es das unerträglichste ist, von einem andern ausgebeutet zu werden? Du hast also kein Fünkchen Ehrgefühl? Ein Mensch hat nicht das Recht, einen andern sich zum Untergebenen zu machen. Die Empörung ist die heiligste Pflicht in diesem Falle."

Wer erkennt in diesen grotesken Reden nicht die Parodie der demokratischen Schlagworte?

Nachdem Renan Caliban als ebenso undankbares wie gemeines und einfältiges Wesen gekennzeichnet hat, läßt er ihn sich empören, Prospero entthronen und selbst dessen Stelle einnehmen. Caliban, der das Volk mit Deklamationen gegen das Herrschertum und mit dem Versprechen der Güterverteilung und materiellen Wolergehens aufgewiegelt hat, wird

ein Konservativer in dem Augenblicke, da er sich als Fürst in
Prosperos Palaste befindet. Er fängt an, die Aristokratie als
eine sehr schöne und sehr nützliche Einrichtung zu achten; die
Forderungen des Volks scheinen ihm unsinnig und lächerlich;
er wird ein Tyrann und bedrückt seine Unterthanen hundert=
mal mehr, als es Prospero gethan hat. Dieser aber verläßt
als ein Verbannter das Land seiner Väter, um in der Fremde
den Augenblick zu erwarten, wo das Volk der Herrschaft
Calibans überdrüssig werden und den legitimen Fürsten wieder
zurückrufen würde. Damit endet das Drama. Als poetisches
Werk ist es unbedeutend, langweilig, ohne rechten Sinn; die
Anmaßung, eine philosophische Arbeit zu sein, kann es nicht
erheben. Es ist unmöglich, daß Renan mit dem „Caliban"
eine andere Absicht gehabt habe als die, den Republikanern
unangenehm zu werden.

Fragt man sich nun, was diese unbestreitbar ausgezeich=
neten Geister zu lauen Freunden oder gar zu Feinden der
Republik macht, so findet man für die verschiedenen Charaktere
verschiedene Erklärungen. Bei den einen geht die Feindschaft
gegen die bestehende Ordnung einfach aus der Erbitterung
hervor, mit welcher gekränkte Eitelkeit ein kleinliches und
selbstisches Gemüth erfüllt. Die gegenwärtige Epoche ist näm=
lich keine literarische, sondern eine politische; die Schriftsteller
nehmen einen kleinen, die praktischen Staatsmänner einen
großen Platz im nationalen Leben ein. Das Land ist viel
zu sehr von seinen materiellen Interessen, von dem Kampf
um die Entwickelung seiner Einrichtungen, von der Abwehr
reaktionärer Versuche in Anspruch genommen, als daß es

seine Aufmerksamkeit ästhetischen Fragen zuwenden könnte. Der Geist, der von den großen Aufgaben der Verweltlichung des Unterrichts, der Steuerreform, der Altersversorgung der Arbeiter erfüllt ist, hat weder Neigung noch Muße, eine neue Komödie oder einen neuen Roman als etwas Wichtiges zu behandeln. Diese öffentliche Stimmung drängt natürlich die Schriftsteller der Fiktion in den Hintergrund und das können die unpatriotischen unter ihnen nicht verschmerzen. Unter dem Kaiserreich waren sie Gegenstände des heftigsten öffentlichen Interesses. Die Nation, die bevormundet war und der man nicht gestattete, sich mit ihren wichtigsten Angelegenheiten zu beschäftigen, erfüllte ihre erzwungene Muße mit literarischen Klugredereien und mit persönlichen Anekdoten. Eine erste Vorstellung war ein großartiges Ereigniß; Carpeaux' Tanzgruppe an der Opernschauseite nahm den Umfang einer brennenden Tagesfrage an; die Blätter brachten tägliche Berichte über das Thun und Treiben aller Schriftsteller und Künstler; Paris hatte nichts Wichtigeres zu thun, als sich zu merken, was Sardou gern esse, wer Dumas' Maitresse sei und wie viel Schulden Rochefort habe. Das hat nun aufgehört und es ist ein Glück für das Land. Die verhätschelten Salonhelden von gestern, die Halbverschollenen von heute können es aber der Republik nicht verzeihen, daß sie sie von dem angemaßten Platze weg- und an den ihnen gebührenden zurechtgerückt hat; und ich fürchte, daß einige Unmuthsäußerungen Zolas gegen die Republik und ihre politischen Größen auch nur auf diese persönliche Ursache zurückzuführen sind.

Ein wenig anders liegt der Fall bei jenen, die eine radikale Jugend mit reumüthiger Umkehr zum Konservatismus sühnen. Hier handelt es sich um einen recht gemeinen, aber gewöhnlich gelingenden Kniff. Zur Zeit, als Alfons Karr nicht gehirnerweicht war und noch Geist hatte — das ist allerdings schon lange her, aber immerhin innerhalb Menschengedenkens — that er einen tiefsinnigen Ausspruch über die politischen Parteien seines Vaterlandes. „Die Rothen", sagte er, „das sind die Weißen unterwegs; die Weißen, das sind die aus Ziel gelangten Rothen." Wenn man diesen gutgeprägten Satz seines epigrammatischen Lakonismus entkleidet, so drückt er einfach die Wahrheit aus, daß viele Ehrgeizige sich in der Politik freisinniger Grundsätze blos bedienen, um auf den Schultern des gläubigen und begeisterten Volks emporzuklimmen, daß diese Gattung von Strebern jedoch augenblicklich reaktionär und fortschrittsfeindlich wird, so wie sie sich im Besitze der Regierungsgewalt fühlt. Dieses Verfahren ist aber nicht blos Vorrecht der Politiker geblieben. Es hat durch die Sicherheit und Bequemlichkeit, mit der man dadurch Erfolge erzielt, auch Männer der Literatur und Wissenschaft zur Nachahmung angereizt. Die Sache ist aber auch so kinderleicht! Man beginnt seine Laufbahn als grundstürzender Gottesleugner, macht sich über Himmel und Hölle lustig, verspottet alle Autoritäten und verspeist coram publico mit kannibalischem Appetit ein Ragout von Königen, Aristokraten und Priestern. Die Jugend, die aus physiologischen Gründen stets und überall radikale Triebe hat, klatscht Beifall wie toll; die große Masse, die in Frankreich entschieden freisinnig ist, bricht in ein Gemurmel der Bewunderung aus und die vornehmen Kreise, die gegen diese Richtung den lebhaftesten Abscheu empfinden, werden durch den allgemeinen Lärm gezwungen, von dem neuen Erben Voltaires, dessen Namen die Volksstimme an ihr widerspenstiges Ohr trägt, unwillig Kenntniß zu nehmen. Nun hat der literarische Streber seinen Zweck erreicht; alle Welt kennt, die Liberalen lieben, die Reaktionäre fürchten und hassen ihn. Jetzt ist es Zeit, daß Saulus nach Damaskus reite, um zum Paulus bekehrt zu werden. Der Augenblick ist gekommen, wo unser Mann daran denken kann, sich mit den vornehmen Faubourgs zu versöhnen und die rauhen Sympathien der plebejischen Menge gegen die seinen Huldigungen der Reichen und Mächtigen zu vertauschen. Er verleugnet seine Vergangenheit und nimmt mit Anmuth eine Mauser vor. Die geräuschvolle Volksthümlichkeit der Hörsäle, Estaminets und Werkstätten geht dann freilich zum Henker, aber dafür öffnen sich ihm duftende Seidenboudoirs, seine weiße Hände markiren mit weicher Bewegung einen Applaus, alte und junge Legitimisten hätscheln ihn, Erzbischöfe und Herzöge klopfen ihm auf die Schulter und da ein reuiger Sünder dem Herrn willkommener ist denn zehn Gerechte, die nie gefehlet, so wird er das Schoßkind der vornehmen Gesellschaft, die im Gegentheile für die alten Lohnschreiber der Partei, welche in ihrem jämmerlichen Küster- und Lakaiendienst à la Veuillot alt geworden sind, weder einen Blick der Anerkennung noch ein ermunterndes Lächeln hat.

Eine bessere Gattung als die Eiteln und die Schlauen stellen die edeln Schwärmer dar, die in der Republik von

heute das leuchtende Ideal ihres Lebens nicht wiedererkennen
wollen und eine schmerzliche Enttäuschung fühlen, wenn sie
das Bild ihrer Träume mit der prosaischen Wirklichkeit vergleichen. Aber auch diese Abtrünnigen sind, wenngleich sympathisch und entschuldbar, so doch ungerecht. Gewiß, man
begegnet in der Politik manchmal unlauteren Beweggründen
und zweifelhaften Charakteren. Nicht alle Leute, die heute
die Republik im Munde führen, sind Catone. Man stößt da
und dort auf niedrigen Ehrgeiz, auf grundsatzlosen Eigen-
nutz, auf Männer, die in der Demokratie nur ein Mittel des
Emporkommens sehen und die Republik nur dazu benutzen,
um sich an den Tisch der Macht und Würde zu setzen, der
sonst für sie nicht gedeckt war. Aber welche Ungerechtigkeit
und zugleich Kurzsichtigkeit, die Republik für die Schwächen
einzelner Republikaner verantwortlich zu machen! Wie vor-
eilig, einen im Bau begriffenen Tempel zu verdammen, weil
die Bauleute nach Knoblauch riechen, rohe Reden führen und
schmutzige Hemden tragen! Nur gemach, der Tempel wird
bald fertig werden und dann wird sein weißer Marmor nicht
mehr den Duft des Knoblauchs bewahren und die zu ihm
emporführende Straße nicht mehr von Schlamm und Bau-
stücken unwegsam gemacht und mit zerlumpten Arbeitern bevölkert sein!

Eine letzte Gruppe von Neubekehrten der Reaktion endlich
bilden gewisse zartorganisirte, aristokratische Naturen, fein-
sinnige nervöse Mimosen, die vor der rauhen Berührung der
banausischen Menge zurückbeben und die Demokratie zu grob-
haarig für ihre überempfindliche Haut finden. Das sind die

geistigen Sybariten, die das hochmüthige Wort des Horaz wiederholen: „Odi profanum vulgus"; die einen instinktiven Abscheu gegen eine Gesellschaft empfinden, welche eine feingeschliffene Anspielung auf einen griechischen Philosophen nicht versteht, ein geistreich angewandtes Zitat aus Martial nicht würdigt und überhaupt der groben Beredsamkeit eines vom Kampfe gegen die Priester sprechenden Volksredners mehr Aufmerksamkeit zuwendet und mehr Bedeutung beilegt als den tadellosen Perioden eines Akademikers, der wichtige und neue Gesichtspunkte zur Beurtheilung des französischen Alexandriners gefunden hat. Man kann diesen großen Herren der Geistesaristokratie nicht unbedingt Unrecht geben. „Vulgus", die gute, große, mühselig lebende, schwerarbeitende Menge, ist „profanum". Es gehört für einen stolzen Gelehrten eine Ueberwindung dazu, aus seinem Arbeitszimmer, welches vom Bücherdufte köstlich parfumirt ist, hinauszutreten auf den Markt, der nach Nahrungsmitteln, Waarenballen und Volksathem riecht. Aber dieser Herzog des Stils und der Wissenschaft geht zu weit, wenn er das arme profanum vulgus hasst. „Vulgus" kann nichts dafür, daß es ungebildet ist; „vulgus" bedauert es selbst am meisten, daß es die attischen Feinheiten, die zarten Halbtöne der Bildungs-Auslese nicht aufzufassen vermag; es hat den besten Willen, sich zu bilden, gute Manieren anzunehmen, sich das Wolwollen des Geistesaristokraten zu verdienen. Möge der letztere doch die Mühe nicht scheuen, sich unter das banausische Volk zu mischen, es seines Umgangs zu würdigen, es aufzuklären und zu bilden, und er wird nach einer nothwendigen Uebergangszeit erstaunt sein zu finden, daß der Geist das profanum vulgus genügend erschlossen ist, um selbst seine feinen Anspielungen und glänzenden Zitate voll zu schätzen, so daß er gar keine Ursache mehr haben wird, dieses profanum vulgus zu hassen, ein Ergebniß, das gewiß niemals erreicht würde, wenn die Grandsseigneurs der Geisteswelt, die vornehmen Denker à la Taine, Littré und Renan, fortführen, die Demokratie um ihrer Grobschlächtigkeit willen geistreich zu verspotten.

Die republikanischen Salons.

Wenn die Reaktionäre der Republik einen recht vernichtenden Vorwurf machen wollen, so sagen sie, daß ihr die Frauen fehlen. „La République manque de femmes!" Und in den Augen der verführerischen Herrchen der vornehmen Faubourgs ist das eine Todsünde, aber zugleich ein Todesübel, woran ein Regierungssystem unfehlbar zu Grunde gehen muß. Sie bewahren angesichts der erstaunlichen Siege, welche die Republik bei jeder Wahl erringt, nur darum noch eine letzte Hoffnung im Grund ihres Herzens, weil sie wissen, daß die Republik den Frauen antipathisch ist. Diese werden vielleicht noch die gute Sache retten, denken sie. Haben ja doch auch — sans comparaison — die Gänse das Kapitol gerettet!

Die Thatsache, daß der Republik die Frauen fehlen, ist unbestreitbar, wenn auch die auf diese Thatsache gebauten Hoffnungen der Reaktion sehr eitle sind. Man kann natürlich nicht behaupten, daß alle französischen Frauen reaktionär seien: es gibt Beispiele von bewunderungswürdigem Republikanismus unter ihnen; man hat während des Kaiserreichs, während der tragischen Monate der „année terrible", während der Auf-

regungen der Epoche des 16. Mai Frauen einen republikanischen
Muth und Heroismus entfalten gesehen, den viele Männer
von angeblich freier Gesinnung in den kritischen Zeiten nicht
hatten. Allein wenn es auch zahlreiche Ausnahmen von der
Regel gibt, so bleibt es doch wahr, daß die weitaus größere
Mehrheit der Frauen Frankreichs heute noch nicht für die
Republik geworben ist.

In einer Broschüre, die seinerzeit merkwürdiger Weise
großes Aufsehen erregte, obwol sie vom Anfang bis zum
Ende nichts ist als ein Gewebe von mystischem und para=
doxem Unsinn, verficht Alexander Dumas das politische
Stimmrecht der Frauen. Der vernünftige Theil der französischen
Kritik hat sich über den Verfasser und seine Lehre gebührend
lustig gemacht. Die erste Folge der politischen Emanzipation
der Frauen, wandte sie ein, wäre die Erfindung einer neuen
Wahlversammlungs=, einer Abstimmungs=, einer Ballotage=
Toilette; die zweite wäre die Wahl aller bekannten Tenore
und Heldenliebhaber in die Abgeordnetenkammer; Capoul
würde alsbald zum Präsidenten der Republik ernannt, Littré
wegen seiner strafbaren Häßlichkeit nach Neu=Kaledonien ver=
bannt werden; ein bejahrter Bewerber hätte geringere Aus=
sichten als ein junger, ein verheirateter geringere als ein
lediger, ein glattrasirter kleinere als ein schnurrbärtiger.
Das sind angenehme Scherze, die einen Kern von Wahrheit
einschließen. Allein wenn man auch nicht so weit gehen
will wie diese Spötter, so kann man doch mit gutem Ge=
wissen sagen: hätten die Frauen Frankreichs heute das
Stimmrecht, so würde morgen die Mehrheit der Kammer

zwar vielleicht nicht aus Tenoren und Husarenlieutenants, aber ganz gewiß aus Reaktionären bestehen.

Warum? Aus allgemeinen und aus örtlichen Gründen. Das Weib vertritt in der ganzen Welt den Konservatismus. Es klammert sich an das Bestehende; es hat Furcht vor dem Unbekannten; es scheut die Ungewißheiten der Uebergangsperioden. Und das Weib ist auch eine Feindin der Demokratie, weil es eine Feindin der gesellschaftlichen Gleichheit ist. In den vornehmen Klassen ist der Kastenstolz bei den Frauen viel ausgeprägter als bei den Männern. Mesalliancen, bei welchen die Frauen unter ihren angeborenen Rang hinuntersteigen, gehören zu den größten Seltenheiten. Und in den mittleren Klassen sucht das Weib in den Vorrechten seines Geschlechts einen Ersatz für die Vorrechte des Standes, die es nicht hat, die es aber ersehnt. Zu diesen allgemeinen Gründen, die in der Natur des Weibes ihre Wurzel haben, treten in Frankreich noch besondere, um das Weib zur Feindin der Demokratie und der Republik zu machen. Wie in allen katholischen Ländern, so steht auch in Frankreich das Weib unter dem Einflusse des Priesters; dieser aber ist aus den natürlichsten Gründen der Selbsterhaltung Todfeind eines Systems, welches Weltlichkeit und Aufklärung an die Spitze seines Programmes geschrieben hat. Bis es nicht durch Verbesserung der weiblichen Erziehung gelungen ist, das Weib dem Einflusse des Priesters zu entreißen, wird also die große Masse der weiblichen Provinzbevölkerung Frankreichs die politische Ueberzeugung der Beichtväter theilen und diese ist heute eine reaktionäre.

In Paris kommen außer den Einflüssen des Beichtstuhls
noch andere in Betracht. Die Frauen der Gesellschaft können
die Abwesenheit eines Hofes nicht verschmerzen. Unter dem
Empire gab es für Frauen Hoftitel, Ehrenstellen, Orden.
Die Republik kennt nichts dergleichen. Damals hatte man
Bälle und Festlichkeiten, wo man glänzen, ausschweifende
Toiletten auslegen, Nebenbuhlerinnen im Turnier der Eleganz
besiegen konnte. Die republikanischen Feste bieten hierfür
keinen Ersatz; sie sind für Krethi und Plethi da; es ist keine
Auszeichnung, an ihnen theilzunehmen; man kann sich der
Zulassung zu ihnen nicht rühmen. Und die Galanterie, die
unter dem Empire eine so furchtbare Macht war, was ist
aus der Galanterie geworden? Die Republik hat sie, min=
destens als politische Einrichtung, unterdrückt. Der Unterrock
ist für sie kein Parteibanner mehr. Das Madrigal kann
nicht länger ein politisches Glaubensbekenntniß ersetzen. Der
Cotillon hat aufgehört, eine Staatsaktion zu sein. „Was
hilft dir Schönheit, junges Blut", die Republikaner sind
Bären, die für die Blicke hübscher Augen und für das Lächeln
verführerischer Lippen keine Abstimmungen feil haben. Wenn ein
Andlau, Caffarel, Wilson sich von einer Limonsin umgarnen
ließen, so hatte die Galanterie schwerlich etwas damit zu
thun, denn die runzelige alte Hexe war nicht geeignet, in
zärtlichen Schäferstunden nach Geßner'scher Art eine andere
als höchstens eine — Vermittlerrolle zu spielen. Das Weib
hat nur bei einem persönlichen Regiment einige Aussicht, poli=
tische Macht zu erlangen. Man kann einzelne einflußreiche
Individuen in zarte Fesseln schlagen, das allgemeine Stimm=

recht ist ein zu großes, zu ungeberdiges Angriffsobjekt für die weibliche Kriegskunst. Man stelle sich das ehrgeizige Weib vor, welches acht Millionen Stimmbürger mit Mitteln verführen will, die eine ganz besonders individuelle Anwendung erheischen! Ich will nicht sagen, daß das Weib nicht auch mit dieser Zahl fertig werden könnte; Ausdauer und guter Wille vermögen so viel! Aber die acht Millionen müßten ja gleichzeitig herumgekriegt werden und das übersteigt die Fähigkeit selbst der begabtesten Kokette.

Die Damen der guten Gesellschaft brachten der Republik anfangs guten Willen entgegen; es wäre ungerecht, dies zu verschweigen; es wurde unter ihnen guter Ton, in die Kammersitzungen zu gehen und auf den Tribünen von Versailles Bonbons zu essen; eine Herzogin trieb ihre Versöhnlichkeit sogar so weit, daß sie 1876 einen Hut erfand, der in seiner Form eine leise Anspielung auf die phrygische Mütze enthielt und die herrschende Mode wurde, bis er durch die aus England herübergekommenen Rembrandt= und Velasquez=Hüte verdrängt wurde. Allein — wird man es glauben? — die Republik hatte nicht die geringste Dankbarkeit für diese huldreichen Herablassungen. Die republikanischen Abgeordneten fühlten sich nicht geehrt durch die Anwesenheit bejahrter Schönheiten, die oben auf der Galerie mit dem Fächer rasselten, laute Gespräche führten, frech lachten und geziert Schönmäulchen machten, während unten über die größten Interessen des Landes gesprochen und abgestimmt wurde, und selbst die Aufpflanzung einer „Toque", die eine niedliche Nachahmung der phrygischen Mütze und folglich ein Kompliment an die Republik war, ge=

nügte nicht, um den „schönen Weltdamen", den „belles mondaines", deren Schönheit allerdings gewöhnlich eine Sache der Schneiderrechnung und nicht ein Geschenk der Natur ist, den politischen und gesellschaftlichen Einfluß wiederzugeben, den sie während des Kaiserreichs gehabt. Nach solchen Erfahrungen gaben sie die Republik als Person ohne Erziehung und Lebensart auf und sie verschließen ihr nunmehr hochmüthig ihre Salons.

Die Republik tröstet sich hierüber so gut sie kann, aber daß sie keine Salons hat, ist unbestreitbar. Bisher hat sich die Republik in Frankreich überhaupt stets ohne Salons behelfen müssen. Die große Revolution war eine grundsätzliche Feindin des Salons, dieses Bollwerks des ancien régime, dieser Miniaturnachbildung in mehr oder minder edlem Material des Hofes von Versailles, und sie unterdrückte ihn, weil sie seine kleinen Ränke, seine leichtfertigen Galanterien, seine unwürdigen Geistesspiele und seine aristokratische Ausschließlichkeit verabscheute. Sie rechnete übrigens mit dem Bedürfnisse der Zerstreuung und Unterhaltung und verordnete die Liebesmahle, „agapes fraternelles", die die Bevölkerung einer ganzen Straße oder doch einiger Häuser auf dem Bürgersteig um eine einzige Tafel zu einer Mahlzeit vereinigten, deren Bestandtheile von den Festtheilnehmern im Verhältniß ihres Vermögens beigesteuert wurden. Das war der revolutionäre Ersatz der Salons: eine Versammlung am Ufer der Gosse, im Freien, unter der eifersüchtigen Ueberwachung grimmiger Republikaner, eine Versammlung, von der die Eleganz streng verbannt war, wo alle Welt sich duzte, wo die

einzige erlaubte Schönrednerei ein überschwenglicher Trinkspruch
auf die Republik war und wo man um jeden Preis heiter
sein mußte, um nicht als Unzufriedener und Kontre-
revolutionär direkt vom Liebesmahle zur Guillotine geschleppt zu werden, wenn man sich durch üble Laune bloß-
stellte. Erst als die Revolution wesentlich beendet war und
nachdem die während der Schreckensherrschaft vom Entsetzen
erstarrten Glieder des Volkes sich in einem monatelang
währenden Anfall von Tanzraserei gelöst hatten, öffneten sich
unter dem Direktorium die Salons wieder und es ist kein
Zweifel, daß in ihnen der Staatsstreich vom 18. Brumaire
und das Empire vorbereitet wurden.

Die dritte Republik geht nicht so weit wie die erste; sie
unterdrückt die Salons nicht, sie verordnet keine Liebesmahle;
aber die letzteren leben aus freiem Antriebe des Volks in
einer andern Form wieder auf, in Gestalt häufiger Bankette
zu mäßigen Preisen, welche die demokratische Bevölkerung in
gewissen Lokalen — so z. B. im „Salon des familles" von
St. Mandé — vereinigen, und die Salons verkümmern unter
der Ungunst der Verhältnisse von selbst. Diejenigen der
Ausländer und der Börsenmillionäre haben keinerlei Beziehungen zum spezifischen Pariser Geiste und sind bloße
Dauer-Ausstellungen ostentationsbedürftiger Reichthümer; die
Salons der Reaktionäre besitzen nicht den geringsten Einfluß,
weil sie systematisch von allen Elementen gemieden werden,
die heute in Frankreich etwas bedeuten, die „neuen Schichten"
aber sind noch nicht zur Schöpfung eigener Salons gelangt,
weil ihre Führer nicht die Bedingungen vereinigen, unter

denen allein der wirkliche Salon entstehen kann. Gambetta war unverheiratet und konnte darum nur amtliche Diners und Soiréen für Herren oder vertrauliche kleine Junggesellen-Partien geben, von denen die Frauen noch entschiedener ausgeschlossen waren als von jenen. Victor Hugo hatte auch keine Hausfrau, was freilich schwärmende Damen nicht hinderte, zu ihm zu gehen; allein der Ton, der bei ihm herrschte, war zu sehr der gottesdienstlicher Verehrung, als daß der leichte Fluß des Gesprächs und die Vertraulichkeit zwischen Hausherrn und Gästen hätten aufkommen können, die die erste Voraussetzung eines richtigen Salons bilden, und man kann ohne Uebertreibung sagen, daß man bei Victor Hugo nicht in einen Salon, sondern in einen Tempel trat. Emil de Girardin besaß die Ueberlieferungen des französischen Salons wie kein anderer seiner Zeitgenossen; allein seit dem Tode seiner genialen Frau empfing er nicht regelmäßig, öffnete sein Haus nur noch den Vertrauten und verzichtete darauf, ein gesellschaftlicher Mittelpunkt und Kristallisationskern zu sein, um nur durch seine Feder auf seine Landsleute zu wirken. Thiers war ein leidenschaftlicher Freund der Konversation; er war reich und hatte eine Hausfrau; dennoch hielt er weder während seiner Präsidentschaft noch nachher einen Salon, angeblich, weil die wolbekannte Sparsamkeit seiner Gemalin sich den mit gesellschaftlicher Gastfreundlichkeit immerhin verbundenen Ausgaben widersetzte. Grévy öffnete die Festsäle des Elysée auch nur bei amtlichen Anlässen; dann drängten sich zweitausend Personen in den glänzenden Hallen und um die reichbesetzten Buffets, die Unbekannten, ohne sich für einander zu interessiren, die Bekannten, ohne sich finden und mit einander plaudern zu können, alle von der Hitze und dem Gedränge leidend und froh, wieder wegzukommen; außer diesen amtlichen Empfängen aber machte der Präsident keinerlei gesellschaftliche Anstrengungen und er führte in seinem Palast im Ganzen ein sehr stilles, sehr zurückgezogenes Leben, ganz so wie früher in der Rue St. Arnaud (heute Rue Volney), wo er nur wenige alte Freunde und Verwandte zu empfangen pflegte, und wie seit seinem Rücktritt im Prachthotel beim Trocadero. Carnot macht zwar mehr Aufwand und bei seinen Abendempfängen herrschen ein etwas höherer Ton und gewähltere Formen als unter seinem Vorgänger. Aber es geht bei ihm noch immer recht steif und kühl her und von einem wirklichen Salon mit einer harmonisch zusammengestimmten, von Freundschaftsbanden umschlungenen Gesellschaft kann nicht die Rede sein. Was endlich die Minister, die Präsidenten der parlamentarischen Gruppen und die einflußreichen Politiker betrifft, so halten sie wol darum keinen Salon, weil ihnen ihre Vergangenheit gesellschaftliche Zurückhaltung auferlegt. Diese Männer sind nämlich zum Theil Plebejer, die sich durch Begabung, Willenskraft und Vaterlandsliebe aus Dunkel und Niedrigkeit zu den höchsten Stellen des Staates emporgearbeitet haben, zum Theil sind sie lange Jahre dazu verurtheilt gewesen, die stolze Armuth der Verbannung zu ertragen und deren heldenmüthige Entbehrungen zu leiden. In beiden Fällen hat ihr Leben sie mit Leuten von solchen Gesellschaftsklassen in mehr oder minder innige Verbindung gebracht, die heute tief unter ihnen stehen; sie waren die Ge=

Die republikanischen Salons. 215

nossen des Elends von Menschen, die wol ein goldenes Herz und einen leuchtenden Charakter haben, aber, minder begabt oder minder glücklich als ihre begünstigteren Freunde von ehedem, in ihrer ursprünglichen Dürftigkeit zurückgeblieben sind. Würden nun die ehemaligen Verbannten und die zu Macht und Ansehen gelangten Söhne des Volkes heute Salons eröffnen, so fänden sie sich vor dem peinlichen Zwiespalt, entweder ihre Freunde aus den dunkleren Tagen nicht mehr zu kennen oder sie in eine Gesellschaft zu ziehen, die nicht die ihrige ist; zum erstern sind sie zu stolz, denn weit entfernt, sich ihrer kleinen Anfänge oder der harten Zeiten der Verbannung zu schämen, rühmen sie sich ihrer und es kostet sie nicht die geringste Ueberwindung, den kleinen Leuten die Hand zu drücken, die sie an die schwierigen Augenblicke ihres Lebens erinnern können: aber auch das letztere mögen sie nicht wagen, vor Allem weil es einem kleinen Handelsmanne, Handwerker oder Geistesarbeiter nicht immer angenehm ist, mit einem General, Botschafter oder Minister Ellenbogen an Ellenbogen zu sitzen, und dann weil auch die Demokratie noch nicht tief genug in die gesellschaftlichen Sitten eingedrungen ist, um die Anwesenheit eines biedern, aber schlechtgekleideten Patrioten im Salon eines Ministers oder Parteiführers zu einer allseitig angenommenen, keinen Spott herausfordernden Erscheinung zu machen. Unter solchen Umständen beschränken sich die Personen, von welchen hier die Rede ist, auf amtliche Empfänge, die aller Welt zugänglich sind, während sie ihre vertrauteren gesellschaftlichen Beziehungen in einer durchaus privaten Form pflegen, die mit der Halböffentlichkeit des Salons nichts gemein hat.

Seit der Gründung der dritten Republik hat es in Paris eigentlich nur zwei wirklich republikanische Salons gegeben, die aber alle beide nach kurzer Blüthe verödeten. Der erste war der Salon der Fürstin Trubetzkoi. Große Dame, Besitzerin eines ihrem Rang entsprechenden Vermögens, reich an Beziehungen, die die ganze Pariser Gesellschaft umfaßten, dabei eine Freundin der Literatur und schönen Künste, eine gebildete Sprachkundige und geistreiche Konversationskünstlerin, war die interessante Russin vorbestimmt, die Königin eines Salons zu sein. Sie hatte überdies zu ihren anderen Eigenschaften auch einen lebhaften Geschmack für politische Ränke, die sie ein wenig als Sport betrieb, und eine Sympathie für die Republik und ihre Stützen, die in der Gesellschafts-Schichte, der die Fürstin Trubetzkoi angehörte, nicht häufig ist. Dies alles machte, daß ihr Hotel in den Champs Elysées der Sammelplatz aller republikanischen Berühmtheiten wurde, welche hier zum erstenmale mit Elementen in Berührung kamen, denen sie bis dahin fremd geblieben waren. In den Salons der Fürstin sah man oft Thiers und Gambetta, die hier einander näher traten; die Botschafter der fremden Mächte verkehrten hier mit den Abgeordneten von der Linken; durchreisende ausländische Fürstlichkeiten und Aristokraten lernten hier die Menschen von Zukunft und Vergangenheit, die glänzenden Namen jedes Berufs kennen; die Unterhaltung war mannigfaltig und ungezwungen: man tauschte die Neuigkeiten des Tages aus; man hörte die Meinungen der maßgebendsten

Persönlichkeiten über die Lage und die obschwebenden Fragen: Männer so verschiedener Richtung wie französische Radikale und deutsche Botschafter diskutirten die aufs Tapet gelangenden Gegenstände von ihren eigenen Gesichtspunkten aus und lernten in höflicher Debatte gegentheilige Anschauungen kennen, die sie bis dahin nicht in Betracht gezogen hatten. Es schien, als vereinigte der Salon Trubetzkoi alle Elemente, um eine politische und gesellschaftliche Macht ersten Ranges zu werden. Unglücklicherweise beging die Fürstin kleine Unvorsichtigkeiten und erregte sie den Haß der vornehmen Reaktionscliquen gegen sich. Sie versuchte manchmal französische Politiker in inneren und äußeren Fragen zu beeinflussen, was jene nicht ganz taktvoll fanden; sie erwies fremden Zeitungsberichterstattern eine Gastfreundschaft, die weder den Diplomaten noch den republikanischen Führern sonderlich gefiel; die Stammgäste der Fürstin mußten wiederholt erfahren, daß ihre harmlosen Aeußerungen aus den Trubetzkoi'schen Salons ihren Weg in große europäische und amerikanische Blätter gefunden hatten, nicht ohne auf dieser Wanderung mannigfache Aenderungen an Gestalt und Bedeutung zu erleiden; man begann mißtrauisch und vorsichtig zu werden, um sich nicht bloszustellen; man beobachtete einzelnen aus Beruf indiskreten Gästen gegenüber eine Zurückhaltung, die dem ganzen Verkehr den Charakter des Kühlen, Gemessenen, Zeremoniösen aufdrückte und die frühere Gemüthlichkeit verbannte; dazu kam, daß Sardou in seiner „Dora" den Trubetzkoi'schen Salon öffentlich karikirte, man kann geradezu sagen an den Pranger stellte, was wieder einen wichtigen Theil der Gäste aus dem verleumdeten Hause vertrieb. Und da um diese Zeit die Fürstin auch in ihrem Familienleben allerlei Kümmernisse erfuhr, so schloß sie eines Tages ihren Salon und verließ Paris in welchem sie von 1873 bis etwa 1877 eine erste Rolle gespielt hatte.

Der zweite republikanische Salon, der die Erbschaft des Trubetzkoi'schen Hauses antrat und dessen Thüren, freilich nicht mehr viel beachtet, noch immer offen stehen, ist der der Madame Adam, früher besser bekannt unter ihrem Mädchennamen Juliette Lamber, der auf dem Umschlage vieler Romane und Reisebeschreibungen zu lesen steht. Obwol bereits Großmutter heiratsfähiger Enkelinen und voraussichtlich bald Urgroßmutter, ist Frau Adam noch immer eine hübsche Erscheinung, mit leuchtenden, großen Schwarzaugen, schwarzem Haare, das der Schnee des Alters, von selbst oder mit Nachhilfe, bisher verschont hat, einer jugendlichen Büste und einem schelmischen, ewigbeweglichen, ausdrucksvollen Gesichte, dem man niemals sein wirkliches Alter geben würde. Mit diesen Vorzügen verbindet Frau Adam eine große Anmuth, Lebhaftigkeit und gewinnende Liebenswürdigkeit, die sie zu einer ungewöhnlichen weiblichen Erscheinung machen. Dabei ist sie auch von sprudelnder Heiterkeit, paradoxalem Witz und einer gewissen Meisterschaft in der Plauderei, so daß sie den großen Salonvirtuosen des achtzehnten Jahrhunderts nahekommt. Eine solche Individualität mußte Freunde erwerben, wohin sie immer kam. Alle Welt drängte sich um sie und war glücklich, ihre Gegenwart in ihren Salons zu genießen.

Gambetta verplauderte ganze Abende mit ihr, Victor Hugo küßte ihr die Hand, die Minister schmückten ihre amtlichen Empfänge mit ihrer Anwesenheit. Man begann sie als Macht im Staat anzuerkennen. Streber schlichen sich bei ihr ein, in der Hoffnung, durch ihren Schutz vorwärts zu kommen. Die Indiskretion der Journalistik heftete ihr forschendes Auge auf diesen Salon, in welchem die Ueberlieferungen französischen Geistes und französischer Heiterkeit so glücklich gepflegt wurden; ungeschickte Schmeichler nannten Madame Adam die Tallien der dritten Republik. Das verscheuchte die hervorragendsten Politiker aus ihrem Hause, in das zu viel vom grellen Lichte der Oeffentlichkeit fiel. Die geistigen Häupter der dritten Republik sind in diesem Punkte sehr kitzelig: sie wollen nicht, daß man diese für ein Direktorium halte, und vermeiden ängstlich jeden Anschein der Beeinflussung durch schöne Frauen. Diesem catonischen Skrupel verdankte es Frau Adam zuerst, daß sich die politischen Elemente aus ihrem Salon zurückzogen und nur die literarischen und künstlerischen zurückblieben, welche die von ihr gegründete „Nouvelle Revue" um sie gruppirte. Ganz vereinsamt wurde sie dann, als sie in ihrem übelberathenen Ehrgeize den Rückzug der wirklich einflußreichen Staatsmänner dadurch wettzumachen suchte, daß sie sich mit einer anrüchigen diplomatischen und politischen Halbwelt umgab, Deklassirte aller Länder mit offenen Armen aufnahm und mit der Erfindung und Verbreitung hochpolitischer Verbrecher- und Gespenster-Romane aus dem Gebiete der auswärtigen Politik Lärm machte. Und so kann man heute sagen, daß es in Paris keinen einzigen republikanischen Salon im geschichtlichen Sinne des Wortes gibt und daß die reaktionären Spötter Recht zu haben scheinen, wenn sie triumphirend immer und immer wiederholen: „La République manque de femmes."

Die Marseillaise.

War das ein Schrecken im reaktionären Lager, als Mitte Februar 1879 der Abgeordnete Tallandier in der Deputirtenkammer den Antrag stellte, eine alte Verordnung aus dem Jahre III der Republik, welche die Marseillaise für die Nationalhymne Frankreichs erklärte, wieder in Kraft treten zu lassen! Die schwarzen Zeitungen versuchten wol über den Volksvertreter und seine Forderung zu scherzen, allein der Witz blieb ihnen in der Kehle stecken; sie brachten es nur zu einer Grimasse, nicht zum Lachen; und als gar der Kriegsminister in einem Rundschreiben vom 25. Februar 1879 allen Korpskommandanten befahl, daß die militärischen Musikkapellen bei allen öffentlichen Festen, Paraden und ähnlichen Anlässen die Marseillaise zu spielen haben, da verging den Reaktionären der Spaß ganz und gar und sie riefen zeternd den Zorn Gottes auf ihr ruchloses Vaterland herab, das sie, wie gewöhnlich in ihre Dummheit etwas Niedertracht mischend, bei jener Gelegenheit den fremden Nationen als europäischen Brandstifter denunzirten.

Die Söhne der Emigranten besitzen aber glücklicherweise nicht mehr das Ohr Europas und es gibt keinen vernünftigen Menschen, der den Text der Marseillaise buchstäblich nehmen und dieses Lied für eine Kriegsdrohung gegen alle fremden Völker halten würde. Gewiß, ursprünglich war der Sang des Straßburger Artillerielieutenants ein wilder Schrei nach Blut und Rache, die wuthschnaubende Antwort eines für seine Freiheit kämpfenden Volkes auf die Drohungen einer furchtbaren Koalition von Tyrannen. Es war keine Phrase, wenn der Dichter versicherte, daß „die blutige Standarte der Tyrannei gegen Frankreich erhoben sei"; er sagte keine Unwahrheit, wenn er von den „wilden Kriegern" sprach, die seiner Landsleute „Frauen und Kinder in den Armen der Gatten und Väter erwürgten", und er war berechtigt, sie in einem dröhnenden Kehrreim aufzufordern, „zu den Waffen zu greifen, Streithaufen zu bilden, auszuziehen, bis daß das unreine Blut der Fremden ihre Ackerfurchen tränken würde." Allein heute sind die patriotischen Erregungen und Anfeuerungen Rougets gegenstandslos geworden; kein Tyrann entfaltet seine Fahne gegen Frankreich, kein trotziger Krieger erwürgt französische Weiber und Kinder und es hätte keinen Sinn, wenn die Franzosen zu den Waffen greifen, Streithaufen bilden und ausziehen wollten. Die Marseillaise hat sich zu einer geschichtlichen Erinnerung abgeklärt; sie ist zu einem Sinnbilde geworden, dessen Bedeutung keine materielle, sondern eine traditionelle ist.

Die Sitten unserer Zeit fordern, daß eine Nation eine Hymne habe. Die „provisorische" Republik des Herrn Thiers konnte einer solchen entrathen, die vizemonarchische Republik des Herrn de Mac Mahon half sich gelegentlich der 1878er Ausstellungsfeste mit einer erbärmlichen Leierkasten-Dudelei, welche der alternde Gounod im Schweiße seines Angesichts aus sich herausgepreßt hatte und welche offenbar der bald zu rehabilitirenden legitimistischen Hymne „O Richard, o mon roi" den Platz warm halten sollte. Die endgiltige, wahre Republik aber, deren Aera seit der Wahl Grévys zum Präsidenten angebrochen war, brauchte nicht zur erschöpften Muse des Herrn Gounod ihre Zuflucht zu nehmen, um eine Nationalhymne zu bekommen, sie griff entschlossen zur Marseillaise zurück und erbrachte damit einen Beweis mehr, daß sie die rechtmäßige Tochter der großen Revolution sei.

Die Marseillaise war das Wiegenlied der Revolution von 1789; unter ihren ehernen Klängen ist diese großgezogen worden; ihr Kehrreim klang den Vaterlandsverräthern, die ihre Verschwörungen gegen die Nation mit dem Kopfe bezahlten, auf dem Todesgang in die Ohren; auf den Schlachtfeldern von Jemappes, Valmy, Fleurus wurde der Donner der Kanonen übertönt vom „Aux armes, citoyens!" der Chnchosen, welche die ihnen gegenüberstehenden alten, trotzigen Berufssoldaten gleich einer Herde Lämmer von Dan bis Berseba jagten. Die Marseillaise ist der erhabene Schrei, in welchem sich die Revolution versinnlicht, und aus jedem Werke, das deren Idee wiederzugeben sucht, hört ein aufmerksamer Geist einen fernen, abgedämpften Widerhall des machtvollen Liedes leise herausklingen. Michelets Geschichte der Revolution ist nichts anderes als eine breite und leidenschaftliche Umschreibung der Marseillaise. In den ganzen langen zehn Bänden der „Histoire de la Révolution française" von Louis Blanc gibt es keine Seite, auf der nicht zwischen den Zeilen die gewaltige Melodie vernehmlich summte. Wer könnte das Bild „Der Tod Marceaus" von Jean Paul Laurens betrachten, ohne daß in seiner Seele das „Allons enfants de la patrie!" wie eine Flamme auflodertc? Und was ist der „Auszug der Krieger" auf dem Triumphbogen in den Elysäischen Feldern anders als die steingewordene Marseillaise?

Welch ein Werk, diese übermächtige Gruppe von Rude! Sie ist die Weihe und Entschuldigung des großen Denkmals der ungerechten Kriege und der unfruchtbaren Glorie des ersten Napoleon. Habe ich es nöthig, die Gruppe zu beschreiben? Sie ist Jedem bekannt, der nur einen Tag in Paris verbracht hat. Eine Gruppe von fünf Kriegern, darunter ein Greis, ein Mann in der Kraft seines Alters und ein unbärtiger, noch kaum den Knabenjahren entwachsener Jüngling, zieht mit Begeisterung in den Kampf für das bedrohte Vaterland. Es ist ein Schwung, ein Enthusiasmus in ihrem eiligen, weitausgreifenden Dahinschreiten, daß man förmlich jeden ihrer angespannten Muskeln „vorwärts! vorwärts!" jauchzen zu hören glaubt. Ueber ihren Häuptern schwebt mit weisausgebreiteten Fittigen in ungestümem, rauschendem Flug eine gewappnete weibliche Gestalt, der Genius des Vaterlands. Das düstere Weib streckt den rechten Arm mit dem gezückten Schwert in der Faust weit aus, den Kriegern den Feind in der Ferne zeigend, während die Linke mit einer wilden stürmischen Bewegung die Säumenden herbeiwinkt, die noch in der Hütte und am Pfluge weilen, die noch die Gefahr des Vaterlandes nicht begriffen haben. Der Kopf der geflügelten Gestalt ist ebenfalls nach rückwärts zu diesen Säumenden gewendet. Es ist ein Antlitz von finsterer Gorgonenschönheit. Strenge, abgehärmte Wangen, furchtbar drohende, zusammengezogene Augenbrauen und ein tragisch geöffneter Mund, aus dem ein donnernder Ruf hervorzubrechen scheint. Wenn man diese dahinstürmenden Männer, wenn man über ihrem Haupte, sie mit den klafternden Fittigen beschattend, den gleich einer Windsbraut ihnen voranfliegenden Genius sieht, so hört man es physisch, so hört man es mit den leiblichen Ohren, wie der steinerne Medusenmund den Schrei ausstößt: „Aux armes, citoyens! Formez vos bataillons!" Während der langen Jahre, da es in Frankreich verboten war, die Marseillaise zu singen, donnerte die Gruppe am Arc de Triomphe Tag und Nacht das verpönte Lied und die Pariser, die an schönen Sommerabenden in den elysäischen Feldern und in der Avenue spazieren gingen, hatten von diesem Liede die Seele voll, so oft sie den Triumphbogen betrachteten, der blos an Napoleon und das Empire erinnern sollte.

Ich habe soeben gesagt, daß die Marseillaise durch viele Jahre in Frankreich verboten war. In der That, so oft ein persönliches Regiment auf Frankreich lastete, suchte es dieses Lied, diese Versinnlichung der Revolutionsideen, zu unterdrücken. Alle die Herrscher, die es seit der Revolution versucht haben, in Paris einen vergänglichen Thron zu errichten, wußten, daß die Marseillaise das Zauberwort sei, welches die scheintodte Riesin Freiheit ins Leben zurückruft, und sie zitterten, wenn sie die ihnen unheimliche Todtenbeschwörung hörten. Die Schicksale der Marseillaise sind denn auch aufs Innigste mit der politischen Geschichte Frankreichs verknüpft. Die ersten Lieder, welche die Revolution volksthümlich machte, waren das „Ça ira" und die „Carmagnole". Das Echo von Paris wiederholte das „Les aristocrates à la lanterne" lange vor dem „Allons enfants de la patrie" und das „Aux armes, citoyens" hatte Monate lang mit dem Spottvers der Carmagnole:

> „Madam' Veto avait promis
> De faire égorger tout Paris . . ."

zu ringen, ehe es dieses Lied endgiltig verdrängte und sich in der Gunst der Nation festsetzte. Eine ungetheilte Herrschaft hatte die Marseillaise eigentlich nie. Während der ganzen Zeit des Schreckens wurde sie zugleich mit dem Ça ira gesungen, das bei den Jakobinern und Cordeliers wegen seines düstern, wilden Charakters beliebter war als das Gedicht Rougets, das doch noch literarischen Anstrich hat. Nach dem 9. Thermidor, dem Tage, der Robespierres Laufbahn beschloß, kam der schöne und einfache „Chant du départ" auf, der besonders im Heere, das gegen die Vendeer kämpfte, beliebt wurde. Das Direktorium, welches die Spuren der Schreckensherrschaft bis auf die Erinnerung vertilgen wollte, erhob die Marseillaise zur amtlichen Nationalhymne mit der unausgesprochenen Absicht, daß dadurch das Ça ira und die Carmagnole unterdrückt werde. Fast zehn Jahre lang behauptete sich die Marseillaise, nicht ohne im Chant du départ einen ernsten Nebenbuhler zu haben. Als Napoleon sich zum Cäsar der Franzosen gemacht hatte, schaffte er die Marseillaise ab. Das war eine der ersten Regierungshandlungen des neugekrönten Kaisers. Das Lied beunruhigte ihn. Es traf sein Gewissen wie der letzte Angstruf der Republik, die er am 18. Brumaire erwürgt hatte. Er fürchtete dessen Wirkung auf das Gemüth der Nation, welche die Freiheit und Alles, was sie daran erinnern konnte, vergessen sollte. Statt des Liedes, unter dessen Klängen 1792 vierzehn Armeen nach allen bedrohten Grenzen des Landes ausgezogen waren, wurde das „Partant pour la Syrie" die Nationalhymne der Franzosen. Es war dies eine lebhafte und niedliche Melodie, welche die Königin Hortense, die Stieftochter Napoleons, zu einem unsäglich albernen Gedichte komponirt hatte. Das Gedicht erzählt die Geschichte des tapfern Dunois, der ein schönes Burgfräulein liebte und ins heilige Land zog, um gegen die Ungläubigen zu kämpfen, und der schließlich aus dem gefährlichen Feldzuge glücklich heimkam und sein schönes Burgfräulein zum Altar führte. Was kümmerten Dunois und sein Kreuzzug und seine Liebe die Nation? Was wußten die Franzosen des ersten Kaiserreichs vom heiligen Grabe? Was bedeutete ihnen Syrien, sofern es nicht in Verbindung mit der Pest von Jaffa und der Belagerung von St. Jean d'Acre auftrat? Dennoch wurde das flaue Lied sehr populär und seine Rhythmen verwoben sich später mit der napoleonischen Legende, da es am Tage des „Abschieds Napoleons von den Garden in Fontainebleau" gespielt worden war und die Musikbegleitung dieser von Malern und Dichtern vielfach ausgebeuteten melodramatischen Szene gebildet hatte.

Während der hundert Tage, als alle Mittel gut waren, um im ermüdeten Frankreich neue Kriegsbegeisterung zu erwecken, wurde die Marseillaise wieder hervorgesucht und unter ihrem zaubermächtigen Kehrreime zuckte der von zwanzigjährigem Blutverlust erschöpfte Riesenleib der Nation noch einmal in einem Krampf auf, der fast genügt hätte, um die Heere der Verbündeten zu erdrücken. Dennoch konnte das „Aux armes, citoyens" Waterloo nicht verhindern und seine ehernen Klänge gingen im „Heil dir im Siegerkranz" und im „Rule Britannia" unter.

Die Restauration verfolgte natürlich die Marseillaise mit besonderem Fanatismus und that auch dem „Partant pour la Syrie" die Ehre an, es in ihrem Verbot in einem Athem mit dem Liede der großen Revolution zu nennen. Von 1815 bis 1830 hatte Frankreich keine eigentliche Nationalhymne. Die Legitimisten sangen verschiedene Lieder, bald die gefühlsame Romanze

> „O Richard, o mon roi,
> L'univers t'abandonne . . ."

aus der Oper „Richard Cœur-de-lion" von Grétry, bald das „Vive Henry IV," bald die „Belle Gabrielle". Diese beiden letzteren Lieder hatten keine von den Eigenschaften, die eine Nationalhymne auszuzeichnen pflegen. „Vive Henry quatre" ist ein gemeines Sauflied, „la belle Gabrielle" eine schwindsüchtige Romanze, wie sie von sentimentalen Näherinnen an Sommernachmittagen — leider bei offenen Fenstern — un=

ausstehlich gefühlsinnig gegirrt zu werden pflegen. Sie sind
so platt und schwunglos wie das Regime, dessen musikalischer
Ausdruck sie sind. Sie hielten sich denn auch nur während
der Regierungszeit Ludwigs XVIII., während unter Karl X.
das „Malbrouck s'en va-t-en guerre" Verbreitung fand.
Kann man sich eine schneidigere Satire denken als die That=
sache, daß ein Kinderlied, gesungen von einer Amme, um
ihren Säugling in Schlaf zu lullen, die offizielle Leibhymne
des altersschwachen, verblödeten und kindisch gewordenen
„ancien régime" wurde?

Die glorreichen Julitage kamen und die ersten Töne der
wiedererwachten Marseillaise begleiteten die Flintenschüsse,
die Karl X. in die Verbannung jagten. Ludwig Philipp
setzte sich auf den frei gewordenen Thron und suchte alsbald
die unbequem mahnende Marseillaise, die ihm eine Krone
auf den Kopf gesetzt hatte, wieder loszuwerden. Aber nicht
mit der brutalen, offenen Gewalt eines Polizeiverbotes, —
dazu hatte das lendenlahme Bürgerkönigthum zu wenig Rück=
grat — sondern auf schlaue und hinterlistige Art. Casimir
Delavigne mußte auf Verlangen der Regierung die „Parisienne" schreiben, deren Refrain „Allons! Marchons! Contre
leurs canons!" u. s. w. sich an die Stelle des furchtbaren
„Aux armes, citoyens" setzen sollte. Das Volk fühlte
aber alsbald den Unterschied zwischen dem wahren, tiefen
Heroismus der Marseillaise und der windigen, theatralisch
flunkernden Großmäuligkeit der Parisienne und diese fiel nach
sehr kurzer, künstlich gemachter Volksthümlichkeit in die ver=
diente Vergessenheit.

Unter den Klängen der Marseillaise wurden alle Emeuten des Julikönigthums, unter ihren Klängen wurde die Februarrevolution gemacht, mit dem „Allons enfants de la patrie" starb Baudin, starben die dunkeln Helden, die am 3. und 4. Dezember 1851 das Gesetz gegen seinen Meuchelmörder Louis Napoleon zu vertheidigen suchten. Neunzehn Jahre lang mit den Todtschlägern der imperialistischen Polizeihäscher verfolgt, wurde das Lied am 19. Juli 1870 plötzlich wieder freigegeben, auf Verlangen Girardins in der großen Oper gesungen, sogar amtlich von den Militärmusiken gespielt. Es sollte die Begeisterung für den „kleinen Krieg der Kaiserin" („ma petite guerre à moi") erwecken, ebenso wie das „à Berlin! à Berlin!", das die in weiße Blousen gekleideten Spitzel nach dem Rhythmus von „les lampions" auf den Boulevards grölten. Der Neffe ahmte eben auch in diesen winzigsten Einzelheiten den Onkel nach. Aber wie die Marseillaise 1815 Waterloo nicht verhindert hatte, so verhütete sie 1870 Sedan nicht, dagegen fand das Volk von Paris eine Tröstung in ihr, als es sich am 4. September von der kaiserlichen Fäulniß desinfizirte.

Verfolgt vom Empire, überschrieen von der Restauration, eskamotirt vom Bürgerkönigthum, lebte die Marseillaise immer im Herzen der Nation und ihre Weise erklang augenblicklich in alter Kraft, wenn die Hand einen Augenblick lang entfernt wurde, welche seit 1798 fast ununterbrochen auf den Mund Frankreichs gepreßt war. Daß sie endlich von der dritten Republik wieder als Nationalhymne amtlich anerkannt wurde, war ein Triumph des revolutionären Ge-

dankens und ein kluges Zugeständniß an die Gefühle der
Massen, welchen trotz „Partant pour la Syrie", trotz „O
Richard, o mon roi", trotz „Malbrouck s'en va-t-en
guerre" und „Parisienne" die Schlachtenhymne von 1792
stets und durch alle Wandlungen der Geschicke des Landes
das hohe Lied, das Lied der Lieder geblieben war.

II.
Stereoskop-Bilder.

Die neuen Monumente.

Ich habe im ersten Kapitel dieses Buches bereits kurz der neuen Monumente gedacht, die während der dritten Republik bisher in Paris entstanden sind. Sie gehören zu den merkwürdigsten Hervorbringungen der beiden Jahrzehnte, die am 4. September 1870 begonnen haben und die die Weltgeschichte einst einen bedeutenden Zeitabschnitt nennen wird. Sie sind werthvoller als alle älteren Denkmäler von Paris, den Triumphbogen mit seinen Bildhauerarbeiten ausgenommen. Sie legen Zeugniß dafür ab, daß das französische Kunstgenie in diesem Augenblick erstaunlich fruchtbar und kräftig ist; sie sind eigenartig, lebendig, voll warmer Aktualität, fern vom unbeweglichen Klassizismus der Schule und von den ausdruckslosen Allegorien der herkömmlichen Kunst. Sie schlagen völlig aus der Art der früheren Monumente; man sucht unter ihnen vergebens steife Säulenheilige wie die Statue Napoleons auf der Vendômesäule; nichtssagende Engel in Pirouetten-Stellung wie den um gewisser wolausgebildeter Einzelheiten willen von den Pariserinen vielbewunderten nackten Genius auf der Julisäule; auf schweren Gäulen einschlafende, mehr oder minder abschiedsbedürftige Kavaleristen wie Ludwig XIV. auf der Place des Victoires oder den guten Henri IV. auf dem Pont neuf, oder endlich gut gearbeitete, aber kalte und nichtssagende, den Vorübergehenden höchstens als riesige „Bibelots" interessirende Möbelbronzen wie St. Michael mit dem Drachen auf der Place St. Michel. Alle diese älteren Werke sind Schöpfungen eines Ateliers, das gegen den Luftzug des Tages hermetisch verschlossen ist, und haben keinerlei Zusammenhang mit den bewegenden Gedanken der Zeit; die neuen Monumente dagegen sind auf dem offenen Schlachtfelde der modernen Gedanken entstanden, mitten im Getümmel des Kampfes, im dichtesten Gewühle, wo die Heerrufe der Parteien am lautesten tönten, und durch die formende Hand der Künstler zuckten dieselben Krämpfe, welche die Schwertfaust der geistigen Streiter ringsumher um den Knauf der Waffe eisern verklammert hielten.

Die neuen Monumente von Paris erfüllen mit unvergleichlicher Vollständigkeit die wahre Aufgabe öffentlicher Denkmäler, eine Art Biblia pauperum der Zeitgeschichte zu sein; sie sind Stimmungsbilder in Marmor und Bronze, an denen auch der Lesensunkundige die innersten Anschauungen und Gefühle, welche während der erwähnten, so hoch bedeutungsvollen Jahrzehnte im französischen Volke vorgeherrscht haben, studiren und von Wandlung zu Wandlung verfolgen kann. Die Reihe beginnt mit der „Gloria victis" von Mercié, die lange Zeit im Square Montholon aufgestellt

Die neuen Monumente. 237

war. Es ist dies eine Bronzegruppe von zwei etwas über=
lebensgroßen Gestalten. Ein geflügelter weiblicher Genius
rafft die Leiche eines junges Kriegers vom Schlachtfelde, wo
er eben gefallen, mit sich empor, um sie in den Aether zu
entführen. Der Krieger, eine blühende, nackte Jünglings=
gestalt, läßt den leblosen schönen Kopf auf die Schulter des
Genius sinken, sein linker Arm hängt schlaff herab, seine
rechte Hand aber hält noch den Griff eines Schwertes, dessen
Klinge zur Hälfte abgebrochen ist. Das hehre Weib, das
den schönen Jüngling davonträgt, hat den Oberleib mit
einem Panzer bekleidet; es ist im Begriffe, mit der kostbaren
Last emporzuschweben; es berührt nur noch mit der Spitze
eines Fußes die Erde, die das Blut des jungen Opfers ge=
trunken hat, und die weitklafternden Flügel, die zurück=
flatternden Gewänder, in welche sich die durch den Flug be=
wegte Luft verfängt, drücken mit solcher Kraft den Auf=
schwung ins Blaue aus, daß man die Empfindung hat, als
würde sich die ganze Gruppe im nächsten Augenblicke vom
Boden loslösen und uns in ihrem sausenden Fluge nach
oben mitreißen. Das Antlitz des Genius ist nach der Erde
gewendet, die er eben verlassen will. Er wirft auf die uns
unsichtbaren fremden Sieger einen Blick, der mehr einen
Vorwurf als Haß und Trotz ausdrückt, und in seiner von
tragischer Wehmuth überhauchten Miene spiegelt sich vor
jedem andern Gefühle die Trauer um den jungen Helden,
der sein blühendes Leben dem Vaterlande geopfert hat.

Das ist das Denkmal der Stimmung, die in den ersten
Jahren nach dem Krieg in Frankreich geherrscht hat. Es war

fast noch mehr Trauer um die Todten als Haß gegen den Sieger. Es war ein mühsam verhaltenes Schluchzen angesichts des erlittenen Kummers und Jammers, angesichts der furchtbaren Lücken in der schönsten Jugend der Nation, angesichts der Verwüstungen in Stadt und Land, der florumhüllten Fahnen, der entführten Gloire. In dieser weichen, tiefschmerzlichen Gelöstheit, ähnlich derjenigen, in der man sich auf dem Rückwege vom Leichenbegängniß eines Theuern befindet, erhoben sich die ersten Stimmen der Tröstung; man rechnete sich den Heldenmuth der Besiegten, die stolze Tapferkeit der Gefallenen vor und horchte mit ganzer Seele auf die schmeichelnden Versprechungen der Zukunft, welche den Gebeugten die Worte: „Neugeburt! Wiedererhebung! Künftige Größe!" zuflüsterte. Das ist die Stimmung, aus welcher gewisse Auftritte der „Fille de Roland" von Bornier, aus welcher die „Chants du Soldat" von Deroulède, aus welcher folgende merkwürdige Worte hervorgingen, die den Schluß der „Histoire d'un crime" bilden. Victor Hugo spricht von der Schlacht von Sedan und fährt fort: „Der Einfall der Deutschen in Frankreich im Jahre 1870 war eine Wirkung der Nacht. Die Welt staunte, daß so viel Dunkel aus einem Volke hervorbrechen konnte. Fünf schwarze Monate, da habt ihr die Belagerung von Paris. Nacht hervorzubringen mag Macht bekunden; aber rühmlich ist es, Tag zu machen. Frankreich macht Tag. Daher seine ungeheure menschliche Popularität. Die Gesittung verdankt ihm ihre Morgenröthe. Um hell zu sehen, wendet sich der menschliche Geist Frankreich zu. Fünf Monate der Finsterniß, das ist es, was

Deutschland 1870 den Nationen zu geben vermocht hat; Frankreich hat ihnen vier Jahrhunderte des Lichts gegeben. Heute fühlt die gesittete Welt mehr als je, wie sehr sie Frankreichs bedürfe. Frankreich hat sich durch seine Gefahr erprobt. Die undankbare Gleichgiltigkeit der Regierungen hat die Angst der Nationen nur gesteigert. Angesichts des bedrohten Paris herrschte unter den Völkern ein Schrecken der Enthauptung. Wird man Deutschland gewähren lassen? Allein Frankreich hat sich ganz allein gerettet. Es hat sich nur aufzurichten gebraucht. Patuit Dea. Es ist heute größer als jemals. Was eine andere Nation getödtet hätte, hat Frankreich kaum verwundet. Die Verdüsterung seines Gesichts= kreises hat nur sein Licht sichtbarer gemacht. Was es an Gebiet verloren, hat es an Ausstrahlung gewonnen . . ." Man mag in diesen hervorgestoßenen Ausrufungen Ungerechtigkeit gegen die Nation finden, die den Völkern nicht blos fünf Monate der Finsterniß, sondern unter anderem auch jene Sonnen gegeben hat, die Gutenberg, Luther, Leibniz, Kant, Goethe, Beethoven heißen; man mag in ihnen eine kindliche Selbstgefälligkeit und Selbstüberhebung erblicken, die zu billigem Spotte reizt. Allein wer nur die geringste Pietät für eine Nation fühlt, die in ihrer Vergangenheit Voltaire und die Revolution, in ihrer Gegenwart die Republik und in ihrer Zukunft den sozialen Fortschritt, vielleicht die Lösung der sozialen Frage hat, wird sich des Lächelns über diese Aus= rufungen enthalten. In der That, nach schweren Unglücks= fällen ist ein gewisser Grad von Selbsttäuschung nöthig. In ein offenes Grab hinabzustarren wirkt verhängnißvoll. Das

Auge, das stets der Finsterniß zugekehrt ist, verliert die Ge=
wohnheit des Sehens. Um sich zu trösten, muß man sich
von der grausamen Wirklichkeit ab= und den Sinnestäuschungen
der Hoffnung zuwenden. Eine kleine Dosis Großsprecherei
ist Balsam für die Wunden eines Volkes. Mögen die Nach=
barn immerhin lachen. Ihr Hohn gelangt doch nicht zum
Bewußtsein der Masse und der Balsam wirkt heilend. Selbst=
vertrauen unter Umständen, die es vernichten könnten, ist eine
Probe der Lebenskraft einer Nation. Ein Volk, das kurz
nach der „Année terrible" so denken und sprechen konnte
wie Victor Hugo in den angeführten Zeilen, legt eine Elasti=
zität und eine Lebendigkeit an den Tag, die allein schon eine
Bürgschaft der Wiedererhebung sind. Schwache, welke
Nationen würden nach solchen Schlägen zerknirscht und
hoffnungslos vor sich hinbrüten. Die „Gloria victis" von
Mercié ist die Anrufung Victor Hugos in Denkmal=Bronze
übersetzt, ein tröstendes Kompliment an den eigenen Helden=
muth, ein stolzer Hinweis auf ungebeugte Kraft, ein selbstbe=
wußtes Versprechen, das die Zukunft erfüllen werde.

Wie ganz anders ist die Stimmung, welche das nächste
Monument in der Reihe verkörpert! Es ist dies gleichfalls
eine Bronzegruppe von Mercié, die das Tympanon über dem
Haupteingange des Louvre ausfüllt und „den Genius der
Kunst" darstellt. Ein nackter Jüngling schwebt auf einem
Flügelrosse, das sein Leib kaum berührt, und hält in der Hand
eine weithinleuchtende Fackel hoch empor. Dieses großartige
Werk wurde im 1878er Weltausstellungssommer aufgestellt
und enthüllt. Es ist gleichsam das Titelblatt des Louvre

mit seinen unvergleichlichen Museen; es faßt den Inhalt dieser unschätzbaren Sammlungen von Kunstschätzen in eine Allegorie zusammen, die durchsichtiger und eigenartiger ist als die gewöhnlichen steifleinenen, phantasielosen Schulallegorien; es ruft den Vorüberwandelnden zu: „Kommt Alle, kommt und genießt. Hier kann sich eure Seele aus der Alltagsprosa in die lichten Höhen des Ideals emporschwingen. Tretet ein, hier sind Götter. Introite, hic Dii sunt." Aber dieses edle Werk ist zugleich ein dauerndes Denkmal der Gefühle, die während jenes ersten Ausstellungssommers nach dem Kriege die Bevölkerung von Paris erfüllten. Damals war alles Ungemach des Kriegsjahrs vergessen; jede Wunde, die es geschlagen, war geheilt; man blickte nur noch zurück, um den ungeheuern Weg zu messen, den man seit 1870 auf der Bahn aller Fortschritte zurückgelegt hatte; man sah in dem glänzenden Schauspiele des Marsfeldes und Trocadero eine erste Revanche für die erlittenen Niederlagen und in dem huldigenden Andrang aller Völker zum Gewerbepalast eine Wiederkehr des verloren gewesenen Prestige. Im Festtaumel jener unvergeßlichen Monate war man enthusiastisch, friedlich, großmüthig, kosmopolitisch; man glaubte, alle Menschen zu lieben, und man liebte sie vielleicht auch. Man setzte alle seine Hoffnungen und Erwartungen in die Siege der Kunst und des Gewerbefleißes. Man träumte eine Zukunft des Friedens, der Arbeit, der Gesittung; es sollte Licht werden in der Welt und die Bildung, die Kunst sollte die Leuchte halten. Und damit das Jubeljahr nicht spurlos verrinne, setzte ihm die Regierung ein Denkmal in dem Hochrelief von Mercié, welches die Menschen in den spätesten Zeiten an einen Augenblick erinnern wird, wo in Frankreich blos die Stimme der Bruderliebe und der Aufklärung gehört wurde. Dieses Denkmal ist das erste in Paris, das aus dem engern Kreise nationaler Vorstellungen heraustritt und mitten im unermeßlichen Horizont universeller Gedanken dasteht; es wendet sich nicht an Franzosen, sondern an Menschen; es ruft nicht den Patriotismus, sondern den Humanismus an; es schöpft seinen Vorwurf nicht aus irgend einem örtlichen Geschichtsvorgange, sondern aus dem Gange der Gesittung des Menschengeschlechts.

Wir gelangen nun zu zwei Denkmälern, die wol eine Umkehr vom schwungvollen Kosmopolitismus des Ausstellungsjahres zu den nationalen Interessen Frankreichs, aber darum dennoch keinen Rückschritt bedeuten; es sind nämlich zwei Standbilder der Republik, das eine auf der Place de l'Institut, das andere auf der ehemaligen Place du Château d'Eau, die jetzt Place de la République heißt. Der Winter, welcher der Ausstellung folgte, war reich an fruchtbaren Entwickelungen der innern Politik; das unselige Mac Mahonnat wurde endgiltig abgethan und Grévy zum Präsidenten gewählt; Frankreich fühlte sich zum erstenmale völlig sich selbst wiedergegeben und es versagte sich nicht die Genugthuung, der glücklich veränderten Lage einen monumentalen Ausdruck zu geben: es freute sich, endlich einmal sich offen zu der Republik bekennen zu dürfen, die es acht Jahre lang nur dem Namen, aber nicht dem Wesen nach besessen hatte, und es forderte ungestüm, daß Paris nicht länger einer sichtbaren Huldigung des republikanischen Gedankens entbehre. Um diesem Drängen rasch eine erste Genugthuung zu gewähren, errichtete man zunächst die Statue der Republik auf der Place de l'Institut, eine überlebensgroße Bildsäule aus weißem Marmor, welche die Republik in etwas herkömmlicher Weise verkörpert. Auf einem über zwei Stufen aufsteigenden viereckigen Sockel steht eine jugendliche Frauengestalt in antiker Kleidung, mit der Rechten ein entblößtes römisches Schwert haltend, dessen Spitze nach abwärts gekehrt ist, über der Stirn einen schwebenden Stern. In baulicher Hinsicht ist die Statue von guter dekorativer Wirkung. Wenn man aus dem Haupteingange des alten Louvre tritt, hat man vor sich den Quai, die Seine und die wenig elegante Brücke „des Arts", an deren jenseitigem Ende die halbkreisförmige, in der Mitte mit einer Kuppel gekrönte Schauseite des Instituts von Frankreich aufsteigt. Der Halbkreis, den die Flügel des Akademiegebäudes umfassen, war früher leer, jetzt bildet die neue Statue seinen Mittelpunkt und die blendende Weiße ihres Marmors, welche die Sonne besonders in den Abendstunden mit rosigen Lichtern übergießt, hebt sich leuchtend von dem grauen Hintergrunde der Steinfaçade ab wie ein funkelndes Kleinod vom Sammtgrunde seines Kästchens. Allein diese Wirkung macht das Denkmal eben nur, wenn man es aus der Entfernung und im Zusammenhange mit dem ganzen Bilde des Flusses, der Brücke, der baulichen Umgebung betrachtet; in der Nähe findet man, daß es einigermaßen flau ist. Der Sockel zeigt als einzige Inschrift die Buchstaben „R. F." Die Statue hat eine lässige, ein wenig gelangweilte Haltung. Der Kopf gleicht dem Bilde der Republik, das auf den Silbermünzen zu sehen ist; ein gleichmüthiges, ausdrucksloses Gesicht, das mit wach-träumenden Augen vor sich hinstarrt und um dessen zufriedene Lippen etwas wie der erfreuliche Nachgeschmack eines annehmbaren Diners schwebt. Diese Statue sagt uns nichts und erinnert uns an nichts besonderes. Sie könnte eine beliebige Schulallegorie darstellen. Wenn sie die Republik symbolisirt, so kann es nur die konservative Republik sein, die alle Ueberbleibsel des alten Regimes ängstlich pflegt, sich fürchtet, der Welt mit lauter Stimme ihren Namen zu sagen, und Jedermann förmlich um Verzeihung bittet, daß sie zu existiren wagt. Schon das zurückhaltende „R. F." der Sockelinschrift, die es bei versöhnlichen und begütigenden Anfangsbuchstaben bewenden läßt, um nicht empfindliche reaktionäre Ohren mit dem kühnen Klange des voll ausgesprochenen Wortes zu verletzen, ist für das Denkmal kennzeichnend. Es ist farblos, es bemüht sich, möglichst wenig zu bedeuten, es hütet sich, irgend eine Tendenz hervorzukehren. Es läßt sich wol herbei, die Republik darzustellen, aber es wäre jeden Augenblick bereit, ein Kompromiß einzugehen und im Falle eines Wechsels der Verhältnisse den Rest seiner Tage in einer beliebigen andern Eigenschaft, etwa als Garten- oder Brunnenfigur, als Gerechtigkeit, Weisheit oder andere Tugend zu verleben.

Ganz unvergleichlich großartiger ist die andere Statue der Republik, die auf der Place de la République steht. Die ehemalige Place du Château d'Eau, einer der größten Plätze Europas, war früher bekanntlich von einem ungeheuern und unsäglich geschmacklosen Brunnen verunstaltet, der jetzt beseitigt ist und dessen Stelle eben das neue Denkmal einnimmt. Die Aufgabe, die dem Künstler wurde, war eine solche, in der sich ein Genie bewährt und an der eine ehrbare Mittelmäßigkeit hoffnungslos zu Grunde geht. Es galt ein Werk zu schaffen, das einen fast unübersehbar weiten Raum ohne Regelmäßigkeit und von seltsamen Perspektiven zu schmücken und ganz allein mit seiner eigenen Bedeutung auszufüllen vermöchte. Hier war Platz für jeden Flügelschlag; hier konnte der größte bildhauerische Gedanke sich zur vollen Klafterung ausbreiten. Und das Werk, das aus diesen Bedingungen hervorging, ist wirklich in jeder Hinsicht ein riesenhaftes, ob wir nun seine äußeren Verhältnisse oder seine innere Größe betrachten.

Um die Oede des Platzes zu beleben und das Auge des Beschauers von den nüchternen Formen der Wohnhaus-Architektur zu den erhabenen Gestalten des Monuments hinüberzuleiten, sind ringsherum zahlreiche dekorative Obelisken und Säulen mit Schiffsschnäbeln angebracht. Das Denkmal selbst besteht aus einem hohen runden Unterbau, der sich in einem Absatze verjüngt. Auf dem stufenförmigen Vorsprunge, der so in der Mitte des Sockels entsteht, sehen wir drei sitzende Statuen, welche die drei großen Grundsätze der Revolution, die Freiheit, Brüderlichkeit und Gleichheit, verkörpern. Die „liberté" ist ein wunderschönes Weib, das in der Rechten die eben zerrissenen Fesseln hält, während die Linke eine brennende Fackel schwingt; das jugendliche, energische Gesicht athmet die wildeste Leidenschaft; die Augen sind weit aufgerissen, die Nasenflügel scheinen zu fliegen, der Mund ist halb offen, wie keuchend von der überstandenen Anstrengung der Selbstbefreiung; die „fraternité" sitzt friedlich und beschaulich auf ihrem antiken Stuhl und blickt voll Zärtlichkeit auf zwei nackte Kinder, die sich zu ihren Füßen in holdem Spiel umarmen; die „égalité" endlich hat das Haupt kühn und herausfordernd erhoben, sie stützt die eine Hand auf eine Fahne und hält mit der andern das Dreieck, das alte Sinnbild, mit dem die erste Republik die Gleichheit versinnlichte. Zwischen den drei Frauengestalten sind drei Inschriftenfelder, auf welchen sich die Worte wiederholen: „A la gloire de la République française, MDCCCLXXX, 14 Juillet." Vor dem einen Inschriftenschilde liegt auf einem Vorsprung ein Kolossallöwe aus Bronze, der mit trotzigem Blick ins Weite schaut. Um den Sockel zieht sich zu Füßen der drei Statuen ein Fries von Bronzereliefs hin, welche die hervorragendsten Auftritte der Revolutionsgeschichte Frankreichs darstellen: Camille Desmoulins' Brandrede an die Spaziergänger im Palais Royal; die Erstürmung der Bastille; die Eidesleistung der Nationalversammlung; die Erklärung der Menschenrechte; den heldenmüthigen Untergang des „Vengeur", die Erstürmung der Tuilerien im Jahre 1848 u. s. w. Auf der hohen Plattform des Sockels endlich steht die Statue der Republik, ein stolzes, ruhiges Weib mit übermenschlicher Würde in dem durchgeistigten Antlitz; ihr götterhaftes Haupt schmückt die phrygische Mütze, ihre Linke stützt sich auf eine Gesetzestafel, an ihrem Gürtel hängt ein Schwert, dessen Klinge ruhig

Die neuen Monumente. 247

in der Scheide steckt, die hocherhobene rechte Hand aber hält einen blühenden Oelzweig, das Sinnbild des Friedens.

Wenn man kritisiren wollte, so könnte man sagen, daß die Kolossalstatue der Republik für ihre eigene Breite, für die Massigkeit des Unterbaues und für die Größe des Platzes etwas zu kurz und zu stämmig gerathen ist und daß es einigermaßen unnatürlich wirkt, die Statue der Freiheit mit ihrem illuminirten Antlitz, ihren feuersprühenden Augen und der ungeheuern Leidenschaftlichkeit ihrer Bewegung sitzen zu sehen: die erstere sollte schlanker und höher sein, die letztere müßte unbedingt stehen, doch war dies leider wegen der Symmetrie mit den beiden anderen Statuen nicht auszuführen. Das sind übrigens Einzelheiten, die bei der Großartigkeit des Ganzen kaum in Betracht kommen. Ich kenne in ganz Europa kein einziges öffentliches Denkmal, das so überwältigend wirken würde wie dieses Denkmal der Republik. Es rieseln mir Schauer über den Rücken, wenn ich es betrachte. Welche Größe, welche Erhabenheit, welche gewaltige Fülle des Lebens und der Empfindungen! Diese „liberté" namentlich ist athemraubend in ihrer furchtbaren Schönheit und Leidenschaft. Das ist sie leibhaftig, die zornmüthige Göttin der Freiheit, die sich eben aus der Hölle der Tyrannei ans goldene Tageslicht emporgerungen hat. Wie grüßt sie jubelnd die Sonnenstrahlen! Wie fliegt die hochathmende, jauchzende Brust! Da ist die Fessel, die sie bisher geknebelt hat. Sie ist zerrissen, sie wird gleich weit weggeschleudert sein. Da ist die führende Fackel, die den Nachstrebenden vorausleuchten soll. Immer nach! Immer nach! Und wehe dem, der es wagen wollte, der Göttin in den Weg zu treten! Die Blitze ihres Auges würden ihn verzehren, der Donner ihrer Stimme würde ihn zerschmettern, die geballte Faust würde ihn zermalmen. So ist die Freiheit dem Franzosenvolk erschienen: mit einem ungeheuern Ruck, von dem die ganze alte Welt erbebte, ihre Ketten sprengend: von zahllosen Verfolgern, von dem feudalen Europa in Waffen bekämpft und gehetzt; ihren Widersachern ein furchtbares Antlitz zeigend, ein Grauen ihren Feinden, selbst ihren Freunden eine donnernde, schreckende Göttin. Es war die Tragik der großen Revolution, daß man sie von außen verhindern, daß Europa den Franzosen den ungestörten Ausbau ihrer Freiheit nicht gestatten wollte, daß es sie zwang, sich mit Feuer und Schwert ihre Menschenrechte zu wahren. Ohne das Manifest des Herzogs von Braunschweig wäre Ludwig XVI. nicht aufs Schaffot gestiegen und die Schreckensherrschaft nicht hereingebrochen. Die „liberté" des Monumentes nun ist die richtige Freiheit von 1793. Es ist etwas von Guillotine in ihren Augen, es ist terreur in ihren fliegenden Nüstern; es ist die Freiheit, die vierzehn Armeen an die Grenzen schickt und alle feindlichen Tyrannen auf ihren Thronen bedroht. Aber diese Freiheit ist eine geschichtliche Erinnerung ohne Aktualität. Die heutige Republik ist, wie sie das bronzene Götterweib da oben versinnlicht: ruhig im Bewußtsein ihrer Riesenstärke, stolz und unbekümmert um die Widersacher ihre phrygische Mütze zur Schau tragend, Schwert in der Scheide, Oelzweig in der Hand, eine Republik des Friedens, der Arbeit, des Fortschrittes . . .

Die neuen Monumente. 249

Dieses Monument kann nicht übertroffen, kann schwerlich erreicht werden. Ein Denkmal, das kurz nach dessen Errichtung enthüllt wurde, verschwindet daneben, trotzdem es an sich schön und ausdrucksvoll ist. Es ist dies der „Löwe von Belfort" auf der Place d'Enfert-Rochereau, dem Andenken des heldenmüthigen Vertheidigers von Belfort, des Obersten Denfert-Rochereau gewidmet. Das Denkmal ist, was sein Name sagt: ein eherner Kolossal-Löwe mit einer Inschrift auf dem Sockel, die seine Bedeutung erklärt. Auch der „Löwe von Belfort" ist für die herrschenden Anschauungen charakteristisch. Unter dem Empire hätte man dem Vertheidiger einer Festung eine Porträtstatue, nicht einen symbolischen Löwen errichtet. Heute gibt man der Huldigung eine unpersönliche Form; man feiert nicht blos den Kommandanten, sondern auch die Soldaten und die Bürger, die er befehligte. Man hatte Gelegenheit, eine der üblichen Bildsäulen eines schönen Militärs in Uniform aufzustellen, und man zog es vor, ein heraldisches Thier zu gießen, welches das Volk bedeutet. So beobachten wir im heutigen Paris, im heutigen Frankreich auf Schritt und Tritt den Durchbruch des demokratischen Gedankens.

Die Reihe der fünf Monumente, die ich im Vorstehenden geschildert, hat die Bedeutung einer Renaissance in der großen, monumentalen Kunst. Diese im ersten Jahrzehnt der dritten Republik entstandenen Denkmäler sind ihrem Gedanken und ihrer Ausführung nach republikanisch. Sie stellen vaterländische und allgemein menschliche Gedanken, nicht Personen dar. Sie geben die Ehren des offenen Marktes Tendenzen, nicht Individualitäten. Sie sind Axiome und Glaubensbekenntnisse, nicht Komplimente. Es umwittert sie nicht mehr der Parfüm eines Hofes oder einer Kaserne, sondern der Athem des ganzen Volkes.

Dalous Triumph der Republik.

Das zweite Jahrzehnt der dritten Republik hielt in künstlerischer Beziehung nicht ganz, was das erste versprochen hatte. Man verfiel theilweise wieder in die alten Irrthümer. Man feierte wieder Personen, nicht Allgemeinheiten. Allerdings Personen, die im Gedächtnisse der Menschen nicht als Zerstörer und Blutvergießer, sondern als Kämpfer für Fortschritt und Aufklärung, als friedliche Helden des Gedankens leben. Eine ganze Bevölkerung von Bildsäulen wuchs aus dem Pflaster der Straßen und Plätze empor. Voltaire, Diderot, Shakespeare, der große Kunsttöpfer Bernhard de Palissy der Buchdrucker und Aufklärungs-Blutzeuge Dolet, der Anthropologe Broca, noch kleinere Lichter erhielten ihre Denkmäler. Mit der Vervielfältigung der Statuen ging ein stetiges Sinken ihres Kunstwerths Hand in Hand und einige von ihnen sind nur noch Handwerker-Arbeiten und als solche nicht einmal besonders löblich.

Aber selbst solche Werke, zu denen ein großer Anlauf genommen wurde, wie das Denkmal Gambettas im Hofe des Louvre, sind kläglich mißrathen. Besonders dieses Gambetta-

Monument ist das schlechteste, das Paris überhaupt besitzt. Eine unförmliche abgestutzte Pyramide aus grobkörnigem Stein, dessen Seiten von oben bis unten mit bogenlangen Inschriften, Auszügen aus Gambettas Reden, bedeckt sind. Eine Steingruppe mit Gambetta im Mittelpunkt, an eine der Seiten der Pyramide geklebt, in unglücklicher Perspektive allseitig bis zur Verzerrung sämmtlicher Formen verschoben, ausdruckslos grau auf grauem Grund und schon aus kurzer Entfernung nicht zu unterscheiden. Auf der Spitze der Pyramide ein geflügelter Löwe, der nicht etwa emporfliegt, wozu er doch die Flügel hat, sondern mit äußerster Anstrengung hinaufklettert und völlig erschöpft und keuchend ankommt, eine Thier-Karikatur, eine Satire auf die unfruchtbare Phantasie von Künstlern, welche die verschiedenen Klassen des Thierreichs ungeheuerlich zusammenkuppeln, ohne mit der widernatürlichen Vermischung etwas Lebensfähiges hervorzubringen. Auf dem Rücken dieses beflügelten Kriechers eine unverständliche Frauengestalt mit unverständlichen Beigaben. Am Fuße der Pyramide zwei häßliche nackte Riesenfrauenzimmer, bronzene Köchinen von monumentalen Verhältnissen, die im Begriffe scheinen, ein Bad zu nehmen, das ihnen nur von Vortheil sein kann. Das Ganze ein Zeugniß seltener Schaffens-Unkraft, eine nichtssagende Häufung von unzusammenhängenden Menschen und Dingen, ausdruckslos trotz der vielleicht sehr beredten Leitartikel, welche an den Seiten der Pyramide vergebens Leser anrufen.

Ungleich werthvoller, wenngleich auch nicht ganz befriedigend, ist der "Triumph" der Republik" von Dalou, dessen

Errichtung auf der Place de la Nation mit der Weltausstellung von 1889 zusammenfällt.

Die „Place de la Nation" liegt im äußersten Osten von Paris. Auch hier, wie in London und Berlin, ist der Westen die vornehme Weltgegend, der Osten folglich das Gegentheil. Dort sind die Vorstädte der Arbeiterbevölkerung. Dort wimmelt das Proletariat des Faubourg St. Antoine. Es ist eine rührende Sorge der französischen Republik, sowol in der Staats- wie in der Pariser Stadtverwaltung, daß sie ihre prächtigsten Kunstschöpfungen nicht in die Zierplätze der reichen Stadttheile, sondern mit Vorliebe in die ärmsten Viertel stellt. In allen anderen europäischen Großstädten haben Denkmäler in Stein und Erz Paläste zum Rahmen. Hier erheben sie sich vielfach inmitten dürftiger Miethhäuser mit schäbigen Kramläden und schmalen Fenstern, aus denen wie aus hohlen Augen die Noth starrt. Man trägt hier gern den Prometheusfunken der Schönheit unter die Armen und Elenden und speist sie einstweilen mit ästhetischen Genüssen, in der Erwartung, daß später einmal eine anders eingerichtete Gesellschaft ihnen auch das tägliche Brod reichen werde, das sie heute nicht immer erlangen können.

Auf dem entlegenen Platze der Nation also hat man Dalou's „Triumph der Republik" errichtet. Es ist eine gewaltige Gruppe, die eine große Auswahl des Herrlichsten bietet, was die drei Naturreiche und die geschickte Menschenhand hervorbringen: Männer, Löwen, Fackeln, Frauen, Prunkwagen, Arbeitsgeräth, Kinder, Szepter, ganz, halb und gar nicht bekleidete Gestalten, Blumen, Früchte, Alles, was des Menschen Herz erfreut. Man findet diese Aufzählung vielleicht ein bischen chaotisch, aber auf dem Denkmal herrscht auch nicht viel mehr Ordnung. Es ist eben tumultuös und phantastisch, wie seine Schilderung gleich zeigen soll.

Den Uebergang vom Gemeinplatz (im buchstäblichen Sinne des Wortes) zu der Kunstschöpfung, die den Beschauer aus dem Alltagsleben ins Ideale emporraffen soll, vermittelt ein elliptischer Unterbau aus weißem Marmor, aus dem vier starke tragsteinartige Gräten hervortreten. Dieser Unterbau verjüngt sich rasch nach oben und formt mit schiefen Flächen, Wülsten, kräftig eingezogenen Kehlungen und Gesimsleisten ein reiches, charaktervolles Profil. Vorn ist er mit einem barock umrahmten gewölbten Schilde belegt, der die Inschrift „République française" trägt und um den sich ein Band mit den Worten „Liberté, Egalité, Fraternité" schlingt. Palmzweige, Eichen= und Lorbeerblatt=Gewinde, flatternde Bandstreifen, mit Nachahmung der Metalltechnik scheinbar angenagelte Kartuschen, auf denen nochmals die Zauberformel „Freiheit, Gleichheit, Brüderlichkeit" erscheint, schmücken außerdem noch den Unterbau, der dadurch etwas überladen und um die Klarheit seiner schönen Aufrißlinie gebracht wird.

Auf dem Sockel steht ein zweiräderiger Triumphwagen, an dessen Deichsel zwei gewaltige Löwen gespannt sind und aus dessen Mitte sich eine etwas kurze und dicke Säule mit jonisirendem Kapitäl erhebt. Auf der Säule ruht eine Kugel und diese trägt eine schlanke, jugendliche Frauengestalt, das

Haupt mit einer diskret ansteigenden phrygischen Mütze bedeckt, der rechte Arm und die geöffnete Hand mit gespreizten Fingern ausgestreckt, die linke Hand auf ein Liktorbündel ohne Beil gestützt, der Oberleib bis auf eine über die rechte Schulter zur linken Hüfte übergeworfene Schärpe entblößt, der Leib sonst mit einem losen Gewande bekleidet, das mantelförmig, wie beim Apoll von Belvedere, vom rechten Arme hängt, in kapriziösem Faltenzug um die Beine flattert und zur Seite der nackten Füße als reiche Schleppe über die Kugel hinabfließt.

Auf dem rechten Löwen des Gespanns reitet seitlings, nach Frauenart, ein nackter Jüngling, der in der Rechten eine flammende Fackel hochhebt und mit schroffer Wendung des Oberkörpers und Kopfes zu der Frauengestalt auf der Kugel emporblickt. Rechts vom Triumphwagen, wuchtig zu ihm geneigt und die Linke gegen sein Rad drückend, schreitet ein herkulischer Mann mit nacktem Oberleib und einem Schurzfell um die Lenden, der einen schweren Hammer schultert; links begleitet den Wagen eine junge Dame mit ausgeschnittenem Kleide, das üppige Reize enthüllt, und greift mit der Rechten schiebend ans Rad, während die das Kleid ein wenig aufraffende Linke ein Szepter hält. Hinter dem Wagen steht eine splitternackte weibliche Gestalt, die Früchte und Blumengewinde auszustreuen scheint. Drei oder vier nackte kleine Bengelchen treiben sich zwischen den Erwachsenen umher, drängen sich vorn an die Löwen, hinten an die Früchtespenderin und suchen sich nach Kinderart mit wichtiger Miene nützlich zu machen, indem sie allerlei Gefäße, Bücher, Blumenvorräthe und ähnlichen Kram tragen. Die Häufung der wimmelnden Gestalten bildet stellenweise ein förmliches Durcheinander, in welchem die Durchsichtigkeit und mit ihr die Deutlichkeit verloren geht, so daß man z. B. den Aufbau des Triumphwagens und der aus ihm hervorwachsenden Säule nicht recht verfolgen kann.

Das Kunstwerk sucht nicht nur plastisch, sondern auch farbig zu wirken. Die Gestalten sind aus Bronze, manches Beiwerk ist vergoldet und die blinkenden Metallmassen treten in kräftigem Gegensatz aus dem weiß schimmernden Marmor-Unterbau hervor.

Die Schöpfung Dalou's enthält eine Fülle schöner Einzelheiten; die naturalistisch modellirten Löwen, die Landseers, Baryes oder Cains würdig wären, sind Urbilder gewaltiger, aber zur Ruhe gebändigter und nutzbar gemachter Kraft; die kleinen Jungen sind allerliebste Bürschchen, deren stramme Nacktheit jedes Mutterauge entzücken muß und die in Bewegungen von reizender Natürlichkeit trippeln, Gegenstände schleppen und zu den Großen aufschauen. Die beiden Gestalten zur Seite des Wagens, der robuste Arbeiter mit dem Hammer und die vollbusige Frau mit dem Szepter, sind peinlich wahr gearbeitete Menschen, unter deren Haut lebendige Muskeln schwellen und wirkliches Blut rollt, und die Frau auf der Kugel hat Hoheit in der Haltung des Kopfes und schlanken Halses. Freilich sind selbst die Einzelheiten nicht durchweg einwandfrei. Das nackte Weib, das hinter dem Triumphwagen Blumen und Früchte ausstreut, hat einen Rücken von einer Geradheit, die bei Hans Virchow, welcher die normalen Krümmungen der Wirbelsäule bei den verschiedenen Menschenrassen eingehend studirt hat, großes Kopfschütteln erregen würde, und der Jüngling, der auf dem Löwen reitet, scheint, von der linken Seite gesehen, gar keine Mitte zu besitzen, sondern aus einem Oberkörper und zwei Beinen zu bestehen, die durch einen gedrehten Lappen schwach zusammengehalten sind.

Ueber diese, ich gebe zu, etwas kleinlichen Einwendungen wäre indeß wol hinwegzukommen, wenn man ihnen nicht einen großen Einwand hinzuzufügen hätte. Wie verdienstlich auch die Einzelheiten sein mögen, das Ganze ist ein gewaltiger ästhetischer Irrthum.

Es erfüllt mich mit tiefem Bedauern, daß ich dies aussprechen muß, denn Dalou ist eine der anziehendsten und achtunggebietendsten Künstler-Erscheinungen dieser Zeit. Seine Anfänge waren so hart, daß jedes schwächere Talent unter solchen Umständen unterlegen wäre. Für die Freiheit, die Aufklärung, den Fortschritt in jeder Form begeistert, schloß er sich 1871 der Pariser Kommune an, als er in ihr die Vertheidigerin der Republik gegen die Anschläge der Reaktion zu sehen glaubte. Nach den blutigen Maitagen gelang es ihm, in England eine Zufluchtstätte zu finden. Wäre er damals in die Hände der Versailler gefallen, Frankreichs Kunstgeschichte wäre vielleicht um einen ruhmreichen Namen ärmer. In London machte er jahrelang Porträt-Büsten und -Medaillons, welche die Aufmerksamkeit der Kenner erregten. Er fristete mit diesen Arbeiten nothdürftig das Leben und widmete das Beste seiner Zeit und seines Könnens der Vorbereitung großartiger skulpturaler Verherrlichungen der französischen Revolution, deren monumentale Ausführung er damals kaum träumen durfte. Die Amnestie öffnete ihm die Grenzen seines Vaterlandes wieder, er eilte nach Paris und überraschte die Welt im Salon 1884 mit dem Hochrelief „Die Generalstaaten im Ballspielsaale von Versailles", das ohne einen Laut des Widerspruchs den Ehrenpreis des Salons erhielt und seinem Urheber sofort einen ersten Rang in der Reihe der französischen Bildhauer verschaffte, die doch so glänzende Namen wie Mercié, Falguière, Barrias, Morice, Chapu u. s. w. enthält. Die Stadt Paris beeilte sich, Dalou mit der Ausführung seines Meisterwerkes im Großen zu beauftragen, und ließ die herrliche Schöpfung in Bronze gießen. Nun hatte er den Erfolg, den Ruhm, die amtlichen Ehren, er wurde aber den Idealen seiner Jugend darum nicht untreu. Mit dem Bändchen der Ehrenlegion geschmückt, ein einflußreiches Mitglied der Salon-Jury, voraussichtlicher Kandidat für die nächste freie Stelle eines Bildhauers in der Akademie der schönen Künste, ist er der alte wilde Republikaner geblieben, dem selbst noch die Flinte des Kommunards ein zulässiges Ausdrucksmittel politischer Ueberzeugung scheint, und verherrlicht mit Vorliebe revolutionäre Vorgänge und Menschen. Im 1885er Salon hatte er neben einem „trunkenen Silen auf dem Esel, von Bacchantinen umgeben", eine Bronzestatue des ewigen Verschwörers Blanqui, bestimmt, dessen Grabmal auf dem Montmartre-Kirchhof zu schmücken; 1887 stellte er eine Büste Rocheforts aus, der damals noch nicht Boulangist war, u. s. w.

Sein künstlerisches Temperament hat Dalou zugleich von den französischen Bildhauern des achtzehnten Jahrhunderts und von den Italienern des Cinquecento geerbt. Die anmuthige Schalkhaftigkeit, die Clodion blos in niedlichen Thonschöpfungen entfaltete, die kühne und elegante Bewegung, die Pigalle dem Marmor zu geben wußte, findet sich bei Dalou zugleich mit der treuen Naturbeobachtung eines Donatello oder Sansovino, mit dem Streben jener Florentiner und Venezianer vereinigt, die Wahrheit, die ganze Wahrheit und nichts als die Wahrheit zu sagen. Dalou ist in seinem Wollen und Können der unmittelbare Nachkomme jenes erstaunlichen Carpeaux, dessen Marmorgruppe „der Tanz" an der Oper das letzte Wort der bildhauerischen Beherrschung des Steins und der Wiedergabe üppigen, heißen Lebens ist, und jenes titanisch leidenschaftlichen Rude, dessen „Auszug der Krieger" auf dem Triumphbogen die dröhnenden Wölbungen dieses stolzen Baues mit dem Widerhall flammender vaterländischer Schlachtlieder zu erfüllen scheint.

Der „Triumph der Republik" zeigt diese Vorzüge Dalous. Aber nur in den Einzelheiten. Der Mann mit dem Hammer würde Rude keine Schande machen. Der Eleganz der Frau auf der Kugel, der jähen Wendung des Jünglings auf dem Löwen würde Pigalle Beifall klatschen. Freilich, der Frau mit dem Szepter, der nackten Gestalt hinter dem Triumphwagen merkt man es andererseits an, daß Dalou Rubens zu viel angesehen hat. Bei der Arbeit scheinen ihn Erinnerungen an die unglückseligen 22 Riesenbilder der „großen Galerie" des Louvre verfolgt zu haben, die Rubens für den Luxembourg=Palast der Katharina von Medicis gemalt hat. Ich weiß wol, daß alle ledernen und steifleinenen Professoren der Kunstgeschichte, die für ihre schulgerechte Begeisterung Staats=gehalt beziehen, diese Gemälde wissenschaftlich bewundern, mit Fußnoten, reichlichen Zitaten und Quellenangaben. Mir aber sind sie ein Greuel mit ihren schweren Frauenzimmern, für die der solideste Eichenstuhl gerade stark genug wäre und die auf krausen Wölkchen in Grau und Rosa schweben, und mit ihrem heroisch nackten, allegorisch verwursteten Heinrich dem Vierten, auf dessen Leib eines mythologischen Helden der realistische spitzbärtige Graukopf geradezu anstößig wirkt.

Die große Sünde Dalous ist die, daß sein „Triumph der Republik" — wie ja die Rubens=Serie auch — eine Allegorie ist. Es besteht ein Zwiespalt zwischen der Er=scheinung und dem Sinne, den er in sie hineingedeutet haben möchte. Was er sagen wollte, ist dieses: „Die Republik stützt sich auf die Arbeit und die Gerechtigkeit; sie verbreitet Ueber=fluß im Volk und führt dieses mit unwiderstehlicher Kraft beim Lichte der Aufklärung die Bahn des Fortschritts ent=lang." Das ist eine Leitartikel=Phrase oder ein Satz aus der Bankett=Rede eines Dutzendpolitikers. Ein Vorwurf für eine bildhauerische Schöpfung ist es nicht. Was Dalou wirklich dargestellt hat, ist denn auch nicht nothwendig jener aschgraue politische Gemeinplatz.

Nehmen wir an, ich habe nicht gelesen, welches Thema dem Denkmal untergelegt ist; ich bin ja nicht verpflichtet, mich durch Zeitungslektüre auf seine Betrachtung vorzubereiten. Ich blicke es also mit unbeeinflußten Augen an. Was ich dann wirklich sehe, ist dieses: ein schönes Frauenzimmer, das nach der Art von Zirkus-Akrobaten auf einer Kugel steht und den Arm seitlich wegstreckt, um in der schwierigen Stellung das Gleichgewicht zu bewahren; ein schwerer Wagen, der im Kothe stecken geblieben zu sein scheint und den ein Mann und eine Frau fortzuschieben bemüht sind, aber etwas zerstreut, mit geringem Eifer; ein Bursche, der das Löwengespann lenken soll, aber anscheinend den Weg nicht kennt und sich fragend zur Seiltänzerin umwendet, wobei er die Fackel hochhebt, die wol bestimmt ist, den offenbar sehr schlechten, tief aufgeweichten Weg zu beleuchten. Das Ganze hat weder Sinn noch Verstand und macht den Eindruck eines unzusammenhängenden Traumgesichts oder des Phantasiegebildes eines Delirirenden.

Dalou ist an der ihm gestellten Aufgabe gescheitert, weil er an ihr scheitern mußte. Sie geht eben über die Grenzen seiner Kunst hinaus. Man kann die unsinnlichen abgezogenen Gedanken, welche das Denkmal verkörpern soll, ebensowenig mit den Mitteln der Bildhauerei wie etwa mit denen der Musik allein, ohne Hilfe des Wortes, ausdrücken. Wer schreibt doch einen neuen Laokoon, um begabte Künstler von dem unseligen Irrthum zu heilen, als könnten die bildenden Künste Abstraktionen ausdrücken! Diese Künste haben die Aufgabe, sinnliche Erscheinungen aus der Welt des Stoffes nachzubilden. Eine Allegorie ist aber die widersinnige Einkleidung einer Abstraktion und eine Abstraktion ist der gerade Gegensatz der sinnlichen Erscheinung. Sie ist ein seelischer Vorgang, der darin besteht, daß man von einer sinnlichen Erscheinung einen einzigen, ihr eigenthümlichen Zug absondert und aus diesem einen Zuge, der in der Wirklichkeit niemals für sich allein, immer nur an eine körperliche Erscheinung gebunden vorkommen kann, eine neue Vorstellung bildet, die mit der Erscheinung, der sie entnommen ist, nichts mehr gemein hat. Ein Beispiel wird dies auch demjenigen Leser klar machen, der sich nie mit philosophischen Fragen beschäftigt hat. Die Vorstellung der „Bewegung" ist eine Abstraktion. In der Wirklichkeit gibt es Menschen, Thiere, Dinge, die sich bewegen. Der ihnen allen gemeinsame, für die Erscheinung der Bewegung bezeichnende Zug ist die Aenderung ihrer Stellung im Raume. Bewegung an sich, losgelöst von einem sich bewegenden Körper, gibt es in der Wirklichkeit nicht. Ich kann mir die Bewegung im Geiste vielleicht vorstellen, obgleich es sehr die Frage ist, ob ich nicht unwillkürlich und halb unbewußt mit der Vorstellung der abstrakten Bewegung auch die schattenhafte Vorstellung eines wirklichen sich bewegenden Körpers, eines rollendes Rades, eines Paares ausschreitender Beine oder dergleichen verbinde. Wie soll ich aber die Abstraktion der Bewegung bildhauerisch oder malerisch darstellen? Ich kann dann höchstens einen sich bewegenden Gegenstand malen oder formen, also einen konkreten Fall von Bewegung, das heißt das gerade Gegentheil der Abstraktion der Bewegung.

Wenn man diese Grundbegriffe übersieht, wenn man vergißt, daß Malerei und Bildhauerei Künste sind, welche nur das dem Auge und dem Tastsinne Wahrnehmbare darstellen können und schlechterdings nichts Anderes, weshalb soll nicht ein Bildhauer einmal auf den Einfall gerathen, etwa den pythagoräischen Lehrsatz plastisch darzustellen? Eine willkürliche allegorische Einkleidung wäre ja nicht schwer zu ersinnen. Ich würde z. B. die Sache so vortragen: Auf eine Marmorplatte wird ein rechtwinkeliges Dreieck gegraben. In der Mitte der beiden Katheten steht je eine halbwüchsige Mädchengestalt, die meinethalben nackt und so anmuthig sein kann, wie man will; ein Rosengewinde schlingt sich von der einen zur andern und deutet — in der beliebten Symbolik — die Addition dieser beiden Größen an; jede erhebt etwas zaghaft bis zur Haupteshöhe eine, wenn es dem Bildhauer beliebt, nach Tamburin=Art mit kleinen Schellen heiter geschmückte viereckige Platte, die natürlich das Quadrat bedeutet. Auf die Hypothenuse setzt eine sehr viel größere und stärkere matronenhafte Frau entschlossen den Fuß und zeigt eine entsprechend größere viereckige Platte mit dem Ausdruck des Triumphs zu den beiden verschüchterten jungen Geschöpfen hinüber; ihr Quadrat ist ja gleich der Summe des Quadrats der beiden Backfische!

Nicht wahr, eine solche Gruppe wäre toll, obschon der Bildhauer die einzelnen Gestalten ja sehr schön machen könnte? Nun, sie wäre kaum toller als der „Triumph der Republik". Die Republik ist eine Abstraktion, wenn man sie auch herkömmlich in einer Frauengestalt verkörpert. Ihr Triumph ist es erst recht. Er eignete sich zur bildhauerischen Darstellung nicht mehr als etwa der pythagoräische Lehrsatz oder das Sprichwort: „Aller Anfang ist schwer."

In seinem Relief „Die Generalstaaten" zeigt Dalou

Mirabeau, wie er dem Marquis von Dreux-Brézé mit gebieterisch hinausweisender Armbewegung die bekannten Worte zuruft: „Gehen Sie zu Ihrem Herrn und sagen Sie ihm, daß wir durch den Willen des Volkes hier sind und nur der Gewalt der Bajonnete weichen werden." In diesem Auftritte verkörpert sich der Grundgedanke der großen Umwälzung: die Betonung der Souveränetät des Volkes gegenüber der Souveränetät eines Herrschers. Dalou drückte thatsächlich den abstrakten Grundgedanken der Revolution aus, als er diesen bedeutsamen Auftritt aus der Fülle der geschichtlichen Ereignisse herausgriff und darstellte.

Gäbe es einen Vorgang, der ähnlich sinnfällig den „Triumph der Republik" verkörperte, so hätte Dalou diesen Vorgang darstellen müssen. Gibt es ihn aber nicht — und ich glaube, es gibt ihn nicht —, so durfte Dalou eben nicht versuchen, einen so abstrakten Gedanken wie den „Triumph der Republik" zu versinnlichen. Er that es dennoch und beging damit einen schweren künstlerischen Mißgriff. Das Denkmal auf der Place de la Nation zeigt, daß Dalou ein großer Bildhauer ist, aber auch, daß man nicht ungestraft einer Kunst Aufgaben zumuthet, die zu lösen sie keine Mittel hat.

Von der Madeleine zur Bastille.

Vier Uhr Nachmittags. Vom wolkenlosen, wunderbar blauen Himmel brennt trotz der etwas vorgerückten Jahreszeit eine glorreiche Sonne herunter. Es ist einer jener herrlichen Pariser Herbsttage, die eigentlich verirrte Sommertage zu sein scheinen. Welch ein Leben denn auch in den Straßen! Wie sich alle Welt beeilt, die Sonnenwärme, die milde Luft, die Himmelsbläue zu genießen! Wir sind vor der Madeleine. Rechts und links die Flucht unabsehbarer Boulevards, vor uns die Rue Royale mit der Place de la Concorde und der abschließenden Säulenhalle des Palais Bourbon in der duftigen fernen Perspektive. Die Platanen und Roßkastanien der Boulevards, die während der heißen Sommermonate welk und dürr waren, sind jetzt mit maienfrischem, köstlich zartem Laub und zum Theil sogar mit jungen Blüthen bedeckt. Sie haben einen zweiten Frühling erlebt. Die Rue Royale ist von einem Gewimmel eleganter Wagen gefüllt, die sich in vielreihigem, ununterbrochenem Zuge nach dem Bois begeben oder daher zurückkehren. Die Herren auf den Bürgersteigen tragen meist noch Sommerkleider, lichte Pantalons, aufgeknöpfte

Ueberröcke; alle haben ein Blumensträußchen im Knopfloche. Die Damentoiletten zeigen vorherrschend dunkle Farben, doch gibt es auch noch genug hellere Roben, die sich zum letztenmal aus schöne Sonnenlicht hervorwagen, ehe sie zum Winterschlaf in die Schränke wandern.

Da ist der Standplatz der Omnibus, die von der Madeleine zur Bastille fahren. Keine angenehmere Art, einen warmen Pariser Herbstnachmittag zu genießen, als eine Fahrt über die großen Boulevards auf dem Verdecke dieser Omnibus! Also nicht gesackelt und rasch hinauf.

Es gibt zwei Gattungen dieser Wagen: kleinere und größere; diese sind ungeheure Fahrzeuge, die von drei schweren, muthigen Hengsten gezogen werden und für vierzig Personen bequeme Plätze haben; die Imperiale, zu welcher eine gute Treppe emporführt, ist auch Damen zugänglich, während auf den Omnibus alter Form diese Abtheilung, die man nur unter Entwickelung sehenswerther Kletterkünste erreichen kann, naturgemäß dem stärkern Geschlechte vorbehalten ist. Die Linie Madeleine-Bastille wird von den Monstre-Omnibus befahren.

Drei Wagen stehen in einer Reihe hintereinander. Der erste ist gefüllt und wird gleich abfahren. Auf der Imperiale des zweiten sind noch einige Plätze frei. Ich beeile mich, einen derselben einzunehmen. Mein Nachbar zur Rechten ist ein Fremder, offenbar ein Engländer, der mit seinem Reise= führer vor sich auf dem Schoße sichtlich eine Rekognoszirungs= fahrt durch Paris unternimmt. Zur Linken habe ich einen jungen Menschen, der mit etwas affektirter und zugleich vul=

gärer Eleganz gekleidet ist: bunte Kravate, rothe Handschuhe mit dicken schwarzen Steppnähten auf dem Handrücken, winziger Hut, lichte Weste unter dem Röcklein mit den zurückfließenden Schößen; wol ein Commis in irgend einem Modeladen; sein Nachbar ist sein gerader Gegensatz: dick, roth im Gesicht, altfränkisch; mit breiten, plumpen Schuhen an den Füßen, kurzen Beinkleidern, einem langen stahlblauen Rock, einem Foulard um den Hals und einem erstaunlichen Zylinder aus dem Kometenjahre 1836 auf dem Kopfe. Die Beiden sprechen angelegentlich miteinander. Der Junge ist heiter, degagirt, der Alte ernst, fast feierlich. Ein Onkel aus der Tiefe einer entfernten Provinz, der sich von seinem hier angestellten Neffen Paris zeigen läßt. Hinter mir endlich, Rücken an Rücken mit unserer Reihe, sitzen zwei Kassendiener irgend einer Bank im bekannten blauen Fracke mit Metallknöpfen, Dreispitz auf dem Kopf, an einer mit dem Rocke verknüpften Messingkette das große, dickbäuchige Portefeuille.

„Wirds bald oder läßt man uns noch lange hier Mücken schlucken?" grollt der ehrbare Provinziale.

„Schreiben Sie dem Schaffner ein Liebesbriefchen, vielleicht rührt das sein Herz," antwortet der junge Mensch und lacht dazu. Der Unglückliche glaubt offenbar, einen Witz gemacht zu haben!

Was muß man für verschlossenen Sinn haben, um die Minuten der Erwartung hier oben langweilig zu finden! Das Panorama ringsum ist herrlich, das Getümmel bunt und sinnverwirrend. Hier schwärmt eine Schaar junger Mädchen, die den Spaziergängern Veilchenbouquets anbieten.

Da lärmen Rudel von Kolporteuren radikaler Blätter, welche zu Dutzenden die der Abfahrt harrenden Omnibus umkreisen, in hundert Modulationen die Titel ihrer Journale brüllen und an langen Stangen Exemplare derselben auf die Imperiale heraufreichen, zur großen Genugthuung des Onkels aus der Provinz, der angesichts dieser Stangen entzückt ausruft: „Reizende Erfindung! Sehr sinnreich!" und nach einiger Zeit mit einem andächtigen Seufzer hinzufügt: „Für diese Dinge gibt es nur ein Paris." Ueber den Weg, auf dem jenseitigen Trottoir, stehen zwei Reihen eiserner Stühle, die von elegant gekleideten ältlichen Damen mit kunstvollen grauen Schläfenlocken eingenommen sind. Diese Damen kommen an jedem schönen Nachmittag hierher, um eine Stunde lang den Staub der Straße und das Ammoniak der Gosse zu athmen, die schönen Leute durch ein goldgefaßtes Binocle mit langem Stiel, „face à main" genannt, zu betrachten und ihre Freunde zu empfangen, welche um die gewohnte Stunde hier vorüberkommen, um sie zu grüßen. Es ist eine Art Salon in freier Luft, der manchen dieser ältlichen Habituées einen eigenen Empfangstag mit seinen Umständlichkeiten und seiner Gespreiztheit erspart. Und so wird da unter dem schönen blauen Himmel flott geschwatzt und geklatscht und minaudirt und kritisirt und die Herren hüpfen um die Stühle der trotz ihrem Alter mit größter Lebhaftigkeit gestikulirenden Damen herum, daß es von unserem Platz auf der Imperiale höchst putzig anzusehen ist.

Der Wagen vor uns ist abgefahren und wir sind nun die ersten in der Reihe. Ein junger Arbeiter in blauer Blouse und seidener Schirmmütze, die kurze Gypspfeife im Munde, steigt die Treppe herauf und will den Platz neben dem Engländer einnehmen. Dieser hat die Beine lang von sich gestreckt und rührt sich nicht, während der Arbeiter vor ihm steht und die Mütze berührend sein stereotypes „D'mande pardon!" murmelt. Er wiederholt nachdrücklicher „J'd'mande pardon, M'sieur!" aber der Engländer bleibt unbeweglich, worauf ihm der Arbeiter ohne weitere Zeremonie über die Beine stolpert und sich mit Gewicht auf den freien Platz hinsetzt, nicht ohne sich mit dem Ellenbogen etwas breit zu machen und den Nachbar ein wenig zu drücken.

Ein neuer Wagen kommt an und nun soll sich der unsrige in Bewegung setzen. Ein Beamter tritt aus dem Omnibusbureau heraus und ruft uns zu: „Pas de correspondance?" Es handelt sich um die Umsteigekarten, mittels deren man um den einfachen Fahrpreis zwei verschiedene, einander kreuzende Omnibuslinien befahren kann. Da Niemand von uns eine solche Karte hat, so gibt der Beamte dem Schaffner das Zeichen zur Abfahrt und tritt ins Bureau zurück. In diesem Augenblicke kommt ein Mädchen mit einer Handtasche, dem ein ältlicher Herr folgt, rasch herbei und fragt hastig den Schaffner: „Haben Sie noch einen Platz?"

„Einen, auf der Imperiale."

Das Mädchen steigt eilig die Treppe herauf, während der ältliche Herr, der mit ihr erschienen ist, etwas verblüfft den Wagen umkreist und ihr schließlich winkt, wieder herabzukommen und im nächsten Omnibus Platz zu nehmen. Das Mädchen erröthet ein wenig, wendet aber den Kopf weg, ohne eine Antwort zu geben. Der Wagen beginnt zu rollen und der Herr sieht ihm einen Augenblick lang mit drolliger Unschlüssigkeit nach. Plötzlich eilt er zur nahen Droschkenstation, besteigt einen Wagen und gibt dem Kutscher offenbar den Auftrag, dem Omnibus zu folgen.

Um mich schwirren die Stimmen aller Nachbarn, deren Redefluß keinen Augenblick lang stockt. Die Kassendiener hinter mir theilen sich die Adressen ihrer Weinhändler mit. Der Neffe beginnt dem Onkel die Sehenswürdigkeiten des Boulevards zu erklären, der Engländer öffnet sein Buch und kontrolirt dessen Angaben, das Mädchen wirft von Zeit zu Zeit einen Blick auf die Droschke, die dem Omnibus folgt, und kehrt sich dann mit erheuchelter Gleichgiltigkeit wieder ab.

„Was kostet hier ein solches Haus?" fragt plötzlich der Onkel, indem er einen großen Steinbau an der Ecke der Rue Caumartin bezeichnet. Der Neffe schweigt verlegen und stottert erst nach einer Weile: „Das weiß ich nicht genau."

„Wie, das weißt du nicht genau?" bemerkt der Onkel streng. „Und du behauptest, dein Paris wie deine Westentasche zu kennen!"

Der Ehrgeiz des jungen Mannes ist gestachelt. Ohne länger zu schwanken, bringt er mit einer heldenmüthigen Seelenanstrengung folgende überraschende Antwort hervor: „Es war nur eine kleine Zerstreutheit, Onkel, ich erinnere mich jetzt, daß das Haus unlängst um 1 615 000 Fr. an eine Bank verkauft worden ist."

„Oh la la!" erwidert der Onkel und ist sichtlich befriedigt.

„Ting! Ting! Ting!" klingt es unten. Der Schaffner

markirt die Zahl der Fahrgäste, indem er mit einer Kurbel einen Viertelkreis dreht, worauf eine Klingel ertönt und in einem kleinen Fensterchen neben der Wagenthüre die entsprechende Nummer sichtbar wird. Nun erscheint er auf der Imperiale und ruft mit Stentorstimme: „Passez vos places!" Das Mädchen legt zuerst seine drei Sous in die schwielige Handfläche des Mannes. Ich folge dem Beispiele. Der junge Mensch neben mir macht sich in seiner Tasche zu schaffen; der Onkel sagt jedoch voll Würde: „Was dir nicht einfällt!" zieht sein Geldtäschchen hervor und fragt den Schaffner: „Was macht das?" „Kommen Sie aus China?" ruft dieser staunend zurück, die Nachbarn von der andern Seite wenden sich neugierig um, der Neffe erröthet heftig und flüstert dem unglücklichen Provinzialen mit fliegender Eile zu: „Aber Onkel! Sechs Sous für uns Beide! Ich hab's Ihnen ja gesagt." Der Onkel reicht einen Franken hin und bemerkt dazu grollend: „Trachten Sie, höflicher zu sein", eine Mahnung, die der Schaffner mit einem Grinsen aufnimmt. Der Arbeiter hält seine drei Sous dem Engländer unter die Nase. Es ist üblich, daß das Geld von Hand zu Hand wandert, bis es den Schaffner erreicht hat. Der Engländer weiß das nicht und blickt seinen Nachbar fragend an, ohne ihm die Münzen abzunehmen. Ich komme dem Arbeiter zu Hilfe und dieser lehnt sich wieder auf seinem Sitze zurück, während er dem Angelsachsen einen Blick unsäglicher Verachtung zuwirft.

Der Schaffner hat das Absammeln beendet und gibt dem Provinzonkel vierzehn Sous von seinem Franken heraus. Der letztere wirft einen Blick auf das 50=Centimes=Stück,

das sich unter dem Kleingelde befindet, und ruft mit Todes=
angst: „Schaffner! Schaffner! Dieses Stück gilt nichts! Es
ist ein Rumäne!" Der Schaffner weiß das ganz gut, aber
er hat gehofft, daß sein Kniff unbemerkt bleiben werde; er
nimmt die Münze grollend zurück und knurrt, während er dem
Onkel zehn kupferne Sous zuzählt: „Es ist gutes Geld. Ich
wollte, ich hätte einen Sack voll davon. Sehen Sie, dieser
Herr wird es ohne Widerrede annehmen!" Und damit reicht
er die Münze dem Engländer, der von dem Zwiegespräch
offenbar nichts verstanden hat, denn er steckt das Silberstück
ein, ohne es anzublicken, während die Nachbarn zu kichern
beginnen.

„Schaffner! Schaffner!" tönt plötzlich eine schrille Stimme
von unten. Eine fette, kurzathmige Dame läuft schnaubend
und schwitzend dem Wagen nach und macht mit Hand und
Sonnenschirm extravagante Bewegungen, um die Aufmerksam=
keit des Kutschers auf sich zu lenken. „Est elle bête!"
lacht dieser und gibt seinen Pferden einen Peitschenschmiß,
während der Schaffner hinunterruft: „Besetzt!" „O nein, ich
sehe noch einen Platz für mich auf der Imperiale!" kreischt
die Unglückliche und galoppirt mit dem letzten Aufgebot ihrer
Kräfte heran. „Im Paradies ist noch ein Platz für Sie,
aber auf der Imperiale nicht," antwortet der Schaffner, wor=
auf der Onkel so jählings in ein unmäßiges Gelächter aus=
bricht, daß das Mädchen einen lauten Schrei ausstößt und
vorwurfsvoll murmelt: „Was Sie mich erschreckt haben!"

Wie eine stolze Galeere unter einem Schwarme von
Fischerböten, so segelt unser Fahrzeug zwischen den zahllosen

Equipagen und Droschken hin, die in endloser Folge den breiten Straßendamm nach allen Richtungen durchkreuzen. Welch ein Getöse! Welch ein Geschrei! Welch ein Gewühl von Wagen und Menschen! Schaufenster an Schaufenster, Café an Café, ein Palast neben dem andern, zu beiden Seiten tiefe Straßen mit himmelhohen Häusern, an deren Ende wie am Ende eines Fernrohrs irgend eine Kirche sichtbar wird, und in allen dasselbe Geschwärme und Gewimmel wie auf dem Boulevard selbst. Wir sind nun vor der Oper. Da öffnet sich die Rue de la Paix mit der Vendômesäule, die Avenue de l'Opéra mit dem Louvre, die Rue du 4 Septembre mit der Börse als abschließendem Hintergrunde. Die Vergoldungen der Oper leuchten und flammen im Sonnenscheine, die tanzenden Bacchantinen Carpeaux' scheinen von ihrem Unterbau herabwirbeln und ihren tollen Reigen mitten in der bunten Menge unten fortsetzen zu wollen. Der Neffe zeigt mit einer erhabenen Bewegung, in der deutlich ein stolzes: „Wie steh' ich da!" zu lesen ist, auf das Bauwerk, ohne ein Wort hinzuzufügen. Er erwartet sichtlich, daß ihn der Onkel zu seiner prächtigen Oper beglückwünsche. Dieser begnügt sich aber damit, ihn zu fragen: „Was kostet hier ein guter Platz?"

„Neunzehn Franken."

„Oh la la! Bei uns in Dijon-le-Mouillé zahlen wir für den besten Platz zwei Franken."

„Ja, es ist aber auch bei euch nicht so chic."

„Das ist wahr," erwidert der Onkel und versinkt in tiefsinniges Schweigen.

Mittlerweile hat auch der Engländer das auffallende Gebäude bemerkt und beginnt eifrig in seinem rothen Buche zu blättern. Er will offenbar wissen, was er vor sich hat. Der Arbeiter kommt ihm zu Hilfe.

„Sie wissen nicht, was das ist, mein Herr?" fragt er ihn mit tückischer Zuvorkommenheit und Freundlichkeit in der Stimme. Der Engländer versteht nicht und läßt sich die Frage wiederholen. Nun hat der Fremde begriffen und erklärt in unbezahlbarem Französisch, er wäre für Auskünfte verbunden. Darauf hat der boshafte Schlingel gewartet. Er beginnt mit lauter Stimme und deutlicher Betonung, so daß er nicht nur vom Engländer, sondern auch von allen übrigen Fahrgästen verstanden wird, seine Erklärungen:

„Dieses Gebäude, mein Herr, ist der Tuilerienpalast."

„Der Tuilerienpalast? Aoh! Ich dachte, er sei verbrannt . . ."

„Der alte, ganz richtig. Das ist aber der neue, in dem Boulanger wohnt."

„Boulanger?" (Sprich: Buhlohndscheh) „Aoh! Und die Oper? Die muß doch auch hier sein."

„Sie haben sie vor sich." Der lose Vogel zeigt auf das Vaudevilletheater, an dem wir eben vorüberkommen.

„Aoh! Ist das die Oper? So klein?"

„Klein, mein Herr, aber niedlich. Ihre berühmte Pracht entfaltet sie übrigens nur im Innern."

„Im Innern! Das ist wahr. So steht es auch hier," murmelt das unschuldige Opfer und liest angelegentlich im rothen Buche, während der Arbeiter ein Auge zukneift und uns mit dem andern der Reihe nach anlacht.

Die Rue Taitbout ist erreicht. Der Neffe weist auf Tortoni und sagt sententiös: „Das ist le plus chic Kaffeehaus von Paris. Ein Bock kostet hier 75 Centimes."

„Oh la la!" trillert der Onkel wieder und bewundert das theure Café.

Der Engländer hat bemerkt, daß eine Sehenswürdigkeit gezeigt worden ist, und zieht sofort bei seinem Nachbar Erkundigungen ein. Sein Unglück will, daß am Eingange der Rue Taitbout eben Pflasterungsarbeiten ausgeführt werden. Der Arbeiter nimmt dies zum Anlaß und erwidert geläufig:

„Hier, mein Herr, hat die Julirevolution begonnen. Man ist jetzt im Begriffe, den Platz durch ein Denkmal kenntlich zu machen. Man wird hier eine monumentale Fahnenstange aus Stein errichten."

„Fahnenstange? Aus Stein?" wiederholt der Engländer mechanisch, sucht ängstlich in seinem Buch und stammelt: „Sehr merkwürdig — nichts von Alledem im Buche."

„Kein Wunder. Diese Führer taugen alle nichts. Sie thun am Besten, das Buch jetzt einzustecken und mir zuzuhören. Ich will Ihnen Alles erklären."

Einige von uns beginnen Lachkrämpfe zu bekommen. Der Engländer klappt seinen Führer zu und gibt sich mit Haut und Haaren dem Schäker hin.

Der Omnibus rollt immer entlang. Wir halten vor

dem Bureau auf dem Boulevard des Italiens und die beiden Kassendiener steigen ab. Kaum bemerkt der Herr im Wagen die Lücke auf der Imperiale, so stürzt er heraus, wirft dem Kutscher eine Münze hin und ist im Nu am Fuße der Treppe, die zu uns heraufführt — leider zu spät, denn eben steigen zwei Arbeiter in Blouse und Seidenmütze empor, die vor dem ältlichen Herrn hier gewesen sind. Dieser ist wüthender als je und sucht wieder seinen Wagen auf, um die geheimnißvolle Jagd fortzusetzen. Das Mädchen hat natürlich das kleine Zwischenspiel aufmerksam verfolgt und lächelt, diesmal ohne zu erröthen. Fühlt sie sich nicht vielleicht ein wenig geschmeichelt, der Gegenstand so hartnäckiger Kämpfe gegen anhaltendes Mißgeschick zu sein?

Die Zwiegespräche rings um mich werden immer belebter. An der Einmündung der Rue Montmartre in den Boulevard bemerkt der Neffe: „Sehen Sie, Onkel, hier werden die meisten Menschen in Paris gerädert."

„Sehr interessant", erwidert der Onkel und betrachtet liebevoll die Stelle. Er bedauert offenbar, daß er nicht eine kleine Probe dessen, was diese Straßenecke leisten kann, zu sehen bekommt. Aus seiner Verlorenheit wird er durch eine neue Mittheilung des unerschöpflichen Neffen gerissen. „Hier, in dieser kleinen Mauernische neben dem Variétés-Theater, verkauft man die besten Brioches*) von Paris."

Der Onkel schmatzt und leckt sich die Lippen.

---

*) Eine Art Backwerk.

Von der Madeleine zur Bastille.

Der Neffe, fortfahrend: „Dieses Geschäft sieht nach nichts aus. Und doch ist es vor Kurzem um 150,000 Franken verkauft worden, nachdem der frühere Besitzer in zehn Jahren die doppelte Summe daran verdient hat."

„150,000 Franken!" wiederholt der Onkel und blickt mit ehrfurchtsvoller Scheu auf das kleine Mauerloch zurück.

Die Cafés zu beiden Seiten werden nun seltener, die Trottoirs etwas weniger wimmelnd, unter den Fuhrwerken, die unsern Omnibus umschwärmen, wird die Zahl der Privatequipagen geringer. Hier vergnügt man sich nicht mehr. Hier schlendert man nicht, sondern macht Geschäftsgänge.

Die Schauseite des Gymnase-Theaters kommt in Sicht. Der Engländer deutet mit dem Finger auf das Gebäude und blickt fragend auf seinen Nachbar.

Der Arbeiter: „Ah! das hier? Das ist das Kriegsministerium."

Der Engländer nickt zufrieden. Das ermuthigt den Arbeiter, der fortfährt: „Hier bewahrt man die Leiche Napoleons des Großen auf, die in einem Sarg aus Kanonenmetall liegt. Sehr interessant zu sehen."

Der Engländer, auffahrend: „Napoleon? Aoh? Er ist doch im Invalidendome . . ."

Der Arbeiter, mitleidig lächelnd: „War, mein Herr, war! Man hat ihn vor wenigen Wochen hierher übertragen, da der Invalidendom in eine Zigarrenfabrik des Staats umgestaltet werden soll."

Der Engländer ergibt sich, während der Arbeiter uns mit teuflischer Fröhlichkeit anblickt.

Der Neffe zu meiner Linken ist mittlerweile unruhig geworden. Auf eine Briochebäckerei neben dem Gymnase zeigend, bemerkt er kleinlaut: „Pardon, Onkel, ich habe mich geirrt. Das ist der Laden, der um 150,000 Franken verkauft worden ist, nachdem der frühere Besitzer u. s. w." (Siehe oben.)

Der Onkel, ihm vernichtende Blicke zuwerfend: „Ah ça, machst du dich über mich lustig? Bei einer so wichtigen Mittheilung muß man wissen, was man redet." (Halb für sich, voll bitterer Verachtung:) „Und das bildet sich ein, sein Paris zu kennen wie seine Westentasche."

Hier erhebt sich die Porte St. Denis, „Ludovico magno" gewidmet. Die Arbeiter hinter mir wenden sich um und ich höre den einen zum andern flüsternd sagen: „Denkst du noch, Kamerad? Es war amusant hier." „Ja", gibt der Angesprochene zurück, „dafür war's in ‚La nouvelle' (der Leser muß hinzudenken: Kaledonien) umso langweiliger." Und beide brechen in ein unheimliches Gelächter aus. Welche sonderbaren Schicksale dieses pomphafte Steinthor erlebt hat! Ursprünglich als Denkmal eines mächtigen Königs errichtet, ist es heute eine Erinnerung an alle Bürgerkriege, die in den Straßen von Paris getobt haben; seine Schmalseiten sind von unten bis oben mit Löchern und Grübchen wie mit Blatternarben bedeckt; tiefe Spuren, welche die Flintenkugeln der Straßenkämpfe im Stein zurückgelassen haben.

Meine Nachbarn im Omnibus haben wahrscheinlich im Mai 1871 auch zur Punktirung der Porte St. Denis beigetragen.

Boulevard de Strasbourg! Ein ungeheurer Straßenzug, nach den Enden hin malerisch ansteigend, oben in duftiger Ferne mit dem Straßburger Bahnhofe, weit unten mit der fast unsichtbaren Schauseite des Handelsgerichts abgeschlossen. Ein betäubender Lärm von rasselnden Wagen, wiehernden Rossen, tutenden Hörnern der Pferdebahnkutscher. Die Equipagen sind fast ganz verschwunden und die hochbeladenen Lastwagen beherrschen den Straßendamm. Der Omnibus hält und das Mädchen steigt ab, nicht ohne sich vorher mit einem raschen Blick überzeugt zu haben, daß der Wagen noch immer folgt. Der ältliche Herr hat offenbar den Omnibus nicht aus den Augen verloren, denn im Augenblicke, wo sich das Mädchen aus dem Gewühle der den Omnibus umdrängenden Leute herausgewunden hat und auf dem jenseitigen Trottoir erscheint, sehen wir auch den ältlichen Herrn neben ihr auftauchen und sich in eifrigem Gespräche mit ihr entfernen.

„Ça y est", bemerkt der Onkel und blinzelt dazu. Der Neffe bricht in ein schallendes Gelächter aus, das jedoch plötzlich verstummt, besiegt von einer heftigen Gemüthsbewegung, die sich im Gesichte des jungen Menschen ausdrückt. Wir sind nämlich an der Ecke der Rue St. Martin und der unglückliche Neffe erblickt wieder einen Briocheladen, dessen Anblick auf ihn wie der eines Gespenstes wirkt. Er streckt die Hand aus und flüstert mit kaum hörbarer, gebrochener Stimme: „Pardon, Onkel, pardon, aber wirklich, diesmal berichte ich recht: Das ist der Laden, der um 150,000 Franken verkauft worden ist, nachdem der frühere Besitzer in zehn u. s. w." (Siehe oben.)

Welch einen Blick ihm der mit Recht ungehaltene Onkel zuwirft! Ich werde diesen Blick bis zu meiner letzten Stunde nicht vergessen. Es ist darin Verachtung, Zorn, Kränkung. Der Onkel wendet dem ungerathenen Jüngling den breiten Rücken und spricht minutenlang kein Wort. Schließlich gewinnt aber das gesunde Interesse an einer wichtigen wirthschaftlichen Thatsache die Oberhand über die Empörung und er fragt mit dumpfer, grollender Stimme: „Décidément — welcher von den drei Läden ist also um 150,000 Franken verkauft worden, nachdem der frühere Besitzer u. s. w." (Siehe oben.)

Der Neffe stürzt sich auf die goldene Brücke, die ihm der Onkel baut, und ruft mit Begeisterung: „Der letzte, Onkel, ich schwöre Ihnen bei Allem was heilig ist, der letzte!"

Vielleicht würde er in seinen Ergüssen fortfahren, allein ein neuer Gegenstand fesselt die Aufmerksamkeit des Provinzialen. Wir sind auf der Place de la République, deren ungeheure Fläche sich vor uns öffnet, um sich in den unabsehbaren Straßen fortzusetzen, die aus dem Platze nach allen Richtungen ausstrahlen. Der Engländer blickt bewundernd auf die Kaserne, auf das Denkmal der Republik und auf die Fahnenstangen mit Bronzefüßen und genießt das Schauspiel mit Entzücken, während der Omnibus vor dem Bureau hält. Der mephistophelische Arbeiter erhebt sich, um abzusteigen. „Was ist das?" fragt der Engländer noch rasch.

„Die Bastille", ist die flinke Antwort; „hier steigt man ab."

„Die Bastille? Und die Julisäule?"

„Ach Gott, was müssen Sie für ein altes Buch haben! Wissen Sie nicht, daß man sie im Jahre 1871 niedergerissen hat?"

„Wirklich? War das die Julisäule?"

„Gewiß. Und man hat sie noch nicht wieder errichtet, sondern es vorgezogen, eine Nachbildung der Bastille aufzubauen, die Sie hier sehen." Er deutet dabei auf die Infanteriekaserne, die eine Seite des Platzes einnimmt. Der Engländer staunt, blickt abwechselnd wie verloren in sein Buch und auf die Kaserne und steigt zögernd vom Wagen herunter. Der Onkel lacht, daß ihm die Thränen über die Backen rollen, und hört nicht auf, bis ihm der weiterfahrende Omnibus den Anblick des leichtgläubigen Fremden entzogen hat.

Man sollte kaum glauben, daß man noch in derselben Stadt ist, in der wir uns vor etwa zwanzig Minuten befunden haben. Die Häuser zu beiden Seiten werden unscheinbarer, die Läden gewöhnlicher, die Cafés einfacher. Vor den Hausthoren spielen schmutzige Kinder, auf den

Trottoirs halten ungekämmte Frauen lange freundnachbar=
liche Zwiegespräche, die Fahrstraße ist stiller und öder,
als sie es auf unserem Wege bisher noch gewesen ist. Der
Winterzirkus ist das letzte monumentale Gebäude, das in
Sicht kommt; darüber hinaus zieht sich der Boulevard
ohne Krümmung in langer, einförmiger Linie hin. Der
Onkel wird zuerst nachdenklich, dann schläfrig. Die Augen
fallen ihm zu und er vergißt einige Minuten den leicht=
fertigen Strick von Neffen, um sich zwischen den freundlichen
Düngerhaufen von Oisou=le=Mouillé zu träumen. Plötzlich
fährt er aus dem kurzen Schlummer auf, faßt ein Haus ins
Auge und fragt hastig: „Was kostet hier ein Haus?" Der
Neffe ist diesmal auf der Höhe der Lage. „646,000 Franken",
antwortet er fest und der Onkel nickt wolgefällig zwei oder
dreimal.

Da ist der Bastillenplatz! Jenseits öffnet sich der
furchtbare Faubourg St. Antoine, das Wetterloch, von
wannen so oft der Donnersturm der Revolution über Paris
hervorgebrochen. In der Mitte des Platzes die schlanke
Julisäule, auf welcher lange Reihen halbverwischter Namen
die einzige Unsterblichkeit darstellen, die sich dunkle Helden
durch ihren Blutzeugentod für die Freiheit zu erringen ver=
mocht. Der Omnibus ist ans Ende seiner Reise gelangt,
alle Fahrgäste steigen ab. Der Neffe zeigt dem Onkel den
nackten Engel auf der Höhe des Denkmals und flüstert ihm
eine Bemerkung zu, über welche beide in ein Gelächter aus=
brechen. Lachend treten sie ins nächste Weinhaus, wo
der biedere Alte die auf der Fahrt über die großen Boule=

varos massenhaft angesammelten Kenntnisse bei einem Glas Ordinaire verdauen wird. Ich aber besteige aufs Neue die Imperiale eines Omnibus, um in einer halben Stunde unter dem schönen blauen Himmel, in der weichen, warmen Luft, aus dem dunkeln Paris der Arbeit wieder ins glanzvolle Paris des feinen Müßigganges zurückzureisen.

Straßen-Industrien.

Welch eine Fülle seltsamer Lebensformen hegt dieser brandende und flutende Menschenozean, den man Paris nennt! Seine Fauna hält, was die Mannigfaltigkeit, Zahl und Wunderlichkeit ihrer Gattungen betrifft, den Vergleich mit der Fauna des Weltmeers aus. Ein Spaziergang durch die Straßen ist für den beschaulichen Schlenderer so reich an Ausbeute wie eine Schleppnetz-Fahrt im mittelländischen Meere für den Zoologen. In der Weltstadt wie im Ozean derselbe wilde Kampf ums Dasein, dasselbe unheimliche Gewühl der Ungeheuer, dasselbe Hasten und Jagen nach täglicher Beute, dasselbe Fliehen und Verfolgen, dieselbe Freßgier und Unersättlichkeit der Großen und Starken, dieselbe tragische Wehrlosigkeit der schwachen und furchtsamen Opfer. In Paris wie im Ozean theilt sich die Masse der Lebewesen in die Gruppe der Harmlosen, die sich friedsam von Abfallsstoffen und Pflanzen nähren, und in die Gruppe der Gewaltthätigen, die als listige Schmarotzer oder als brutale Würger auf den Leibern der anderen äsen. Die erstere Gruppe trägt in der Naturgeschichte des Pariser Thierreichs den Gesammtnamen Gogo, die andere die Artbezeichnung Glücksjäger. Gogo arbeitet geduldig in den Werkstätten, dreht Düten, schneidet Handschuhe zu, mißt Westen an, plackt und rackert sich von früh bis spät und erwirbt sich langsam Renten und einen Schmeerwanst; der Glücksjäger liegt mittlerweile auf der Lauer, sieht mit Behagen sein Opfer feist werden und stürzt im gegebenen Augenblicke hervor, um es mit Haut und Haaren, mit Rente und Schmeerbauch zu verschlingen. Die Zahl dieser Gattung ist Legion. Es gibt ihrer von allen Größen und von den verschiedensten Gewassen; da sind die mächtigen Haifische: die Börsenkönige, die politischen Streber, die Cocotten à la Mode, die Theatersterne, Ungethüme, die eine breite Lücke in die Schaar Gogos reißen, so oft sie die gewaltigen Kiefern zu einem schnappenden Biß öffnen; neben ihnen die kleinen, aber gefräßigen Makrelen: die Auskunftsbureaux, Fremdenagenturen, Vermittler und wie sie alle heißen, die sich nur kleinere Geschöpfe zum Opfer ausersehen und sie nur stückweise zu verzehren vermögen; die bunten See-Anemonen, die am Abend auf dem Trottoir mit den beweglichen Wimperfasern spielen und sich an dem achtlosen Vorübergehenden ansaugen u. s. w. u. s. w. Ihre Naturgeschichte ist hundertmal geschrieben worden. Ihre wolgetroffenen Bilder figuriren im Pariser Roman und Theater, diesem Atlas der Pariser Fauna. Ich thäte etwas Ueberflüssiges, wenn ich mich hier mit ihnen beschäftigen wollte. Lohnender scheint es mir, das Netz nach den unscheinbaren Arten auszuwerfen, die ihren Lebensunterhalt in der Straße suchen, ohne sich dabei einer andern Waffe als ihrer Behendigkeit oder Geduld bedienen zu können. Man begegnet ihnen auf Schritt und Tritt in übergroßer Zahl; ihre Anwesenheit verleiht der Straße die eigenartige Physiognomie; ihr sonderbares Gehaben, ihre Eigenheiten, ihre Art zu operiren bilden einen stets interessanten Gegenstand der Beobachtung.

Es gibt unter ihnen solche, die wie die Polypen des Meeres an irgend einem gut gewählten Punkte festsitzen und auf die Beute harren, die ihnen der ohne Unterbrechung vorüberflutende Menschenstrom zutreibt, und andere, die freibeweglich in diesem Strom umherschwimmen und ihre Äzung aufsuchen können. Unter den Festhaftenden verdienen die Zeitungsfrauen die erste Erwähnung. Ihre Kiosks bilden die Korallenbänke im Ozean von Paris. In einem leichten, kleinen Gehäuse aus Holz und Glas sitzen sie wie die Korallenpolype in ihrer Röhre und es ist von ihnen nichts sichtbar als der Oberleib, den eine Fensteröffnung einrahmt. Der Zeitungskiosk, eine spezifische Pariser Erfindung, ist heute über die ganze Welt verbreitet und bildet überall einen Zug in der Physiognomie einer Großstadt. In Paris säumt er in allen breiteren Straßen die Trottoirs ein und die Nachts von einer innen brennenden Gasflamme erleuchteten farbigen Tafeln seines gläsernen Oberbaues predigen in den ihn allezeit umtosenden Straßenlärm die Vorzüge irgend eines Senftes oder einer Chokolade hinab. Das Leben der armen Frauen, welche die Kiosks beherbergen, ist ein recht hartes, ihr Los ein wenig beneidenswerthes. Sie gleichen den „recluses" des Mittelalters, jenen sonderbaren Büßerinnen, die, um ihre Sünden zu sühnen, ihr Leben freiwillig halbeingemauert in einem Wandloch an irgend einem öffentlichen Gebäude verbrachten und von den mitleidigen Vorübergehenden genährt und getränkt wurden. Morgens um sieben, an manchen Punkten sogar um sechs Uhr, sperrt die Zeitungsfrau ihren Kiosk auf und um Mitternacht schließt sie ihr Gefängniß hinter sich. Sommer und Winter bleibt sie den ganzen Tag in dem leichten Bau, der ihr weder gegen die Sonnenglut noch gegen die Kälte den geringsten Schutz gewähren kann, zusammengehöckert in einem Raume, der ihr kaum gestattet, sich aufzurichten, geschweige denn einen Schritt zu thun, müde und theilnahmlos in das Straßengetümmel starrend oder über den Zeitungen einschlafend, die methodisch geordnet vor ihr ausgelegt sind. Manche Kiosks entschädigen ihre Besitzerinen für die aufreibende Plage; es sind dies jene der großen Boulevards, in der Nähe der Oper und der bedeutendsten Hotels. Hier erwerben die Zeitungsfrauen Renten; hier sind sie Unternehmerinen in großem Stil, die Zeitungen aus allen gesitteten Ländern halten, auf die Gefahr hin, die meisten Nummern unabgesetzt zu sehen, die eines Betriebskapitals von mehreren tausend Franken bedürfen und reich genug sind, um sich den Luxus einer Hilfsarbeiterin zu gestatten, welche des Morgens und Abends die Zeitungen für sie falzt. Neben diesen Aristokratinen ihres Gewerbes gibt es jedoch die große Masse der minder Begünstigten, die sich mit einem täglichen Nutzen von fünf bis zehn Franken begnügen müssen und nicht daran denken können, sich eines Tages aus dem Kiosk in eine prächtige Villa zurückzuziehen, wie es vor einiger Zeit eine Zeitungsfrau des Boulevard des Capucines gethan hat.

Sind die Kiosks eine Besonderheit der modernen und

eleganten Boulevards, so kennzeichnen die übrigen seßhaften Straßengewerbe die alten Gassen und die ärmeren Viertel. Da nisten die Crêpe- und „pommes frites"-Händler und die Flickschuster in ihren Mauernischen, die in irgend einer Einfahrt oder an der Schauseite eines altergeschwärzten Hauses ausgespart sind. Um ein solches Gewerbe zu betreiben, bedarf es nur einer sehr einfachen Einrichtung. Ein kleiner Kohlenofen und eine Blechplatte, das ist alles, was man braucht, um sich als Crêpe-Bäcker zu etabliren. In die herkömmliche Tracht der Köche gekleidet, eine zweifelhaft weiße Schürze vorgebunden und ein unzweifelhaft schmieriges, wenn auch ursprünglich weißes viereckiges Leinwandbarett auf dem Kopfe, steht der Bäcker neben seinem Ofen und hat vor sich auf einem Brett etwas Mehl und ein Stück Butter. Ueber der Glut liegt ein glattes Blech, das, wenn ein Käufer erscheint, rasch mit Butter bestrichen und mit einer Mehlschicht bestaubt wird. Ein ranziger Geruch verbreitet sich, ein Brotzeln und Spritzeln wird hörbar, der Bäcker wendet den auf einer Seite gebräunten Fett-Teig behend mit einer Holzspatel um, rasch ist auch die andere Seite gar, eine kreisende Bewegung des Bratblechs und die fertige Crêpe fliegt flach auf den Schragen, wo sie der Käufer in Empfang nimmt, um sie frisch vom Ofen weg, rauchend, fetttriefend und zäh wie sie ist, zu verschlingen. Die Crêpe ist weder sehr schmackhaft noch sehr verdaulich, aber sie steht bei der Pariser Jugend und Arbeiterbevölkerung in hohen Ehren und es ist für die Kinder ein Festtag, wenn sie, vor die Nische des Bäckers hingepflanzt, mit Ehrfurcht und Bewunderung zum Künstler emporschauen, der mit solcher Geschicklichkeit den begehrenswerthen Leckerbissen bereitet, und gegen die mäßige Auslage von einem Sou eine wahre Crêpe-Orgie feiern, von der sie mit Magendrücken, fetten Händen, schmalzigem Gesichte, verbrannter Zunge und unheilbar fleckigen Kleidern heimkehren.

Mit dem Waffelbäcker theilt sich der „pommes frites"-Garkocher in die Gunst der Jugend. Dieser hat einen größern Ofen als der andere und statt des Bratblechs eine Pfanne, in der fortwährend heißes Fett von zweifelhafter Herkunft brodelt. Der Geschäftsinhaber hockt auf einem Schemel und schält mit großer Gewandtheit Kartoffeln, die er in einem Korbe neben sich stehen hat. Die geschälte Kartoffel wird in dünne Stücke geschnitten und ins siedende Fett geworfen, wo sie auf den Grund sinkt, um nach wenigen Minuten goldig, geschwellt, vom Fette durchtränkt und gar auf die Oberfläche emporzusteigen. Sie wird nun mit einem durchlöcherten Schöpflöffel herausgefischt und auf einen flachen Teller gelegt, wo sie des Käufers harrt, gewöhnlich aber nicht einmal so lange, um auszukühlen; der Kunde ist schon bei der Hand, der das köstlich duftende Gemüse erwirbt, um es an Ort und Stelle zu verzehren oder heimzutragen. Um einen Sou bekommt man eine Handvoll dieser in Fett gerösteten, in der That vortrefflich schmeckenden Kartoffelschnitte, die der Garkoch säuberlich in eine Papierdüte legt und mit einer starken Prise Salz würzt. Die Pariser Straßenjugend zieht „pommes frites" jeder andern Leckerei vor, wenn sie eben nur eine einzelne Kupfermünze an eine Extra-Schwelgerei zu wenden hat. Aber auch Erwachsene verschmähen die billige Speise nicht, die zahlreichen Arbeiterinen als Morgenimbiß dient.

Der Flickschuster, der gleichfalls stets in einem offenen Verschlage haust, ist nicht von jener thätigen Nächstenliebe der Bevölkerung getragen, deren sich die beiden vorher geschilderten Gewerbetreibenden erfreuen. Die undankbare Menschheit hat eben mehr Anerkennung für die Thätigkeit des Mannes, der ihrem Gaumen schmeichelt, als für das stille Bemühen des bescheidenen Künstlers, der invalidem Schuhwerk neue Jugend und neues Leben gibt. Allein wenn die Kinder und die Leichtfertigen gedankenlos an ihm vorübergehen, so übt er dafür eine um so größere Anziehung auf den Geist des Philosophen. Es ist manches Geheimnißvolle und Unerklärliche am Pariser Flickschuster. So ist es beispielsweise eine ebenso beständige wie räthselhafte Erscheinung, daß er als Nachbar eines Kohlenhändlers auftritt. Kohlenhändler und Flickschuster sind so unzertrennlich wie Hunde und Flöhe. Wo immer ein biederer Sohn der Auvergne sich niederläßt, um den Kohlen- mit dem Weinhandel zu vereinigen (denn in Paris erstreckt sich die Kompetenz des Brennstoffhändlers nicht blos auf die äußere, sondern auch auf die innere Heizung), da erscheint ganz gewiß auch ein Flickschuster, der sich in einer Ecke des Ladens nach der Straße hinaus einen Verschlag zusammennagelt und von demselben zusammen mit seinen unzertrennlichen Begleitern, dem Kanarienvogel und der Miezkatze, Besitz ergreift. Woraufberuht diese geheimnißvolle Anziehung, die der Kohlenhändler auf den Flickschuster übt? Sollte es sich hier nicht auch um das Ueberlebsel irgend einer Urvorstellung der arischen Menschheit handeln? Vertritt das seltsame Beisammensein dieser zwei archaistischen Typen nicht auch vielleicht irgend eine verdunkelte Form des Mythus vom Wechsel der Jahreszeiten? Hier ist ein dankbares und bedeutendes Thema für jene Forscher, die die schöne Entdeckung gemacht haben, daß der Hanswurst der Jahrmärkte nichts anderes ist als eine Form des Sonnenmythus. Allein sie müßten sich beeilen, den Gegenstand zu erforschen, sonst könnten sie leicht zu spät kommen. Die Gattung des Flickschusters droht nämlich auszusterben. Die Gesittung ist sein Feind. Er zieht sich vor ihr zurück. In den neueren Stadttheilen ist er gar nicht mehr, am rechten Ufer der Seine kaum noch zu finden. Nur am linken Ufer, in den ältesten Gäßchen des lateinischen Viertels, blüht er noch und hier scheint sich seine Spezies noch kräftig erhalten zu haben.

Neben diesen Straßenindustriellen mit festem Standorte haben wir die ungleich zahlreicheren, die ruhelos vom Morgen bis zum Abend in den Straßen umherwandern oder abwechselnd auf den freien Plätzen Halt machen. Der auffallendste Typus unter ihnen ist der des „Marchand de quatre saisons." Er schiebt einen hohen, kastenförmigen Karren vor sich her, auf welchem Gemüse, Obst, Käse oder Fische aufgehäuft sind, und erfüllt mit seinem unabläßigen Geschrei die Straße. Wenn Paris die lärmendste Stadt des Festlandes — selbst Neapel nicht ausgenommen — ist, so verdankt es dies dem Marchand de quatre saisons. Um sieben Uhr morgens hebt er sein unleidliches Gebrüll an und einzelne Schreier verstummen erst nach Mitternacht. Ehe man sich an das Getöse gewöhnt hat, was kaum vor einigen Wochen geschieht, glaubt man davon wahnsinnig werden zu müssen. Die Verschiedenheit der Schreie macht die Ohrenqual zu einer heftigeren und raffinirteren. Die einen piepsen im Diskant, die anderen gröhlen im Baß; der kreischt wie eine Schnarre, jener trompetet wie eine Posaune; der eine heult jämmerlich wie ein frierender Köter, der andere deklamirt heroisch wie ein Feldherr, der seine Truppen anfeuert. Und wie kläglich ausgeschrieen und heiser diese armen, überangestrengten Stimmen sind! Man hat ein Gefühl, als wimmelten einem Ameisen in der eigenen Kehle, wenn man die müden, abgenutzten Rufe hört, die wie aus einem zerbrochenen Topfe heraustönen.

Der „Marchand de quatre saisons" kauft seine Waare früh morgens zwischen fünf und sechs Uhr in den großen Hallen ein und macht sich dann langsam auf den Weg nach seinem Stadtviertel, wo er, je nach der Entfernung, zwischen sieben und halb neun Uhr ankommt. Jeder hat seinen bestimmten Bezirk, an den er sich hält und dessen Grenzen er nicht überschreitet. So lange er ihn nicht erreicht hat, zieht er denn auch schweigsam dahin, ohne durch einen einzigen Laut einen zufälligen Käufer anlocken zu wollen. Sein Gebrüll beginnt erst, wenn er sich im Stadtviertel befindet, welches der gewöhnliche Schauplatz seiner Thätigkeit ist. Jeder Händler hat einen andern Schrei, der den Parisern wolbekannt ist und sie bei ihren Einkäufen leitet. Die Worte, die er ruft, braucht man nicht zu verstehen; man weiß schon aus dem Tonfall und Rhythmus, was der betreffende Händler feil hat. Einen andern Gesang hat der Kartoffel=, einen andern der Bohnenhändler; der Käsemann kann mit dem Obstler, der Seezungen= mit dem Makrelenhändler nicht verwechselt werden. Wenn alle diese verschiedenen Schreie einander in der Luft kreuzen, so tönen sie zu einem gräßlichen Konzert zusammen, von dessen schauerlichen Mißklängen selbst einem Kater die Haare zu Berge stehen müssen.

Der „Marchand de quatre saisons" macht hauptsächlich bis elf Uhr Vormittags und von drei Uhr Nachmittags an die Straßen unsicher. Wenn er schweigt, so hat der Coco= händler das Wort. Dieser zieht im Sommer während der heißesten Tagesstunden umher und bietet mit schmeichelndem Ruf und verschiedenen anderen akustischen Mitteln den greu= lichen Trank aus, den die Pariser unerklärlicherweise dem frischen Wasser vorziehen, nämlich einen Absud von Süßholz= wurzel, den schon seine abstoßend grünlich=gelbe Farbe zu einem Gegenstande des Abscheus machen sollte. Die häßliche Flüssigkeit befindet sich in einer kleinen blechernen Bütte, die der Cocomann auf dem Rücken trägt. Dieses Gefäß ist der Gegenstand einer zärtlichen Pflege seitens seines Besitzers. Er überzieht es mit rothem Sammt, umgibt es mit breiten Messingstreifen, die so hell wie geschlagenes Gold in der Sonne glänzen, oft setzt er ihm einen Federbusch oder einen Strauß künstlicher Blumen oder ein kleines Glockenspiel auf, kurz er stattet es so kokett als möglich aus und hält es so spiegelblank und musterhaft rein, daß es zu einer wahren Augenweide wird. „A la fraiche! A la glace! Qui veut boire!" psalmodirt der Cocomann auf seiner unermüdlichen

Wanderung und begleitet seinen langgezogenen Singsang mit einer Glocke, die er mit der linken Hand heftig schüttelt, oder mit dem Geklapper eines Eisenstabes, den er in rhythmischer Kadenz an den Boden seiner Bütte schlägt. Verlangt Jemand von seinem Labsale, so langt er einen der glänzenden Metallbecher herunter, die, an Eisenstiften hängend, einen Kranz um den obern Rand des Gefäßes bilden, und läßt ihn aus dem geöffneten Hahn voll laufen. „A la fraiche! A la glace!" „Frisch gehalten! In Eis gekühlt!" Du lieber Himmel! Die Flüssigkeit, die aus dem Hahn rinnt, scheint förmlich zu dampfen. Und wie sollte sie nicht, wenn die unbarmherzige Sonne stundenlang auf die Bütte nieder=brennt, die überdies vom heißen Rücken des Trägers durch=gewärmt wird? Der Kreis der Kunden, die es nach der vom Cocomanne feilgehaltenen Erfrischung begehrt, verengert sich denn auch von Tag zu Tag und der Augenblick ist vielleicht nicht fern, wo der letzte Cocomann die letzte Bütte mit Lakritzensaft füllen wird, um dann seine Metallbecher ins Wasser zu werfen wie der König von Thule den seinigen. Es ist hier der Stoff zu einer rührenden Ballade, den sich die befugten Dichter des Pariser Straßenlebens, der pathetische Coppée und der heurige de Banville, nicht ent=gehen lassen sollten.

Der Cocomann wird verschwinden, aber der „Camelot" wird ewig leben und sich immer üppiger vermehren. Der „Camelot" ist der Händler mit billigen Schundwaaren aller Art. Er miethet entweder leerstehende Läden auf den Tag und breitet darin seinen Kram auf dem Boden aus oder er stellt sich mit einem Tischchen in der Mitte eines frisch asphaltirten Straßendammes auf, den die Wagen bis zum Hartwerden des Pflasters nicht befahren dürfen. Seine Waaren sind von größter Mannigfaltigkeit. Er verkauft fleckig gewordenes Briefpapier, verwahrloste Seife, staubige Zahnbürsten, Blechleuchter, Filzsohlen, Tinte, Federmesser, Pfropfenzieher, alles von unsagbarer Schlechtigkeit, aber auch alles so spottbillig, wie man es nur wünschen kann. Eine Spezialität des Camelot ist der Vertrieb neuer Erfindungen. Heute ist es eine Petroleumlampe in Gestalt einer Kerze, morgen ein Instrument, das zugleich zum Oeffnen von Sardinenbüchsen und zum Handschuhknöpfen dient; nun das „amerikanische Räthselspiel" und dann eine Zaubertinte, die für gewöhnlich unsichtbar ist, um erst erwärmt sichtbar zu werden. Der Camelot muß eine gute Lunge und eine unermüdliche Kehle haben. Er darf keinen Augenblick lang schweigen; ruhelos muß der Strom seines anpreisenden Geschwätzes fließen, denn in dem Augenblicke, wo die klappernde Mühle seines Mundwerkes stillesteht, verlieren sich die um ihn versammelten Neugierigen und er bleibt allein wie der biblische Prediger in der Wüste. Was er schwatzt, ist gewöhnlich der bodenloseste Blödsinn, aber mit frecher Stirn und mit nie stockender Geläufigkeit vorgetragen verfehlt es doch nicht seine Wirkung auf Gogo.

Die zwei oder drei würdigen Männer, die mit wissenschaftlichem Ernste hinter ihren Fernrohren auf der Place de la Concorde, Vendôme und du Châtelet stehen und den Vorübergehenden um zwei Sous einen populären Kursus der Astronomie vortragen, der Gaukler vom Pont des Saints Pères, der einen Spazierstock in der Luft allerlei sonderbare Bewegungen beschreiben läßt, Karten eskamotirt und bei besonders guter Laune etwas Feuer schluckt, die Quacksalber, die in der Tracht von Indianer-Kaziken auf rothen Wagen stehen und von Pechfackeln beleuchtet Gesundheitspillen und Messerschleifpulver verkaufen, sind vereinzelte Typen, die nicht in allen Gassen, sondern nur an bestimmten Punkten der Stadt vorkommen. Sehr verbreitet ist dagegen der dunkle Ehrenmann, der von den ersten Nachmittagsstunden an auf den großen Boulevards umherpatrouillirt und zwischen den Blechtischen der Kaffeehäuser die weggeworfenen Zigarrenstummel aufliest. Um diesen Industriellen der Straße schlingt die Phantasie des Volks eine reiche Legendenarabeske. Er soll manchmal in Gestalt eines hochelegant gekleideten Stutzers auftreten, der, eine feine Zigarre zwischen den Lippen, scheinbar absichtslos den Boulevard entlang schlendert und nur von Zeit zu Zeit stehen bleibt, um rasch nach seinem Fuße zu greifen wie einer, den der Schuh drückt; das Geheimniß dieses Treibens wäre, daß er ausgehöhlte Absätze mit einem spitzen Stift in der Mitte trage, mit denen er die auf dem Boden liegenden Zigarrenenden aufspieße, um sie einige Schritte weiter herunterzunehmen und in die Tasche gleiten zu lassen, ein Spiel, bei dem er täglich seine dreißig bis vierzig Franken verdiene, ohne sein äußeres Gebahren eines Gentleman aufzugeben. Ich bin dieser Erscheinung nie begegnet, doch habe ich selbst einen ältlichen Herrn mit wolgepflegtem Knebelbart und einem Ordensband im Knopfloche gesehen, der im Café de la Paix und Café Riche die Zigarrenstummel auflas und hierin von den Kellnern gefördert wurde, denen seine vornehme Erscheinung sichtlich imponirte.

Die Zigarrensammler gehören zu jenen Straßenindustriellen, die spät am Tag auf Nahrung ausgehen. Wenn sie ihre Ernte eingeheimst haben und in ihre Schlupfwinkel zurückkehren, dann erscheint eine andere, durchaus nächtige Spezies, die der Lumpensammler. Es ist Mitternacht und die Straßen beginnen leer zu werden. Der letzte Marchand de quatre saisons, der vor den Theatern Orangen feilgehabt, schiebt langsam seinen Karren mit der rothen Papierlaterne heim; der Pommes-frites-Garkocher hat sein Mauerloch schon zugethan; der Crêpes-Bäcker steht wol noch auf seinem Posten denn die aus dem Theater heimkehrende Menge liefert ihm manche Kunden, aber sein Buttervorrath ist schon ganz klein und reicht nur noch auf ein Dutzend Crêpes; die Zeitungskiosks sind verödet, die Camelots verstummt, die Zigarrenstummelsammler von den verlassenen Cafés verschwunden. In diesem Augenblicke blitzen an allen Straßenecken helle Pünktchen auf, dunkle Gestalten mit einer Laterne in der Hand schwärmen hervor und beginnen langsam die Gosse entlang zu wandern, bald stehen bleibend, bald wieder weiter gehend, hie und da sich bückend oder einen Strahl ihrer Laterne auf einen Gegenstand fallen lassend, den sie näher prüfen wollen, unermüdlich von Straße zu Straße streifend, bis der erste Lichtschein des grauenden Morgens sie wieder wegscheucht. Das sind die

Krabben des Pariser Ozeans, die von den Abfallsstoffen leben; aber auch sie nährt die Straße und wenn man genauen Kennern des Pariser Lebens glauben darf, so nährt die Straße sie sogar reichlich genug, um manchen von ihnen zum Wolstande zu verhelfen.

Müßiggang in Paris.

Herr Durand feiert morgen seinen fünfundfünfzigsten Geburtstag. Das Datum bildet Epoche in seinem Leben. Morgen zieht sich Herr Durand von seinem Geschäfte zurück, dem er dreißig Jahre lang mit Würde und in Ehren vorgestanden hat. Er besitzt die zehntausend Franken Rente, die er einst in der goldenen Jugendzeit geträumt, seine einzige Tochter hat mit ausreichender Mitgift den ersten Commis geheiratet, der den Laden übernimmt, und der Rest seines Daseins wird nun sanft und glatt dahinfließen, bis es einst friedlich in den stillen Ozean hinübermündet, in den alles Leben sich ergießt. Den Vorabend des großen Tages verbringt er mit einer gewissen Rührung in dem alten Laden, der seine kleinen Anfänge gesehen; er wirft einen feuchten Blick auf die Kiste, die den Kaffee enthält; sein Herz schlägt etwas rascher, indem er auf die Zuckerhüte schaut, die steif wie eine Ehrengarde auf dem Regal stehen und ihn durch ihre „Stillgestanden"-Stellung zu grüßen scheinen; seine Hand zittert leicht, während sie liebevoll die Düten aus gelbem Strohpapier streichelt — aber was hieße das, weich werden!

Man muß Mann sein! Man hat sich ja ein Menschenalter lang auf diesen Augenblick vorbereitet und gefreut! Und Herr Durand richtet sich heroisch gerade und steigt strammen Schrittes über die Schwelle, die er nicht mehr als Gewürzkrämer, nur noch als Käufer betreten wird. Es sei nicht verschwiegen, daß die letzte Stunde im Geschäfte noch ihren kleinen Aerger mit sich gebracht hat. Es handelte sich um die Form, in der die Firma fortdauern soll. Herr Durand, obwol bereits an der erhabenen Pforte des Rentnerthumes angelangt, vor der man alle irdischen Schwächen zurücklassen soll, hat doch noch seinen Ehrgeiz. Er will, daß das Ladenschild nach wie vor den ruhmreichen Namen Durand verkünde. Allein der Schwieger=
sohn ist auch kein Waschlappen. Er will sich gleichfalls bethätigen. Er will, daß auch sein Name in der Zeitgeschichte den ihm gebührenden Platz einnehme, und besteht darauf, daß das be=
währte „Durand" des Schildes dem zukunftreichen „Dupont" Raum gebe. Einen Augenblick lang scheint es, als sollte es zu einem unheilvollen Zusammenstoße zwischen den beiden Männern kommen, die ein gleich starker und gleich edler Ehrgeiz be=
wegt. Allein zum Glück ist Frau Dupont bei der Hand. Tochter des einen, Gattin des andern Gegners, hat sie für die Ehre und den Vortheil beider ein Herz und sie trifft mit weiblichem Scharfsinne den Grund, auf dem ein Ausgleich möglich ist. Man einigt sich dahin, daß die Firma, in schönem Zweiklange beide Namen vereinigend, künftig lauten solle: „Dupont, Schwiegersohn des Herrn Durand", Herr Durand schüttelt Herrn Dupont die Hände und zieht sich rasch zurück, um seine Rührung nicht zu verrathen.

Und nun ist der große Tag angebrochen. Herr Durand
erwacht, ein freier, ein unbeschäftigter, ein pflichtloser Mann.
Wie es wol thut, sich bis neun Uhr im warmen Bette gütlich
thun zu können, nachdem man es dreißig Jahre lang um
sechs hat verlassen müssen! Jetzt beginnt für Herrn Durand
ein neues Leben. Er wird nun endlich Paris genießen
können, dieses Kanaan, das er ein Menschenalter lang vor
sich gesehen hat, ohne daß es ihm gegeben war, seinen Fuß
darein zu setzen! Denn man bilde sich nicht ein, daß das
Paris, welches den Fremden entzückt, das Paris der Boule=
vards, der Denkmäler, der Museen, der Theater, für den
Pariser Gewürzkrämer vorhanden ist. Herr Durand war nie
in den Museen. Im Theater war er blos zweimal: einmal
im Jahre 1860, kurz nach seiner Hochzeit, als er Madame
Durand auf die Galerie des Château d'Eau=Theaters führte,
um ihr die tugendhaften Gemüthsbewegungen eines Melo=
dramas zu bieten, und das zweitemal an einem Nationalfest=
tage zwanzig Jahre später, als er seinen Laden dem Commis
anvertraute, mit Frau Durand von ein Uhr an vor der
Oper Queue machte, glücklich ins Parterre gelangte und der
Gratisvorstellung mit einem Entzücken anwohnte, welches
nur durch die dumpfe Erbitterung der Madame Durand
über ihren im Gedräng arg zerknitterten Hut beeinträchtigt
wurde. Und was die anderen Sehenswürdigkeiten betrifft,
so kennt er sie nur dem Namen nach. Er hat von ihnen
sprechen gehört, er hat oft eine heftige Sehnsucht nach
ihnen empfunden, aber er ist nie dazu gelangt, sie zu be=
suchen.

Doch die Zeit ist ja gekommen, sich für die Entbehrungen der Vergangenheit zu entschädigen. Herr Durand lebt nur mehr dem Genusse; jede Stunde bringt ihm ein neues, ungekanntes Vergnügen; sein ganzer Tag ist von einem Müßiggang erfüllt, von dessen lehrreicher Abwechselung und stets neuem Reize man sich außerhalb Paris gar keine Vorstellung machen kann. Doch halt — ich habe da ein Wort ausgesprochen, das zu einem für Herrn Durand kränkenden Mißverständniß Anlaß geben könnte. Sie glauben hoffentlich nicht, daß Herr Durand sich jenem kostspieligen und lasterhaften Müßiggang in die Arme wirft, der die vornehmen und reichen Leute in Paris an Leib und Seele und Vermögen zu Grunde richtet? Das wäre ein ungerechter und verletzender Verdacht. Es gibt in Paris Müßiggang und Müßiggang. Derjenige der großen Welt ist von dem der kleinen Leute so verschieden wie eine Baccarapartie mit 100,000 Franken Einsatz von einer Bésiguepartie zu einem Sou. Die vornehmen Sybariten machen die Nacht zum Tage. Sie stehen gegen Mittag auf, frühstücken, machen einige Besuche, fahren ins Bois, kleiden sich fürs Diner und Theater um, besuchen die Oper und gehen dann in den Cercle, wo sie bis zum Morgen am grünen Tische bleiben. Im Winter kommen hierzu die Soiréen und Bälle, zu allen Jahreszeiten die Kunstausstellungen aller Art, im Sommer das Seebad, im Herbste die Jagd, dazu die Rennen, die Regatten, die Yachtpartien — kurz die vierundzwanzig Stunden des Tages und die 365 Tage des Jahres sind so ausgefüllt wie die Arbeitszeit eines Briefträgers, am Ende

des Jahres findet sich der Genußmensch so müde, als hätte
er die ganze Zeit hindurch Winterholz gespalten, in jeder
Minute ist er so gehetzt, daß er kaum Zeit zu athmen hat,
sein fashionables Nichtsthun tyrannisirt ihn und fordert jede
seiner Sekunden bei Tag und Nacht und ob er vor Er=
schöpfung zusammenbräche, er muß im Wirbelsturme des auf=
reibenden Müßigganges mitfliegen, denn er ist aus den Ge=
leisen des eleganten Lebens hinausgeschleudert, so wie er eine
der zahllosen Pflichten unerfüllt läßt, die das vornehme
Nichtsthun ihm auferlegt.

Dieser gewaltsame Müßiggang ist nicht Herrn Durands
Sache. Sein Nichtsthun ist ein sanftes, lehrreiches, den
Charakter und Geist bildendes; es macht ihn klüger und
besser und vor Allem — es kostet keinen Pfennig. Ah, in
diesem Punkte versteht Herr Durand keinen Spaß. Er ver=
abscheut die Verschwendung. Er hat nicht dreißig Jahre
lang Zucker und Kaffee verkauft, um seine sauer erworbenen
Renten leichtfertig zu vergeuden. Ein Vergnügen, das ihm
wirklich ein solches sein soll, muß sich durch Billigkeit aus=
zeichnen. Zum Entzücken steigert es sich, wenn es unent=
geltlich ist. Glücklicherweise kann er seinen wirthschaftlichen
Neigungen die Zügel schießen lassen. Dieses Paris, das die
vornehmen Lebemänner zu Grunde richtet, wo jeder Schritt,
jeder Bissen, jeder Athemzug mit Gold aufgewogen werden
muß, wo man keine Figur machen kann, wenn man nicht
mindestens 100,000 Livres Rente oder Geist um den
doppelten Betrag hat, dieses selbe unerschwinglich theure
Paris bietet zahllose Zerstreuungen, die ein kluger und

genügsamer Bürger wie Herr Durand ganz umsonst haben kann.

Die Auswahl unter den unerschöpflichen Hilfsquellen der Stadt bringt Herrn Durand Dank seinem methodischen Geiste nicht in Verlegenheit. Er klassifizirt die Unterhaltungen nach den Jahreszeiten. Im Sommer begibt er sich früh morgens in die elysäischen Felder und betrachtet die schönen Pferde, die von den Grooms spazieren geritten werden. Darüber vergehen zwei, drittehalb Stündchen wie im Nu und es ist Zeit, in den Tuileriengarten zu schlendern und zuzusehen, wie ältliche Damen und an der äußersten Grenze der Gehirnerweichung angelangte Herren die Spatzen mit Kuchenkrumen füttern. Einen Augenblick lang hat Herr Durand die Idee gehabt, sich an diesem Sport thätig zu betheiligen. Allein er ist bald davon abgekommen. Das Vergnügen des Selbstfütterns ist nur unwesentlich größer als das des Zusehens, wie Andere füttern, und man muß immerhin um zwei Sous Brod vertheilen, wenn man einige Wirkung erzielen will und wenn das Schauspiel einige Dauer haben soll.

Die Bewegung hat den Appetit des Herrn Durand geweckt, er eilt heim, um zu déjenniren, und stärkt sich nach dem Essen in einem kleinen Schläfchen für die heilsamen Anstrengungen des Nachmittags. Erfrischt und muntern Sinnes begibt er sich nach dem Erwachen an die Seine, die ihm eine ganze Fülle von Zerstreuungen bietet. Einmal stellt er sich an die Brustwehr neben dem Pont des Arts und ergötzt sich an dem heitern Schauspiele des Scheerens und Badens der

Pudel, ein Schauspiel, das stets eine Corona von bewundernden und theilnehmenden Zuschauern anlockt; ein andermal interessirt ihn die Pferdeschwemme mehr, die sich am linken Ufer befindet; oft steigt er ans Gestade hinab oder tritt in einen Nachen, um sich ganze Nachmittage lang den stillen Freuden des Angelns hinzugeben. Dieser idyllische Sport steht bei Herrn Durand und seinen Standesgenossen in hohen Ehren. An heiteren Tagen sieht man ganze Reihen von ihnen beide Ufer des Flusses von Grenelle bis Bercy einsäumen. Da sitzen sie unbeweglich mit einem breiten Strohhut auf dem Kopf und der Angelruthe in der Hand, häufig süß schlummernd, manchmal sinnend die Seine und ihre abwechselungsvollen Ufer und die vorüberschießenden lustigen Schifflein mit dem bunten Volke darauf betrachtend, um spät am Abend mit dem Ausdrucke heiterster Seelenruhe im Gesicht und dem Bewußtsein eines gut verbrachten Tages an den häuslichen Herd zurückzukehren. Ein Mitglied der Commune hat einmal in den Zeitungen erzählt, daß er am 24. Mai 1871, als er die brennenden Tuilerien verließ, zu seinem unsäglichen Erstaunen den Quai entlang mehrere Angler bemerkt habe, die mitten im Chaos des in Feuer und Graus gehüllten Paris mit unverwüstlicher Ruhe auf ihrem Posten saßen und den Haken ins blutgetrübte Wasser senkten. Die Mittheilung überraschte mich nicht. Ich wußte von jeher, daß ein Angler jedes Heldenmuthes fähig ist. Oder ist es nicht etwa heldenmüthig, tagelang auf einem Fleck unbeweglich auszuharren, ohne durch den geringsten Erfolg ermuthigt oder getröstet zu werden? Denn man täusche sich nur ja nicht über diesen Punkt: es gibt kein Beispiel dafür, daß ein Pariser Angler je einen Fisch gefangen habe. Ich hege sogar die geheime Ueberzeugung, daß es in der Seine gar keine Fische gibt. Ein städtischer Stromaufseher hat mich in dieser Ueberzeugung durch seine amtliche Versicherung bestärkt und die Angabe hinzugefügt, daß vor einigen Jahren durch einen unerklärlichen Zufall ein Fisch in die Seine gelangt sei und sich zwischen dem Pont de la Concorde und dem Pont neuf gezeigt habe; allein sein Erscheinen habe die sämmtlichen sonst so beschaulichen Angler in eine derartige Aufregung versetzt, daß einige von ihnen nahezu den Verstand verloren und die Behörde, um größeres Unglück zu verhüten, die schleunige Entfernung des unseligen Störenfried anordnen mußte.

Neben der Seine begönnert Herr Durand auch die öffentlichen Gärten, in denen von vier Uhr ab Militär- und andere Musiken Konzerte geben. Einmal lenkt er seine Schritte nach dem Tuileriengarten, ein andermal nach dem Palais Royal, wieder ein andermal nach dem Luxembourg. Er drängt sich in der Regel nicht in die unmittelbare Nähe der Kapelle. Auch verschmäht er es, sich der Stühle zu bedienen, die um sie aufgestellt sind und für deren Benutzung man zwei Sous bezahlen muß. Er schützt vor, daß man die Musik aus einiger Entfernung besser genieße, daß dann die Töne der einzelnen Instrumente zu einem harmonischen Ganzen verschmelzen; und er läßt es sich angelegen sein, auf einer städtischen Bank ein Plätzchen zu finden, wofür nichts bezahlt wird.

Der besondern Gunst des Herrn Durand erfreut sich

der Jardin des Plantes. Der Weg dahin ist etwas lang, aber welchen Lohn hat man auch für seine Mühe! Die zahllosen wilden Bestien, eine grausamer und greulicher als die andere, die Schaar der Papageien, die unzüchtigen Affen, deren Treiben Herrn Durand neben sittlicher Entrüstung doch c ich ein gewisses Interesse einflößt, die appetitlichen Enten- und Gänsesorten sind für ihn eine unerschöpfliche Quelle der Unterhaltung und Belehrung. Er kehrt denn auch immer wieder hierher zurück, bis er den ganzen Garten mit allen Wegen und Stegen auswendig kann und im Stande ist, gleich einer Vorsehung unvermuthet zu einer rathlos dastehenden und vergebens die Tiger oder Bären suchenden Gruppe von Kindern oder Soldaten zu treten, sie mit einem stillen Lächeln zu dem gewünschten Thiere zu führen und sich dann rasch der Bewunderung und dem Danke seiner Schützlinge zu entziehen.

Für die Sonntage wird ein außergewöhnliches Vergnügen aufgespart. Da wandert Herr Durand nach der „Place de l'Europe", die von der Westbahn unterfahren wird, stellt sich an den mit Gittern eingefaßten Rand des Platzes und schaut auf die Geleise des Bahnhofs hinunter, wo fortwährend Züge ankommen und abgehen, Waggons herumgeschoben werden, einzelne Lokomotiven pfeifend hin- und hergleiten, die Weichenwärter tuten und rothe Fähnlein schwenken, allerlei Signalstangen mit buntgestreiften Blecharmen winken und überhaupt ein gar lustiges Leben herrscht. Herr Durand wird nicht müde, in die Bewegung hinabzustarren. Seine Freude wird ihm weder durch die schrillen

Geräusche noch durch den heraufgepafften Kohlendampf ver=
leidet. Die ganze tiefe Poesie, die sich scheu in der Seele
des Herrn Durand birgt, kommt bei solchen Gelegenheiten
zum Vorschein. Was ist es, was ihm das Schauspiel dieser
kommenden und gehenden Eisenbahnzüge so theuer macht?
Die Sehnsucht nach dem Fernen und Unbekannten! Wenn
Herr Durand deutsch könnte, er sänge in diesen Augenblicken
mit schmelzendstem Ausdrucke: „Wenn ich ein Vöglein wär'!"

Die vorstehend geschilderten Zerstreuungen nebst häufigen
Abendausflügen in die elysäischen Felder, wo sich Herr
Durand an die äußere Umzäunung der Cafés chantants
stellt und ohne einen Pfennig auszulegen als Zaungast alle
Lieder und Produktionen hört, die ein minder umsichtiges
Publikum nur um den Preis von drei bis fünf Franken
genießen kann, bilden ungefähr das ganze Repertoir der
Sommerunterhaltungen. Sowie jedoch die Jahreszeit kühler
wird und den Aufenthalt im Freien verleidet, kommen
andere Zerstreuungen und zwar solche von einer viel höhern
Ordnung an die Reihe. Den Winter widmet Herr Durand
den Künsten und Wissenschaften. In Paris sind alle Vor=
lesungen an den Hochschulen frei und öffentlich. Jedermann
kann in jeden Hörsaal treten, ohne daß ein griesgrämiger
Pedell ihn nach seiner Berechtigung fragt. Diese Freisinnig=
keit der Universitätsbehörden macht sich Herr Durand ge=
wissenhaft zu Nutze. Am frühen Vormittage sitzt er schon
im wolgeheizten Hörsaal und rührt sich nicht, bis die Dejeuner=
stunde geschlagen hat. Er geht nicht ungern zu den Vor=
lesungen jener Professoren, die für Schönredner gelten wie

etwa früher der Zuckerwasser-Philosoph Caro, den immer ein Kranz von hocheleganten Damen umgab, deren wappengeschmückte Equipagen in langer Zeile vor dem Thore der Sorbonne warteten, während sie drinnen verzückt an dem Munde des eleganten und lieblich mystischen Professors hingen und nur von Zeit zu Zeit den süßlichen Redefluß des Bezauberers auf dem Katheder mit einem Tremolo ihres parfümirten Fächers oder mit einem diskreten Beifallsgemurmel unterbrachen. Eine besondere Vorliebe scheint Herr Durand jedoch für die medizinischen Wissenschaften zu haben; er zieht sie der Philosophie und allen anderen Fächern, die an der Sorbonne gelehrt werden, bei Weitem vor, möglicherweise aus dem Grunde, weil in jedem Franzosen ein Stück von einem Arzte steckt und mindestens jede Pariser Concierge die Behandlung der Anfangsstadien aller Krankheiten ohne Zögern unternimmt.

In den Amphitheatern der großen Spitäler sind Herr Durand und Genossen den ganzen Winter hindurch regelmäßige Gäste und es verschlägt ihnen nichts, daß sie von Professoren und Studenten nicht immer mit den freundlichsten Augen angesehen werden. Ich habe mit diesen außerordentlichen Hörern die wunderbarsten Geschichten erlebt. So pflegte zu den Vorlesungen des Professors H. regelmäßig ein alter Herr zu kommen, der sich in die vorderste Bank setzte und den Vortragenden unverwandt anglotzte, wobei er mit unsagbar blödem Ausdrucke lächelte. Dieses blitzdumme Lächeln und die sichtliche vollständige Geistesabwesenheit des Mannes wirkten auf den Professor mit so unwiderstehlicher Komik,

daß er sich nicht enthalten konnte, in ein lautes Gelächter
auszubrechen, wenn er in seine Richtung blickte. Natürlich
konnten wir den Professor nicht lachen sehen ohne mitzu=
lachen und so geschah es oft, daß das ganze Auditorium sich
minutenlang in krampfhafter Heiterkeit wälzte. Die Sache
wurde nachgerade skandalös und konnte unmöglich länger
geduldet werden. Allein es widerstrebte dem Professor, einem
harmlosen alten Manne die Thüre zu weisen, und so verfiel
er auf ein überraschendes Auskunftsmittel. Als er eines
Vormittags in den Hörsaal trat und den blöden Lächler
auf seinem gewohnten Platze sah, ging er entschlossen auf ihn
zu, verneigte sich vor ihm und sprach mit ausgesuchter Höflich=
keit: „Mein Herr, ich fühle mich so geehrt, daß ein Mann
von Ihrem Werthe mir die Auszeichnung erweist, meinen
Vorlesungen regelmäßig zu folgen, daß ich mich gedrängt
fühle, Sie einzuladen, einen Platz einzunehmen, der Ihrer
würdiger ist als diese Schulbank. Ich bitte Sie, sich künftig
neben mich an meinen Tisch setzen zu wollen." Der Alte
entblößte das Haupt (ich vergaß zu sagen, daß man in Paris
den Vorlesungen bedeckten Hauptes anwohnt), dankte und
folgte ohne Umstände der Einladung des Professors. Von
da an sahen wir ihn immer mit unsagbarer Würde an der
Seite des Professors thronen, die Augen des letztern be=
gegneten nun nicht mehr seinem unwiderstehlich komischen
Lächeln und die Anwesenheit dieses Kauzes hörte auf, eine
Störung der Vorlesung zu bilden.

Ein anderer Hörer dieser Gattung besuchte das Amphi=
theater des Professors S. im Hôtel Dieu. Wenn wir von

dem Morgenbesuch aus den Krankensälen der Klinik kamen, saß er bereits auf seinem gewohnten Platz in der obersten Bank, den er nie verließ, ehe die Vorlesung ihr Ende erreicht hatte. Er war ein etwas vernachlässigt aussehender Mann von ungefähr sechzig Jahren, ganz kahl, mit einem langen Bart und einem dicken rothen Shawl um den Hals. Er hatte immer seinen Hut auf der Bank vor sich stehen und ein unappetitliches Taschentuch darüber gebreitet. Seine auffallendste Eigenschaft aber war ein unausstehlicher Knoblauchgeruch, den er um sich verbreitete und der alle seine Nachbarn verscheuchte. Professor S. hat aber starken Zulauf und der Hörsaal war gewöhnlich so voll, daß die spätergekommenen Studenten es nicht vermeiden konnten, neben dem unziemlich duftenden Manne zu sitzen. Die Klagen über seine Anwesenheit wurden lebhaft und allgemein und wir beriethen eines Tages, wie wir ihn mit guter Art entfernen könnten. Der Saaldiener, der zuhörte, fiel uns in die Rede und sagte: „Sie sprechen wol von dem alten Herrn, der immer im Hörsaale frühstückt?"

„Wieso? Was meinen Sie?" fragten zwanzig Stimmen zugleich.

Jean erzählte nun, daß der bejahrte Hörer täglich morgens um neun Uhr vor der Thüre des Hörsaals stehe, geduldig warte, bis dieser geöffnet werde, sich dann auf seinen bestimmten Platz setze, aus den tiefen Rocktaschen eine Flasche Wein, ein Brod und einige Knoblauchwürstchen ziehe und diese vulgären Nahrungsmittel mit größter Gemächlichkeit verzehre, worauf er die leere Flasche wieder einstecke, sich an den Rückensitz lehne und mit Sammlung des Augenblickes harre, wo der Professor, umgeben von 150 Hörern, im Saal erscheine.

Nun war das Räthsel gelöst: der Mann hatte eine beklagenswerthe Vorliebe für Knoblauchwürstchen, unter der wir leiden mußten. Unser Entschluß war rasch gefaßt: wir setzten eine Zuschrift auf, in der wir unsern Luftverpester einluden, sein Frühstück künftig erst nach der Vorlesung einzunehmen; wir begründeten diese Einladung ausführlich und gelehrt; wir bewiesen, daß ein leichter Morgenimbiß, etwa Kaffee und ein Bröbchen, dem menschlichen Organismus ungleich zuträglicher sei als ein so schweres Essen wie Würste und Wein; wir wiesen mit besonderem Nachdruck auf den gefährlichen Einfluß des Knoblauchs hin, der die Säfte reizend und scharf mache, das Gehirn errege und die Harmonie der peristaltischen Bewegung störe. Wir brachten die verzwicktesten und dunkelsten medizinischen Ausdrücke verschwenderisch an und bemerkten bei jedem solchen grausamen Worte, daß es ihm von den Vorlesungen her bekannt sein müsse. Diese Zuschrift bedeckte sich mit hundert Unterschriften und wurde am nächsten Morgen dem Würstchenliebhaber in Begleitung einer kurzen, passenden Ansprache feierlich überreicht. Unser Mann, der, nach der ihn umgebenden Atmosphäre zu urtheilen, an diesem Tage noch stärker als gewöhnlich gefrühstückt haben mochte, nahm das Schriftstück und unsern Schritt ganz freundlich auf: er lächelte gutmüthig und sagte, er wolle sehen, was sich machen lasse. Allein zu Hause mag er sich entweder die Sache überlegt haben oder seine Frau setzte ihm einen Floh ins Ohr, kurzum statt unserem wolgemeinten Rathe zu folgen blieb er aus und wir sahen ihn nie wieder.

Doch um auf Herrn Durand zurückzukommen: nachdem er seinen Vormittag auf die erbaulichste und nutzbarste Weise in den Hörsälen verbracht hat, besucht er Nachmittags der Reihe nach die öffentlichen Sammlungen. Einmal finden wir ihn auf den etwas unbequemen Strohsesseln des naturgeschichtlichen Museums, ein andermal auf den Holzbänken des öffentlichen Lesesaals der Nationalbibliothek, meistens jedoch auf den luxuriösen, bis zur Ueppigkeit bequemen rothsammtenen Sitzmöbeln des Louvre. Dieser hat vor den übrigen Sammlungen auch sonst noch große Vorzüge. Die Säle sind höher und luftiger, die Heizung ist minder heftig und gleichmäßiger; man setzt sich nicht einer schlimmen Erkältung aus, wenn man aus den wolgewärmten Räumen in die kalte Straße hinaustritt. Eingesunken in die weichen Pfühle des Divans finden wir Herrn Durand in der prächtigen „Salle Carrée", manchmal mechanisch einem kopirenden Maler zusehend, häufiger mit den Aufsehern plaudernd, mit denen ihn bald das Band inniger Freundschaft verknüpft, meistens jedoch sich eines Schlummers erfreuend, wie man ihn so süß und behaglich nur im Louvre findet. Um vier Uhr werden die Museen geschlossen und Herr Durand muß seinen schwellenden Sitz aufgeben. Er begibt sich mit einer zur Straßentemperatur in Verhältniß stehenden Eile ins Hôtel Drouot, um hier den Rest des Nachmittags zu verbringen. Mit einer Geschicklichkeit, die nur eine lange Uebung gewährt, weiß er auch in einem überfüllten Saale sich in die vorderste Reihe zu schmuggeln und einen Stuhl zu erobern. Da sitzt er nun und verfolgt mit lebhafter Theilnahme den Gang der Versteigerung. Er hat alle Schläfrigkeit im Louvre gelassen, hier ist er ganz Auge und Ohr. Eine Pendule enthusiasmirt ihn, ein Feuerzeug versetzt ihn in Entzücken, angesichts einer Salongarnitur bricht er in Rufe der Bewunderung aus. Allein ich beeile mich festzustellen, daß sein Interesse ein rein platonisches ist. Herr Durand steigert nie selbst mit. Er ist nicht der Mann, einer leidenschaftlichen Regung zu folgen, Geld auszugeben, Dinge, die er nicht braucht, zu kaufen, blos weil sie ihm gefallen. Er begnügt sich damit, seinen Nachbarn kritische Bemerkungen über die zum Verkaufe gelangenden Gegenstände in die Ohren zu flüstern, die Bieter durch vielsagendes Lächeln, durch geheimnißvolle Winke und schlaues Blinzeln zu ermuthigen, den Käufern mit breitem Lachen zu sagen: „Prächtiger Fang! Sie sind ein Tausendsassa!" und ihnen wol auch einen Klaps auf den Bauch zu versetzen, wenn sie ihn nicht durch allzumürrisches Dreinschauen von dieser Vertraulichkeit abhalten.

Um sieben Uhr sind auch die Versteigerungen im Hôtel Drouot zu Ende und nun kehrt Herr Durand endlich heim, um sein wolverdientes Diner mit Behagen zu genießen. Er ist müde, aber von einer angenehmen Müdigkeit. Er hat tausend neue und anmuthige Eindrücke in der Seele. Er ist reicher an Erfahrungen, ohne ärmer an Geld zu sein, und wenn er sich zur Ruhe begibt, sagt er sich mit inniger Zufriedenheit: „Voilà encore une journée bien remplie!" „Das war nun wieder ein gut ausgefüllter Tag!"

Die Première.

Die erste Vorstellung eines neuen Stücks auf einer Pariser Bühne ist ein Ereigniß, das weit über die Grenzen der Coulissenwelt hinaus die größte Bedeutung hat. Die Wichtigkeit dieses Ereignisses für den Dichter und manchmal sogar noch mehr für den Bühnenleiter, den der Abend in gewissen Fällen retten oder zu Grunde richten kann, bedarf keiner Auseinandersetzung; sie ist selbstverständlich und einleuchtend; aber die Première spielt eben nicht blos im Leben dieser unmittelbar betheiligten Personen, sondern auch in der ganzen Pariser Gesellschaft eine erstaunlich hervorragende Rolle; sie hat sich zu einer gesellschaftlichen Einrichtung entwickelt und es sind mit ihr tausend Interessen verknüpft, die im Uebrigen gar nichts mit dem Theater zu schaffen haben. Sie ist in erster Linie nicht ein Fest der Literatur, sondern ein Fest der fashionablen „Badauderie". Das ancien régime hatte seinen Salon; die verschiedenen Monarchien in diesem Jahrhundert hatten ihren Hof; unter der Republik gibt es nur noch einen Rahmen, der, die Rolle des alten Salons und Hofes erfüllend, bei bestimmten Gelegenheiten Alles zusammenfaßt, was Paris des Nennenswerthen und Hervorragenden auf irgend einem Gebiete besitzt, und dieser Rahmen ist die Première.

Natürlich gilt dies nicht von jeder ersten Vorstellung überhaupt. Man muß hier Unterschiede machen. Manche Theater liegen ganz abseits vom Strome des Pariser Lebens und vermögen mit ihren Premièren keine Seele zu interessiren. So wird es keinem Pariser einfallen, von einer Première des Porte St. Martin-, des Château d'Eau-, des Châtelet-, des Cluny-, oder selbst des Ambigu-Theaters zu sprechen. Das Odeon versammelt nur bei ganz außerordentlichen Gelegenheiten ein wirkliches Première-Publikum. Dagegen haben die große und italienische Oper, sämmtliche Theater der großen Boulevards: das Vaudeville, das Gymnase, die Bouffes, die Variétés, die Renaissance und selbst bis zu einem gewissen Grade die Folies dramatiques, ferner das Palais-Royal-Theater und ganz besonders die Comédie Française das Vorrecht, daß ihre ersten Vorstellungen große Momente im Pariser Leben bilden.

Nichts kurioseres als der Anblick des Saales bei einem solchen Theaterfeste. Im Parterre ist die Journalistik, Kunst und Literatur versammelt. Man unterscheidet auf den ersten Blick den Berufskritiker, der nicht gekommen ist, um sich zu unterhalten, sondern um sich über die Schwächen des Stückes zu ärgern und seinen Ingrimm am nächsten Morgen Verfasser und Darsteller entgelten zu lassen, vom guten Freund und Kameraden, der unter dem Vorwand erschienen ist, einem Triumph anwohnen zu wollen, aber in Wirklichkeit mit der geheimen Hoffnung dasitzt, Zeuge einer fröhlichen Niederlage

zu sein. Die Logen und der Balkon sind der „Gesellschaft", der guten und der andern, eingeräumt. Der berühmte Rechts=
anwalt sitzt da neben dem Mitglied des Jockey=Clubs zur Schau, der große Börsenmann neben dem Arzt à la Mode, der Botschafter neben dem ausländischen Lebemanne, der im Zug ist, sein Vermögen mit Eleganz in Paris loszuwerden, die Frau des Ministers neben der großen Cocotte, die be=
rühmte Schauspielerin neben der nicht minder berühmten Kleiderkünstlerin, deren Schuldnerin jene ist. Die oberen Ränge allein sind dem namenlosen Publikum überlassen, das vom Mittag ab vor dem Theater Queue macht, um einen schlechten Galeriesitz zu einer Vorstellung zu erobern, deren interessanteste Auftritte nicht hinter, sondern vor der Rampe gespielt werden.

Ich habe sehr vielen beinahe geschichtlich gewordenen Premièren angewohnt und es ist mir heute ganz so wie am ersten Tag ein unlösbares Räthsel, wie es möglich ist, daß ein Stück bei einer solchen ersten Vorstellung einen Erfolg oder Mißerfolg habe. Das berühmte „Première=Publikum" von Paris, das ein so besonders feinfühliges und raschauf=
fassendes sein, das jedes Mot im Flug erhaschen, jeden ver=
steckten Sinn im Voraus errathen, das die Elektrizität der Poesie so wunderbar leiten soll, dieses Première=Publikum ist eine Fabel. Gewiß, es ist das geistreichste und gebildetste, das Paris zu stellen vermag; aber es ist zugleich das un=
dankbarste. Der Verfasser muß ein Sonntagspublikum von Schustern und Barbieren diesem auserlesenen Publikum vor=
ziehen, denn dieses beschäftigt sich viel zu sehr mit sich selbst,

als daß es dem Stücke Sinn und Aufmerksamkeit bewahren könnte.

Die Gäste der Première behandeln an einem solchen Abende das Theater wie das Haus eines Freundes, bei dem sie zu einer Soirée geladen sind. Sie erscheinen in großer Toilette, möglichst spät, um nicht die ersten zu sein, grüßen die Anwesenden, werden von den später Gekommenen gegrüßt, theilen rechts und links Händedrücke aus, blicken und winken nach allen Richtungen und verbringen den Abend damit, möglichst gute Figur zu machen und mit allen Personen zu plaudern, die sich im Bereich ihres Wortes befinden. Der Berufs-Kritiker murmelt seinem Nachbar Bosheiten ins Ohr, der gute Freund des Verfassers unterhält sich damit, alle Pointen, alle Mots des Stückes im Voraus zu erzählen und so jedem „Schlager" sorgsam die Spitze abzubrechen, die Herren machen den Damen in den Logen Besuche und tauschen die Neuigkeiten und Stachelreden des Tages aus, die Galerie, die nicht zur Gesellschaft gehört, hält ihre Operngläser unverwandt auf den Saal geheftet, um die Berühmtheiten zu sehen und genau zu beobachten, wie sie gestikuliren, wie sie sich kleiden, wie sie lächeln und Bonbons essen, mit wem sie verkehren, mit wem sie höflich, mit wem vertraulich sind, das ist ein fortwährendes Wispeln und Flüstern und Kichern, inmitten eines tragischen Auftritts wird plötzlich ein ungeziemendes Lachen laut, einen urkomischen Auftritt begleitet eine jähe Verdüsterung des Gesichtsausdrucks einer ganzen Zuschauerreihe, weil Jemand gerade in diesem passenden Augenblick eine Erkrankung oder Todesnachricht verbreitet, alle Welt ist damit beschäftigt, auf sich und die anderen zu achten, sich den Blicken der Neugierde und der Bewunderung vortheilhaft darzustellen, zu posiren mit einem Wort, und der Vorhang geht nieder, ohne daß — immer außer den Kritikern — irgend ein Zuschauer sich darum gekümmert hätte, was mittlerweile auf der Bühne gesprochen und gethan wurde.

In den Zwischenakten wird das Zusammenspiel dieses auserlesenen Publikums noch lebhafter. Eine Schaar wälzt sich ins Foyer und in die Ankleidezimmer der Künstler, eine andere ins gemeinsame Foyer, das sie in Beschlag nimmt. Das Galeriepublikum wird hier an solchen Abenden blos geduldet. Es fühlt seine Untergeordnetheit und drückt sich bescheiden in die Ecke, von hier aus voll Ehrfurcht und Bewunderung zur vornehmen Gesellschaft hinüberlugend, die die Mitte des Raumes einnimmt, sich auf den Sophas und Armstühlen gruppirt, sich mit hinterm Rücken verschlungenen Händen an den Kamin lehnt, unter den Kronleuchtern die Köpfe zusammensteckt und überhaupt so zu Hause thut, wie man es nur im Salon eines guten Freundes vermag. Die Wiederaufnahme der Vorstellung wird als unliebsame Störung empfunden; die Klingel muß lange und heftig schellen, ehe man sich entschließt, in den Saal zurückzukehren, und man unterbricht die vergnügliche Foyerplauderei nur, um sie auf seinem Sitze mit Behagen wieder aufzunehmen, all dies natürlich zur nicht geringen Befriedigung des Verfassers, dem es freisteht, aus Nervosität zu verknallen, wenn er hinter einer Coulisse oder aus der Tiefe einer versteckten Loge hervor auf diesen Saal blickt, der sich so vortrefflich unterhält, aber nicht mit dem Stücke, sondern mit den eigenen Anekdoten. Alexander Dumas der Jüngere hat sich einmal über den Huster beklagt, diesen typischen Parterrebesucher, der sich seine Schnupfenanfälle regelmäßig für die ersten Vorstellungen aufspart und durch ein wirkungsvolles und gutpointirtes Niesen, durch eine dröhnende Expektoration die besten Stellen der Bühnen=Wechselrede unhörbar macht; allein ich denke, die geistreichen Zischler, die nie mit solchem Schwunge plaudern und erzählen wie während einer Première, dürften dem dramatischen Dichter kaum weniger erfreulich sein als jener grobe Störer.

Es bildet einen wichtigen Theil der Erziehung des vollendeten Parisers, das ganze Publikum der Premièren — die Galerie natürlich immer ausgenommen — nach Namen, Stand, Charakter, womöglich auch Vermögen und politischer Parteifarbe zu kennen. Der Boulevardier würde sich in tiefster Seele schämen, wenn er einem Provinzler oder Fremden, der ihn nach dem Namen dieser oder jener Person im Parterre oder in den Logen fragen würde, die Antwort schuldig bleiben müßte. Freilich gibt es eine Eselsbrücke, die aus einer solchen Verlegenheit heraushilft. Wenn man Jemand nicht kennt, so sagt man: „Ah, jener kahle Herr dort? Nichts Besonderes. Ein Freund des Verfassers." Der Freund des Verfassers, der nicht zum regelmäßigen Première=Publikum gehört und nur einer zufälligen Gunst ein vereinzeltes Erscheinen in dem glänzenden und der Hauptsache nach stehenden Bilde verdankt, ist die ständige Entschuldigung einer Unwissenheit, die der richtige Pariser niemals eingestehen wird.

Man begreift nach dem Gesagten die gesellschaftliche Bedeutung der Première. Gekannt zu sein ist das große Ziel unzähliger Existenzen der Großstadt und dieses Ziel zu erreichen ist der bedeutendste Sieg, den man im großstädtischen Kampf ums Dasein erringen kann. Wenn man nun dahin gelangt ist, seinen Platz unter den Stammgästen der Premièren zu besitzen, so hat man dieses Ziel erreicht und diesen Sieg errungen. Man ist aus der Dunkelheit hervorgetaucht. Man ist eine Persönlichkeit. Es würde mich keine Mühe kosten, aus dem Stegreif ein Dutzend Leute aufzuzählen, die zu den Pariser Berühmtheiten gehören und die schlechterdings keinen andern Ruhmestitel haben als den, Stammgäste der ersten Vorstellungen zu sein. Der gute Ton, die gesellschaftliche Sitte legt aller Welt geradezu die Pflicht auf, neben den wirklichen Größen auch diese Schmarotzer des Ruhmes zu kennen; die Zeitungen führen in den Berichten über die Premièren regelmäßig ihren Namen an; sie stehen mit allen bedeutenden Persönlichkeiten von Paris wenigstens auf dem Grüßfuß und fragt man einen Schriftsteller oder einen Abgeordneten, wer der Herr sei, vor dem er in der Straße soeben den Hut gelüftet hat, so bekommt man oft die Antwort: „Das ist ein Herr Soundso. Ich kenne ihn sehr gut. Er geht zu allen Premièren. Ich glaube, er ist Photograph oder Arzt, ich weiß im Augenblicke nicht genau, welches von beiden." Ein ständiger Platz bei den Premièren ist also eine kostbare Reklame, werthvoller und sicherer als alle Zeitungsanzeigen und Straßenanschläge und gewissen Berufen geradezu unentbehrlich. Es ist daher nur natürlich, daß alle Welt sich

mit einer Leidenschaftlichkeit und Gier zu den ersten Vor=
stellungen drängt, die durch ein literarisches Interesse allein
nie erklärt werden könnte, und es ist angesichts dieser all=
seitigen Nachfrage und des selbstverständlich nur beschränkten
Angebots ebenso natürlich, daß es nicht leicht ist, in der
kleinen Schaar der Bevorrechteten Aufnahme zu finden.

Um Stammgast der Premièren zu werden, muß man
Stellung oder viel Geld oder sehr nachdrückliche Gönnerschaft
haben. Es ist unter Umständen ohne allzugroße Schwierig=
keit möglich, sich einen vereinzelten Sitz für eine vereinzelte
Première zu verschaffen, allein damit hat man noch keinen
der gesellschaftlichen Vortheile, mit denen die regelmäßige An=
wesenheit bei allen ersten Vorstellungen verbunden ist.
Diese Vortheile sichert man sich erst, wenn man in allen
fashionablen Theatern auf der „feuille de service des
premières" eingeschrieben ist. Es ist dies eine Liste, welche
die Namen jener Personen enthält, die ein Anrecht darauf
haben, den ersten Vorstellungen anzuwohnen. Unter diesen
Auserwählten gibt es wieder Kategorien. Die einen erhalten
ihre Eintrittskarten ins Haus geschickt, die anderen müssen sie
fordern und bezahlen, noch andere werden nur dann zugelassen,
wenn die übrigen Berechtigten von den ihnen vorbehaltenen
Karten keinen Gebrauch machen. Die „feuille de service"
ist das goldene Buch der Pariser Gesellschaft. In diese Liste
eingetragen zu werden ist der Preis, der irgend einen großen
Erfolg belohnt. Wem es gelingt, ganz Paris einen Augen=
blick lang von sich sprechen zu machen, der tritt sofort in den
Genuß seiner Première=Karten. Das Mitglied des Instituts,

der Gelehrte, der eine große Entdeckung gemacht hat, der berühmte Reisende, der Schriftsteller, dessen Buch Aufsehen erregt, der Anwalt, der in einer lärmenden Rechtssache plaidirt, der Baumeister, der ein großes Baudenkmal vollendet, der „grand prix" des „Salon", der Politiker, den die Ereignisse in den Vordergrund bringen, der Offizier, dessen Vergangenheit irgend eine bemerkenswerthe Waffenthat ziert, haben es gar nicht nöthig, sich um einen Platz zur Première zu bewerben. Er wird ihnen angetragen, weil der Direktor ein Interesse daran hat, möglichst viele glänzende Namen in seinem Hause zu haben, „sich einen schönen Saal zusammenzustellen", „se composer une belle salle", wie man im Theaterjargon sagt. Diejenigen dagegen, durch deren Anwesenheit der Direktor sich nicht geehrt fühlt, dürfen vor ganz ansehnlichen Opfern nicht zurückschrecken, wenn sie den Ehrgeiz haben, auf dem Register der Premièren zu stehen. Sie müssen den Künstlerinnen den Hof machen und den Schauspielern Soupers anbieten; sie dürfen vor dem Gedanken nicht zurückweichen, sich die Freundschaft dieser ausgezeichneten Persönlichkeiten durch zart angebotene und mit weiser Zurückhaltung nie wiedergeforderte Darlehen zu sichern; und sie müssen vor Allem mit dem Theatersekretär auf gutem Fuße stehen.

Der Sekretär ist der Petrus, der die Schlüssel zu jenem Pariser Paradiese hält, welches man die Première nennt. Diese Funktion gibt ihm eine große Wichtigkeit und macht seine Stellung zu einer überaus einflußreichen und beneideten. Er wird auf der Straße mit größerer Zuvorkommenheit und

Unterwürfigkeit gegrüßt als ein Minister und man antichambrirt bei ihm ganz so wie bei diesem. Er hat stets ein Gefolge von Bewunderern um sich, man schmeichelt ihm, man macht ihm den Hof. Alle Welt erweist ihm Gefälligkeiten und ist stolz auf seine Gunst. Herzoginen nennen ihn in parfumirten und einschmeichelnden Briefchen: „Mein lieber Herr Soundso" und Generäle sprechen ihn als ihren „werthen Freund" an, denn man kann nicht wissen, ob man nicht einmal eine Loge zu einer besonders sensationellen Première brauchen wird! Die Gunst des Sekretärs eines großen Theaters ist eine sehr ernste, sehr gewichtige Hilfe für jeden, dem sie gewährt wird. Ich habe erlebt, daß eine einfache Empfehlungskarte eines solchen dunkeln großen Mannes einem jungen Menschen eine glänzende Stelle in einem Bankhaus ersten Ranges, einem Arzte zahlreiche und vornehme Kranke, einem Schriftsteller einen Platz bei einem großen Blatte, einer Witwe einen Tabakladen und einem Unter=Beamten rasche Beförderung verschafft hat. Die gesellschaftliche Macht eines Theatersekretärs ist in Paris eine so große, daß die Bewerbung um diesen Posten eine lebhaftere ist als um den eines Präfekten erster Klasse. Und Alles das wegen des Prestige, das die Première ihren Stammgästen verleiht.

Wir haben gesehen, daß es nicht leicht ist, auf die „feuille de service des premières" zu kommen. Allein ist man einmal da, so ist man geborgen und die Möglichkeit, von der Liste gestrichen zu werden, fast undenkbar. Der Franzose hat einen tiefen Respekt vor erworbenen Rechten und er entschließt sich nur sehr schwer, an ein Gut zu rühren, das in den Augen seines Besitzers einen bedeutenden Werth hat. Eine ständige Karte zu den Premièren ist ein Eigenthum, das man in der Regel mühsam erworben hat; in einem Falle mit Geldopfern, in einem andern durch hervorragende Leistungen, immer durch Anstrengungen, deren Frucht man dem Betreffenden nicht rauben kann, ohne ihm ein schweres Unrecht zuzufügen. Ein Theaterdirektor überlegt es sich daher hundertmal, ehe er in der „feuille de service" eine Aenderung vornimmt. Diese Liste ist ein Heiligthum, das der neue Direktor von seinem Vorgänger mit Ehrfurcht und Scheu übernimmt, ohne es zu prüfen und zu kritisiren, und das er im gleichen Zustande seinem Nachfolger hinterläßt. Man erzählt sich zur Veranschaulichung dieser Verhältnisse eine Geschichte, die umso drolliger ist, als sie sich wirklich ereignet hat.

Ein Boulevardtheater, das für besonders „chic" gilt, wechselte seinen Eigenthümer. Der neue Direktor ließ sich die Premièren-Liste geben und ging sie mit dem Sekretär durch. Die meisten Namen waren dem Direktor bekannt; wo ihn sein Gedächtniß im Stiche ließ, da konnte der Sekretär befriedigende Auskünfte geben; einige wenige, an die auch dieser sich nicht zu erinnern vermochte, waren dem einen oder andern ältern Mitgliede der Truppe geläufig; bemäkelt wurde kein einziger Name, bis man endlich zu einem räthselhaften Herrn Mathieu, Jean Jacques Mathieu, gelangte, mit dem weder der Direktor noch der Sekretär noch die zu Rathe gezogenen Schauspieler etwas anzufangen wußten. Man sann hin und her, man hielt Umfrage — vergebens. Niemand vermochte zu sagen, wer dieser Herr Mathieu sei, noch wie er sein

Vorrecht bekommen habe. Das beschäftigte den Direktor, der außerdem vielen Leuten Gefälligkeiten schuldete und seine Freikarten nicht an Unberechtigte verschwenden durfte, und er versuchte alle Mittel, um der Sache auf den Grund zu kommen. Er ließ den Kontrolor holen und fragte ihn, ob er Herrn Mathieu kenne.

„Gewiß", antwortete dieser. „Es ist ein kleiner, ältlicher Herr, der regelmäßig zu den Premièren kommt. Alle Welt kennt ihn übrigens im Theater."

„Kommt er schon lange zu den Premièren?" forschte der Direktor weiter.

„Oh, schon sehr lange. Ich bin schon sechzehn Jahre hier und als ich meine Stelle antrat, wurde er mir von meinem ältern Kollegen bereits als ein langjähriger Habitué bezeichnet."

„Wissen Sie vielleicht auch, was er ist und wie er zu seiner Dauerkarte gekommen ist?"

Der Kontrolor wurde ein wenig verlegen. „Genau weiß ich es nicht, allein ich glaube einmal gehört zu haben, er sei ein dramatischer Schriftsteller."

„Das wird es sein," sagte der Sekretär. „Es mag einmal ein Stück von ihm in unserem Theater gespielt worden sein."

Der Direktor hegte noch einige Zweifel. Er hatte nie von einem dramatischen Schriftsteller Namens Mathieu gehört. Das Geheimniß sollte unter allen Umständen aufgeklärt werden. Er ließ also im Archiv des Theaters nachforschen, allein trotz eifrigstem Bemühen konnte man auch hier keine Spur eines dramatischen Schriftstellers dieses Namens ent=

decken. Es blieb ein letztes Auskunftsmittel übrig. Der Direktor schickte zur „Gesellschaft der Tonsetzer und dramatischen Schriftsteller" und ließ sich dort nach Herrn Mathieu erkundigen. Er erhielt den Bescheid, daß man diesen Herrn nicht kenne; vielleicht sei er der ungenannte Mitarbeiter eines andern Verfassers bei irgend einem Stücke gewesen.

Der Sekretär rieth, Herrn Mathieu unter solchen Umständen einfach von der Liste zu streichen, allein der Direktor widersetzte sich dem. Man könne schließlich doch nicht wissen, was es mit Herrn Mathieu eigentlich für Bewandtniß habe; erworbene Rechte müssen geachtet werden; der Fall sei heikel: am klügsten bleibe es, Alles beim Alten zu lassen u. s. w.

Nach diesem Zwischenfalle vergingen mehrere Monate, während welcher Herr Mathieu fortfuhr, mit gewohnter Regelmäßigkeit seine Eintrittskarten zu empfangen und zu benutzen. Eines Morgens erschienen zwei Herren im Vorzimmer des Sekretärs und verlangten eingelassen zu werden. Der Theaterdiener machte Schwierigkeiten, weil der Sekretär eben sehr beschäftigt war, allein einer der beiden Besucher sagte mit einem autoritativen Tone, der jedem Widerspruch ein Ende machen mußte: „Gehen Sie nur hinein, junger Mann, und sagen Sie, daß Herr Mathieu da sei. Für mich wird der Herr Sekretär zu sprechen sein."

Der Diener that, wie ihm geheißen wurde. Kaum hörte der Sekretär den Namen des Herrn Mathieu aussprechen, als er in freudiger Erregung rief: „Lassen Sie nur gleich eintreten!" Er ging dem Besucher sogar bis zur Thüre entgegen und empfing ihn mit der größten Zuvorkommenheit.

Nun sollte er ja endlich erfahren, wer der geheimnißvolle Herr Mathieu eigentlich sei!

„Ich freue mich ausnehmend, Ihre Bekanntschaft zu machen, Herr Mathieu. Womit kann ich Ihnen dienen?"

Herr Mathieu lächelte, setzte sich und begann: „Ich komme, Herr Sekretär, um von Ihnen eine Gefälligkeit zu verlangen."

„Für einen so alten Freund des Hauses thun wir gern Alles, was in unserer Macht steht."

Herr Mathieu lächelte wieder und fuhr fort: „Sie sind zu liebenswürdig, Herr Sekretär, aber ich habe mir allerdings auch selbst gesagt, daß ein alter Habitué wie ich einige Rücksicht verdiene. Es handelt sich kurz um Folgendes: Ich gedenke demnächst in die Provinz überzusiedeln und möchte Sie bitten, meine Freikarte auf diesen Herrn zu übertragen, der mein Geschäft übernimmt."

„Ihr Geschäft? Sie haben ein Geschäft?" frug der Sekretär erstaunt.

„Wie? Das wissen Sie nicht? Gewiß habe ich ein Geschäft, einen Schneiderladen, dem ich seit dreißig Jahren vorstehe . . ."

„Einen Schneiderladen! Und wie kommen Sie zu Ihrer Freikarte?"

„Oh, das ist eine alte Geschichte. Einer Ihrer Vorgänger, der mein Kunde war, hat mir diese kleine Gefälligkeit aufgenöthigt."

„Und das ist Ihr einziger Rechtstitel?"

„Ich denke, er genügt," antwortete Herr Mathieu etwas pikirt . . .

Die Première.

Der Sekretär ließ Herrn Mathieu und seinen Geschäftsnachfolger ganz verblüfft in seinem Kabinet sitzen und lief spornstreichs zum Direktor, um ihm die Geschichte des sagenhaften Herrn Mathieu zu erzählen, der einige Jahrzehnte lang seine Premièren=Karte gehabt, weil er einmal einem Sekretär einen Frack gemacht hatte, und noch heute, nach drei Jahren, lacht man in diesem Boulevardtheater über Herrn Mathieu und seinen „service des premières."

Ein epidemischer Volkswahnsinn.

Die leichte Erregbarkeit großstädtischer Massen bewirkt manchmal eine furchtbar rasche und unaufhaltsame Verbreitung irgend einer unfaßbar thörichten Verirrung durch eine ganze Bevölkerung. Ein Gerücht, ein Ruf, eine Geste, eine Mode, irgend eine geistige oder körperliche Unform kommt auf, man weiß nicht wie, erregt beim ersten Erscheinen einen Tag lang den Hohn und die Verachtung Aller, erweckt am zweiten Tage den Zorn und Widerstand der Vernünftigen und beherrscht am dritten Tage siegreich, allgewaltig, tyrannisch die ganze Einwohnerschaft, vom Philosophen bis zum Lumpensammler der Gosse. Die Thatsache, daß es Seuchen von Volkswahnsinn gibt, ist oft festgestellt, oft beobachtet, nie genügend erklärt worden. Der Nachäffungsdrang, der allen Menschen innewohnt, läßt manches verstehen, hellt aber noch nicht das ganze Dunkel auf, das diese völkerpsychologische Erscheinung umhüllt. Es gibt den Menschen nicht, der nicht ein Körnchen Narrheit in sich hätte; es scheint nun, als ob sich in der Großstadt, wo Millionen in innigster Berührung leben, manchmal alle die kleinen Einzelnarrheiten zu einer ungeheuern Summe von Gesammt= Wahnwitz zusammenlegen, gegen den sich dann natürlich die ohnmächtige Einzelvernunft umsonst auflehnt. Die Epidemien von Volkswahnsinn können harmlos oder gefährlich sein. Einmal arten sie in blutige Raserei aus, ein andermal bleiben sie ein drolliger Blödsinn. Einmal treiben sie die Masse, Unschuldige unter dem Vorwande der Brunnenver= giftung zu zerreißen und in jedem Nachbar einen Spion zu riechen, ein andermal äußern sie sich blos in irgend einer Trottelei, über die man sich nur lachend ärgert. Es war mir nun in den letzten Jahren einmal gegeben, eine solche Volkswahnsinns=Epidemie in Paris zu beobachten, welche die beunruhigendste Ausbreitung erlangte, jedoch zum Glücke nicht lange währte und mit voller Genesung der ergriffenen Be= völkerung endete. Während ihrer Dauer aber war sie fürchterlich und noch heute, nach Jahren, schaudert es mich, wenn ich mir ihre Schrecken vergegenwärtige.

Die Epidemie, von der hier die Rede, ist unter dem Namen der Krikri=Seuche bekannt. Sie brach im Sommer 1876 aus und erreichte ihren Höhepunkt in der ersten Hälfte des August. Damals war Paris buchstäblich unbewohnbar. Einem Freunde, der sich anschickte, eine Reise nach Paris zu unternehmen, schrieb ich folgende wolmeinende Warnungs= epistel: „Wenn Sie nicht Nerven wie unterseeische Telegraphen= kabel, eine Geduld wie Hiob, eine lächelnde Nachsicht für alle Unbill wie kein mir bekannter Held der Geschichte und Mytho= logie haben, so bleiben Sie um des Himmels willen daheim!

Paris ist kein Aufenthalt für Sie. Sie werden hier keine vierundzwanzig Stunden verbracht haben, ohne Anfälle von Zerstörungssucht oder vielleicht gar von Mordlust zu erleiden. Wenn Sie aber der Gefahr dennoch zu trotzen gedenken, so befolgen Sie wenigstens den Rath, den Ihnen ein besorgter Freund ertheilt: reisen Sie nicht ohne etliche Blätter Baumwolle, mit denen Sie sich die Ohren dauerhaft ausstopfen können, oder, was noch zweckmäßiger ist, sichern Sie sich die Dienste eines steintauben, aber sehr kräftig gebauten Begleiters, der Sie auf Schritt und Tritt überwache und Sie verhindere, in einem Augenblicke der Verzweiflung — ich fürchte, dieser Augenblick wird trotz der Baumwolle nur zu rasch eintreten — an sich oder Andere die Hand zu legen."

Der Träger dieser Kriktriseuche, die sich mit fabelhafter Schnelligkeit verbreitet und binnen wenigen Tagen alle Stadtviertel durch und durch infizirt hatte, war ein kleines Instrument, nicht größer als mein Daumennagel. Dieses Instrument bestand aus einem rechteckigen Messingplättchen, woran eine kurze, starke Stahlzunge federnd befestigt war. Ein Druck auf die Feder ließ sie gegen die Messingplatte schnellen, wodurch ein kurzer, scharfer, mark- und beindurchdringender Ton hervorgebracht wurde. Ich versuche es nicht, diesen Ton zu schildern, und sage nur mit entsprechender Aenderung des Bibelwortes: „An seiner Wirkung sollt ihr ihn erkennen." Das Quaken eines stimmkräftigen Frosches ist Sphärenmusik gegen diesen metallischen, überhohen, schrillen, schneidenden Ton, der wie eine spitze Stahlnadel durch Ohr und Gehirn fuhr. Er glich, wenn man durchaus ein Gleichniß geben soll, dem bekannten lieblichen Geräusche, das man hervorbringt, wenn man mit dem Nagel rasch über eine Glasplatte fährt. Es war der frechste Angriff, dem ein Menschengehör ausgesetzt werden kann. Nun denn, das akustische Folterwerkzeug befand sich damals in der Hand aller Pariser und sein unleidliches „Krikri" erfüllte die ganze Stadt.

Man erwachte Morgens in seinem Bette, das schreckliche „Krikri" tönte einem, durch die Entfernung noch etwas verschleiert und abgestumpft, von der Straße herauf in die Ohren. Man kleidete sich an und trat auf die Straße hinaus, man wurde von einem hundert-, tausendfachen „Krikri" empfangen. Man sah das scheußliche Klapperzeug nicht, denn es war tückisch klein wie die Phylloxera, der Kolorado-Käfer, der Rostpilz, die Milzbrandbakterie und ähnliche Länderverheerer, aber es sendete seine nervenzerstörenden Töne aus allen Richtungen gleich Stahlpfeilen auf das wehrlose Opfer. Man bestieg einen Omnibus — die Nachbarn ringsum waren ausnahmslos mit dem Instrumente bewaffnet. Man nahm eine Droschke — der Kutscher vertrieb sich mit dem Krikri die Zeit. Man rettete sich in ein Café und verlangte einen nervenstärkenden Trank — der Kellner brachte diesen mit der einen Hand, während die Finger der andern dem Instrumente das allgegenwärtige „Krikri" entlockten. Nun wird der Leser die Lage eines nicht unheilbar tauben Menschen begreifen. Man konnte dem höllischen Werkzeug einfach nicht entgehen. Es verfolgte einen selbst in den tiefsten Keller und auf die höchste Dachstube. Die Neugierigen, die die Schwindelhöhen der Julisäule und des Arc de Triomphe erklommen, führten es mit sich; die Arbeiter, die in den unterirdischen Kanälen schafften, waren damit versehen. Je länger man es hörte, um so empfindlicher wurde man dagegen, um so weniger konnte man es ertragen. Und doch war man dazu verdammt, es vom frühen Morgen bis in die späte Nacht, auf der Straße, zu Hause, im Restaurant, im Theater während der Zwischenakte, kurz überall, überall zu hören! Man konnte selbst ins entlegenste Hinterzimmer geflüchtet weder lesen, noch arbeiten, noch denken — das „Krifri" drängte sich in jede geistige Beschäftigung und machte sie zur Unmöglichkeit; die einzige Waffe, mit der man gegen die Landplage ankämpfen konnte, war der Schlaf.

Und wenn es noch die Gassenjungen, die Barfüßigen, die Ohnewäsche allein gewesen wären, die uns das Leben so zur Qual machten, jene boshaften Menschenfeinde aus Beruf, die auch sonst gern mit beiden Füßen in eine Kothlache springen, blos um einen anständig gekleideten Vorübergehenden mit dem schmutzigen Pfützenwasser über und über zu bespritzen! Aber nein, Gavroche hatte durchaus kein Vorrecht auf das Marterinstrument; dieses befand sich vielmehr, wie gesagt, in Aller Händen und man sah es von Fingern bearbeitet, an denen ein Solitär funkelte! Die Erscheinung war unerklärlich. Sie wurde eines Abends in einer literarischen Bierkneipe besprochen und ein leidenschaftlicher Italiener entlud seinen Grimm in einer donnernden Kapuzinade. Das sei einfach, tobte er, die angeborene schlingelhafte Nichtswürdigkeit der Pariser Maulaffen, die mit der blödsinnigsten Gedankenlosigkeit Alles aufgreifen, was gerade in Schwang sei; das sei nur eine Wiederholung ähnlicher früherer Erscheinungen, wie des famosen „Ohé Lambert!" das acht Jahre früher alle nervenschwachen Pariser in Raserei versetzt habe und gleichfalls Tag und Nacht an allen Ecken und Enden ertönt sei . . .

Ich unterbrach die Standrede, weil die französischen Nachbarn ärgerlich zu werden begannen und ich besorgen mußte, daß sich bei der allgemeinen krankhaften Reizbarkeit mein erboster Italiener und die französischen Zuhörer im Nu die Nase abbeißen würden. Ich versuchte, der unbegreiflichen Erscheinung eine andere, mildere Deutung zu geben. Ich konnte und mochte nicht glauben, daß die bloße äffische Nachahmungswuth es sei, die so vielen anständigen, ernsten Menschen in verantwortlichen Stellungen und von charakterheischenden Berufen das Krikri in die Hand drückte; ich nahm vielmehr an, daß es sich um ein heroisches, aber keineswegs beispielloses Gegenmittel, um eine Art entschlossener Homöopathie handelte. Man impft die Pocken ein, um gegen die Pocken zu schützen; man steckt selbst eine Zigarre an, wenn die Luft in einem Raume durch den Rauch fremder Glimmstengel und Tabakspfeifen unathembar geworden ist; so mögen die anständigen Pariser das Klapperwerkzeug angenommen und damit verzweifelt geklappert haben, um dem Geklapper der Gassenjungen zu entgehen.

Meine Erklärung fand keinen großen Beifall. Ein Yankee, der ebenfalls an unserm Tische saß, nahm entschieden Partei für den Italiener. In diesem unglückseligen Augenblicke wurde an einem Nachbartische das unleidliche „Krikri" hörbar. Der Yankee zuckte zusammen und rief, vor Aerger grün und gelb:

„Wie kann ein Volk, das sich gesittet nennt, eine so kolossale Eselei dulden?"

„Ja, was wollen Sie denn dagegen thun?" frug der französische Nachbar, der die Sache nicht von der tragischen Seite nahm.

„Was man dagegen thun kann? Wenn dergleichen bei uns vorkäme, so würde die Unsitte nicht drei Tage alt werden. Am zweiten Tage hätte sich eine Liga von friedliebenden Bürgern gebildet, die sich verpflichtet hätten, jedem Individuum, das mit dem ärgernißerregenden Ding angetroffen wird, einige Fußtritte zu versetzen und ihm das Zeug wegzunehmen. Wahrscheinlich würden einige Augen ausgedreht werden und einige Revolverkügelchen ihren Platz wechseln, allein am Abend des dritten Tages könnten Sie einen Typhus-Rekonvalescenten durch die Stadt spazieren führen und seine Nerven würden nicht durch einen einzigen unangenehmen Ton beleidigt werden, dafür stehe ich Ihnen gut."

Der Pariser lachte nur zu diesem Ausbruche des Aergers. „Das mag in Amerika ganz gut sein, bei uns aber würde Ihre Liga keinen langen Weg machen. Ich rathe Ihnen, sich diesen Unsinn nicht an die Galle rühren zu lassen, und wenn das Krikri Ihnen unleidlich ist, so machen Sie es wie ich, kaufen Sie sich einen embêtant" (so hatte der Volksmund die Plage treffend genannt) „und überklappern Sie die anderen Lärmmacher." Sprach's und zog in der That ein Krikri aus der Tasche, um uns eins vorzuklappern, und es bedurfte unseres einstimmigen heftigen Widerspruchs, damit er es wieder verschwinden lasse.

Das Mittel, das der Pariser vorschlug, war allerdings ein gründliches, wenn man sich entschließen konnte, es anzuwenden, allein es machte das Uebel nur noch größer für diejenigen, die gegen den Störenfried zu ergrimmt waren, um ihn selbst zwischen die Finger zu nehmen. Um so schlimmer jedoch für diese Minderheit! Warum wollte sie nicht mit den Wölfen heulen oder vielmehr mit den Maulaffen klappern? Wo alle Welt verrückt war, hatte sie allein nicht das Recht, vernünftig zu bleiben und sich über den blödsinnigen Ulk der Mehrheit zu ärgern.

Ich habe den Krifri-Veitstanz von seinem ersten Auftreten an beobachtet und kann über seinen Ursprung und seine Verbreitung zuverlässige Auskunft geben.

Kurz vor dem Ausbruche der Wahnsinnsepidemie kam in die Redaktion des „Figaro" ein etwas fadenscheinig gekleideter Mann und verlangte Herrn von Villemessant, der damals noch lebte, zu sprechen. „Was wollen Sie von ihm?" fragte der Sekretär, der das Amt des Cerberus vor der unnahbaren Thüre des Chefredakteurs versah. Der Fremde gab zu verstehen, daß er ein Erfinder sei und Herrn v. Villemessant gern eine interessante Erfindung zeigen wolle. Nun genügt aber das bloße Wort „Erfinder", um die ganze Redaktion des „Figaro" mit Grausen zu erfüllen. Die Race der Erfinder ist in Frankreich sehr verbreitet und ein ausgewachsenes Exemplar derselben gehört zu den gefährlichsten Erscheinungen, denen man auf Kreuzwegen und in einsamen Arbeitskabineten begegnen kann. Herr v. Villemessant hatte das Unglück, von dieser schrecklichen Gattung ganz besonders verfolgt zu werden; jeden Tag kamen einige Dutzend Erfinder zu ihm und suchten vor ihm ihre Hirngespinnste zu Faden zu schlagen; er hatte darum die verwickeltsten Vorsichtsmaßregeln gegen ihr Eindringen getroffen und das Redaktionspersonal hatte den strengen Auftrag, jedem Erfinder nachdrücklich und mit Ausschluß jeder Höherberufung die Thüre zu weisen, und zwar die äußerste, die Straßenthüre, mochte er nun das lenkbare Luftschiff oder einen Ersatz für Schusterkleister erfunden haben. Erfinder besitzen jedoch neben manchen anderen Eigenschaften auch Zähigkeit und unverwüstliche Ausdauer und wenn sie nicht zum Chef gelangen konnten, hielten sie sich an die untergeordneten Mitglieder der Redaktion. Auch unser fadenscheiniger Fremder verlegte sich auf die herkömmliche Taktik abgewiesener Projektenmacher und erfaßte den Rockknopf des Sekretärs. Dieser hatte sich jedoch durch lange Uebung auch schon einige Gewandtheit erworben und entglitt, wenn auch nicht ohne Anstrengung, den Fingern des Erfinders, der sich nun auf den zunächst sitzenden Mitarbeiter stürzte, um ihm seine Erfindung zu erklären. Ein glückliches Manöver, in einem plötzlichen Griffe nach Hut und Stock und wortlosem Abschwenken bestehend, befreite auch dieses ausersehene Opfer. Ein nächstes rettete sich durch deutlich gemurmelte Anspielungen auf zudringliche Störer und auf die unaufschiebbare Arbeit eines verspäteten Theaterberichterstatters, ein junger Reporter aber, der harmlos an seinem Schreibtische Fliegen fing und keine Ahnung von der ihm drohenden Gefahr hatte, war weder im Besitze der nöthigen Geistesgegenwart noch gewandt genug, um sich den Erfinder rasch vom Leibe zu schaffen, und

sah sich denn auch im Handumdrehen in die weittragenden
Pläne des Fadenscheinigen eingeweiht. Der letztere hatte ein
kleines Instrument aus der Tasche gezogen und indem er ihm
die später so bekannt gewordenen Töne entlockte, erklärte er
dem Reporter, daß dieses unscheinbare Ding berufen sei, eine
Umwälzung im Völkerleben hervorzubringen; es könne die
Zwischenrufe im Parlament ersetzen, mache die Präsidenten=
glocke überflüssig, lasse sich im Dienste der Polizei verwenden
und wirke noch eine große Anzahl ich weiß nicht welcher
anderen Wunder. Um dem Redegusse zu entgehen, versprach
der betäubte Reporter, über das Krikri eine Notiz zu schreiben,
und da das Alles war, was der Erfinder wollte, so entfernte
er sich befriedigt.

Die Notiz erschien und erregte die Aufmerksamkeit einiger
Maulaffen, die sich über die elende Musik ärgerten, mit welcher
ein Liebhaberorchester an zwei Abenden der Woche im Tuilerien=
garten die kühlungbedürftigen Spaziergänger zur Verzweiflung
trieb. Sie suchten den Erfinder auf und bestellten bei ihm
einige Dutzend seines Klapperinstruments. Diese wurden rasch
verfertigt und eines Abends waren die Stammgäste des
Tuileriengartens überrascht, zu hören, daß den zitterigen und
falschen Tönen, die das hassenswerthe „Orphéon" seinen ver=
stimmten Instrumenten abquälte, ein verbreitetes, von zwanzig
Seiten herkommendes schrilles „Krikri" antwortete. Der
„embêtant" machte sein Debut in der Welt! Einige Leute
lachten, andere ärgerten sich, die Beobachtung lehrte bald die
Urheber des Geräusches erkennen, es kam an manchen Stellen
zum Wortwechsel, eine milde Rauferei entstand, die Sergents

de Ville mischten sich in die Sache, etliche Verhaftungen wurden vorgenommen und tausend Menschen sprachen einen Abend lang von nichts als dem unbekannten Lärminstrument. Das war Alles, wessen der unselige Erfinder bedurft hatte. Am nächsten Morgen überschwemmte er die Boulevards mit jenen Camelots, die wir in einem frühern Kapitel kennen gelernt haben, das Instrument wurde an allen Straßenecken mit Geschrei und Geklapper feilgeboten, die Zeitungen sprachen davon und ärgerten sich darüber, das Publikum wurde aufmerksam, dann neugierig und kaufte zuletzt das Krikri, das blos fünf Sous kostete und folglich selbst für den Lumpensammler und das Schulkind erschwinglich war. Am zweiten Tage war die Zahl der Camelots verdoppelt und keine Gasse ohne einen Verkaufsstand, am dritten hatte die Seuche ihren Höhepunkt erreicht und ganz Paris klapperte, klapperte, klapperte wie besessen.

Der Erfinder war während der ganzen Zeit auf der vollen Höhe seiner Aufgabe. Er improvisirte über Nacht eine Fabrik. Er arbeitete am ersten Tage mit zwei, dann mit zehn, dann mit fünfhundert Arbeitern. Binnen einer Woche erzeugte er gegen vier Millionen Krikris und verdiente an ihnen gegen dreimalhunderttausend Franken. Das währte so eine Woche oder zehn Tage, dann fing die Seuche an, ein wenig abzunehmen. Die Instrumente gingen nicht mehr so rasend ab wie vorher. Die Camelots begannen, Abends mit starken unverkauften Resten in die Fabrik zurückzukommen. Der Erfinder beeilte sich, die Erzeugung einzuschränken und mit dem Preis auf vier, dann auf drei und zuletzt sogar auf zwei Sous hinunterzugehen. Mittlerweile hatte sich auch der Wettbewerb des Gegenstandes bemächtigt. Der erste Erfinder war durch ein Patent geschützt, allein die Nachahmer umgingen dieses, indem sie Krikris anderer Form, in der Gestalt eines Frosches, einer Geige, eines Buchs fabrizirten und um einen Sou ins Publikum warfen. Sie kamen jedoch zu spät. Paris ist eben nicht blos nervös, sondern auch grillenhaft wie eine verhätschelte Ballerine. Seine Launen gehen rasch vorüber. Nach vierzehn Tagen war es seines Spielzeugs müde und warf es in die Gosse. Einige Fabrikanten waren zu Grunde gerichtet, der erste gab sein Geschäft auf und zog sich als Rentner in die Provinz zurück, einige spekulative Köpfe kauften den ganzen Vorrath von Krikris um einen Spottpreis auf und schafften ihn ins Ausland. Das Prestige von Paris ist groß und die Sucht der Flachköpfe in der ganzen Welt, selbst die Unarten der Pariser sklavisch nachzuahmen, noch größer. Die Seuche verbreitete sich durch ganz Europa. Bald hörte man das Krikri in London, Berlin, Wien, Petersburg klappern. Allein es begegnete allenthalben dem heftigsten Widerstand und der gesunde Sinn der Bevölkerungen ließ die Krankheit nirgends aufkommen. Eine Weile versuchten die Pariser Kommissionäre noch, ihre Waare da und dort anzubringen, jedoch schon nach einem Monate war sie überall unverkäuflich. So erlosch die Krikri-Pest von selbst, nachdem sie einige Wochen lang gewüthet hatte; dem geistreichen Paris aber bleibt der Ruhm, ihrer Verbreitung unter allen europäischen Städten den geringsten Widerstand entgegengesetzt und sie am längsten geduldet zu haben.

III.
Unter den Arkaden des Odeon.

Ein verschollener Stürmer und Dränger.

Schüttle den Staub von den Füßen, Leser, du betrittst nun klassischen Boden! Wir sind im lateinischen Viertel, das, wenn es auch viel von seinem ehemaligen poetischen Zauber verloren und zu viel von den Banalitäten der Boulevard= stadt jenseit des Wassers angenommen hat, immerhin in einzelnen Winkeln und Ecken genug von seiner alten Eigen= art bewahrt, um auch heute noch für jeden ernsten und em= pfänglichen Geist der interessanteste Theil von Paris zu sein. Wer in der großen Stadt den Gedanken Frankreichs lebendig und in Thätigkeit sehen will, der muß ihn hier suchen. Das lateinische Viertel ist es, das die stolzeste Jugend des Landes beherbergt, hier schlagen die feurigsten Herzen, hier denken und träumen die schönsten Intelligenzen. Das ganze übrige Paris erwirbt und genießt, hier forscht, dichtet und entbehrt man; im ganzen übrigen Paris klirrt das Goldstück, hier tönt neben diesem banausischen Geräusch auch der melodische Tonfall des Versmaßes und Reimes: das ganze übrige Paris tanzt einen rasenden Wirbelreigen um das goldene

Kalb, hier gibt es noch eine Gemeinde, deren einziger Gott das Ideal ist.

Das Quartier latin ist das Nest, aus dem neben den Gimpeln und Gänsen alle Adler Frankreichs ihren Aufflug nehmen, aber es ist auch der Hafen, wohin die vom Schicksal nicht begünstigten Segler ihren zerschmetterten Kiel und ihre gebrochenen Masten zurückführen. Die Jugend, der die ganze Zukunft gehört, streift hier das Alter, das nur eine Vergangenheit hat; blos die vollkräftige Gegenwart ist sehr spärlich vertreten. Man begegnet unter den charakteristischen Bewohnern des Viertels nur wenigen berühmten Namen. Sie sind fast ausnahmslos unbekannt, aber ihre Dunkelheit ist die des Morgengrauens und der Abenddämmerung; die Einen werden sich alsbald zum vollen Tageslichte der Berühmtheit aufhellen, die Anderen haben ihre lichte Stunde hinter sich und werden alsbald in die Nacht der vollen Vergessenheit niedertauchen. Es gibt aber nichts schöneres und poetischeres, als unter dieser in Dämmerung und Zwielicht gehüllten Menge zu leben und umherzuwandeln, mit ahnendem Blick in den ersten Strahlen aufglimmender Morgenröthen helle Tageslichter zu errathen oder in den letzten Strahlen schwermüthiger Abendröthen untergehende Sonnen zu grüßen.

Im Herzen des Quartier latin steht das Odeontheater, ein rechteckiger Steinbau von steifer, nüchterner Klassizität, den an allen vier Seiten ein offener Bogengang umgibt. Unter diesen Arkaden, wo zahlreiche Buchhändler und Zeitungsverschleißer hausen, ergeht sich zu allen Tages- und Jahreszeiten ein Publikum, das reich ist an den bezeichnendsten

Gestalten. Man sieht hier, einzeln und gruppenweise, viele Spaziergänger, die entweder rauchen und plaudern oder peripatetisch Zeitungen lesen oder in den ausliegenden Büchern blättern oder endlich, an einen Pfeiler gelehnt, gedankenverloren ins heitere Grün des gegenüberliegenden Luxembourggartens hinüberstarren; man sieht lockenumwallte junge Stirnen neben kahlen und gebeugten Schädeln; Augen, die kühn und lodernd und mit der Zuversicht von Eroberern in die Welt blicken, neben solchen, die matt und trübe und mit der Hoffnungslosigkeit des Besiegten den Boden suchen; man sieht Trachten, welche die fröhliche Armuth eines sorglosen Anfängers verrathen, neben anderen, welche vom aussichtlosen, unheilbaren Elend eines heruntergekommenen Greises erzählen; man sagt sich angesichts dieser vorüberziehenden bunten Menge hundertmal in einer Viertelstunde: „Was wol aus diesem jungen Menschen mit der verheißenden Miene werden wird?" „Was wol dieser alte Mann mit dem lebensmüden und bedeutenden Angesichte für Schicksale gehabt hat?"

Man macht unter den Arkaden des Odeon die interessantesten Bekanntschaften und hat die merkwürdigsten Begegnungen. Eine der originellsten Erscheinungen, die ich hier kennen lernte, war die des Bildhauers August Préault, der jetzt nicht mehr unter den Lebenden weilt. Er pflegte ein- bis zweimal in der Woche gegen elf Uhr Vormittags unter den Arkaden zu erscheinen, mit dem Concierge des Odeon oder mit den Künstlern und Künstlerinen, die vor Beginn der Proben an der nach dem Luxembourg schauenden Hinterpforte Gruppen bilden, zu plaudern oder in dem ganz einzigen Lese-

kabinet der Arkaden, wo man, umhergehend oder auf einem
Strohsessel neben irgend einem Pfeiler sitzend, sämmtliche
Pariser Blätter um zwei Sous lesen kann, die Journale durch=
zusehen. Er liebte es, mit Nachbarn, besonders mit jungen
Leuten, Gespräche anzuknüpfen und sie schon nach den ersten
Worten durch einen paradoxen und geistreichen Ausfall zu ver=
blüffen. Kam es zu gegenseitiger Vorstellung, so sagte er
mit einem Gemische von Stolz und Bescheidenheit: „Ich bin
Préault, mein Herr, Préault und sonst nichts." Ach, es
geschah oft, daß sein Partner im Gespräche sich dann im
Stillen fragte: „Préault? Wer ist Préault?" Denn er war
in seinen letzten Lebensjahren (er starb im Januar 1879)
vom jüngern Geschlechte völlig vergessen und selbst das
ältere, das Zeuge seiner Kämpfe und Triumphe gewesen war,
hatte ihn so vollständig aus den Augen verloren, daß es bei
der Nachricht von seinem Tod erstaunt in den Ruf aus=
brach: „Was, Préault hat also noch bis jetzt gelebt? Wir
haben ihn schon lange todt geglaubt." Und doch war dieser
Mann, von dem sich die Volksthümlichkeit in den letzten
Jahren seines Lebens zurückgezogen hatte wie die Meereswoge
von der Strandklippe zur Ebbezeit, eine der bedeutendsten
Erscheinungen der neueren französischen Kunst und er
hatte außerdem noch einen andern fast ebenso gewichtigen
Anspruch auf das Interesse seiner Zeitgenossen: er war
nämlich eine der eigenartigsten Physiognomien von Paris.
Der Bildhauer Préault blieb von seinem ersten Auf=
treten bis fast an sein Lebensende leidenschaftlich in
Frage gestellt; allein seine gesellschaftliche Bedeutung

erkannten Feinde und Freunde mit gleicher Bereitwilligkeit an.

Préault war ein hoher Sechziger, als ich ihm unter den Arkaden des Odeon begegnete, und stand in seinem siebenzigsten Lebensjahr, als der Tod das bittere, ironische Lächeln auslöschte, das seit einem Jahrzehnt auf den Lippen des Künstlers stereotypirt war. Im Gegensatze zu den meisten anderen Berühmtheiten von Paris war er ein wirklicher Pariser und daher ein lebendiger Versuch der Widerlegung jener vielverbreiteten und in der Regel richtigen Annahme, daß Paris selbst keine bedeutenden Männer hervorbringe, sondern all seinen geistigen Glanz den eingewanderten Provinzialen und Ausländern verdanke. Er war der Sohn armer Leute und ursprünglich für ein Kunsthandwerk, die Ornamentschnitzerei, bestimmt. Allein der Steinmetz, der sein erster Meister war, erkannte in dem Lehrling höheres Talent und verschaffte ihm Aufnahme im Atelier von David aus Angers, der damals als der größte Bildhauer Frankreichs angesehen war.

Die Julirevolution fand Préault als einundzwanzigjährigen Jüngling. Man weiß, was das Jahr 1830 nicht blos in der politischen, sondern auch in der Sittengeschichte Frankreichs bedeutet. Der Kampf zwischen Romantik und Klassizismus hatte den Gipfel der Erbitterung erreicht. Die Schlacht vom „Hernani"-Abend des Théâtre Français stand noch lebendig in der Erinnerung Aller. Victor Hugo stritt der Phalanx Jung-Frankreichs in der dröhnenden Rüstung seines Schlachtnamens „hierro" (Eisen) voran. Alexander

Dumas schwang das flatternde Panier und Théophile Gautier blies die schmetternde Trompete, welche zum Würgen und Stürmen anfeuerte. In der Kampflinie der Romantiker waren aber nicht blos Roman, Drama und lyrische Poesie, sondern auch die Musik und die bildenden Künste vertreten. Es gab da junge Tonsetzer, Maler und Bildhauer genug, die sich in himmelstürmendem Trotze gegen den herkömmlichen Schul=kanon empörten und die kühle, eingelernte akademische Norm vom Parnaß schleudern wollten, um an ihre Stelle die un=geregelte Leidenschaft, den zwanglosen Individualismus, die eigenmächtige Phantasie zu setzen. Die großen Worte, für welche sich diese Gruppe fanatisirte, waren: „Eigenart, Wahrheit und Großartigkeit". Sie suchte die Schönheit im Neuen, Ueberraschenden, Fürchterlichen; sie nannte wilde Auf=regung künstlerisches Leben; sie beachtete in einem Werke blos die Absicht und gar nicht die Ausführung: sie schwelgte in Ungeheuerlichkeiten und machte statt der entthronten Venus die Gorgone zu ihrem Schönheitsideal. Préault war einer der eifrigsten Jünger dieser Schule. Am Hernani=Abend stand er aufrecht im Parterre des Théâtre Français, langmähnig, in eine Tracht von phantastischer Form und Farbe gekleidet, faustballend und augenrollend. Die Iliade dieses einzigen Abends ist von Frau Victor Hugo in ihrem „Leben Victor Hugos, von einem Zeugen erzählt", von Gautier in seiner „Geschichte der Romantik" und von Dumas in seinen „Denk=würdigkeiten" gesungen worden. Welche Begeisterung! Welche Leidenschaft! Man war zur Vorstellung wie zu einem Barri=kadenkampfe gekommen, todesmuthig, unerschrocken, bereit zu

siegen oder zu sterben. Alle Häupter der Romantik: Schrift=
steller, Künstler, Studenten, Bohèmes, waren da; das Parterre
glich dem Opernparket an einem Maskenball=Abend; denn die
Romantiker gefielen sich in den unerhörtesten Aufzügen: sie
empörten sich gegen die Tyrannei der Schneider ebenso ver=
zweifelt wie gegen die der Akademiker; jede Tracht war ihnen
recht, wenn sie nur gegen die banale Regel verstieß; Pradier,
der Bildhauer, trug ein Mäntelchen aus der Renaissancezeit,
Felix Pyat stolzirte im gelben, breitklappigen Frack des Con=
vents herum, Duseigneur verblüffte durch ein mittelalterliches
Wams, Théophile Gautier trug seine unsterblich gewordene
scharlachrothe Seidenweste. Der Eine ließ merovingische Haare
bewundern, die bis an die Hüften niederhingen, der Andere
hatte raphaelische Locken und ein Sammtbarett, der Dritte
einen kurzgeschorenen Rundkopf und Cromwellhut. Wenn
ihre beschränkten Mittel ihrer Phantasie keine Zügel angelegt
hätten, so würden diese jungen Leute keinen Augenblick ge=
zögert haben, in Eisenrüstungen oder Panzerhemden, mit
Streitkolben und Morgensternen bewaffnet, zu erscheinen:
mindestens aber machten sie mit Hilfe ihres Haares und
Bartes lebende Kopien alter Meister aus sich, was sie keinen
Sou kostete und ihre Ueberschwenglichkeit doch einigermaßen
befriedigte.

Der abenteuerlichen Truppe der Romantiker standen die
Klassiker gegenüber, würdige kahlköpfige und glattrasirte Ge=
würzkrämer, dekorirte Räthe und Professoren, korrekt behand=
schuhte und geschniegelte Modeherrchen, schmachtlockige Damen
mit Betbuch und Arbeitsbeutel. Die Romantiker triumphirten

durch ihren üppigen Haarwuchs, die Klassiker durch reine Wäsche. Die Schlacht zwischen den beiden Lagern begann schon vor dem Aufgehen des Vorhanges mit zahlreichen Scharmützeln. Die Romantiker maßen ihre klassischen Nachbarn im Parterre mit glühenden und diabolischen Blicken. Glühende und diabolische Blicke waren nämlich ebenso eine Besonderheit der Romantiker wie wirre Haare und vernachlässigte Wäsche. Als die Vorstellung begann, wurde das Handgemenge allgemein. Die Klassiker höhnten, lachten und pfiffen bei jedem freien und kräftigen Verse, der gegen die farblose, moderduftige, schulgerecht geschnörkelte Ausdrucksweise ihrer Meister abstach, die Romantiker erstickten diese Kundgebungen mit weltuntergangsmäßigem Händeklatschen. Und dabei blieb es nicht. Die Romantiker riefen ihren Gegnern zuerst „Mumien!" zu, man antwortete ihnen mit dem Gegenrufe „Banditen!" Dann kam es zu Faustschütteln, Augenrollen, Stirnrunzeln, zuletzt zu Rippenstößen und Faustschlägen. Man schlug sich mit Stöcken, Hausschlüsseln, Fußschemeln; Bücher wurden zu Angriffs- und Vertheidigungswaffen. Einzelne Romantiker verübten Wunder der Tapferkeit und unter diesen Vorstreitern im Gewühl ist zu allererst Préault zu nennen. Im Bereiche seiner Arme war jede Kundgebung des Mißfallens unterdrückt und gegen die Feinde, die zu fern waren, als daß er sie fassen und braun und blau schlagen konnte, wüthete er mit Blick und Stimme. Zwei Kahlköpfen, die in einer Loge des ersten Ranges zischten und pfiffen, schleuderte er das berühmt gewordene: „A la porte les genoux" (Hinaus mit den Kniescheiben!) zu, welches ein so homerisches Gelächter hervorrief,

Ein verschollener Stürmer und Dränger.

daß es vielleicht für den Sieg Victor Hugos den Ausschlag gab. Das Wort Préaults war mehr als eine Gaminerie, mehr als eine Dutzendbeleidigung an die Adresse von Schwach= behaarten; es war der übermüthige Trotzruf der langbemähnten, mit allen Attributen der Kraft und Gesundheit ausgerüsteten Jugend gegen den altersschwachen, auch in seinem Aeußern abgenutzten und greisenhaften Klassizismus.

Unserer Zeit scheinen die geschilderten Ausschweifungen im höchsten Grade komisch. Heute bringt es jeder Laden= schwengel zuwege, sich über die Scharlachweste Gautiers und den Turban Dumas' vor Lachen auszuschütten. Wir sind klüger und nüchterner geworden. Unsere Gefühle sind nicht mehr eruptiv. Wir eifern uns nur noch für Aktien. Wir machen Queue und schlagen uns mit Fäusten und Stöcken, aber nicht wenn es sich um ein Theaterstück, sondern nur wenn es sich um eine finanzielle Zeichnung handelt. In dem Maße, in welchem das Jahrhundert altert, kühlt unser Herz aus und selbstlose Begeisterung wird ein schwerverständliches Ding der Vergangenheit wie Menschenopfer und Hexenprozesse. Und doch waren die tollen, drolligen Jünglinge, die am 26. Februar 1830 bei der Hernani=Première im Théâtre Français jubelten, brüllten, wie besessen um sich schlugen, ein edles und reichbegabtes Geschlecht und es wäre uns wol, wenn wir in unserem positiven Börsenzeitalter etwas von der Wärme besäßen, welche in den Köpfen dieser uns heute so lächerlich scheinenden Romantiker glühte, deren einer Préault war!

Im Jahre 1833 beschickte Préault zum erstenmale den

„Salon" mit zwei Basreliefs, die mit Leib und Seele, in der Wahl des Stoffs und in der Ausführung, der Romantik angehörten. Sie stellten den „sterbenden Gilbert" und „die Hungersnoth" dar. Auf dem einen sah man einen im Todeskampfe sich windenden Jüngling, auf dem andern ein altes, abgemagertes Weib von höllischer Häßlichkeit, das sich die Hände benagt. Der Clan der Romantiker brach in einen Schrei der Bewunderung aus, die Klassiker schlugen entsetzt die Hände zusammen. Gautier besang Préault als den Phidias der neuen Zeit, die akademische Kritik betheuerte, er wolle die Kunst auf den indischen und mexikanischen Standpunkt zurückführen. Als er ein Jahr darauf ein anderes unvollendetes Basrelief von gewaltigen Verhältnissen, „das Gemetzel" betitelt, ausstellte, erneuerten sich die wüthenden Zänkereien über sein Talent und den Werth seines Werkes. Die „tuerie" war noch gewaltthätiger als ihre Vorgängerinnen; auf der großen Marmorfläche wälzten und wanden sich zerhackte Leiber in den unmöglichsten Krampfzuckungen; Männer zerfleischten einander mit Nägeln und Zähnen und Schwertern; aus aufgerissenen Körpern quollen Eingeweide und an dem scheußlichen Morden nahmen selbst die stampfenden und beißenden Pferde theil. Das war die richtige Bildhauerei, welche einem „Han d'Islande", einem „Bug-Jargal" oder einem Quasimodo als Illustration dienen konnte. Heute, wo wir diesen Werken kühl und unparteiisch gegenüberstehen und das Kampfgeschrei der einander bekriegenden Schulen längst in der Vergangenheit verhallt ist, müssen wir erkennen, daß damals sowol die Tadler als auch die Lober Recht hatten. Ruhige, harmonische Schönheit dürfen wir in diesen Jugendwerken Préaults nicht suchen. Auch in der Mache sind sie auffallend fehlerhaft. Die Einzelheiten sind vernachlässigt, die Zeichnung ist unrichtig, das Ganze scheint mehr mit der Zimmermannsaxt als mit dem Bildhauermeißel gemacht. Allein andererseits ist es unmöglich zu verkennen, daß in all diesen ungeheuerlichen Figuren eine gewaltige Bewegung, ein packendes Pathos ist und daß die großen Linien, die allgemeinen Umrisse von einer wunderbaren Kraft und Lebendigkeit sind, die den Beschauer aufregen und hinreißen. Phidias wäre jedenfalls der letzte Name, auf den ich bei der Betrachtung dieser Werke verfiele; wol aber spürt man in ihnen einen Funken von der Flamme, die aus den Schöpfungen des alten Michel Angelo und des modernen Géricault hervorlodert.

Die späteren Werke Préaults, die weit geringeres Aufsehen erregten und weit weniger umstritten wurden, waren trotzdem unvergleichlich reifer und bedeutender als diese drei Basreliefs. Ich erinnere nur an den „Christus am Kreuz," der gegenwärtig in einer Seitenkapelle der St. Gervais-Kirche über dem Altar steht. Es ist ein wundervolles Stück Bildhauerei. Der Menschensohn ist vollkommen menschlich aufgefaßt. Es ist in seinem Gesicht, in seiner Haltung nichts von der göttlichen Milde und Ergebung zu sehen, welche die theologische Ueberlieferung dem Gekreuzigten zuschreibt. Seine Miene drückt vielmehr Zorn über die beschränkten Menschen aus, welche den Erlöser so wenig begreifen, daß sie ihn an den Marterbaum nageln, und sein von den üblichen Préault'schen Verzerrungen durchkrampfter Leib klammert sich mit allen Gliedmaßen an das Leben. An diesen Christus knüpft sich eine interessante Anekdote. Die Kirchenverwaltung von St. Gervais, die das Kruzifix bei Préault bestellt hatte, erschrak höchlich, als ihr der Künstler diesen eigenartigen, von allem Gewohnten völlig verschiedenen Heiland ablieferte, der so aussah, als machte er verzweifelte Anstrengungen, um sich vom Kreuze loszureißen und mit nervigen Fäusten seine Peiniger zu erwürgen, und sie weigerten sich, das Werk anzunehmen. Préault wurde zornig und rief den Bestellern zu: „Ihr klagt die Juden an, daß sie euern Heiland gekreuzigt haben. Und ihr weist ihn jetzt schnöde zum Tempel hinaus!" Die Verwaltung fügte sich schließlich, allein das Kruzifix, das für den Hauptaltar bestimmt war, wurde in eine Seitenkapelle gewiesen, wo man es nur entdeckt, wenn man es direkt aufsucht.

Ein Werk aber hat Préault geschaffen, das ihn am längsten überleben wird und das wol jeder Besucher von Paris, auch der flüchtigste, gesehen hat: ich meine den „Gallier mit dem Pferd" auf der Jenabrücke. Es ist bekannt, daß diese Brücke, welche den Trocadero mit dem Marsfelde verbindet, an beiden Uferpfeilern mit je zwei Gruppen geschmückt ist, welche einen Pferdebändiger und sein Roß darstellen, und zwar einen griechischen, römischen, gallischen und arabischen. Die Statuen sind die kolossalsten, die in der Gegenwart aus Stein geschaffen worden sind. Um im Alterthum ihres Gleichen zu finden, muß man bis zu den gewaltigen Pferdebändigern zurückgehen, die den Monte-Cavallo-Platz in Rom schmücken. Die großartigste dieser vier Statuen nun ist diejenige des Galliers von Préault, dessen kühne, freie und leichte Haltung,

dessen schönes und kräftiges Ebenmaß und dessen ohne alle
Uebertreibung dennoch sehr energische Bewegung ihn zu einem
Meisterwerk ersten Ranges machen. In einer Schöpfung
von so außergewöhnlich großen Verhältnissen offenbart sich
ein wahres Bildhauer-Temperament. Wenn es sich darum
handelt, eine dreißig Fuß große Statue zu schaffen, die bestimmt ist, auf einer ziemlichen Höhe unter freiem Himmel
bei voller Tagesbeleuchtung von allen Seiten frei zu stehen,
so gelten die kleinen Atelierkünsteleien nichts, die den Laien
so sehr entzücken: die Glätte des Meißels, die Geschicklichkeit
der Stoffnachahmung, die Süßigkeit des Gesichts, die billige
Anmuth des Genre-Vorwurfs; man muß da einen stärkern
Athem haben, man muß größere und ernstere Eigenschaften
besitzen, wenn das Werk nicht an seinen Größenverhältnissen zu
Grunde gehen soll. Eine Kolossalstatue ist die gefährlichste
Probe des Bildhauers. Préaults Talent hat diese Probe
herrlich bestanden.

Ich muß mich auf diese flüchtige Kennzeichnung des
Künstlers beschränken, denn wollte ich Wesen und Bedeutung
Préaults eingehend erörtern, ich hätte die höchsten und
schwierigsten Fragen der Aesthetik: die Unterschiede von
Plastisch und Malerisch, das Schöne in der Bildhauerei und
die Grenzen und Aufgaben dieser Kunst, in den Kreis meiner
Betrachtung zu ziehen, was hier nicht meine Absicht ist. Es
bleibt nur noch übrig, mich mit einer andern Seite der Erscheinung Préaults zu beschäftigen, mit dem geistreichen Gesellschaftsmenschen nämlich, der überall, wo er erschien, einen

natürlichen Mittelpunkt bildete und an dessen Lippen in einem Salon stets alle Anwesenden mit Spannung hingen.

Préault war einer der letzten Vertreter einer Gattung, die leider gänzlich im Aussterben begriffen zu sein scheint, der Gattung des Causeurs nämlich. Seine Vorbilder auf diesem Gebiete waren die großen Plauderer des achtzehnten Jahrhunderts; in der Causerie war er kein Naturalist, sondern ein mit der Theorie des Gegenstandes wol vertrauter Schulkünstler. Der Stegreif-Erfindung blieb natürlich ein weiter Spielraum, allein die Hauptschlager: die Witze, die Mots, die Pikanterien, die Paradoxe, die Definitionen, waren sorgfältig vorbereitet und wenn er Abends in Gesellschaft ging, so glich er einem pulvergefüllten Feuerwerkskörper, der nur angezündet werden muß, um sofort prasselnd loszugehen und sich in eine sprühende Feuergarbe zu verwandeln, welche unter Zischen und Knattern Funken und Sterne mit blendender Verschwendung umherstreut.

Préault hatte nichts gemein mit jenen keuschen Künstlernaturen, die sich weltscheu in die Einsamkeit ihres Ateliers flüchten und sich hier fern vom profanen Marktlärm den Inspirationen ihrer Muse hingeben. Er liebte es vielmehr, in die Welt zu gehen, im Salon zu glänzen, dem Erfolg und der Berühmtheit gleichsam entgegenzueilen. Er nahm jede Einladung an. Er hatte einen Platz an jedem Kamin und jedem Tische. Man sah ihn überall: im Foyer der Theater, in den Kunstausstellungen, in Modecafés, in den Zeitungsredaktionen, unter den Arkaden des Odeon. Er bildete ein wesentliches Bestandtheil des „tout Paris". Und daß er sich so freigebig in der Gesellschaft verbreitete, das geschah nicht aus gemeiner Eitelkeit, sondern entsprang aus dem höhern Bedürfnisse, Propaganda zu machen. Préault war eine durch und durch polemische Natur; seine eigenste Rolle war die eines Kämpfers und Debatters: er stritt für seine ästhetischen Gedanken nicht blos mit dem Meißel, sondern auch — und vielleicht noch mehr — mit dem Worte. So lange die leidenschaftliche Parteinahme für und wider die romantische Bewegung dauerte, gedieh er denn auch und war außerordentlich en vogue. Als andere Interessen die Welt in Anspruch zu nehmen begannen, erblich sein Ruhm, sein Zuhörerkreis zog sich enger und enger zusammen und zuletzt gerieth er fast gänzlich in Vergessenheit. Vor dreißig, vor zwanzig Jahren noch wurde jedes seiner Mots in ganz Paris umhergetragen, von den Zeitungen mitgetheilt, von aller Welt nachgesprochen, belacht, bewundert. Vor seinem Tode fand der alte Causeur kaum mehr einen Freund oder Bekannten, wenn er niedergeschlagen den gewohnten Nachmittags-Spaziergang vom Café de la Paix bis zur Rue Drouot machte, und wollte er die Mots, die er zu ersinnen fortfuhr, anbringen, so konnte es in der Regel nicht mehr am Kamin geschehen, sondern er mußte sie im Quartier latin an einen Unbekannten vergeuden oder in irgend eine Zeitungsredaktion tragen.

Bei seinem Tode führten die Pariser Blätter eine Reihe dieser Mots an, deren ich hier einige wiedergebe, um die Eigenthümlichkeit seines kecken und schneidigen Geistes ersichtlich zu machen:

„Die Schriften, von denen man lebt, bleiben nicht leben."

„Die Malerei ist ein Kind des Lichts und der Liebe."

„Die Kunst, getödtet von der Geometrie, das ist die zeitgenössische Baukunst."

„Ein Vater sprach zu seinem Sohne: Kannst du deine biblische Geschichte schon gut? — Ja, Papa. — Also wer war Adam? — Oh, Papa, so weit bin ich noch nicht."

„Es gibt Geister der Auslese, welche die großen Dinge als Adler ohne mit den Wimpern zu zucken betrachten; andere können sie nur blinzelnd ansehen."

„Man diskutirt mit den Leuten seiner Meinung und mit diesen nur über Nuancen."

„Wenn das Glück einem ein Kleid bringt, so soll es nur nicht zu weit sein."

„Es ist nicht schwer, ein Auge zu zeichnen, wol aber, einen Blick zu malen."

„Eine Uebersetzung ist eine Ausstopfung."

„Die Mittelmäßigkeit verletzt sich immer, wenn sie sich am Genie reibt."

„Eine Mittelmäßigkeit ersten Ranges — das ist es, was die Menge braucht."

„Man hat Unrecht, bei einem zweiten Schiffbruche Neptun anzuklagen."

„Ich bedaure einen Menschen, der aller Welt gefallen kann."

Ich beschränke meine Anführungen auf diese Aussprüche, die hinreichen, um zu zeigen, daß Préault auch als Mann von Geist nicht unbedeutend war, obwol er dem Verhängnisse der meisten Gesellschaftsmenschen, dem Veralten und Ver=

gessenwerden, nicht entgehen konnte. Was lag übrigens
daran, daß der Causeur verscholl? Der Bildhauer nahm
und nimmt einen großen und unvergänglichen Platz in der
Geschichte der neuern französischen Kunst ein und wenn
seine Werke in den letzten Jahren seines Lebens auch minder
beliebt und gekauft waren als die netten Kleinigkeiten ge=
wisser Modebildhauer, so bleibt er doch diesen an geistiger
Größe ebenso überlegen, wie sein gallischer Rossebändiger
etwa einer Terracotta=Frauenbüste von Carrier=Belleuse an
stofflicher Ausdehnung überlegen ist.

Die Bouquinisten.

Ich habe schon im vorigen Kapitel von den zahlreichen Buchhändlern gesprochen, die unter den Arkaden des Odeon ganz nach orientalischer Art in offenen Mauernischen und zwischen den Pfeilern der Bogengänge Bazar halten. Diese Geschäftsleute haben nichts mit den übrigen Sortimentern von Paris gemein. Sie bilden eine Spezialität im Buchhandel. Wie die Menschen, die zwischen ihnen auf und nieder gehen, so sind alle Bücher, die wir hier finden, entweder am Anfang oder am Ende ihrer Laufbahn. Die Buchhändler des Odeon halten nur Neuigkeiten oder abgesetzte Werke, die, nachdem sie eine längere oder kürzere Weile Ladenhüter gewesen sind, von den ungeduldigen Verlegern um weniger als den Papierwerth verschleudert werden. Auf der einen Seite der Arkade stehen, in regelmäßige Reihen geordnet, die Erscheinungen von gestern und heute, auf der andern, in wüsten Haufen übereinander geworfen, die vom Publikum vernachlässigten Werke, die darum nicht alt sein müssen. Ein wahres und schwermüthiges Bild des Lebens! Sie scheinen einander über den Weg zu beäugen und zu verhöhnen. Hier brüsten sich die Charpentier- und Hachette-Ausgaben in ihren funkelnagelneuen koketten gelben Umschlägen, die noch kein Makelchen befleckt, dort scheinen sich die schmutzigen und bestaubten Bände scheu unter einander verstecken und dem Blicke der Vorübergehenden entziehen zu wollen. Die neuen Bücher rufen mit Stolz zu ihren unglücklichen Genossen jenseit des Korridors hinüber: „Uns gehört die Zukunft! Wir sind das Ereigniß des Tages! Wir sind eine dauernde Bereicherung des menschlichen Gedankens! Wir bedeuten die Unsterblichkeit unseres Verfassers!" Die alten antworten mit bitterem Hohne: „Wir kennen die Leier! Das haben wir auch geglaubt! Mit solchen Hoffnungen sind auch wir einst ins Leben getreten! Allein wir waren schon am Tag unserer Geburt vergessen und heute sind wir Makulatur und so wird es auch euch allen, allen gehen!" Und die Menschen, die unter den Arkaden lustwandeln, verstehen diese stumme Sprache der Bücher nicht und sehen in ihnen nicht das Gleichniß ihres eigenen Lebens! Die jungen Leute schreiten mit Erobererschritten einher: ihren Busen schwellen Selbstvertrauen, Zuversicht, große Erwartungen; das Leben liegt offen vor ihnen und sie setzen sich vor, in dasselbe als Triumphatoren einzutreten: keiner von ihnen zweifelt, daß ihm Macht, Ruhm, Reichthum, Unsterblichkeit sicher seien; dieser angehende Arzt sieht sich bereits im Lehrstuhle der ersten Klinik Frankreichs, zu seinen Füßen fünfhundert junge Leute aus allen Ländern der Welt, die andächtig seinen Worten lauschen; dieser Rechtshörer träumt sich als Nachfolger Berryers, als Präsidenten des Kassationshofs, als Justizminister; dieser Student, der sich in den Versammlungen des lateinischen Viertels durch geläufige Rede bemerkbar macht, zweifelt nicht, daß er bestimmt sei, die Laufbahn Gambettas zu wandeln; dieser junge Schriftsteller, der bisher blos daheim im stillen Stübchen Handschriften hervorgebracht hat, ohne vor die Öffentlichkeit getreten zu sein, hört schon den begeisterten Applaus, mit dem das Publikum sein Drama aufnehmen wird, und sieht schon das stürmende Gedränge der Käufer, die sich binnen Kurzem hier, unter diesen selben Arkaden, sein Buch aus den Händen reißen werden. Und keiner dieser hochgetragenen Köpfe wendet sich nach den grämlichen und verkümmerten Alten um, die wie unheimliche Schatten zwischen ihnen umherwandeln, keines dieser glänzenden, fröhlichen Augen blickt auf die Verschollenen und Vergessenen, die vom Kampf ums Dasein nichts heimgebracht haben als die Erinnerung an ein schönes Streben, die mit bittersüßen Empfindungen immer wieder diesen Ort aufsuchen, der einst der Schauplatz ihrer Träume und Selbsttäuschungen gewesen, und die sich unter die sorglose Jugend des lateinischen Viertels mengen, um das Bild ihrer eigenen Anfänge wieder leibhaftig vor Augen zu sehen!

Freilich — nur ein beschauliches Auge findet diesen tieferen Sinn in den alten und neuen Büchern, die einander gegenüber aufgeschichtet sind, und in den alten und jungen Leuten, die zu allen Stunden des Tages unter den Bogengängen des Odeon durcheinanderwimmeln. Der banale Vorübergehende sieht hier blos eine bunte Menge von Müßiggängern, die vor den Büchern oft stundenlang stehen und sich

Die Bouquinisten. 365

einer ebenso gewissenhaften wie unentgeltlichen Lektüre hingeben. Denn das ist eine der liebenswürdigen Eigenheiten der Odeonbuchhändler: sie sind keine Pedanten; sie mißgönnen ihrem Publikum keinen geistigen Umsonst-Genuß; bei ihnen herrschen nicht die kalten Handels-Gepflogenheiten der Boulevard-Läden, in die man, sofern man nicht etwa ein Vertrauter des Hauses ist, blos mit dem Geldstück in der Hand tritt, um sie mit der gekauften Waare gleich wieder zu verlassen: hier liegen die Bücherschätze offen und frei zu Markte: ihr Vorübergehenden, kommt und greift zu! Kauft ihr, so ist es gut; kauft ihr nicht, so macht das auch nichts. Der Buchhändler sitzt in einer Nische nebenan und kümmert sich um seine Auslage nicht weiter; er sagt nichts, wenn man vor der letztern stille hält, ein Buch nach dem andern zur Hand nimmt, hier blättert, dort liest, die Bilder beguckt, sogar Stellen in sein Notizbuch abschreibt, einzelne Bände mindestens an den Seiten aufschneidet und zuletzt ohne Gruß und Dank von dannen geht; ja er treibt seine Freundlichkeit so weit, daß er älteren Lesern, die stehend ihren Theil neuer oder alter Literatur bei ihm einnehmen wollen, einen Stuhl anbietet, damit sie in aller Bequemlichkeit ihr Buch genießen können; er erwartet für diese Liebenswürdigkeit nicht, daß der platonische Literaturfreund sich in einen Käufer verwandle, und dieser fühlt sich durch sie nicht verpflichtet, sich auch nur eines einzigen Silberstückleins zu berauben. Der nachsichtige und uneigennützige Geschäftsmann verliert bei diesen scheinbar so wenig einträglichen Gewohnheiten dennoch nichts, denn ein großer Theil des bücherkaufenden Publikums von Paris be-

bezieht nichtsdestoweniger seinen Bedarf an alter und neuer Literatur von den Odeonbuchhändlern, weil diese die Neu=
heiten schon am Tag ihres Erscheinens zwanzig, ja fünfund=
zwanzig Prozent unter dem Ladenpreis und die „Krebse" um
wenige Sous zu verkaufen pflegen.

Für die zur Preisermäßigung verurtheilten Bücher ist
das Odeon nicht die letzte Leidensstation. Sind sie lange
genug zwischen den Pfeilern des Bogenganges ausgelegt ge=
wesen, ohne daß ihr niedriger Preis selbst eines Käsehändlers
Herz erweicht hätte, so wandern sie zu den Geschäftsfreunden
der Odeonbuchhändler, zu den „Bouquinisten" des Quais.

Die Bouquinisten gehören zu den wenigen eigenartigen
Figuren, die sich Paris noch aus seiner Rococozeit bewahrt hat.
Ihr Name ist eine gutmüthige Verspottung. „Bouquin" ist der
geringschätzige Ausdruck für „Buch" und kann etwa mit dem
deutschen „Schmöker" wiedergegeben werden. Das Wort „Bou=
quin" erweckt im Geiste des Franzosen zunächst die Vorstellung
einer wurmstichigen, stockfleckigen Schartefe, in Folio und womög=
lich in Schweinsleder gebunden, mit Schmeer und Klecksen bedeckt,
von Randglossen und Eselsohren verunstaltet, ein übelriechender
alter Spittelbruder unter den Büchern. In übertragenem Sinne
nennt freilich der leichtfertige Studentenmund jedes nur einiger=
maßen ernstere Buch, Alles, was nicht Roman der aller=
leichtesten Gattung ist, „bouquin". Der Bouquiniste nun ist
der Hüter der schmierigen Bücherschätze, der Mann, bei dem
die armen alten Bücher zum letztenmal auf ihrem Lebensweg
ausruhen, um, wenn sie nach Jahr und Tag keinen Käufer finden,
dem Pappenfabrikanten zur Vernichtung überliefert zu werden.

Der Bouquiniste ist nicht zu verwechseln mit dem Antiquar, der eine viel vornehmere Zunft bildet. Dieser hat einen Laden und ein Schaufenster, er hat „Giebel nach der Straße", wie man im Mittelalter vom erbgesessenen Vollbürger sagte; seine Waare sind jene alten und seltenen Ausgaben, welche das Entzücken der fanatischen Bücherwürmer ausmachen; bei ihm findet man Codices mit dem Bibliothekstempel Mazarins, Einbände „Grollieri et amicorum", älteste Drucke und editiones principes, Bücher, für die der Händler mit ruhigem Stolz und ohne Augenzwinkern seine tausend oder zweitausend Silberlinge verlangt, ganz so als ob es sich um einen gemeinen Solitär aus einem Laden der Rue de la Paix handeln würde. Beim Bouquinisten suchen wir vergebens solche Schätze; zu ihm verirren sich fast niemals Bücher, welche die Preise von Edelsteinen oder selbst nur von böhmischen Granaten beanspruchen; in Ausnahmsfällen hat er wol Bände, für die er den fabelhaften Preis von zwei Franken fordert, allein diese Fälle sind selten; die Regel ist, daß seine theuersten Bücher einen oder anderthalb Franken kosten, während die billigsten gerade um einen Sou feil sind. Ich weiß wol, daß allerlei geheimnißvolle Sagen umgehen von werthvollen und seltenen Büchern, die ein Liebhaber bei einem Bouquinisten mitten unter seinem herkömmlichen Schund entdeckt und um einige Centimes erstanden habe, allein ich glaube nicht an die Wahrhaftigkeit dieser Anekdoten. Die alterthümliche Gestalt des Bouquinisten regt den Volksgeist naturgemäß zur Sagenbildung an. Solche Fabeln werden auch nicht glaubwürdiger, wenn uns einmal ein Büchernarr in seine Bibliothek führt, uns irgend ein seltenes Buch zeigt und mit triumphirendem Gekicher flüstert: „Ein schönes Stück! Nicht wahr? Seine vierhundert, fünfhundert Franken werth, nicht wahr? Habs um zehn Sous gekauft, um zehn Sous, Herr, beim ersten Bouquinisten rechts vom Pont des Arts!" Das ist eine bekannte und abgenutzte Finte der Sammelholde. Sie geben vor, die werthvollsten Dinge an irgend einer unmöglichen Stelle entdeckt und dem unwissenden Besitzer um einen hölzernen Pfennig abgeschwatzt zu haben, obwol sie diese angeblichen Funde in Wirklichkeit von einem patentirten Händler um etwas mehr als das zehnfache ihres ehrlichen Werths erhandelt haben dürften. Ich für meinen Theil muß der Wahrheit gemäß feststellen, daß mir kein einziges wirklich erwiesenes Beispiel erfolgreicher Schatzgräberei bei einem Bouquinisten bekannt worden ist. Der sensationellste Kauf, von dem ich je gehört habe, war der eines Littré'schen Wörterbuchs der französischen Sprache um zehn Franken. Man sprach davon im ganzen Quartier latin. Allein bei näherer Untersuchung stellte es sich heraus, daß vom zweiten Band ungefähr die Hälfte fehlte und durch eingelegte Bogen des Wörterbuchs von Napoleon Landais ersetzt war, was dem Exemplar einiges von seinem Werthe nahm.

Der ausschließliche Standort des klassischen Bouquinisten ist der Quai des linken Seineufers von der einen Grenze des lateinischen Viertels bis zur andern, also vom Pont neuf bis zum Pont des Saints Pères. Früh morgens erscheint er mit einem Handwägelchen, auf dem mehrere ziemlich große viereckige flache Holzkisten aufgehäuft sind; diese stellt er neben=

einander auf den breiten Grat der steinernen Brustwehr, welche den Fluß einfaßt, hebt die blechbeschlagenen Deckel von ihnen ab und setzt damit die in den Kisten bereits geordneten Bücher dem Wind und Wetter und den Blicken der Vorübergehenden aus. Er selbst zieht sich von seiner Auslage zurück, im Sommer unter einen fabelhaften Sonnenschirm, den er neben irgend einem Gaskandelaber aufpflanzt, im Winter vielleicht in eine benachbarte Weinstube, von der aus er seine Bücherschätze im Auge behalten kann; wenn es zu regnen beginnt, was in Paris gewöhnlich drei bis viermal täglich geschieht, stürzt er herbei und schlägt die Deckel über die Kisten; ist der Schauer vorübergegangen, nimmt er wieder die Enthüllung der Kisten vor; dem lesenden und gewöhnlich nicht kaufenden Publikum gegenüber legt er dieselbe Gemüthlichkeit an den Tag wie sein um eine Abstufung vornehmerer Genosse unter den Arkaden des Odeon; er stört Niemand in seiner Lektüre; er kommt nur, wenn man ihn eigens herbeiruft; Unmuth zeigt er nur in seltenen Fällen, wenn irgend ein Barbar mit seinen Büchern so rauh umspringt wie die Schaufel des Auvergnaten mit den Kohlen.

Das Verhältniß des Pariser Publikums zum Bouquinisten ist denn auch das des Vertrauens und der Sympathie. „Bouquiniren" gehört zu den beliebtesten Zerstreuungen des Parisers. Dieses bezeichnende Zeitwort der Pariser Ortsprache erklärt sich selbst. Es bedeutet, vor den Kisten des Bouquinisten Aufenthalt nehmen und in den Büchern wühlen. Wühlen, nicht kaufen, das sei nochmals ausdrücklich bemerkt. Der Bouquinist hat vielleicht gar nicht den Ehrgeiz, seine

Bücher abzusetzen; wenigstens ist es Thatsache, daß unter diesen die größte Stetigkeit herrscht. Ich verließ im Frühling 1875 Paris auf längere Zeit. Als ich im Sommer 1876 wiederkehrte, galt einer meiner ersten Wege dem Quai der Bouquinisten. Mit Rührung begrüßte ich alle meine alten Bekannten: Norvins „Geschichte Napoleons", Brantômes „Leben der galanten Damen", die veralteten Auflagen des großen Wörterbuchs der Akademie, Bücher, die ich vor Jahren hier zu sehen gewohnt war und die ich treu und vollzählig beisammen fand. Plötzlich entdeckte ich jedoch eine Lücke — eine „Geographie von Malte-Brun" um 1 Fr. 50 fehlte! Eine gewisse Aufregung bemächtigte sich meiner, die sich wol in meiner Miene ausdrücken mochte, denn der Bouquiniste trat an mich heran und sagte im Tone der Begütigung: „Sie vermissen den alten Malte-Brun! Ja sehen Sie, —" und hier stockte er ein wenig — „ich habe ihn vor einigen Monaten verkaufen müssen." Das „müssen" versöhnte mich und ich war vollends beruhigt, als der Bouquiniste entschuldigend hinzufügte: „Es war ein Familienvater, der das Buch für seine Kinder anschaffte — Sie begreifen . . ."

Wer immer ein Stündlein zu verträumen hat und gerade den Quai entlang schlendert, versäumt es nicht, dieses Stündlein dem Bouquiniren zu widmen. Man sieht da Herrn Durand und seine Berufsgenossen, die sich hauptsächlich aufs Blättern in illustrirten Werken und aufs Prüfen der Einbände beschränken; alte, dekorirte Herren, Akademiker und Professoren, die mit geheimer Angst ihre eigenen Werke suchen und im Innern aufjauchzen, wenn sie die ihrer guten Freunde und Kollegen finden; dienstfreie Soldaten, welche die Anständigkeit so weit treiben, daß sie nach mehrstündigem Bouquiniren eine alte Nummer der Rochefort'schen „Laterne" um klingende fünf Centimes kaufen. Der Lehrjunge, der an dieser magnetischen Stelle vorübergeht, bleibt stehen und genießt rasch etwas geschmuggelte Bildung, während der Kunde, dem er ein paar Schuhe heimtragen soll, mittlerweile vielleicht durch Gotteslästerungen sich um sein Seelenheil bringt. Das Ladenmädchen läßt es sich nicht nehmen, in freien Minuten die Feuilletonromane zu beginnen, welche sparsame Arbeiterinnen aus ihrem „Petit Journal" herausschneiden, sammeln, säuberlich heften und nach erreichter Vollständigkeit um etliche Sous dem Bouquinisten verkaufen, dessen dankbarste Waare sie bilden; denn das Mädchen, das an einem solchen Roman im Vorüberlaufen zu naschen begonnen, ruht nicht, bis es ihn zu Eigen erworben hat. Trotzdem die Ueberwachung der Schätze durch ihren Eigenthümer eine sehr oberflächliche ist, hat er sich doch kaum je über Unzartheiten des Publikums zu beklagen. Entwendungen kommen überhaupt nicht vor. Eher noch kleine unredliche Manöver, die dazu bestimmt sind, den ohnehin niemals Schrecken einflößenden Preis der Bücher bis zu einer unvernünftigen Tiefe hinabzudrücken. Ein unbedenklicher Kauflustiger zaubert manchmal einen Band aus einer Kiste in die benachbarte; da an jeder Kiste der einheitliche Preis eines jeden der darin enthaltenen Bücher angeschrieben ist und jede folgende Kiste eine niedrigere Zahl trägt, so bedeutet ein solches Hinüberschmuggeln eine unrechtmäßige Preisverminderung, gegen die der Bouquiniste sich nicht auflehnt, weil er die Vertauschung gewöhnlich nicht merkt. Eine andere Art, diesen ehrlichen Mann zu betrügen, ist noch tückischer und unsittlicher. Ein gewissenloser Liebhaber thut, als blätterte er in einem Buch, und verlegt mittlerweile geschickt einige lose Bogen an unrechte Stellen; dann tritt er zum Bouquinisten und sagt mit geheucheltem Bedauern: „Ich würde diesen Band kaufen, aber es fehlen leider einige Bogen." Der Bouquinist überzeugt sich flüchtig von dieser bedauerlichen Thatsache und schüttelt betrübt den Kopf, worauf der andere nachlässig die Bemerkung hinwirft: „Ich nehme das Buch trotzdem, wenn Sie es billiger geben." Diese Bereitwilligkeit, einen verstümmelten Band zu kaufen, verräth wol in der Regel den Betrüger, denn sie erweckt den Argwohn des Bouquinisten, veranlaßt ihn, besser zu suchen, und führt zur Auffindung der verlegten Bogen. Ist dies aber nicht der Fall, so läßt er sich natürlich zu einem starken Preisnachlasse herbei und der Ränkeschmied hat seinen schnöden Zweck erreicht. Ein Bouquiniste, der mir diese schmerzlichen Erfahrungen mittheilte, fügte mit Bitterkeit hinzu: „Und die Leute hätten ja diese Tücken gar nicht nöthig! Sie müssen nur den Mund aufthun! Sie müssen nur sagen: Herr, dieses Buch ist mir um fünf Sous unerschwinglich, lassen Sie es mir um zwei Sous! Man läßt doch mit sich reden, man ist kein Tyrann!"

Nein, das ist der Bouquiniste wirklich nicht; man thäte ihm schweres Unrecht, wenn man ihn für einen Tyrannen halten würde. Er ist sogar die Zuvorkommenheit, Billigkeit und Einsicht in Person. Ich könnte zahlreiche Züge anführen, die dies unwiderleglich beweisen. Monselet, glaube ich, war es, der die Geschichte jenes Bohème erzählte, welcher die Gewohnheit hatte, täglich zu einem Bouquinisten zu kommen, ein Buch zur Hand zu nehmen, ganze Nachmittage darin zu lesen, dann, ehe er wegging, ein Eselsohr zu machen, damit er am nächsten Tage die Stelle finde, an der er seine Lektüre unterbrochen hatte. Aber Monselet hat die Geschichte nicht auserzählt. Sie hat eine Fortsetzung und ein Ende. Eines Tages kam ein Fremder und kaufte den Band, den unser Bohème gerade im Lesen hatte. Dieser erschien zur gewohnten Stunde und suchte sein Buch — es war verschwunden! Er rief den Bouquinisten herbei und fragte streng, was mit dem Bande geschehen sei? Der Bouquiniste gerieth in Bestürzung und stammelte, er habe ihn verkauft. „Wie?" donnerte der Bohème, „verkauft? Und Sie wußten, daß ich ihn eben las?" „Ich wußte es nicht", betheuerte der unglückliche Bouquiniste, „sonst hätte ich mir nie erlaubt, den Band wegzugeben, ich schwöre es Ihnen." Es war Alles umsonst! Der Bohème unterbrach ihn. „Was Sie gethan haben", sagte er kalt, „war sehr schlecht. Ich sehe mich gezwungen, Ihnen in Folge dessen — meine Kundschaft zu entziehen!" Und damit ging er majestätisch von dannen und obwol ihn der Bouquiniste täglich, so oft er ihn vorübergehen sah, beschwor, zu seiner alten Gewohnheit zurückzukehren, weigerte er sich dennoch beharrlich, je wieder bei ihm zu bouquiniren. Der Friede wurde auch nicht eher hergestellt, als bis der Bouquiniste einen großen Entschluß faßte. Er kaufte eines Tages das Buch, dessen er sich leichtfertig entäußert hatte, und stellte es dem Bohème zur Verfügung. Das versöhnte diesen und er begönnerte ihn wieder wie ehedem.

Nur einmal habe ich einen Bouquinisten die Geduld verlieren sehen. Das wäre aber auch dem seligen Hiob unter gleichen Umständen widerfahren. Ein Mann wirthschaftete stundenlang ganz greulich in den Bücherkisten, schleuderte die Bände umher, warf sie ins unrechte Fach, zerriß Blätter im rohen Umwenden, frug jeden Augenblick nach dem Preis eines Buches, obwol derselbe an jeder Kiste groß und deutlich angeschrieben stand, hinderte andere Leute, an die Auslage heranzutreten, und machte bei alledem nicht die geringste Miene, dem Bouquinisten etwas abzukaufen. Da rief dieser endlich mit lauter Stimme seinem Nachbar zu: „Wissen Sie schon die Neuigkeit, Gevatter? Gestern stand ein Herr den ganzen Nachmittag bei meinen Büchern, stöberte herum und blätterte und las, kaufte aber nichts. Plötzlich brach er zusammen. Er hatte den Sonnenstich bekommen." Der Nachbar lachte und der Mann, dem die Fabel galt, erröthete und ging eilig seiner Wege. Der Bouquiniste aber hatte nachträglich Gewissensbisse, weil er einen „client" beleidigt habe, und war einige Tage ganz tiefsinnig vor Reue.

Ich habe bereits angedeutet, welche Gattung von Büchern die Stapelartikel der Bouquinisten bilden. Alte, in Vergessenheit gerathende Geschichtswerke nehmen die erste und theuerste Kiste ein. Eine ganze Reihe von Kisten sind den Schriften vergangener und gegenwärtiger Akademiker gewidmet. Die Literatur der Akademiker wird durch eine Art Verhängniß stets auf den Quai der Bouquinisten geworfen! Bei keinem der letzteren fehlen auch die Kataloge verflossener Ausstellungen und „Salons", wehmutherweckende Erinnerungen an eine Zeit, wo man mindestens um ein Jahr, wenn nicht um mehrere, jünger war, alte illustrirte Blätter, Gelegenheitsbroschüren, die flüchtige Literatur des Augenblicks, die „neiges d'antan", der „Schnee des Vorjahres", nach dessen Verbleib Villon in seinem schwermüthigen Gedichte fragt. Eine besondere Klasse bilden die Widmungsexemplare, welche Verfasser ihren Freunden schenken und welche diese sich beeilen, zum Bouquinisten zu tragen. Ich selbst habe so ein Exemplar der Louis Blanc'schen Geschichte der französischen Revolution gekauft, das der Verfasser seinem Freunde, dem Schriftsteller Theodor Anne gewidmet hat. Ein andermal fand ich einen Band der „Lutetia" mit einer eigenhändigen Widmung Heinrich Heines. Ich habe dieses kostbare Buch seither einer leidenschaftlichen Verehrerin des Dichters zum Geschenke gemacht und hoffe, daß es nun nicht mehr wie von seinem frühern Besitzer den Weg zum Bouquinisten finden wird.

Mein Freund, der Musiker.

Der arme Hans Maier! Er war einer der unglücklichsten Menschen, die je meinen Lebensweg gekreuzt haben. Ich lernte ihn auf eine eigene Art kennen. Eines Vormittags saß ich wie gewöhnlich gegen einen Pfeiler der Odeonarkaden gelehnt auf einem Strohsessel und las meine Zeitungen, ein Genuß, den man, wie ich schon in einem frühern Kapitel bemerkt habe, um den bescheidenen Zoll von zwei Sous erkauft. Von Zeit zu Zeit sah ich aus meinem Blatt auf, um einen Blick auf die Menge zu werfen, die unter den Bogengängen lustwandelte. Mitten unter den Gesichtern, die mir seit Monaten mehr oder minder geläufig waren, bemerkte ich diesmal eine Gestalt, die ganz aus der Art des Arkadenpublikums schlug. Es war ein hagerer junger Mann von auffallend hohem Wuchse, mit blassem, fast bartlosem Gesichte, langem hellblondem Haar und großen, sanften blauen Augen, die gutmüthig und träumerisch hinter dicken Brillengläsern hervorblickten. Der Candidatus theologiae, wie er im Buche steht! Ich zweifelte keine Sekunde lang, daß der blonde Jüngling ein an die Ufer der Seine verschlagener Deutscher war, und der Zufall lieferte mir bald den Beweis, daß ich recht gesehen hatte. Ein Herr, der rasch seines Weges daherkam, streifte an einem hübschen Mädchen vorbei, das die entgegengesetzte Richtung verfolgte, und er wendete den Kopf nach ihr um, ohne darum seinen Schritt zu mäßigen. Vorwärts stiefelnd und rückwärts guckend stieß er mit ziemlicher Gewalt an den Blonden, der von dem Anprall fast über den Haufen gerannt wurde. Das war nun eine Lage, in der sich nationale Charaktertypen offenbaren. Der Franzose fuhr behend zwei Schritte zurück, bewegte sich dann wieder wie in einer Quadrillenfigur rhythmisch vorwärts, lüftete mit graziöser Handbewegung den Hut und lispelte mit süß einschmeichelndem Lächeln: „pardon, Monsieur, pardon." Der Deutsche hatte dagegen im Augenblicke des Zusammenstoßes ein lautes: „Donnerwetter!" gerufen und stand nun mit finsterer Miene und geballten Fäusten da, als ob er im Begriffe wäre, den unabsichtlichen Stoß mit Absicht und Zweckbewußtheit zurückzugeben. Ohne Ueberlegen griff ich in die Lage ein. „Es war ja unwillkürlich!" rief ich dem erbosten Blonden zu. „Zum Teufel! Man hat doch Augen im Kopfe!" gab er grollend zurück, während der Franzose lächelnd ihn und mich grüßte und aufgeräumt weiterging. Jetzt erst kam uns zum Bewußtsein, daß wir einander nicht kannten und doch so natürlich und selbstverständlich deutsch mit einander sprachen, als hätten wir uns in einer Straße von Berlin begegnet, und wir beeilten uns, in aller Form Bekanntschaft zu machen. Ich erfuhr, daß er Hans Maier heiße, Baier von

Geburt und Musiker von Beruf sei. Wie dies unter ähnlichen Verhältnissen zu geschehen pflegt, fragte ich ihn, ob er schon lang in Paris sei und ob es ihm hier gefalle.

Es schien, als wäre diese Frage eine Art „Sesam öffne dich", worauf sein übervolles Herz gewartet hatte, um sich zu erschließen, mit einer solchen Raschheit und Fülle entströmten ihm die bittersten Jeremiaden.

„Paris ist eine schöne Stadt, aber was man von Neapel sagt, daß es nämlich das Paradies der Menschen und die Hölle der Pferde sei, das kann man mit einer kleinen Aenderung auch von Paris sagen. Es ist das Paradies der Millionäre und die Hölle der Musiker. Da ich nun leider kein Millionär, sondern ein Musiker bin, so können Sie sich vorstellen, was ich leide."

Ich gestand offen, daß ich mir das nicht vorstellen könne.

„Freilich", erwiderte er, „wer nicht vom Handwerk ist, macht sich schwer einen Begriff von der bodenlosen musikalischen Barbarei dieser guten Pariser. In diesem Punkte sind sie Wilde, Verehrtester, Wilde aus der Steinzeit, menschenfressende Rothhäute! Selbst ‚Ohrenschinder', wie es der Meister nennt", — er wurde gesammelt und feierlich, als er das Wort „Meister" aussprach — „selbst ‚Ohrenschinder' ist kein genug kräftiger Ausdruck, um den Unglimpf zu bezeichnen, den das musikalische Paris mir täglich und stündlich anthut. Ich gehe auf der Straße friedlich meinen Weg — man pfeift rings um mich mit höllisch hartnäckiger Falschheit den Verschwörerchor aus der Tochter der Madame Angot. Ich eile heim — meine Nachbarin singt mit gräßlicher Rührung eine schluchzende Romanze, die selbst eine angewachsene Schnecke aus ihrem Hause jagen würde. Ich suche in den öffentlichen Gärten Erholung und Ruhe — eine Militärkapelle kratzt und schnaubt mit Streichern und Bläsern einen fabelhaft blödsinnigen Hopser, während das aufmerksam lauschende Publikum bei jedem Bum der großen Trommel verklärt lächelt. Und ist es nicht eine Militärkapelle, so ist es ein Orpheon, Gott steh mir bei, ein Orpheon!! Das gibt unter allgemeinem Beifall so unschickliche Laute von sich, daß man es in jedem gesitteten Lande mit Sack und Pack per Eilschub auf die Galeren schicken würde. In den Operettentheatern hört man nichts als ein ewiges Dideldumdei, von dem man nach fünf Minuten einen Kopf so dick wie ein Stückfaß bekommt. In der Oper spielen sie jämmerlichen Schund, neue Opern, in deren Partituren man nicht einmal Käse einwickeln dürfte, weil er sonst ungenießbar würde, und alle Sänger, besonders aber alle Sängerinen gehen bei jedem Tone so sicher daneben wie der Schuß eines Blinden. In den Konzerten werden Toiletten und Grimassen, Bouquets und Schminke ausgestellt, während die Musik glücklicherweise die Nebensache ist. Und nun gar die Soireen in den sogenannten guten Häusern! Was man da von musikalischen Damen zu hören bekommt! Dieses Gegacker Dieses Gemecker! Mir stehen die Haare zu Berge, wenn ich mich nur daran erinnere. Ich wiederhole Ihnen, Verehrtester, Paris ist die Hölle der Musiker."

Ganz betäubt von dieser mit schwindeliger Geläufigkeit vorgetragenen Kapuzinerrede wagte ich die Frage, weshalb er nach dieser Hölle gekommen sei, und noch mehr, weshalb er in ihr bleibe? Mein neuer Freund nahm eine prophetische Miene an und antwortete mit dumpfer, getragener Stimme, während er die Augen begeistert verdrehte: „Weshalb ich in dieser Hölle bleibe? Weil ich sie evangelisiren will!" Und als ich ihn erstaunt ansah, fuhr er mit Begeisterung fort: „Oh, es gibt auch in unserer Zeit noch Glaubensboten und Blutzeugen und in mir sehen Sie einen von ihnen. Ich bin hierhergekommen, wie Missionäre unter wilde Südseeinsulaner gehen. Ich will diese musikalischen Heiden bekehren, ich will sie in den alleinseligmachenden Schoß der wahren Musik führen, ich will es, und sollte ich darüber zu Grunde gehen."

„Es wird hoffentlich nicht so schlimm kommen," begütigte ich: „aber wie stellen Sie es an, um Ihr schönes Apostolat auszuüben?"

„Ich bin als Primgeiger in Lamoureur' Orchester eingetreten und predige meinen Kollegen. Ich gebe Violin- und Klavier- und Generalbaß-Unterricht und suche meine Schüler zu bekehren. Man muß eben klein anfangen. Später hoffe ich mit größeren Mitteln wirken zu können." In diesem Augenblicke wies der Zeiger am Uhrpavillon des Luxembourg auf elf. Hans Maier ergriff meine Hand, die er mit Wärme drückte, und sprach: „Ich gebe um elf eine Stunde in der Rue de l'Odeon. Ich muß nun gehen. Aber es hat mir wolgethan, mein Herz vor Ihnen auszuschütten, und ich freue mich sehr auf ein Wiedersehen."

Dieses fand bald und in der Folge regelmäßig statt.

Jeden Dinstag und Freitag kam Hans Maier ins Quartier latin hinüber. Von neun bis zehn unterrichtete er in der Rue Racine die einzige Tochter eines von den Geschäften zurückgezogenen Essigfabrikanten im Klavierspiele, von elf bis zwölf gab er in der Rue de l'Odeon einem Opernsänger Lektionen in der Kompositionslehre und zwischen diesen beiden Stunden erholte er sich unter den Arkaden des Odeon von seinen musikalischen Leiden. Je länger unsere Bekanntschaft dauerte, umso schmerzlicher fand ich ihn. Eines Freitags war er in besonders gedrückter Stimmung. Sein Haupt war gesenkt, sein Auge düster und verschleiert und seine blonden Haarsträhne hingen verwirrt unter seinem breitrandigen weichen Filzhute hervor, als er zu mir trat. „Was mir nun heute wieder passirt ist", murmelte er tonlos, ohne zu warten, bis ich ihn nach seinem Befinden gefragt haben würde; „da rackere ich mich nun mit dieser Kröte monatelang herum, es schien mir auch in ihrem Schädel schon etwas licht werden zu wollen, ich war nicht unzufrieden mit ihr; heute lasse ich sie eine Kleinigkeit von Bach spielen, streng, aber edel und bildend im höchsten Grade — plötzlich unterbricht sie sich und sagt mir mit einer Frechheit, von der ich noch starr bin: Herr Maier, Dank Ihrem Unterricht bin ich nun weit genug, daß ich endlich etwas Ordentliches einstudiren kann. Lassen wir dieses fade Zeug und spielen wir einmal Musik. Und im Augenblick hat sie Bach weggeschleudert und auf den Notenhalter ein anderes Musikstück gelegt. Wissen Sie, was das war?" Hier brach er fast in Thränen aus: „Es war: der Rosenwalzer von Métra!!!"

Ich zeigte mich von dieser tragischen Mittheilung so tief erschüttert, wie er es erwartete, und suchte ihn zu trösten. Er aber wollte nichts hören. „Nein, nein", sagte er, „ich weiß es nun; an diesem Volk ist Hopfen und Malz verloren. Eher geht ein Kamel durch ein Nadelöhr, als ein Franzose musikalisch wird. Das war heute nicht eine kindische Grille von diesem Mädchen, das liegt tiefer, viel tiefer. Ich habe lang über die Sache nachgedacht und bin nun zu einer unerschütterlichen Ueberzeugung gelangt. Den Franzosen fehlt der Sinn für Musik vollständig und er muß ihnen in Folge ihrer übrigen Eigenschaften nothwendig fehlen. Sie haben mir schon oft auseinandergesetzt, daß die schönste Eigenthümlichkeit des französischen Geistes die Klarheit sei, daß der Franzose nüchtern und mathematisch denke. Die Musik ist aber nicht mathematisch und nüchtern und klar. Sie ist verschwommen und unbestimmt. Sie ist eine Lösung und kein Kristall. Sie läßt sich nur ahnen und fühlen, nicht definiren und formuliren. Sie ist Stimmung, Empfindung, Träumerei, nicht Anschauung und Logik. Weil nun der französische Geist nur fest umgrenzte, deutliche Begriffe aufzunehmen vermag, bleibt ihm die schwimmende Tonwelt unfaßbar."

. Ich beglückwünschte ihn zu dieser treffenden völkerpsychologischen Theorie, machte aber leise Zweifel gegen ihre unbedingte Richtigkeit geltend. „Für ein Volk, dem in Folge seines Gehirnbaues der musikalische Sinn fehlt, thun die Franzosen eigentlich doch erstaunlich viel für die Musik. Sie geben der Oper eine größere Unterstützung als irgend ein anderes Land. Sie haben ein nationales Konservatorium ge-

Mein Freund, der Musiker.

gründet und widmen von Staatswegen den besten Schülern jährlich einen prix de Rome. Sie dekoriren ihre Tonsetzer. Sie bereichern die ausübenden Künstler. Sie haben Talente wie Méhul, Boieldieu, Auber, Halévy, Bizet, Thomas, St. Saens, Gounod hervorgebracht . . ."

Weiter ließ mich mein verbitterter Freund nicht reden. Er hatte mir schon nach jedem einzelnen Punkte meiner Aufzählung ins Wort fallen wollen und brach nun los: „Von Ihnen hätte ich mich wahrhaftig einer solchen Oberflächlichkeit nicht versehen. Wie kann man sich doch nur von diesen äußerlichen Dingen täuschen und irreführen lassen? Wenn die Franzosen Manches für die Musik thun, so geschieht dies nur der Mode zuliebe. Die Musik macht nun einmal einen Theil der modernen Bildung aus und die gute Sitte fordert, daß ein Volk, welches für gesittet gelten will, sie wie jede andere Kunst und Wissenschaft pflege. Noblesse oblige. Wenn man von sich behauptet, daß man an der Spitze der Gesittung einherschreite, so kann man die Musik nicht vernachlässigen, ohne daß man sich der Gefahr aussetzt, sich von den Nachbarn sagen zu lassen: ‚Das will an der Spitze der Gesittung einherschreiten und ist doch so böotisch, so barbarisch, daß es für die Musik keinen Sinn und keine Stätte hat.‘ Eitelkeit, Verehrtester, nichts als nationale Eitelkeit. Sehen Sie doch auch, wie widersinnig hier zu Lande das viele Geld für die Musik vergeudet wird. Mit all ihrer riesigen Unterstützung ist die große Oper die schlechteste von Europa. Das Repertoir ist lächerlich klein und lächerlich geschmacklos. Die Sänger sind nicht einen Schuß Pulver werth.

Die Hunderttausende gehen hauptsächlich für Dekorationen auf. Der prix de Rome! Das ist nun wieder was Rechtes! Was sollen denn die unglücklichen jungen Musiker eigentlich in Rom machen? Etwa Madame Angot in italienischem Text singen hören? Wenn die französische Regierung es mit der Musik ehrlich meinte, so würde sie den talentirten Schülern des Konservatoriums statt eines prix de Rome einen — prix de Baireuth geben."

„Aha!" dachte ich, sagte aber nichts.

„Und auch mit den französischen Tonsetzern lassen Sie mich zufrieden. Méhul, ja, den lasse ich gelten; der war ein braver Kerl; aus dem hätte was Rechtes werden können. Halévy dürfen Sie mir nicht anführen. Er war der Sohn eines deutschen Juden. Der gehört ins Kapitel des Judenthums in der Musik. Aber die übrigen — nein, es kann nicht Ihr Ernst sein, daß Sie mir dieses kleine Gezücht aufbrocken. Die Franzosen selbst wissen von ihren großen Musikern nichts zu sagen, als daß sie ‚geistreich' seien. Geistreiche Musik! Hat man schon einen solchen Unsinn gehört! Das ist gerade, als würde man sagen: witzige Architektur oder humoristische Gartenkunst oder melodienreiche Bildhauerei. Die Musik ist nicht geistreich. Sie macht keine Witze. Bei ihr kommen die Franzosen mit ihrem berühmten Esprit nicht weit. Geistreiche Musik — es ist wirklich zu toll!"

Er unterbrach sich einen Moment, um in ein höhnisches Gelächter auszubrechen, ließ mir aber nicht Zeit, auch nur ein einziges Wörtlein einzuschalten, sondern fuhr fort: „Uebrigens — was würden auch alle Unterstützungen und

Preise, was würden selbst einzelne wahre Talente beweisen? Einerseits das löbliche Bestreben der französischen Regierung, eine beschämende Lücke in der Erziehung ihres Volkes auszufüllen, andererseits die Richtigkeit des banalen Satzes, daß keine Regel ohne Ausnahme sei. Es bleibt darum doch wahr, daß die Masse der Pariser keine Spur von musikalischem Sinne besitzt."

„Ihr Fanatismus macht Sie blind gegen Thatsachen, verehrter Hans", wandte ich diesmal ein. „Können Sie leugnen, daß die Volks-Konzerte von Lamoureux und Colonne überfüllt seien?"

Wieder lachte er mit der Bitterkeit eines Bösewichts in einem Melodrama. „Pasdeloup hat seine harte Noth gehabt, das Publikum und die Künstler anzuziehen. Er hat jahrelang seinem Orchester nichts bezahlen können und ist schließlich bankbrüchig und im Elende gestorben. Seine Nachfolger haben es ja besser. Heute ist es Mode, die winterlichen Sonntagsnachmittage im Konzerte zu verbringen. Das kostet so wenig und gehört zum guten Ton. Aber sehen Sie doch auch, welche Zugeständnisse man der unmusikalischen Menge machen muß, um sie festzuhalten! Wagt man es denn, etwas Ordentliches zu spielen?" (Ich merkte hier, daß Hans Maier nicht seinen ganzen Gedanken aussprach.) „Wenn man schon einmal einen Beethoven gibt, so bittet man mit einem Massenet vorn und Massé hinten um Verzeihung dafür. Wie können Sie ernstlich den musikalischen Sinn einer Stadt vertheidigen, die nicht einmal ein ständiges Quartett besitzt?"

„Halt!" rief ich da triumphirend, „sehen Sie, wie ungerecht Sie Ihr Vorurtheil macht! Haben Sie denn nie etwas von der ‚trompette‘ gehört?"

„Die Trompette? Was ist das?" frug Hans Maier erstaunt.

Ich gab ihm die gewünschte Auskunft, die ich auch dem Leser nicht vorenthalten will. In Paris lebt ein Mann namens Emile Lemoine, der eine der interessantesten und liebenswürdigsten Figuren der großen Stadt ist. Glänzender Schüler der Ecole polytechnique, nahm er beim Austritt aus der Anstalt das ihm gebührende Lieutenantspatent nicht an, weil er als glühender Republikaner nicht dem damals noch bestehenden Empire dienen wollte, und zog es vor, Zivil= ingenieur und Professor der Mathematik an freien Schulen zu werden, was er noch heute ist. Hochgebildet ohne Pedan= terie, geistreich wie alle Teufel, voll drolliger Absonderlich= keiten (er zähmte einst ein Ferkel und ließ es wie einen Hund mitlaufen, wenn er über den Boulevard oder ins Kaffeehaus ging!), ist er überdies musikalisch wie äußerst wenige seiner Landsleute. Er empfand den Mangel eines Quartetts, das klassische Musik spielen würde, und beschloß eines Tages, diesem Mangel abzuhelfen. Er miethete einen Saal bei einem Klavier= fabrikanten, brachte einige Künstler von gutem Willen zusammen, lud einige gleichgestimmte Freunde ein und veranstaltete den Winter über einmal in der Woche einen Quartettabend, an welchem blos deutsche klassische Musik gespielt wurde. Diese Konzerte zeichneten sich durch einen Zug liebenswürdigster Ungezwungenheit aus. Man kam in den Straßenkleidern, drückte beim Eintreten in den Saal Lemoine die Hand, tauschte einige heitere Worte aus, setzte sich wie und wo man wollte und hörte zu. Die Künstler plauderten zwischen den einzelnen Nummern mit dem Publikum und nach dem Konzerte ging alle Welt, Lemoine und die Spieler und die Hörer, Arm in Arm ins nächste Kaffeehaus, um bei lustigem Geplauder und etlichen Gläsern Bier noch ein Stündlein beisammenzubleiben. Das waren die Anfänge des Quartett-Vereins, dem Lemoine später den Namen „trompette" gab. Bald drang die Kunde von diesen reizenden Abenden ins große Publikum und alle Welt wollte eingeladen sein. Allein Lemoine war ein strenger Hausherr. Er ließ keine störenden Elemente zu. Um in die Trompette aufgenommen zu werden, mußte man zunächst tadellos anständig und ehrenhaft sein, ferner den Beweis liefern, daß man ein Haydn'sches Quartett mit Liebe und Andacht anzuhören vermöge, endlich hoch und heilig versprechen, daß man den Saal, wo Lemoine im Jaquet die Honneurs macht, nie durch einen Frack und eine weiße Halsbinde entehren werde. Heute zählt die „trompette" Hunderte von Mitgliedern oder Gästen, Lemoine ist in der Lage, die ausübenden Künstler zu entlohnen, Anfänger drängen sich an ihn, um von ihm an seinen Abenden der Auslese des musikalischen Paris vorgestellt zu werden, und die Trompette ist, ohne etwas von ihrem urgemüthlichen Charakter verloren zu haben, die ansehnlichste Pflegestätte strengklassischer Musik in Paris geworden.

Hans Maier hörte meiner Erzählung anfangs zweifelnd, dann mit wachsender Spannung zu und verlangte schließlich dringend, mit Lemoine bekannt gemacht zu werden. Wir verabredeten ein Stelldichein und drei Tage später war der gute Hans ausübendes Mitglied der Trompette. Es schien nun, als hätte ein neuer Abschnitt im Leben meines Freundes begonnen. Sein Murrsinn schwand. Er wurde fast heiter. Er sagte mir bei unseren Zusammenkünften unter den Arkaden des Odeon wiederholt, es lasse sich in Paris denn doch leben, er habe vielleicht doch Unrecht gehabt, allen Franzosen den musikalischen Sinn abzusprechen, und die Trompette sei jedenfalls eine schöne Gegend. Das währte so einige Wochen lang und ich nahm mir bereits heraus, ihn damit zu necken, daß nicht der Apostel das Heidenvolk, sondern dieses den Apostel bekehrt habe, als er plötzlich eines Freitags wieder so finster und grimmig erschien wie in seinen bösesten Tagen.

„Was ist Ihnen schon wieder über die Leber gekrochen?" frug ich erstaunt.

„Es bleibt dabei", antwortete er jäh und ohne Einleitung, „meine erste Ueberzeugung war die richtige. Den Franzosen fehlt absolut der musikalische Sinn."

„Und die Trompette?"

„Hat sich was mit Ihrer Trompette! Ich gehe nicht mehr hin. Ein Musiker, der sich achtet, kann dorthin keinen Fuß setzen."

„Aber was ist denn geschehen?"

„Was geschehen ist? Ich habe den Leutchen ein Programm für einen Abend vorgeschlagen — vier Nummern von Wagner, eine von Liszt und zwei von Max Bruch. Und wissen Sie, was sie dazu gesagt haben? Ins Gesicht haben sie mir gelacht!" Er ballte die Faust, während er sich dieser

Unbill erinnerte. "Das war die entscheidende Probe. Der Franzose kann durch Willesanstrengung und Studien dahin gelangen, sich selbst weiszumachen, daß er Mozart und Beethoven liebe, aber bis zu Wagner erhebt sich keiner. Natürlich. Jene haben doch noch Melodie und Melodie ist das Klare und Geformte in der Musik. Das erfaßt der französische Geist noch. Allein sowie dieses letzte Ueberbleibsel von geschlossener Form durchbrochen wird, sowie der Franzose der Grenzenlosigkeit der unendlichen Melodie gegenübersteht, fällt ihm das Herz in die Hose und er kneift aus."

Wieder versetzte mich der Zufall in die Lage, seinem Fanatismus eine widerlegende Thatsache entgegenhalten zu können. Ich hatte eben eine Zeitung in der Hand, die ich ihm vor die kurzsichtigen Augen steckte. "Da, lesen Sie, voreiliger Hans, lesen Sie und bessern Sie sich." In dem Blatte war das Programm des nächsten Lamoureux'schen Konzertes mitgetheilt und als Hauptnummer desselben figurirte die Ouverture der "Walküren" von Richard Wagner. Hans starrte auf das Blatt, las, schüttelte den Kopf, las wieder und stand da wie ein begossener Pudel. "Wär's möglich!" murmelte er ein- über das anderemal, "die Walküren! In Paris! Und ich bin vor Wuth aus dem Lamoureux'schen Orchester ausgetreten! Da muß ich mitthun und wenn ich Jemand ermorden müßte!" Sprach's und rannte spornstreichs davon, ohne sich auch nur zu einem Abschiedsgruße Zeit zu nehmen.

Am Sonntag darauf war ich einer der ersten im Zirkus der elysäischen Felder, wo die Lamoureux'schen Konzerte stattfinden. Der ungeheure Saal war bis zu den obersten Sitzreihen gesteckt voll. Selbst die billigsten Plätze zeigten keine einzige Lücke. Kurz vor zwei Uhr erschien das Orchester. In der ersten Reihe der Geiger entdeckte ich meinen Freund Hans. Seine blonden Strähne waren wirrer als je, sein Antlitz strahlte vor heller Freude. Er überblickte die riesige Menge des Publikums und schien ihr im Stillen Abbitte zu thun für das Unrecht, das er an ihr begangen. Die erste Nummer des Programms, eine Beethoven'sche Symphonie, wurde mit Bravour zu Ende gespielt und rief donnernden Applaus und nicht enden wollenden Jubel hervor. Eine Pause von fünf Minuten und die Gestalt Lamoureux' tauchte wieder am Dirigentenpult auf. Er erhob den Taktstock — die Geiger fuhren in einem einzigen gleichmäßigen Schwunge mit dem Bogen die Saiten herab — da erhob sich im Publikum plötzlich ein Geheul und Gebrüll und Gestampf, man pfiff und pochte und zischte und polterte, man rief unverständliche Worte und versuchte Gassenhauer zu singen — es war ein unbeschreiblicher, grauenhafter Tumult, der das Orchester übertönte und Lamoureux, welcher das Publikum ansprechen wollte, nicht zu Worte kommen ließ. Das ging so einige Minuten, dann schien die Katzenmusik ein wenig schwächer zu werden. Lamoureux wollte die Pause benutzen, um eine Rede zu halten; allein kaum machte er Miene, den Mund aufzuthun, als der Höllenspektakel von Neuem mit unerhörter Heftigkeit losbrach und auch nicht eher aufhörte, als bis das ganze Orchester sammt Lamoureux den Saal verließ. Nach einiger Zeit erschien es wieder und begann die

dritte Nummer des Konzerts zu spielen, die das Publikum
mit demonstrativem Beifall aufnahm. Ich suchte meinen
Freund unter den Geigern — er war verschwunden.

Am nächsten Morgen brachte mir die Post eine Karte
mit folgendem lakonischem Inhalte: „Lieber Freund! Ich
habe genug. Das Gesindel hat Wagner ausgepfiffen — jetzt
gebe ich es auf. Heute Abend verlasse ich dieses Nest. Ich
bedaure Sie, daß Sie hier bleiben. In der Ferne wird Sie
bemitleiden Ihr ergebener Hans Maier."

Ich habe seither von meinem Freunde nichts mehr ge=
hört. Allein wenn die Mächte der Unterwelt einen neuen
Krieg zwischen Frankreich und Deutschland heraufbeschwören
sollten, was ein ungeheures Unglück für die Menschheit und
die Gesittung wäre, ich bin überzeugt, mit solcher Wuth und
Begeisterung würde kein deutscher Soldat gegen die Fran=
zosen kämpfen wie der Musiker Hans Maier, obwol sich doch
die Pariser in den letzten Jahren gebessert haben und
Wagner'sche Musik ohne Aufregung hören können, wenn es
nicht gerade — Lohengrin ist.

Zwei Revolutionäre.

Das, was ich den Mechanismus der Emeute nennen möchte, habe ich lange Zeit nicht begreifen können. Ich hatte keine rechte Vorstellung davon, wie Revolutionen entstehen, woher man Straßenkämpfer nimmt, wer die Leute sind, die sich in einem gegebenen Augenblicke ganz von selbst an der Spitze eines Aufruhrs finden. Ich verstehe die Einzelheiten der neuern Geschichte Frankreichs erst, seit ich jenen sonderbaren Typus kennen gelernt habe, den ich dem Leser unter dem Namen Papa Gregoire vorstellen will.

Papa Gregoire ist heute ein siebenzigjähriger Greis, jedoch so frisch und grün, daß man ihn kaum mehr als fünfzig Jahre geben würde. Seine Erscheinung ist eine so auffallende, daß ihn Jung und Alt im Quartier latin kennt wo er in einer der entlegensten Gassen, ein gut Stück hinter der Sternwarte, eine einsame Junggesellenstube bewohnt. Er ist eine untersetzte Gestalt, eher klein als groß, breitschulterig, hochbrüstig und von strammer Haltung. Sein wetterhartes braunes Gesicht umrahmt ein dichter Bart, der ebenso wie das lange und volle Haupthaar noch ziemlich dunkel ist. Die Augen sind klein, blitzend und unter buschigen Brauen halbversteckt. In seiner Tracht ist er unabhängig von Jahreszeit und Mode. Man sieht ihn immer in denselben Kleidern. Er trägt ein Beinkleid und eine Art weiter Joppe aus rothbraunem Wollsammt, darüber einen spanischen Radmantel aus Tuch, der, wenn sein Rand nicht übergeschlagen ist, bis zum Knöchel reicht, und auf dem Kopf einen schwarzlackirten Kutscherhut. Die Polizei, unter deren Ueberwachung er fast seit seiner Kindheit steht, muß ihm für seinen sonderbaren und unveränderlichen Anzug wol Dank wissen, denn er hat ihr sicherlich die Aufgabe, den Papa Gregoire stets im Auge zu behalten, wesentlich erleichtert.

Papa Gregoire ist der Sprößling einer Familie, die zur stolzesten und ältesten Revolutions-Aristokratie gehört und seit 1789 ihr Blut in jedem Straßenkampfe von Paris vergossen hat. Er spricht von seinen Ahnen ganz in demselben Tone wie etwa ein englischer Howard oder Percy von den seinigen und sein Stammbaum ist sichtlich seine Eitelkeit. Wenn er die Großthaten seiner Vorfahren erzählt, dann leuchten seine Augen, sein gewöhnlich starres und finsteres Gesicht wird beweglich und hellt sich auf und seine etwas heisere Stimme nimmt die Intonationen an, mit denen im Theâtre français Don Ruis Gomez de Silva dem Kaiser Karl V. (in Victor Hugos „Hernani") seine Ahnenbilder erklärt. Es können sich aber auch wenige Menschen einer solchen Familiengeschichte rühmen wie Papa Gregoire. Sein Großvater war im Jahre 1789 Schreiber im Châtelet, beinahe Richter; er nahm am Sturme wider die Bastille theil und wurde von einem herabfallenden Mauerstein am Fuße verletzt; er gehörte somit zu den sehr wenigen Verwundeten jenes großen Tages, mit dem die Umwälzung beginnt; das Volk von Paris feierte ihn als einen Helden, Mirabeau und Lafayette, Robespierre, Danton, Marat und Desmoulins, ein wenig auch Santerre, wurden seine Freunde. Die beiden erstgenannten vernachläßigten ihn wol bald, mit den anderen aber blieb er vertraut bis an ihr oder sein Lebensende. Robespierre wurde Diktator, Danton Parteiführer, Santerre General, der Großvater unseres Papa Gregoire wollte nicht einmal Abgeordneter werden; er begnügte sich damit, als Mitglied des Jakobinerklubs ein finsterer, leidenschaftlicher, uneigennütziger Revolutionär zu sein; allein wenn er die Macht und Ehren seiner Parteigenossen nicht getheilt hatte, so ließ ihn ihr Untergang darum keineswegs unberührt: der weiße Schrecken schickte ihn nach dem 9. Thermidor aufs Schaffot, ganz als ob er während des rothen Schreckens geherrscht und genossen hätte. Der Sohn war des Vaters würdig. Jurist wie dieser, stellte er sich während der Restauration ein wenig blos und wurde vom Barreau ausgeschlossen. Die Julirevolution fand ihn als einundfünfzigjährigen Mann. Gregoire war damals noch nicht Papa Gregoire, sondern ein zwanzigjähriger, grünschnäbeliger Rechtshörer. Sein Vater nahm ihn mit sich auf die Straße und zusammen fochten sie an den drei blutigen Tagen für die Illusionen der Freiheit. Seite an Seite kämpfend vollbrachten Vater und Sohn Wunder der Tapferkeit. Sie wurden in Paris sprichwörtlich. Man

erzählte sich in allen Stadtvierteln Legenden von ihrem
Muthe, Louis Philipp ließ sie sich vorstellen und drückte
ihnen mit überfließender Rührung die Hand. Die Zeugen
dieser schönen Szene riefen begeistert: „Vive le roi!" Der
Alte und der Junge riefen: „Vive la République!"
machten Kehrt und marschirten steif wie Wegweiserpfähle ab.
Die Nachbarn der Beiden in den Straßenkämpfen erhielten
alle das dreistrahlige „Juli=Kreuz", die meisten verlangten
und bekamen ein Amt, ein Ruhegehalt, irgend einen Vortheil,
der Sohn und der Enkel des Bastillenstürmers erhielten
weder das Kreuz noch sonst etwas; es ist wahr, sie forderten
nichts; aber es ist ebenso wahr, daß die Regierung mit der
größten Zuvorkommenheit ihre Uneigennützigkeit vor Ver=
suchungen bewahrte. Einen Vortheil hatten sie doch von ihren
Anstrengungen während der Julitage. Sie standen von nun
an als gefährliche Menschen unter polizeilicher Aufsicht.

Gregoire setzte seine Studien fort und hatte sie im Jahre
1832 fast beendet. Da kam die Emeute vom 5. Juni, an=
läßlich des Leichenbegängnisses des Generals Lamarque. Wir
finden ihn und seinen Vater wieder in der Straße. Sie ver=
theidigen eine Barrikade in der Rue St. Denis. Der Alte
wird durch die Brust geschossen, der Junge am Arme ver=
wundet. Jener wird gefangen, dieser kann entfliehen. Der
Alte stirbt im Hospital, ehe man Zeit hat, ihm neben dem
durch den Zufall verursachten Loch in der Brust kraft gesetz=
lichen Richterspruchs ein zweites Loch zu machen, und Gre=
goire, nun zweiundzwanzig Jahre alt, ist Oberhaupt seines
berühmten Hauses. Er verbirgt sich eine Zeitlang bei Arbeitern

des Faubourg Marceau, bis seine Wunde geheilt ist und er sich wieder mit einiger Sicherheit zeigen kann. Die Polizei macht eine Grimasse, als sie ihn das erstemal nach den Juni=tagen wiedererblickt, aber sie läßt ihn seiner Wege ziehen.

Gregoire findet nun, daß er das Gesetz genügend kenne, um zu wissen, daß es nichts tauge, und er vertauscht das Studium des Rechts mit einer nützlichern Beschäftigung. Er wird nämlich Chemiker und besonders Feuerwerker. Zu seiner Besonderheit macht er die Erzeugung von Schießpulver. Er betreibt dieses Geschäft oder diese Liebhaberei mit solchem Eifer, daß die Polizei wiederholt Haussuchungen bei ihm vor=nimmt, seine Geräthe und chemischen Stoffe beschlagnahmt und ihn selbst jedesmal auf einige Wochen ins Gefängniß schickt. Es stand in den Sternen geschrieben, daß dieser un=abhängige Bürger nicht sterben sollte, ohne aus der Hand des Staates Wolthaten empfangen zu haben. Das Gefängniß machte ihn nicht zahmer, im Gegentheil. Im April 1834 treffen wir ihn schon wieder auf einer Barrikade, die er, wie es scheint, nach einem ganz neuen System gebaut hat. Seine Verbesserungen werden von Kennern gerühmt und sind von allen Berufsrevolutionären von Paris seither angenommen worden. Bei jener Gelegenheit halfen sie ihm aber nicht viel, denn seine Barrikade wurde erstürmt und er selbst gefangen genommen, nachdem er sich wie ein Löwe geschlagen hatte. Er sollte erschossen werden, wurde aber blos zu lebensläng=lichem Kerker verurtheilt und nach zwölf Jahren begnadigt. Der Freiheit wiedergegeben, blieb er nicht lange müßig. Im Februar 1848 stürmte er die Tuilerien und setzte sich einen

Augenblick auf den Thron Louis Philippes, den er mit aufrichten geholfen. Er war jetzt wieder Mitglied der Regierungspartei, speiste mit Ledru-Rollin, wurde auf der Straße gegrüßt und von jungen Leuten um seinen Schutz angegangen. Der Minister des Innern bot ihm eine Präfektur an, er schlug sie aus: sein Arrondissement wählte ihn zum Maire, er lehnte ab; sein Bataillon der Nationalgarde ernannte ihn zum Major, er nahm an und wurde der thätigste Offizier von Paris, so thätig, daß die Polizei, vielleicht noch aus alter Gewohnheit, ihn durchdringender als je beobachtete. Ihr Mißtrauen war nicht ganz unbegründet; denn im Juni war sein Bataillon das erste, das tapferste und jedenfalls bestkommandirte, das an den Straßenkämpfen theilnahm. Wieder verwundet, wieder besiegt, war er im Stand, in einer Entkleidung aus Paris zu entkommen. Cavaignac war monatelang unmuthig darüber, daß er Gregoire nicht habe todtschießen lassen können.

Zwei Jahre später wagte er es wieder, im Quartier latin aufzutauchen. Die Polizei begrüßte sein Erscheinen mit großer Befriedigung. Es war ihr schwer geworden, ihn zu entbehren. Am 4. Dezember 1851 baute er natürlich wieder eine Barrikade, und zwar im Faubourg St. Antoine. Er gab der Truppe ziemlich viel zu schaffen, aber schließlich wurde seine Barrikade mit großen Opfern erstürmt. Die Sieger fanden nur drei Verwundete hinter derselben. Alle übrigen Vertheidiger waren verschwunden und Gregoire mit ihnen. Wäre er mit den Waffen in der Hand ergriffen worden, so hätte man ihn natürlich sofort niedergemetzelt. Die Polizei fand ihn jedoch erst einige Wochen später und begnügte sich damit, ihn nach mehrmonatlicher Untersuchungshaft und zahlreichen Mißhandlungen mit einem Ehrengeleite von Gendarmen über die Grenze zu schicken.

Irgend eine Begnadigung öffnete ihm das Vaterland wieder und er erschien aufs Neue im Quartier latin. Jetzt war er bereits der Papa Gregoire. Wenn er in seinem sonderbaren Aufzuge durch die Straßen ging, zeigte man sich ihn mit dem Finger und sagte: „Das ist der große Gregoire! Das ist ‚unser‘ Gregoire!" Man vergötterte ihn im Viertel. Man wollte ihn zum Abgeordneten wählen. Er verbat sich jede Ehre. Doch hatte er nichts dagegen, daß sich die ganze ehrgeizige, republikanische, zukunftreiche Jugend an ihn drängte. Die zuverlässigen Besucher, die er in seine Wohnung einließ, bewunderten bei ihm eine Sammlung von Modellen, welche die Entwickelung der Barrikade von ihren Anfängen bis zur Gegenwart versinnlichten. Er arbeitete unausgesetzt an deren Verbesserung und Vervollkommnung. Er gab Kurse und Privatunterricht im Barrikaden-Bau, die ihm mäßig bezahlt wurden. Es scheint, daß er davon und von zeitweiligen chemischen Arbeiten lebte. Er war die Seele aller Verschwörungen, welche während der letzten Jahre des Kaiserreichs Paris unterwühlten. Alle Männer des Wortes und der That, die seither zu Macht und Stellung gelangt sind, waren damals seine vertrauten Freunde.

Eine neue Emeute, welche ihm Gelegenheit bieten sollte, sein letztes Barrikadenmodell zu erproben, war in Vorbereitung, als der Krieg ausbrach. Die Ereignisse drängten einander mit schwindeliger Hast und im Nu war der 4. September da. Zum erstenmale seit 1848 befand sich Papa Gregoire wieder auf der Seite der Regierung, deren sämmtliche Mitglieder seine Verschwörungsgenossen und nahen Freunde waren. Wieder bot man ihm Präfekturen und Bureauchefs-Stellen an, er aber hatte für alle derartigen Anträge blos ein Achselzucken und ein ironisches Lächeln. Dagegen ließ er sich herbei, in die Barrikadenkommission einzutreten, deren Präsident bekanntlich Rochefort war. Glücklich, ihn in einer amtlichen Stellung zu sehen, wollte ihn die Regierung veranlassen, den Titel eines Generalinspektors der Barrikaden und etliche goldene Aermelstreifen anzunehmen, der hartnäckige Alte wollte aber auch davon nichts hören und blieb bei seinem „Papa Gregoire" und bei seinem runden Mantel und Kutscherhut. Und das war gut, denn er hätte sich Goldstreifen und Titel doch bald abgewöhnen müssen, da er schon im Oktober glücklich wieder auf die Oppositionsseite, wo allein er sich behaglich fühlen konnte, hinübergelangte und am 31. Oktober einer der Führer des Handstreichs gegen das Hôtel de Ville war. Man weiß, daß dieser Putsch, der Vorläufer der Commune, unterdrückt wurde. Papa Gregoire kam zur Abwechselung wieder in den Kerker, hatte jedoch diesmal die Genugthuung, sich von seinen Freunden eingesperrt zu wissen. Zu seinem offenbaren Glücke wurde er in ein Provinzgefängniß gebracht, wo er über die ganze Zeit der Commune blieb. Wäre er in Paris eingesperrt gewesen, so hätte ihn die Commune befreit und er wäre sicher einer ihrer Vertheidiger geworden, um in der Stunde der Vergeltung das Schicksal der Rigault, Rossel u. s. w. zu theilen.

Im Spätherbste 1872 hatte er seine Strafe abgebüßt und kam nach Paris zurück. Was er in den nächsten Jahren trieb, weiß ich nicht. Ich lernte ihn im Sommer 1876 kennen. Er pflegte zweimal täglich zum Odeon zu kommen, um unter den Arkaden die Morgen= und Abendblätter zu lesen. Er begann immer zuerst mit den radikalsten Zeitungen, die er aufmerksam durchlas, und schloß mit den klerikalen, bonapar= tistischen und royalistischen Organen, die er durchflog. Fast immer sah ich in seiner Gesellschaft einen etwa dreißigjährigen Mann, in welchem man schon auf Kilometerentfernung den Bohème erkennen mußte. Er war klein, mager, dunkel, be= weglich. Haar und Bart trug er wie Papa Gregoire und die Nachahmung war so vollkommen, als es seine natürlichen Mittel gestatteten. Seine Kleidung war fadenscheinig und vernachlässigt, seine Wäsche verbarg in der Regel ein um den Hals geschlungener Foulard, dessen Zipfel vorn zwischen die Rockklappen hinabhing. Ich erfuhr unschwer, daß dieser Bohème Marius Cancre heiße, aus dem Süden sei und be= reits eine reiche politische Vergangenheit habe. Er war ein ehemaliger Student, der Ende der Sechziger Jahre mit Papa Gregoire und zahlreichen anderen republikanischen Berühmt= heiten in Verschwörungen gearbeitet hatte. Am 4. September war er unter denen, die in den gesetzgebenden Körper ein= brachen und die neue Regierung ins Stadthaus begleiteten. Für seinen Eifer empfing er eine erste Abschlagszahlung, in= dem ihn ein Präfekt der Nationalvertheidigungs=Regierung als Sekretär in die Provinz mitnahm. Im März 1871 wurde sein Präfekt wieder abgesetzt und er mit ihm. Während der Commune war er verschwunden und man hat nie erfahren, wo er sich damals aufgehalten hat. Als die Ordnung in Paris wiederhergestellt war, wurde er plötzlich aufs Neue sichtbar und begann für die radikalen Blätter zu schreiben. Doch nahm diese Thätigkeit offenbar nicht viel von seiner Zeit in Anspruch. Denn man konnte ihn fast den ganzen Tag unter den Arkaden des Odeon sehen, wo er in den Büchern stöberte, die Zeitungen verschlang und endloser eifriger Gespräche mit allen möglichen Leuten pflog. Er war ebenso schwatzhaft, wie Papa Gregoire schweigsam war. Sein Mund stand nie still und er hatte die Gewohnheit, sehr laut zu sprechen und seine Worte mit heftigen Gesten zu begleiten. Im Quartier galt er für eine Art Factotum des Papa Gregoire, denn er begleitete ihn stets vom Odeon nach Haus und kam auch oft mit ihm zusammen an. Hatte Papa Gregoire sich unter den Arkaden niedergesetzt, so nahm Marius neben ihm Platz, trug ihm die Zeitungen zu, machte ihn auf Stellen aufmerksam und besprach die Artikel. Papa Gregoire antwortete in der Regel nicht, hörte aber zu. Marius führte stets sehr heftige Reden und schien fortwährend in leidenschaftlicher Erregung. „Ein Feuerkopf!" murmelten die Leute, die ihm eine Weile zugehört hatten. „Wenn wir viele solcher Republikaner hätten wie diesen, so sähe es in Frankreich anders aus", war die allgemeine Stimme des freisinnigen Quartierlatin-Publikums.

Unter solchen Umständen kam der 16. Mai (1877) heran. Im Quartier herrschte die größte Aufregung. Um das Odeon standen dichte Gruppen, die mit finsterer Miene und faustballend die Zeitungen lasen oder mit Heftigkeit die Vorfälle des Tages besprachen. Marius schien vor Wuth außer sich zu sein. Er schrie: „Eine solche Schmach darf Paris nicht erdulden! Fände ich fünfhundert Menschen, auf die ich mich verlassen könnte, ich würde auf der Stelle nach dem Elysée marschiren und Ordnung machen." Papa Gregoire war dagegen ruhiger als je und lächelte nur vielsagend.

Die Arkaden des Odeon waren während der ganzen Periode des 16. Mai ein Herd der Agitation und standen unter besonderer geheimpolizeilicher Ueberwachung. Das merkte das Publikum bald und obwol es sich zahlreicher als in ruhigen Zeitläuften einfand, befleißigte es sich doch einer vorsichtigen Zurückhaltung und flüsterte statt zu sprechen. Nur Marius hörte nicht auf zu peroriren. Es wurde gefährlich, in seiner Nähe zu verweilen, und Papa Gregoire ermahnte ihn oft, sich ein wenig zu mäßigen. „Wenn die Zeit da ist, muß man sich schlagen. Ist sie aber nicht da, so ist es zwecklos zu schwatzen", pflegte er in seiner gleichmüthigen Weise zu sagen, wenn der feurige Südländer gar zu heftig wurde.

Der Sommer, der an Aufregungen so reich war, ging zur Neige; Paris erlebte das großartige Leichenbegängniß Thiers' und den noch großartigern 14. Oktober, den Tag der allgemeinen Wahlen, die dem Ministerium Broglie-Fourtou das Genick brachen und der Nagel zum Sarge des Mac Mahonnats wurden; es wurde November, Dezember, das reaktionäre Ministerium machte aber noch immer keine Miene, sich vor dem Willen des Landes zu beugen, der sich am 14. Oktober in der Wahl einer republikanischen Mehrheit ausgedrückt hatte. In der Stadt begannen die unheimlichsten Gerüchte umzulaufen. Man sprach von einem Staatsstreiche, den man vorbereite und gegen den sich die ganze Nation wie ein Mann erheben werde. Viele gute Republikaner waffneten sich und bereiteten sich in aller Stille zur Vertheidigung gegen den geplanten reaktionären Anschlag vor. Es hieß oft in den Hörsälen und um das Odeon: „Gebt Acht! Morgen geht die Geschichte los!" und dabei sah man sich vielsagend an und drückte sich die Hände. Besonders an einem Dezembertage lag es wirklich wie Aufstand und Straßenkampf in der Luft. Papa Gregoire war Vormittags gegen seine Gewohnheit vom Odeon weggeblieben und kam erst spät Abends, um rasch die Blätter durchzusehen. Er sah erregt aus, war aber noch schweigsamer als gewöhnlich. Marius dagegen, der natürlich nicht fehlte, hatte ein noch loseres Maul als sonst. Er erging sich in den heftigsten Schmähungen gegen den Marschall Mac Mahon und die Minister, so daß die Nahestehenden erschrocken weggingen und Papa Gregoire ihm ruhig sagte: „Marius, man wird Sie einsperren."

„Sie sollen es wagen, die Schergen des Elysée, sie sollen herankommen, ich werde sie zu empfangen wissen!" schrie Marius und schwang drohend ein Spazierstöckchen, das er in der Hand hielt.

„Marius, ein eingesperrter Mann kann keine Barrikade vertheidigen", erwiderte Papa Gregoire, erhob sich und ging gelassen weg. Marius aber brüllte ihm aus voller Kehle nach): „Haben Sie doch vor diesem Gesindel keine Furcht! Die Lakaien des Elysée werden es nicht wagen, einen Bürger mit ihrer Berührung zu besudeln."

Kaum hatte er diese Worte ausgesprochen, als ein Sergent de Ville, den ein Spitzel in Zivilkleidern herbeigeholt hatte, auf Marius zutrat und ihn kurz anfuhr: „Kommen Sie, und ohne Aufsehen. Wenn Sie sich widersetzen, binde ich Sie."

Ich wohnte nun einem erstaunlichen Dekorationswechsel bei. Marius, eben noch so laut und erregt, wurde plötzlich sanft und still wie ein Lamm. Er machte durchaus keine Miene, Widerstand zu leisten, sondern sagte mit ausgesuchter Höflichkeit: „Es ist gut, mein Herr, es ist gut, ich folge Ihnen." Er trat zum Zeitungshändler, gab das Blatt zurück, das er eben in der Hand hatte, grüßte und entfernte sich leichtblütig, begleitet vom Sergent de Ville und dem Spitzel. Das Publikum sah der Gruppe verblüfft nach und steckte eifrig die Köpfe zusammen. . . . .

Wenige Tage darauf war das Ministerium Dufaure gebildet, der Marschall hatte sich unterworfen, die Krise ihr Ende erreicht. Marius wurde aus der Haft entlassen und erschien wieder unter den Arkaden des Odeon. Er war neu gekleidet, trug reine Wäsche und begnügte sich damit, den Papa Gregoire zu grüßen, jedoch ohne sich neben ihn zu setzen. Das währte so eine Woche oder zwei, dann blieb er aus und man sah ihn nicht mehr in der Umgebung des Odeon. Man fragte Papa Gregoire: „Was ist mit Marius geschehen?" „Ich weiß es nicht", antwortete der alte Revolutionär lächelnd, „wir haben gesiegt und er ist vielleicht mit der Verfolgung des Feindes beschäftigt." Bald erfuhr man, daß Marius nicht mehr im lateinischen Viertel wohne; es hieß, er habe ein Appartement in der Nähe des Boulevards gemiethet. Seine Geschicke hatten offenbar eine unvermuthet günstige Wendung genommen.

Eines Morgens, bald nach Neujahr, kam Papa Gregoire wie gewöhnlich zum Zeitungshändler und sagte leichthin, während er die „Lanterne" nahm: „Sie haben mich jüngst nach Marius gefragt, nun, es scheint, daß Marius — pardon, daß Monsieur Cancre auf dem Weg ist, eine Persönlichkeit zu werden. Ich bin ihm gestern in der Rue Vivienne begegnet, allein er ist mir ausgewichen und hat mich nicht gegrüßt."

In der That, Monsieur Cancre hatte angefangen, Carrière zu machen. Er war ja während der Periode des 16. Mai eingesperrt worden und dieses Martyrium gab ihm ein Anrecht auf Belohnung. Man ernannte ihn um Neujahr zum Polizeiadjunkten und die erste Verfügung, die er traf, war die, Papa Gregoire schärfer als je überwachen zu lassen.

Wenige Jahre später war Monsieur Cancre Bureauchef und Ritter der Ehrenlegion. Papa Gregoire aber liest nach wie vor seine Zeitungen unter den Arkaden des Odeon, arbeitet an der Verbesserung des Barrikaden-Baues und erzählt der Jugend des Quartier latin, die ihm mit Ehrfurcht zuhört, die Geschichte seiner heldenmüthigen Vorfahren.

Aus dem Tagebuch eines Künstlers.

Als ich eines Tages unter den Arkaden des Odeon in Gedanken versunken auf- und abging, bemerkte ich plötzlich zu meinen Füßen ein kleines Schreibbuch, das ich neugierig aufhob. Es war in Leder gebunden, stark abgenutzt und an den Ecken und Rändern ganz ausgeschartet. Hatte sein Besitzer es weggeworfen? Hatte er es verloren? Ich weiß es nicht. Es waren gerade nur sehr wenige Spaziergänger unter den Arkaden und ich kannte die meisten. Die Erkundigung, die ich der Reihe nach bei ihnen einzog, ergab, daß das Büchlein keinem von ihnen gehörte. Ich entschloß mich, vorwitzig zu sein und es zu öffnen. Es enthielt nur einige Blätter, während viele andere herausgerissen waren. Um möglicherweise den Namen des rechtmäßigen Eigenthümers ausfindig zu machen, las ich die Aufzeichnungen, welche die losen Blätter bedeckten. Den Namen fand ich nicht, wol aber wunderliche Bruchstücke aus dem Tagebuch eines Malers, die ich hier ohne Bemerkung, nur etwas gekürzt, wiedergebe.

26. Februar. Das war heute wieder ein greulicher Tag.

Kalt, regnicht, hungerleiderisch. Ich zähneklapperte wie im Taglohn und lief acht bis zehn Kilometer auf den Boulevards ab, um mich zu wärmen. Vor der Passage de l'Opera sprach mich ein Frauenzimmer an. Das nenne ich schön ankommen! Ich hatte acht Sous in der Tasche! Ich schlug ihr vor, ihr Gesicht mit guten Oelfarben dauerhaft und schön zu bemalen, sie lehnte mit Entrüstung ab. Nicht einmal die will von meiner Malerei etwas wissen!

28. Februar. Eine halbe Stunde lang an meinem „Sturm der Bastille" gearbeitet, dann fiel mir der Pinsel aus der starren Hand. Welch ein Elend! Den Nachmittag wieder als Rennthier auf dem Boulevard verbummelt. Die Bilder in den Schaufenstern der Händler betrachtet. Eine Schwarte von dem Rindvieh Legros — 10,000 Franken! Ein Mist von dem Pech- und Schwefel-Reiber Petit, so lieblich, wie wenn ihn ein Stiefelputzer mit Wichse und Bürste hingestrichen hätte — 15,000 Franken! Es ist zum Tollwerden. Nein. Mit diesem Quark kann ich nicht wetteifern. Einem Publikum, das Legros und Petit kauft, werde ich nie gefallen und ich bin stolz darauf. Das beste wäre vielleicht, ich gäbe die Kunst auf und ließe mich als Bierwirth nieder. Ich fürchte nur, daß ich dann mein bester Kunde wäre.

3. März. Und es gibt Leute, die die Todesstrafe abschaffen möchten! Was, ich soll nicht mindestens an die Möglichkeit denken dürfen, daß man diesen Schurken von Farbenhändler eines Tages zu der Guillotine schleppt, die noch zu gut ist für ein solches Aas? Er will mir keine Farben mehr liefern und ich bin ihm doch erst 120 Franken

schuldig! 120 Franken! Wenn ich bedenke, daß ein einziges Bild von mir zwei= bis hunderttausend Franken werth ist! Der Galgenstrick ist mein Mörder. Die Mère Susanne wollte mir drei Monate lang für das Bildniß ihres neuge= borenen Enkelchens zu essen geben. Und ich habe nun keine Farbe, um das Bildniß zu malen! Mein „Sturm der Ba= stille" würde im Salon das riesigste Aufsehen erregen, mich mit einem Schlage zu einem weltberühmten und reichen Manne machen, und keine Farbe, das Bild zu vollenden. Gräßlich! Gräßlich!

5. März. Ich habe versucht, der Mère Susanne eine Kohlenzeichnung statt eines Oelgemäldes anzuhängen, aber sie besteht auf Oel. Sie fragte mich, ob ich einen Kalbskopf mit Essig und Oel annehmen würde, wenn er mit Kohle statt mit Oel bereitet wäre. Das Argument ist nicht ohne.

9. März. Ein Sonnenstrahl! Das Glück lächelt mir! Der Farbenhändler ließ mich heute früh rufen und fragte mich, ob ich die Ausschmückung des Speisesaals in einem Hôtel übernehmen wolle, das sich ein Herr Pichon oder Fichon beim Park Monceau bauen lasse. Ich fiel dem Farbenhändler um den Hals. Ich habe dem braven Manne schweres Unrecht gethan. Auch war der Tag heute schön warm. Man spürt den Frühling kommen. Das Leben ist schließlich doch nicht so arg, wie die Philosophen uns weismachen wollen.

10. März. Pichon heißt er. Ich war bei ihm. Du lieber Gott, wie reich ist deine Menagerie! Er ist ein Käse= importeur, der sich vom Geschäfte zurückgezogen hat und nun den Feinen spielt. Versteht von Kunst so viel wie eine Kuh

von Astronomie. Ich schlug ihm als Sujet für seinen Speisesaal eine große Allegorie vor, „die neun Musen, von der studirenden Jugend Frankreichs zum Tanz aufgefordert". Ich hätte diese schöne Allegorie mit meinem Herzblute gemalt. Das Vieh bestand aber darauf, nur Lebensmittel an den Wänden seines Speisezimmers zu haben. Wieder eine Unsterblichkeit beim Teufel!

13. März. Jedes Ding hat doch seine gute Seite. Ich erklärte meinem Mäcen, daß ich für die Wandgemälde Modelle brauche. Ich verlangte Schinken, Austern, Fasanen, Schweinsköpfe, Obst, Pasteten, Wein. Ich setzte dem trefflichen Pichon mit blendender Beredsamkeit auseinander, daß der Werth der Bilder von der Güte der Modelle abhänge. Wenn er appetitliche und erfreuliche Stillleben haben wolle, müsse er mir das Beste und Schmackhafteste schicken, was zu haben sei. Er schien das einzusehen und versprach Alles. Hurrah!

14. März. Ein Verräther! Schickt mir rohes Wildpret und sehr viel Käse, unter dem Vorwande, daß ihn die Porträts der Käsesorten an die schönsten Jahre seines Lebens erinnern werden. Bestehe auf Schinken, Austern und Wein. Den rohen Fasan bekommt Mère Susanne.

(Hier fehlen einige Blätter.)

27. März. Wenn ich nicht fertig würde, es wäre schrecklich! Am 31. wird die Annahme der Bilder für den Salon geschlossen und meinem „Sturm der Bastille" fehlt noch so viel! Ich zünde Pichon sein verfluchtes Hotel an, wenn ich wegen seiner Käseporträts vom Salon ausgesperrt werde.

31. März. Das Bild ist im Industriepalaste. Nun hat

alles Elend bald ein Ende. Wenn ich nicht den großen Preis des „Salon" bekomme, so gibt es keine Gerechtigkeit auf Erden. Die Nesthocker von der École des beaux arts murmelten, als ich meine Leinwand stolz die Treppe hinauftrug. Sie waren grün und gelb vor Neid. Ich hoffe, sie werden bald bersten.

10. Mai. Alles ist verloren. Ein Dämon oder ein unbekannter Feind verfolgt mich. Heute ist vernissage. Ich bin einer der ersten im Salon. Mein Herz droht vor Aufregung zu zerspringen. Ich stürze in die Säle, suche mein Bild, vergebens. Ich finde es nicht. Ich blicke verzweifelt gen Himmel, da — mich trifft fast der Schlag — da entdecke ich es ganz oben, ganz oben, thurmhoch, unsichtbar, mausetodtgeschlagen, unmittelbar unter der Decke! Ich kann es nicht einmal firnissen, denn keine Leiter ist hoch genug, um dort hinauf zu reichen. Um es an seinen Platz zu hängen, müssen sie in einem Ballon aufgestiegen sein. Ich schrie, ich beschwerte mich, vergebens. Sie wollen von einem Umhängen nichts wissen. Ich hätte mich gleich selbst neben mein unglückliches Bild gehängt, wenn ich nur hinaufgekommen hätte.

12. Mai. Was hilft alles Jammern? Man muß es tragen, so gut es geht. Ich mache verzweifelte Anstrengungen, um die Aufmerksamkeit auf das Bild zu lenken. Heute stand ich davor und blickte eifrig hinauf und rief halblaut, wie für mich: „Wunderbar! Großartig! Ein Meisterwerk!" Ein dicker Mann hörte mir eine Weile zu. Als er weiter ging, hörte ich ihn deutlich murmeln: „Crétin." Das ist nicht ermuthigend.

13. Mai. Wie, wenn ich den Astronomen der Place de la Concorde einladen würde, tagüber sein Fernrohr vor meinem Bild aufzustellen?

18. Mai. Dem „Rappel" einen ebenso anonymen wie begeisterten Artikel über den „Sturm der Bastille" geschickt. Wenn selbst dieses Blatt den Aufsatz nicht druckt, so male ich für den nächsten Salon einen „Einzug Philipps VII. in Paris".

22. Mai. Der „Rappel" ist ein Verräther. Die Hänge=
kommission besteht aus Verräthern. Ich bin das Opfer eines reaktionären Komplotes. Ich weiß, was ich thue. Ich ziehe mein Bild aus dem Salon zurück und stelle es im Schau=
fenster der Mère Susanne aus. So wird man es wenigstens sehen.

25. Mai. Ich segne meinen Einfall. Seit drei Tagen erregt das Bild Aufsehen und veranlaßt Aufläufe. Heute ist ein Kunsthändler zu mir gekommen und hat zu mir gesagt: „Junger Mensch, Sie haben Talent." Ich antwortete ihm: „Herr Trichier, Sie sind der erste Kunsthändler von Geist, den ich kennen lerne." Er lächelte und sagte: „Ihnen fehlt nichts als ein bischen lancirt zu werden. Wenn Sie ver=
nünftig sind, will ich etwas aus Ihnen machen." Ich habe mich ihm mit Haut und Haaren überliefert. Die Bedingungen sind hart. Ich darf fünf Jahre lang nur für ihn malen und muß Alles thun, was er im Interesse meiner Lancirung für nothwendig hält. . Und nun glückauf!

(Hier findet sich wieder eine starke Lücke.)

1. Oktober. Mein neues Atelier macht mir doch keine

rechte Freude. Die alten Möbel, die Gobelins, die Waffen, die Porzellansachen sind ja recht schön, allein ich komme mir mitten zwischen diesen Herrlichkeiten doch vor wie ein gefangener Vogel in einem vergoldeten Käfig. Und wie theuer muß ich diesem Trichier die erborgte Pracht bezahlen! Er gestattet mir nicht mehr, etwas anderes zu malen als Boulevard=Ansichten mit Blumenmädchen, Cafés, Cocotten und Sergents de Ville. Wenn ich etwas ernstes machen will, muß ich mich vor ihm verstecken.

14. Oktober. Heute brachte mir Trichier ein amerikanisches Ehepaar ins Atelier. Die beiden bewunderten heftig alle Möbel und warfen zuletzt auch einen zerstreuten Blick auf die Staffelei. Ich hätte sie gern erwürgt. Ich durfte aber nicht, denn sie wollen Trichier um etliche hunderttausend Franken Bilder abkaufen.

15. Oktober. Trichier ist wirklich ein Genie. Heute veranstaltete er im Hotel Drouot eine Schwindelversteigerung und trieb zusammen mit seinem Kommis ein Bild von mir auf 35,000 Franken. Man mußte sehen, mit welchem Ernst der Kommis mein Bild erstand und mit welcher Andacht die gehirnerweichten Liebhaber die Leinwand anstarrten! Es war zum Krankklachen. Nicht als ob das Bild nicht so viel werth wäre, aber das ganze war ja doch blos eine Komödie!

16. Oktober. Alle Blätter sprechen von meinem Bilde, das um 35,000 Fr. versteigert worden ist. Der „Flaneur" weiß zu erzählen, es sei für ein englisches Museum angekauft worden. Der „Boulevardier" bringt sogar meine Lebens=

geschichte, von der freilich keine einzige Angabe richtig ist. Reizend!

17. Oktober. Heute stand die Thüre meines Ateliers nicht still. Auch die Redakteure des „Flaneur" und des „Boulevardier" kamen und beglückwünschten mich. Sie sagten, daß eine Bildergalerie, in der ich fehle, heute nicht mehr vollständig sei. Sie fügten beiläufig hinzu, daß sie Galerien haben. Trichier schickte ihnen gleich nach ihrem Weggehen zwei meiner schönsten Bilder.

19. Oktober. Der „Flaneur" erzählt, ich sei für die Ehrenlegion vorgeschlagen. Hm! Ich weiß nichts davon. Wenn es aber doch wahr wäre?

20. Oktober. Der „Boulevardier" theilt mit, ein amerikanischer Petroleumkönig habe mir 50,000 Fr. für ein Bild geboten, ich habe aber das Angebot nicht annehmen können, weil ich auf drei Jahre hinaus mit Bestellungen überhäuft sei. So erfahre ich täglich etwas Neues und Interessantes.

(Hier fehlen einige Blätter.)

13. Januar. Dieser Trichier ist nie zufrieden! Kommt er mir heute und sagt: „Lieber Freund, Sie sind noch immer nicht auf dem rechten Wege. Sie arbeiten zu viel. Ein Künstler, der in Paris zu etwas gelangen will, muß leben. Man darf kein Philister sein. Man verlangt von euch Genialität, Ueberschwang, Tollheit. Amusiren Sie sich! Machen Sie Dummheiten! Es ist das Klügste, was Sie thun können." Ich bin schon seekrank von den Boulevard-Ansichten, von denen ich heute gerade die fünfzigste fertig gemacht habe.

Nun soll ich mich auch amüsiren! Welch ein bitteres Brod ist doch das des Künstlers!

15. Januar. Ich habe mich kopflings in den Strudel gestürzt. Es geht. Gestern habe ich im Baccarat dreihundert Louis verloren. Trichier lächelte und zahlte. Ein tiefer Geist!

11. Februar. Seit ich das Bildniß der kleinen Sylvia gemalt habe, wollen alle Operettensängerinen von mir gemalt sein. Sie machen mich arm mit Blumensträußen, Bonbonnièren und Champagner.

12. Februar. Auf dem Maskenballe des Gymnase comique erschien ich in Schwimmhosen und mit einem sechseckigen Barett auf dem Kopf, an dessen Ecken Ballons angebracht waren. Alle Leute riefen: „Er ist doch ein genialer Kerl!" Legros soll, wie man mir heute wiedererzählt, zu einem Journalisten gesagt haben, ich sei ein Intrigant. Ich wußte wol, daß die Schwimmhose sie bersten machen wird! Uebrigens habe ich mich auf dem Ball arg erkältet.

20. Februar. Ein Glück, daß ich acht Tage lang das Bett hüten mußte. Ich habe mich wenigstens ausruhen können. War das ein Leben! Jeden Abend bis Mitternacht hinter den Coulissen, dann bis zum Morgen im Cabaret, dann im Cercle, auf dem Fechtboden, in den Redaktionen, immer den Kopf von Wein und Cognac und Schläfrigkeit schwer — wann werde ich endlich arbeiten dürfen und mich nicht mehr amüsiren müssen?

(Neue Lücke.)

1. Mai. Meine beiden Bilder sind auf der cimaise. Ich habe seit vorigem Jahr ein hübsch Stück Weg gemacht!

3. Mai. Alle Zeitungen haben lange Artikel über meine Bilder. Trichier beginnt meine Photographie zu verkaufen. Er versichert, daß sie gut geht. Ich lade für heute Abend die Salonkritiker zum Diner. Wenn ich morgen früh um acht ins Bett komme, kann ich von Glück sagen.

6. Mai. Der heutige Tag ist der schönste meines Lebens. Pichon, mein Käseimporteur Pichon, der gehört hat, ich sei ein berühmter Mann geworden, ist zu mir gekommen und hat verlangt, ich solle die Bilder in seinem Speisesaal unterzeichnen. Fünfhundert Franken hat mir der Kümmelspalter damals für die Arbeit bezahlt und davon habe ich 250 dem Farbenhändler geben müssen! Und als Modell hat er mir Käse geschickt! Ich verlangte ohne zu überlegen zwanzigtausend Franken für die nachträgliche Unterschrift. Nach einigem Drucksen und Mucksen hat Pichon zehntausend gegeben. Welch eine Genugthuung! Welch eine Rache! —

Hier brechen die Aufzeichnungen ab. Ich habe leider nicht erfahren können, von wem sie stammen.

Max Nordau's Schriften:

Paris. Studien und Bilder aus dem wahren Milliardenlande. Zweite vermehrte Auflage. 2 Bände. Preis eleg. geh. 10 Mk.; geb. 12 Mk. 60 Pf. (Leipzig 1882, Duncker u. Humblot.)

Ausgewählte Pariser Briefe. Kulturbilder. Zweite, vollständig umgearbeitete und vielfach vermehrte Auflage. (Leipzig, 1887, Ed. Wartig.)

Vom Kreml zur Alhambra. Kulturstudien. Dritte verbesserte und vermehrte Auflage. 2 Bände. Preis brosch. 12 Mk.; geb. 15 Mk. (Leipzig, B. Elischer Nachf.)

Seifenblasen. Geschichten und Skizzen. (Leipzig, Ph. Reclam's Universalbibliothek.)

Der Krieg der Millionen. Schauspiel in fünf Aufzügen. Preis brosch. 3 Mk. 60 Pf. (Leipzig, B. Elischer Nachf.)

Paradoxe. Vierte Aufl. Preis brosch. 6 Mk.; geb. 7 Mk. 50 Pf. (Leipzig, B. Elischer Nachf.)

Die conventionellen Lügen der Kulturmenschheit. 14. recht=mäßige Auflage. Preis brosch. 6 Mk.; geb 7 Mk. 50 Pf. (Leipzig, B. Elischer Nachf.)

Die Krankheit des Jahrhunderts. Roman. 2 Bände. Erste rechtmäßige Auflage. Preis eleg. geh. 10 Mk.; geb. 12 Mk. 80 M. (Leipzig, B. Elischer Nachf.)

Max Nordau's Porträt. Auf chines. Kupferdruckpapier, Folio. Preis 2 Mk. (Leipzig, B. Elischer Nachf.)

Im gleichen Verlage erschien ferner:

Bärwinkel, Fritz, Lieder ohne Retouche für Sopran und Alt. Brosch. in ff. Umschlag 1 M. 50 Pf.

Bayer, J., Aus Italien. Kultur- und kunstgeschichtliche Bilder und Studien. gr. 8°.
6 M. — Pf., geb. 7 M. 50 Pf.

Brückner, Alexand., Beiträge zur Kulturgeschichte Rußlands im XVII. Jahrhundert. 8°.
Eleg. brosch. 8 M. — Pf., geb. 10 M. — Pf.

Christensen, Jens L., Der moderne Bildungsschwindel in Schule und Familie, sowie im täglichen Verkehr. 3. Auflage. gr. 8°. 3 M. — Pf.

— —, Die moderne Volkserziehung vor Gericht. Aktenmäßige Darstellung des gegen Autor und Verleger der Schrift: „Der moderne Bildungsschwindel" vor dem Landgericht zu Leipzig, Strafkammer II, geführten Criminalprozesses, nebst der Entscheidung des Reichsgerichts. 8°. 1 M. — Pf.

Dodel-Port, Prof. Arnold, Konrad Deubler. Tagebücher, Biographie und Briefwechsel des oberösterreichischen Bauernphilosophen. 2 Bände. 2. Aufl. gr. 8°. Mit Deublers Porträt. 8 M. — Pf., geb. 11 M. — Pf.

Engel, Eduard, Geschichte der englischen Litteratur von ihren Anfängen bis auf die neueste Zeit. Mit einem Anhange: Die amerikanische Litteratur. Zweite vermehrte Auflage. Lex.=8°. 12 M. — Pf., geb. 13 M. 50 Pf. in Halbfranzband geb. 15 M. — Pf.

— —, Geschichte der französischen Litteratur von ihren Anfängen bis auf die neueste Zeit. Zweite umgearbeitete und vermehrte Auflage. Lex.=8°. 12 M. — Pf., geb. 13 M. 50 Pf., in Halbfranzband geb. 15 M. — Pf.

Gopčević, Spiridion, Bulgarien und Ostrumelien. Mit besonderer Berücksichtigung des Zeitraumes von 1878—1886 nebst militärischer Würdigung des serbo=bulgarischen Krieges. Mit 6 chromolithographischen Schlachtplänen. Lex. 8°. In feinster Ausstattung. Brosch. 8 M. — Pf., geb. 11 M. — Pf.

— —, Serbien und die Serben. Erster Band: Das Land. Mit 12 Tafeln, 2 Doppelbildern, 35 Holzschnitten im Text und einer Karte. gr. 4°. In feinster Ausstattung. Eleg. brosch. 24 M. — Pf.

— —, Beiträge zur neueren Kriegsgeschichte der Balkan=Halbinsel. Mit 2 Uebersichtskarten und 11 Schlachtplänen. 8°. Brosch. 4 M. 50 Pf.

— —, Studien über außereuropäische Kriege jüngster Zeit. Mit 5 Karten und Plänen. gr. 8°. Brosch. 7 M. 50 Pf.

Groß, Ferd., Zum Nachtisch. Erzählungen und Skizzen. 8°. Brosch. 4 M. — Pf., geb. 5 M. — Pf.

— —, Oberammergauer Passionsbriefe. Neue Auflage. 8°. Brosch. M. 1 — Pf.

Ibsen, Henrik, Peer Gynt. Ein dramatisches Gedicht. Uebersetzt von L. Passarge. 8°.
Brosch. 4 M. 80 Pf., eleg. geb. 6 M. — Pf.

Jensen, Wilh., Am Ausgang des Reiches. Ein Roman. 2 Bände. 8°.
Brosch. 12 M. — Pf., eleg. geb. 15 M. — Pf.

— —, Aus schwerer Vergangenheit. Ein Geschichten-Cyklus. 8°.
Brosch. 6 M. — Pf, eleg. geb. 7 M. 50 Pf.

— —, Die Heiligen von Amoltern. Novelle. 8°.
Brosch. 5 M. — Pf., geb. 6 M. — Pf.

— —, Die Pfeifer vom Dusenbach. Eine Geschichte aus dem Elsaß. Zweite Auflage. 2 Bände. 8°.
Brosch. 8 M. — Pf., geb. 10 M. — Pf.

— —, In der Fremde. Roman in zwei Büchern. Dritte, durchgesehene Auflage.
Brosch. 6 M. — Pf., geb. 7 M. — Pf.

— —, Runensteine. Roman. Dritte, durchgesehene Auflage. Brosch. 6 M. — Pf., eleg. geb. 7 M. — Pf.

— —, Vier Weihnachtserzählungen. Brosch. 3 M. In Original-Prachtband mit Goldschnitt und einem Titelbild von Emil Lugo. 5 M. — Pf.

— —, Jahreszeiten. Roman. 2 Bände.
Brosch. 10 M. — Pf., eleg. geb. 13 M. — Pf.

— —, Im Vorherbst. Gedichte.
Brosch. 3 M. — Pf., eleg. geb. 5 M. — Pf.

— —, Die Kinder vom Oedacker. Roman. 2 Bände. Brosch. 10 M. — Pf., eleg. geb. 13 M. — Pf.

Jensen, Wilh., Der Herr Senator. Novelle. Miniaturausgabe. (Unter der Presse.)

— —, Ueber die Wolken. Roman. Dritte, neudurchgesehene Auflage. (Unter der Presse.)

Kaden, Waldemar, Neue Welschlandbilder und Historien. 8°. 6 Mk. — Pf.

Kapff=Essenther, F. v., Allerlei Liebe. Sechs Novellen. 8°. Brosch. 5 M. — Pf., geb. 6 M. — Pf.

— —, Mein Wien. Wiener Sittenbilder. (Neue Folge.) 8°. Brosch 5 M. — Pf., geb. 6 M. — Pf.

Klein, Hugo, Zauberkünste. Novellen. Brosch. 4 M. 50 Pf., eleg. geb. 5 M. 50 Pf.

Lotheißen, Ferd., Zur Sittengeschichte Frankreichs. Bilder und Historien. 8°. 5 M. — Pf., geb. 6 M. 50 Pf.

Mantegazza, P., Physiognomik und Mimik. 2 Bände. Mit über hundert Abbildungen. Autorisirte Uebersetzung. Originalzeichnungen von H. u. E. Ximenes. Brosch. 10 M. — Pf., geb. 13 M. — Pf.

Mars im Flügelkleide. Lose Bilder aus den Flitterwochen des Lieutnantslebens. Mit 66 Orig.=Illustrat. gr. 8°. Neue Ausgabe. Brosch. 1 M. 20 Pf.

Parlow, Dr. Hans, Kultur und Gesellschaft im heutigen Spanien. 8°. Brosch. 5 M. — Pf., eleg. geb. 6 M. — Pf.

— —, Bilder und Träume aus Spanien. 8°. Brosch. 6 M. — Pf., eleg. geb. 7 M. — Pf.

Paſſarge, L., Henrik Ibſen. Ein Beitrag zur
neueſten Geſchichte der norwegiſchen National=Litteratur. Mit
dem Porträt und Facſim. Ibſens in Stahlſtich. gr. 8".
Eleg. geh. 6 M. — Pf.

— —, Sommerfahrten in Norwegen. Reiſe=
erinnerungen, Natur= und Kulturſtudien. Zweite, umgearbeitete
und weſentlich vermehrte Auflage. 8".
Broſch. 10 M. — Pf., geb. 12 M. 80 Pf.

— —, Aus dem heutigen Spanien und Portugal.
Reiſebriefe. 2 Bände. 8".
Broſch. 10 M. — Pf., geb. 12 M. 80 Pf.

Pohl, Richard, Geſammelte Schriften über Muſik
und Muſiker. Sr. Majeſtät Ludwig II., König von Bayern,
gewidmet. 4 Bände.

I. Band: Richard Wagner. Studien und Kritiken. 8". Mit
Wagner's Porträt in Stahlſtich.
Broſch. 7 M. 50 Pf., geb. 9 M. — Pf.

II. Band: Franz Liszt. Studien und Erinnerungen. 8".
Mit Liszt's Porträt in Stahlſtich.
Broſch. 7 M. 50 Pf., geb. 9 M. — Pf.

III. Band: Hektor Berlioz. Studien und Erinnerungen. 8".
Mit Berlioz' Porträt in Stahlſtich.
Broſch. 6 M. — Pf., geb. 7 M. 50 Pf.

IV. Band: Die Höhenzüge der muſikaliſchen Entwickelung.
In 6 Vorleſungen dargeſtellt. 8".
Broſch. 6 M. — Pf., geb. 7 M. — Pf.

Raabe, Wilhelm, Das Odfeld. Eine Erzählung.
8". Broſch. 5. M. — Pf., eleg. geb. 6 M. — Pf.

Ring, Max, Berliner Leben. Kulturſtudien und
Sittenbilder. 8". Broſch. 6 M. — Pf., geb. 7 M. 50 Pf.

Rethel, Alfred, Auch ein Todtentanz. Mit erklärendem Text von R. Reinick. Ausgeführt im akademischen Atelier für Holzschneidekunst zu Dresden, unter Leitung von Prof. H. Bürkner. 11. Auflage, mit einem Vorwort von Joh. Proelß. 8 Blatt qu. Folio. In hocheleganter Mappe.
4 M. 50 Pf.

Schanz, Frida, Um Leben und Liebe. Novellen und Bilder. Brosch. 4 M. — Pf., eleg. geb. 5 M. 50 Pf.

Seidel, Heinrich, Natursänger. Mit 110 Originalzeichnungen von H. Giacomelli. 4°. Auf feinstem Kupferdruckpapier. In drei Ausgaben.
Ausgabe A. eleg. brosch. 9 M. — Pf.
Ausgabe B. fein cart. in Halbl. u. Goldpressung 10 „ — „
Ausgabe C. hochf. geb. in Ganzl. u. 17 farb. Druck. 12 „ — „
Die hochelegante Einbanddecke apart für 2 „ — „

Sermage, Graf R. v., Die Verlassenen. Roman. Brosch. 4 M. — Pf.

Stern, Adolf, Dürer in Venedig. Novelle. 8°.
2 M. — Pf., geb. m. Goldschn. 3 M. — Pf.

— —, **Drei venezianische Novellen.** 8°.
Brosch. 4. M — Pf., geb. 5 M. 50 Pf.

— —, **Aus dunklen Tagen.** Ein Novellenbuch. 8°. Eleg. brosch. 5 M. — Pf.

— —, **Zur Litteratur der Gegenwart.** Bilder und Studien. gr. 8°. Eleg. brosch. 6 M. — Pf.

Wagner, Richard, als Schöpfer des Musikdramas. Von Oscar Benzow. Aus dem Schwedischen übersetzt von Fr. P. Sievers. Brosch. 2 M. — Pf.

Weigand, Wilhelm, Die Frankenthaler. Roman.
8°.   Brosch. 6 M. — Pf., fein geb. 7 M. 50 Pf.

— —, **Im Exil. Novellen.** 8°.
                                   Brosch. 6 M. — Pf.

— —, **Gedichte.** 8°.   Brosch. 3 M. — Pf.

Illustrirte Jagdzeitung, Leipzig, gegr. 1873.
Jedem wahren Freunde von Wald, Wild und Natur empfehlen wir ein Abonnement auf unsere bestrenommirte

„**Illustrirte Jagdzeitung (Leipzig).**"

Wöchentlich 12 Seiten stark, auf gutem Papier, in Groß-Quartformat, reichhaltigst mit werthvollen Illustrationen der gediegensten, allerersten Meister geschmückt und zum billigsten Preise von 1 M. 50 Pf. quartaliter. Bereits erschienene Nummern des begonnenen Jahrganges können nachgeliefert werden. Probenummern gratis. Postzeitungsliste Nr. 2844.

Nolde-Berlin, Baron Ferd. von, Leitfaden zur Erlernung der Treffsicherheit im Schießen. 2. Aufl.
                                   1 M. 20 Pf.

Peter, Johann, Buchengrün. Neue Gestalten und Geschichten aus dem deutschen Böhmerwald. In eleg. Umschlag. (374 S.)
         Geh. 5 M — Pf., eleg. geb. 6 M. 50 Pf.

Schulenburg, K. A. von, Haidekraut. Waidmanns-Humoresken. 140 Seiten auf feinem Papier, in Umschlag geheftet. 2. Aufl.   2 M. — Pf.

www.ingramcontent.com/pod-product-compliance
Lightning Source LLC
Chambersburg PA
CBHW020543300426
44111CB00008B/775